Prévention Santé Environnement

BAC PRO

2de 1re Tle

W0372638

Sous la coordination de :

Michèle Terret Brangé
IEN SBSSA – Académie de Bordeaux

Valérie Caprin
IEN STI – Académie de Toulouse

Jef Guillaud
PLP biotechnologies santé environnement
(Mérignac)

Mathias Viudes
PLP biotechnologies santé environnement
(Bordeaux)

Nathalie Vouriot
Instructeur SST
(Villeneuve-sur-Lot)

DELAGRAVE

Vous utilisez un Manuel connecté Delagrave, qui propose des QR codes et/ou des liens hypertextes permettant d'accéder en ligne à des ressources numériques complémentaires. Les éditions Delagrave font leurs meilleurs efforts pour sécuriser la consultation et l'utilisation des ressources en ligne qu'elles éditent, produisent ou hébergent, conformément aux règles d'usages de l'internet. Delagrave ne saurait être tenu responsable des interruptions de services dues aux caractéristiques et limites du réseau Internet, notamment dans le cas d'interruption quelle qu'en soit la cause, des performances techniques et des temps de réponse pour consulter ou interroger les ressources proposées. L'accès aux ressources associées au Manuel connecté Delagrave est garanti pour une période maximum de deux ans, à compter de la date de parution de cet ouvrage indiquée p. 2 ©. Au terme de cette période, l'utilisateur du Manuel connecté Delagrave ne saurait exiger le maintien du service proposé. Dans le cas où les QR codes et liens hypertextes permettent d'accéder à des sites internet tiers, la responsabilité des éditions Delagrave n'est pas engagée, notamment quant à leur éventuel dysfonctionnement ou à leur indisponibilité d'accès.

Conception graphique : Anne-Danielle Naname

Mise en page et infographie : Anne-Danielle Naname, Adeline Calame

Couverture : Atelier du livre

Iconographie : Dagmara Bojenko

Cartographie : Marie-Christine Liennard, Anthelme Pichereau (coordination) ;
Valérie Goncalves, Christel Parolini (réalisation)

Illustrations : Sylvain Frécon

Relecture : Marianne Stjepanovic

Nos ouvrages utilisent des papiers composés de fibres naturelles, renouvelables, recyclables, fabriqués à partir de bois issus de forêts gérées durablement.

IMPRIM'VERT
Votre imprimeur agit pour l'environnement

ISBN : 978-2-206-30362-8

Éditions Delagrave – 5, allée de la 2e D.B. – 75015 Paris
www.editions-delagrave.fr

PEFC
10-31-1093
PEFC recyclé
Ce produit est issu de sources recyclées et contrôlées.
pefc-france.org

Dépôt légal : mars 2017 – N° Éditeur : 2017 - 179
Achevé d'imprimer en France en mars 2017 par I.M.E by Estimprim - 25110 Autechaux

Sommaire

* Un seul risque est étudié selon le bac professionnel préparé.
La rubrique « Retenir l'essentiel » se trouve à la fin de chaque risque présenté dans cette séquence.

Structure et mode d'emploi du manuel de PSE

1 Une boîte à outils

- **Des rabats** avec la présentation synthétique des méthodes d'analyse utilisées de la seconde à la terminale (fiches méthode 1 à 4).
- L'explicitation de la **démarche de résolution de problèmes mobilisée** dans 19 séquences (pages 267 à 270).
- **Des outils pour récapituler l'essentiel :** un schéma-bilan à la fin de chaque séquence.
- **Des outils pour vérifier ses connaissances :** des synthèses à compléter et des QCM accessibles *via* un code à flasher et un lien mini.
- **Le lexique des sigles** (pages 302-303) pour décoder l'ensemble des sigles présents dans le manuel.
- **Des fiches de secourisme** pour gérer les situations d'urgence.
- **Des outils pour s'entraîner aux différentes évaluations certificatives** avec des conseils et des exemples de sujets (pages 272 à 301).

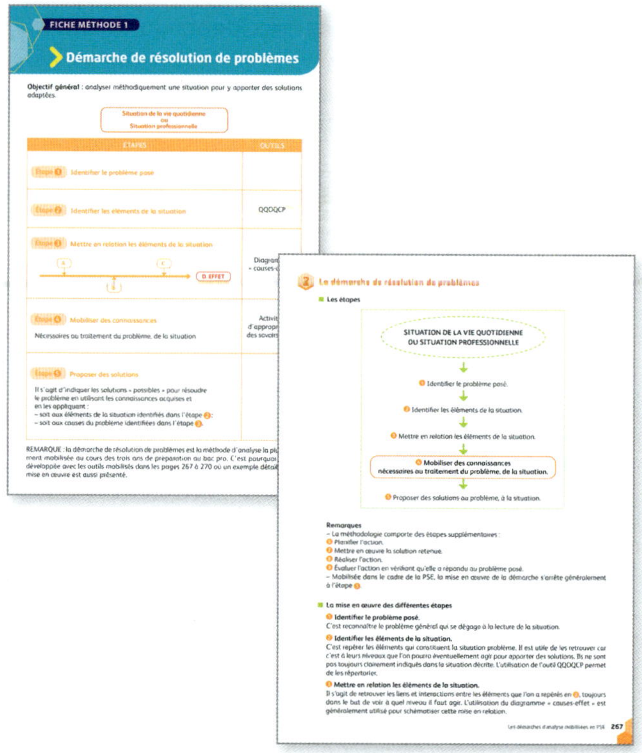

2 Les 12 modules du référentiel en 25 séquences

Chaque séquence comporte

Le numéro de la séquence concernée.

L'objectif qui précise l'attitude attendue à la fin de la séquence (comportement citoyen, savoir-être…).

Un titre qui résume l'objectif final à atteindre.

Une courte introduction sur le sujet développé dans la séquence.

S'informer et s'approprier les connaissances utiles

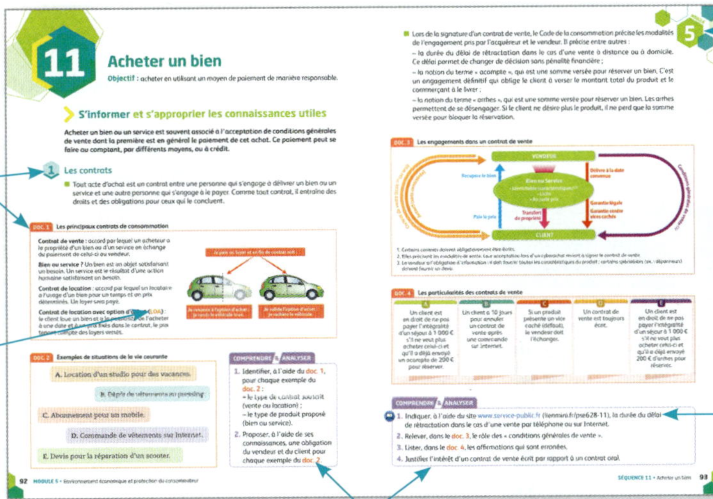

Cette partie présente les **connaissances du référentiel** assorties de **documents support**.

Les sigles, identifiés en couleur, renvoient au lexique (pages 302-303).

Le numéro du module concerné.

Consigne qui prescrit des **recherches sur Internet** dans chaque séquence.

Au bas de chaque page, se trouve la rubrique « **Comprendre & analyser** » avec des consignes sur son contenu.

Un classeur ou un cahier sont nécessaires, notamment pour ranger les recherches et les réponses aux consignes de la rubrique « comprendre & analyser ».

S'entraîner en mobilisant la démarche...

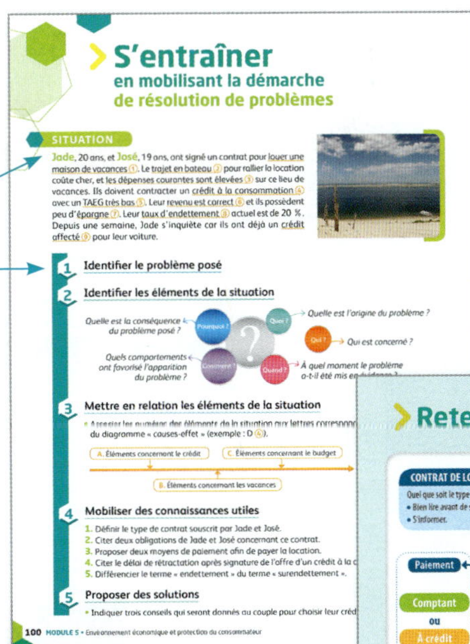

Cette partie permet de réinvestir les connaissances acquises dans **une situation de la vie quotidienne ou professionnelle illustrée**, au travers d'**une démarche d'analyse**.

Elle constitue une préparation aux épreuves d'examen.

Il est recommandé de se reporter à la présentation des démarches d'analyse (fiches méthode 1 à 4 des rabats et pages 266 à 271).

Retenir l'essentiel

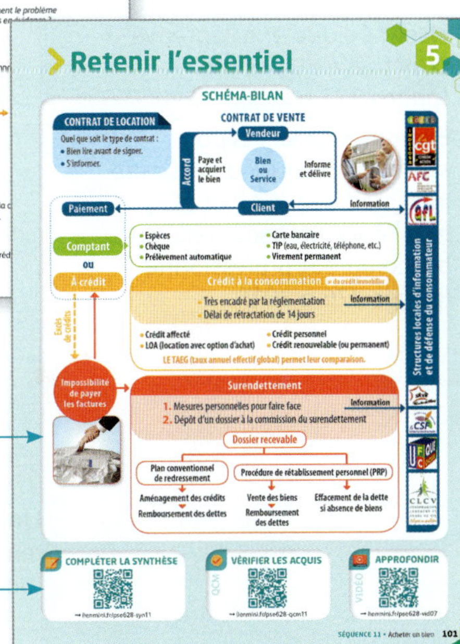

Les connaissances essentielles sont présentées sous la forme d'un **schéma-bilan ultra-visuel**, facilement mémorisable.

En fin de page :
– une **synthèse à compléter** ;
– un **QCM** ;
– une **vidéo** ou une **activité interactive** ;
accessibles via un code à flasher et un lien mini.

3 Des annexes

Des fiches de secourisme

Des fiches de secourisme pour réviser les connaissances utiles pour le bac pro (pages 257 à 265).

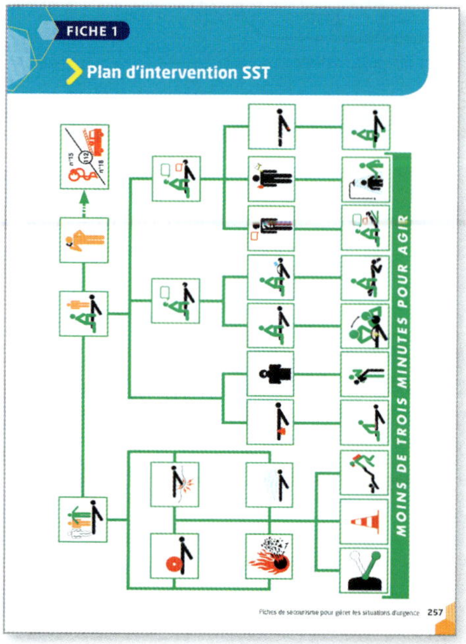

Les démarches d'analyse mobilisées en PSE

Les démarches d'analyse mobilisées en PSE et à maîtriser pour l'examen, dont la démarche de résolution de problèmes (pages 266 à 271).

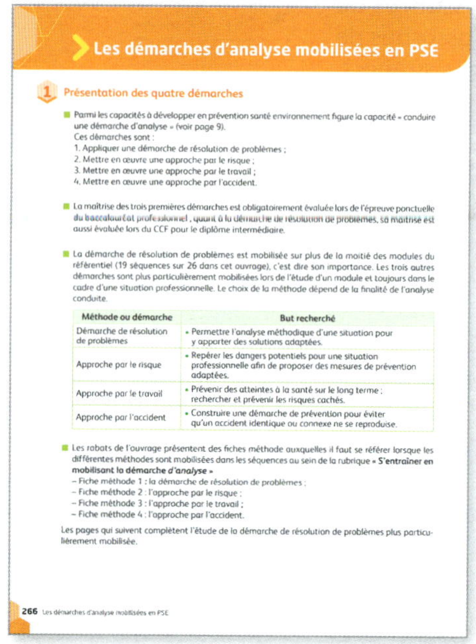

Une préparation à la certification

- **Organisation des épreuves et conseils pratiques** pour se préparer au CCF du diplôme intermédiaire et à l'épreuve ponctuelle du bac pro (pages 272 à 275).
- **Exemples de sujets** pour s'entraîner au CCF du diplôme intermédiaire (CAP et BEP) et à l'épreuve ponctuelle du baccalauréat professionnel (pages 276 à 301).

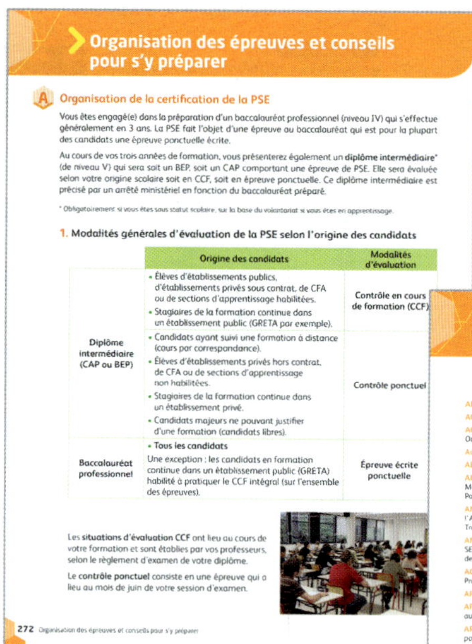

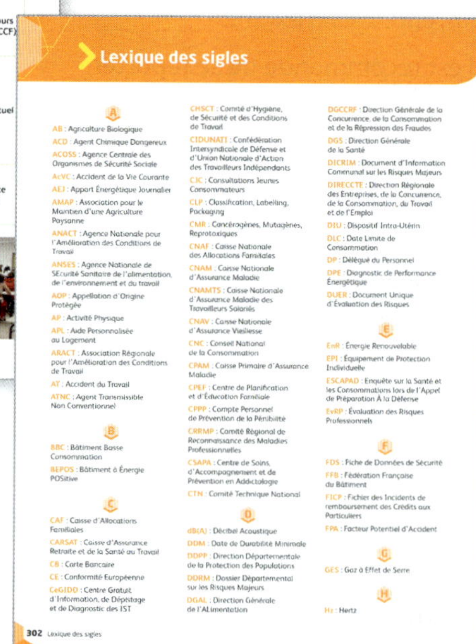

Un lexique des sigles

Un lexique des sigles auquel renvoient les séquences (pages 302 à 303).

Présentation de la PSE

Par son mode de vie et ses comportements, chacun agit sur sa santé et son environnement. Contribuer au développement durable, identifier les risques, notamment professionnels, relève donc de la responsabilité de chacun.
L'enseignement de la PSE permet d'acquérir des connaissances et de développer des capacités, qui permettent d'avoir une attitude citoyenne réfléchie et responsable au niveau de sa santé et de son environnement, y compris professionnel.

Concrètement en classe :

à partir d'une situation de la vie quotidienne ou professionnelle, une démarche d'analyse est mobilisée pour apporter des solutions ou pour mettre en place des mesures de prévention ; et ceci après s'être approprié les connaissances utiles.

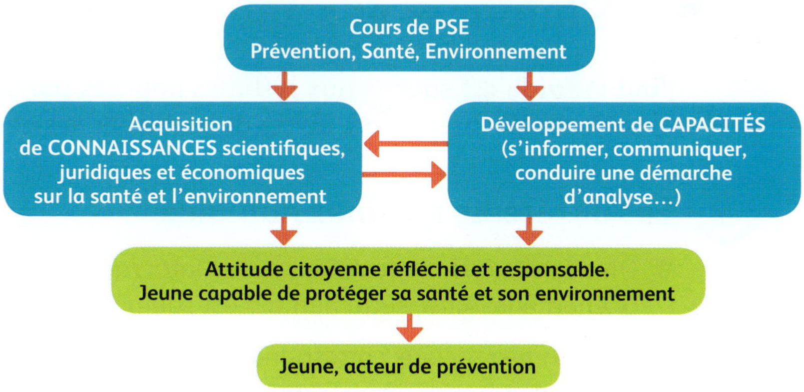

Le diplôme intermédiaire et le baccalauréat professionnel comportent une épreuve de PSE au cours de laquelle on évalue la maîtrise des connaissances du référentiel et des capacités ci-dessous.

Les capacités développées codées	
C1 : S'informer, se documenter	C11. Rechercher l'information
	C12. Décoder l'information
	C13. Traiter
	C14. Analyser
C2 : Mobiliser des connaissances scientifiques, juridiques, économiques	C21. Énoncer des connaissances
	C22. Mettre en relation
	C23. Expliquer un phénomène à partir de ses connaissances
	C24. Argumenter
C3 : Conduire une démarche d'analyse	C31. Identifier un problème
	C32. Appliquer une démarche de résolution de problèmes
	C33. Mettre en œuvre une approche par les risques
	C34. Mettre en œuvre une approche par le travail
	C35. Mettre en œuvre une approche par l'accident
C4 : S'impliquer dans un projet d'action individuelle ou collective en lien avec le développement durable, la vie professionnelle, la société	C41. Identifier la problématique du projet
	C42. Repérer les enjeux
	C43. Se situer dans un projet
	C44. Proposer des actions
	C45. Hiérarchiser les actions
	C46. Présenter le projet
C5 : Communiquer	C51. Utiliser un langage adapté
	C52. Utiliser un moyen de communication adapté
	C53. Échanger, prendre en compte différents avis
	C54. Construire son opinion personnelle
	C55. Argumenter

Les différentes séquences du manuel ont été conçues pour permettre la construction de ces capacités ; les contenus sont conformes au référentiel.

1 Maîtriser ses rythmes biologiques, dont le sommeil

Objectif : protéger sa santé en préservant ses rythmes biologiques, dont le sommeil.

S'informer et s'approprier les connaissances utiles

Tout individu est soumis aux rythmes imposés par son environnement et à ceux de son organisme, en interaction. Éviter de perturber ces derniers contribue à une bonne santé.

1 Les différents rythmes humains

- On appelle rythme le retour à des intervalles réguliers dans le temps d'un fait ou d'un phénomène. Ainsi, l'être humain est soumis à divers rythmes qui règlent son existence.
- Les rythmes sociaux correspondent à la fréquence à laquelle chacun se retrouve en compagnie d'autres personnes pour des activités communes comme les repas, les activités de loisirs, les déplacements ou encore les activités professionnelles.
- Les rythmes professionnels englobent tous les rythmes liés au travail, tels que les horaires, la répétitivité des activités ou la chronologie des tâches dans la journée.
- D'autre part, l'organisme humain fonctionne selon un ensemble de rythmes dits biologiques (sommeil, sécrétions digestives, cycles féminins…). Ces rythmes biologiques sont en partie conditionnés par les rythmes que l'environnement impose à chacun.

DOC. 1 Les différents rythmes humains

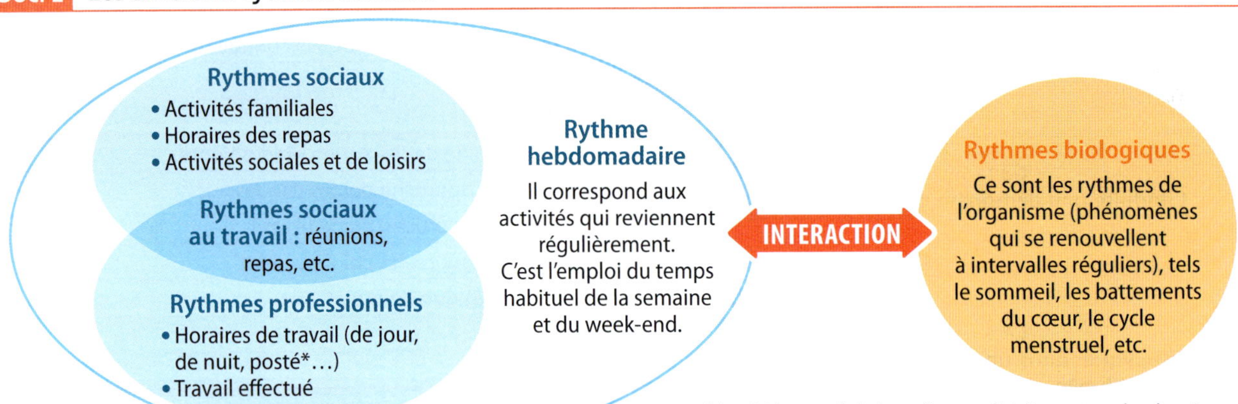

* Les 24 heures de la journée sont divisées en tranches horaires de 6-8-12 h sur lesquelles tournent différentes équipes.

COMPRENDRE & ANALYSER

1. Citer, à l'aide du doc. 1, les rythmes humains imposés par l'environnement et le mode de vie.
2. Indiquer pourquoi les rythmes sociaux et les rythmes professionnels sont liés.
3. Expliquer, à partir d'un exemple, pourquoi les rythmes professionnels peuvent impacter les rythmes biologiques.

2 Les rythmes biologiques et leur désynchronisation

- Le fonctionnement de l'organisme s'effectue selon des rythmes dont la fréquence est plus ou moins importante.
- La chronobiologie, qui étudie les rythmes biologiques, permet de mieux comprendre plusieurs phénomènes ; entre autres, pourquoi certains médicaments sont plus efficaces lorsqu'ils sont pris à des moments particuliers de la journée. La connaissance de ces rythmes permet notamment d'optimiser ses activités ; par exemple la force musculaire est optimale entre 17 h et 19 h ; il s'agit donc du meilleur créneau pour le sport.

DOC. 2 Les rythmes biologiques

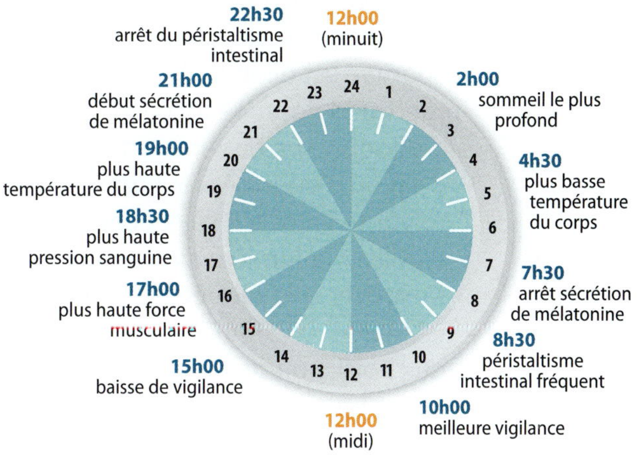

- Les rythmes biologiques sont commandés par une horloge interne (zones du cerveau, hormones) qui est réglée par des facteurs génétiques spécifiques à une espèce et par des facteurs exogènes. Ces rythmes permettent d'adapter l'organisme aux variations prévisibles de l'environnement telles que l'alternance jour et nuit, les saisons, etc.
- L'horloge biologique peut être désynchronisée lorsqu'on agit sur les synchroniseurs et les rythmes biologiques s'en trouvent alors modifiés. Des troubles plus ou moins importants apparaissent jusqu'à ce que l'organisme s'adapte aux nouveaux synchroniseurs.

DOC. 3 La régulation des rythmes biologiques

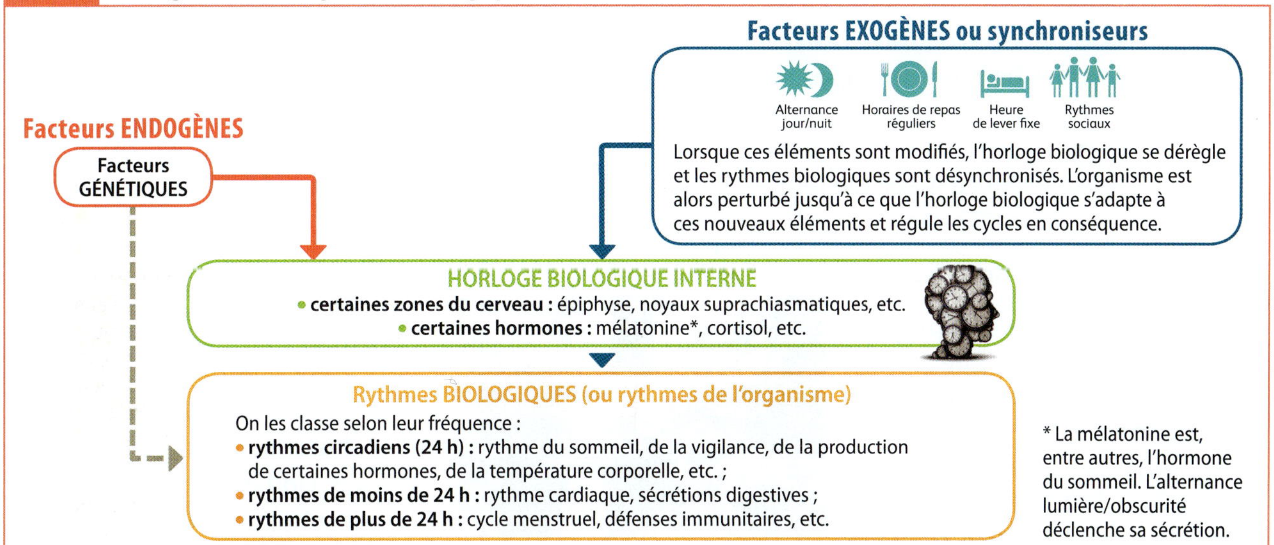

* La mélatonine est, entre autres, l'hormone du sommeil. L'alternance lumière/obscurité déclenche sa sécrétion.

COMPRENDRE & ANALYSER

1. Indiquer et justifier, à l'aide du doc. 2, quel est le meilleur créneau pour les activités intellectuelles.
2. Définir un rythme circadien et donner trois exemples à l'aide du doc. 3.
3. Citer, à l'aide du doc. 3, trois facteurs exogènes agissant sur les rythmes biologiques.
4. Expliquer pourquoi le travail de nuit modifie les rythmes biologiques.

3 Adaptation à la rupture des rythmes biologiques

Dans le cas du décalage horaire, les synchroniseurs modifiés sont l'alternance jour et nuit, donc l'heure du lever et du coucher, l'horaire des repas et les rythmes sociaux.
L'adaptation au décalage horaire est plus facile lorsqu'on va vers l'ouest (on suit le soleil : la journée est allongée), que lorsque l'on va vers l'est, où les troubles du décalage sont plus importants (journée raccourcie). Pour s'adapter, il est conseillé :
- d'adapter ses horaires : décaler l'heure du coucher de ½ heure par jour, qu'il s'agisse d'est ou d'ouest. Après l'arrivée, respecter les horaires de repas locaux, se caler sur la nuit suivante en allant se coucher tôt ;
- d'utiliser la lumière : vers l'ouest, retarder le cycle (mettre des lunettes noires le matin, s'exposer à la lumière le soir, retarder l'heure du coucher). Vers l'est, avancer le cycle (s'exposer à la lumière le matin, stimuler la vigilance, éviter les siestes) ;
- de choisir son alimentation : éviter alcool et café les premiers jours ; favoriser les repas riches en protéines dans la journée, en glucides le soir.

DOC. 4 Exemple de situation de décalage horaire

Sophie arrive à Shanghai (Chine) pour un mois de stage en entreprise. Au cours de son voyage en avion depuis Paris, elle a franchi 7 fuseaux horaires vers l'est ; il est 19 h à Shanghai quand il est midi à Paris. Deux jours après, elle est très fatiguée, n'arrive pas à s'endormir le soir ni à se lever le matin, et souffre de troubles digestifs. Sur son lieu de stage dès le lendemain, elle a du mal à se concentrer.

PARIS SHANGHAI

Dans le cas du travail de nuit, les synchroniseurs modifiés sont l'heure du lever et du coucher et les horaires des repas. Ils modifient la vie sociale et les rythmes sociaux.
Pour minimiser les effets du décalage, la médecine du travail préconise une nuit normale après 2 à 3 jours de travail de nuit ; des rotations courtes avec repos compensateur ; une surveillance médicale renforcée ; un aménagement des conditions de travail.

DOC. 5 Exemple de situation de travail posté

Vincent travaille pendant les vacances d'été dans une usine qui fonctionne en continu. La journée est organisée en 3 tranches horaires : 6 h-14 h / 14 h-22 h / 22 h-6 h. La rotation des salariés se fait à raison d'une semaine pour chaque tranche. Pour sa troisième semaine, Vincent est sur l'horaire de nuit. Après 4 nuits, il se sent encore plus fatigué ; il a des difficultés à dormir pendant la journée et à rester éveillé et attentif à son poste, où il a évité de justesse un accident du travail. Il mange pendant la nuit et aussi dans la journée. Il souffre de difficultés digestives. Il est frustré de ne plus voir aussi souvent ses amis et de ne pas participer à tous les entraînements de basket.

COMPRENDRE & ANALYSER

1. Citer quatre effets sur la santé du décalage horaire à l'aide du doc. 4, et cinq effets sur la santé du travail posté à l'aide du doc. 5.
2. Rechercher sur le site www.changerletravail.fr (lienmini.fr/pse628-01) quatre recommandations pour éviter les effets du travail de nuit, et les justifier.

4 Le rythme biologique du sommeil

- Une nuit de sommeil est constituée de 4 à 6 cycles d'une durée moyenne de 1 h 30. À la fin de chacun, il y a une courte période de transition, le sujet peut se réveiller ou enchaîner un nouveau cycle.
  Chaque cycle comporte deux grandes phases, le sommeil lent et le sommeil paradoxal.
- Lors des différents moments du sommeil lent (très léger, léger, moyen, profond), la fréquence cardio-respiratoire diminue, l'activité musculaire devient presque inexistante et il y a évacuation des toxines contenues dans les muscles. Ces éléments permettent la récupération physique ; un certain nombre de phénomènes se produisent, comme la sécrétion de l'hormone de croissance nécessaire à la multiplication cellulaire.
- Lors du sommeil paradoxal, le cerveau évacue les tensions nerveuses et organise dans sa mémoire les informations de la journée ; c'est durant cette phase que s'effectue la récupération psychique et que le sujet rêve, l'électroencéphalogramme traduit une activité cérébrale importante.
- L'alternance veille/sommeil correspond donc à un rythme biologique essentiel à la santé de l'homme, qui permet de reconstituer la forme autant physique que psychique grâce au repos musculaire presque complet et au rêve.

DOC. 6 **Structure d'un cycle de sommeil**

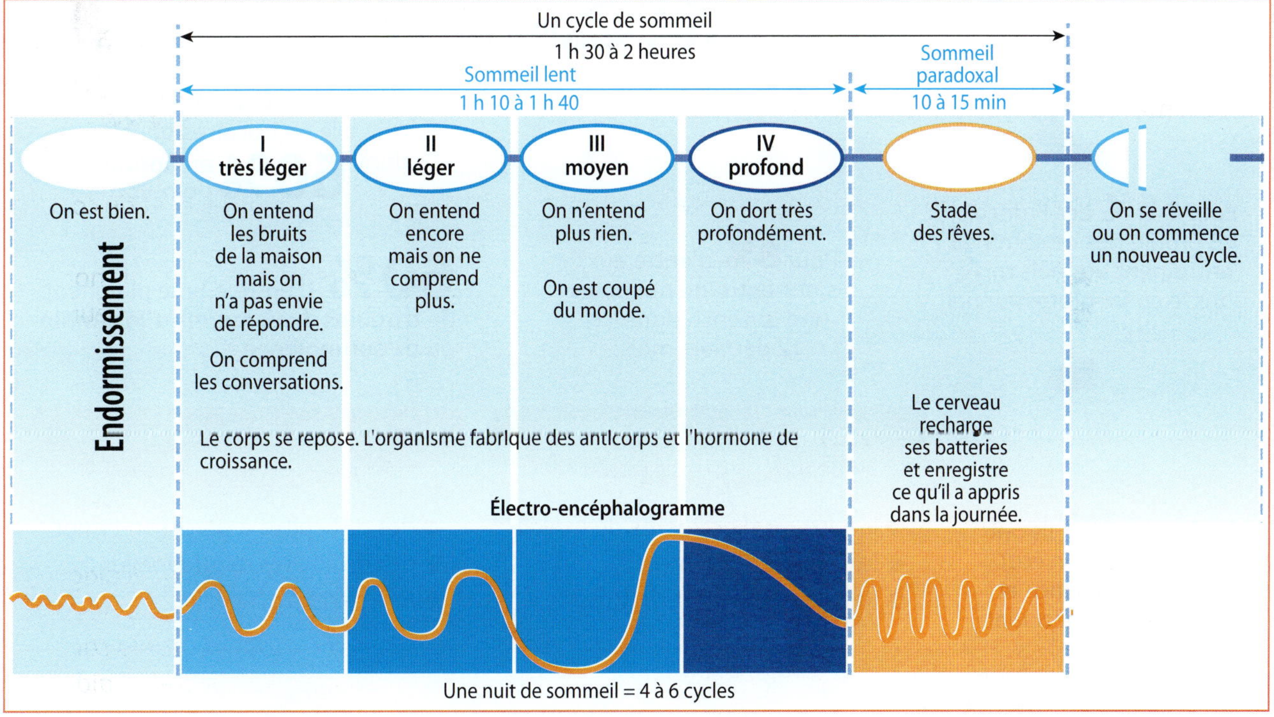

COMPRENDRE & ANALYSER

1. Indiquer, à l'aide du **doc. 6** et du 4, le nombre de cycles de sommeil au cours d'une nuit et la durée moyenne d'un cycle.
2. Nommer, à l'aide du **doc. 6**, les deux phases d'un cycle de sommeil et indiquer deux rôles de chacune d'elle.
3. Expliquer pourquoi le sommeil est indispensable pour être en bonne santé.

5 Les conséquences du manque de sommeil

- Le manque régulier de sommeil a des conséquences importantes sur la santé.
Le manque de sommeil lent implique un manque de récupération physique qui va induire de la fatigue et divers troubles. Le manque de sommeil paradoxal provoque des troubles plutôt liés au mental.

- Les effets du manque de sommeil sur l'organisme interfèrent dans la vie scolaire et dans la vie professionnelle en diminuant l'efficacité au travail et en augmentant les risques d'accident.

- Le manque de sommeil, avec les modifications hormonales qui en résultent, favorise la prise de poids et un vieillissement prématuré de la peau. Ainsi, après une nuit trop courte, les traits sont tirés, les yeux cernés, le teint est terne et la peau froissée.

DOC. 7 Effets de la privation de sommeil

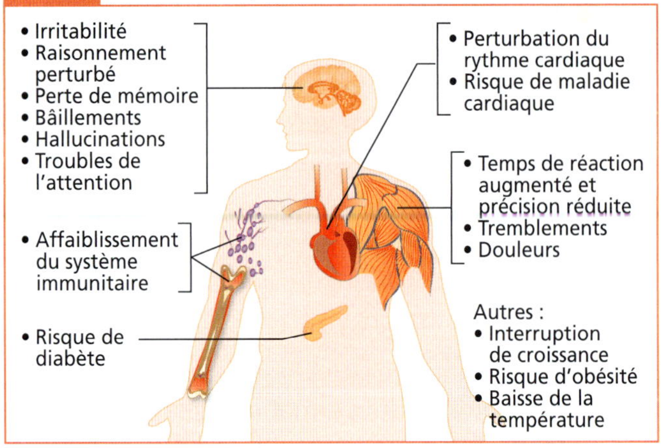

DOC. 8 Les Français, le sommeil et le travail

Le manque de sommeil nuit au travail

Pour **56%** des Français, les problèmes de sommeil entraînent des nuisances dans le cadre professionnel.

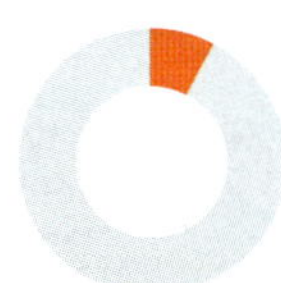

Pour **8%** d'entre eux, ils ont entraîné au moins une absence dans les 12 derniers mois.

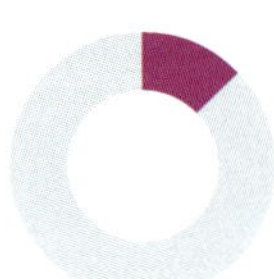

Pour **13%**, ils ont conduit à un état de somnolence et au risque d'accident.

1 salarié sur 4 travaille en **horaires décalés**, dont **60%** en **horaires de nuit**.

60% d'entre eux se plaignent de **troubles du sommeil**, **d'insomnie** ou **de somnolence**.

Le manque de sommeil augmente
- les risques d'accidents du travail ;
- le nombre d'absences ;
- la durée des arrêts de travail.

La somnolence diurne entraîne
- des difficultés à gérer son temps ;
- des difficultés relationnelles ;
- une perte d'efficacité.

COMPRENDRE & ANALYSER

1. Indiquer, à l'aide du doc. 7, quatre effets du manque de sommeil sur l'organisme qui ont une incidence en classe.
2. Retrouver, à l'aide du doc. 7, quatre effets du manque de sommeil sur l'organisme qui peuvent être à l'origine d'accidents du travail.
3. Justifier en quoi le manque de sommeil peut être à l'origine de troubles de la croissance.
4. Expliquer, à l'aide du doc. 8, pourquoi le manque de sommeil nuit au travail.

6 Les troubles du sommeil

- Les besoins en sommeil varient selon l'âge et les individus. Ainsi, un enfant a besoin de 10 à 14 heures, un adolescent d'environ 9 heures et un adule de 7 à 9 heures. Un environnement bruyant et de mauvaises habitudes (se coucher tard, par exemple) contribuent au fait que certaines personnes manquent de sommeil.
- Il existe des pathologies liées au sommeil qu'il importe de savoir repérer pour aller consulter, car elles épuisent le sujet. Les deux principales sont :
  – L'insomnie, qui se caractérise par un sommeil de mauvaise qualité avec difficultés d'endormissement, réveils multiples ou réveil précoce. Elle est parfois un phénomène secondaire à certaines maladies, dont la dépression, ou à certains traitements.
  – L'hypersomnie, qui se manifeste par un besoin excessif de dormir et un sommeil très profond. Les sujet atteints ont du mal à se lever le matin et sont fatigués la journée. Leur besoin de sommeil est plus important que la moyenne. Cette pathologie, dont les causes sont diverses, doit être traitée car elle constitue une gêne réelle dans la vie quotidienne et professionnelle.

7 La conduite à tenir pour s'assurer un sommeil réparateur

- Trouver un sommeil réparateur est lié à la qualité de l'environnement mais aussi à des comportements qui favorisent l'endormissement. Certains documents à visée préventive, tels ceux de l'**INPES**, précisent « les règles d'or du bon dormeur ».

DOC. 9 Comment bien s'endormir et bien dormir

apprenez à connaître vos besoins. Notez vos horaires de sommeil lors d'une période de vacances par exemple : êtes-vous plutôt du soir ou du matin, gros dormeur ou petit dormeur ? Tentez de respecter votre rythme et d'aménager pour vous-même un espace propice au sommeil.

maintenez des horaires de sommeil les plus réguliers possibles, en particulier pour le lever.

aménagez votre réveil pour être plus en forme : douche, petit-déjeuner, lumière, etc.

Soyez attentif aux signes du sommeil : bâillement, paupières lourdes, étirement

évitez les excitants le soir : café, thé, vitamine C, sodas à la caféine, cigarettes, etc.

évitez les repas trop copieux le soir et l'abus d'alcool au dîner.

arrêtez le sport ainsi que toute activité très stimulante une heure avant de vous coucher.

tisane, lait tiède, lecture, prières, techniques de relaxation, etc., à chacun ses rituels pour se préparer à dormir. En répétant ces mêmes gestes, vous vous conditionnez au sommeil et cela permet de raccourcir la durée d'endormissement.

Créez un environnement calme et apaisant où il fait bon dormir : pièce aérée chaque jour, si possible bien isolée, calme, température autour de 18-20 °C, bonne literie, etc.

évitez les stimulations auditives, visuelles (luminosité, veilleuses) ou intellectuelles fortes. Le lit devrait être l'endroit réservé au sommeil et à l'intimité.

© « Bien dormir, mieux vivre, le sommeil, c'est la santé ! », INPES.

COMPRENDRE & ANALYSER

1. Relever, dans la page, les besoins en sommeil d'un adolescent.
2. Citer, à l'aide du doc. 9, trois facteurs environnementaux et quatre comportements nuisant à l'endormissement ou à la qualité du sommeil.
3. Justifier la dernière règle d'or du bon dormeur figurant sur le doc. 9.

S'entraîner
en mobilisant la démarche de résolution de problèmes

SITUATION

Dylan, 19 ans, est pâtissier. Le soir, il regarde la télévision ou joue en ligne sur Internet (1) en buvant du café et du soda (2) ; il ne se couche jamais avant minuit (3). Il a des difficultés à se lever à 4 h du matin (4) pour se rendre, en voiture, à son travail qui débute à 5 h (5). Souvent il fait la sieste l'après-midi (6) et a des difficultés à trouver le sommeil le soir (7). Dylan manque de sommeil (8) ; trop fatigué, il n'a plus envie de voir ses amis ni de se rendre à ses activités sportives.

1 Identifier le problème posé

2 Identifier les éléments de la situation

Quelle est la conséquence du problème posé ?

Quels comportements ont favorisé l'apparition du problème ?

Quelle est l'origine du problème ?

Qui est concerné ?

3 Mettre en relation les éléments de la situation

- Associer les numéros des éléments de la situation aux lettres correspondant aux axes du diagramme « causes-effet » (exemple : D(8)).

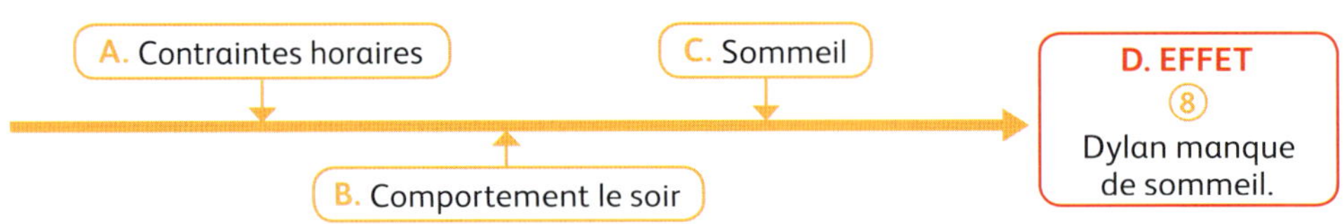

4 Mobiliser des connaissances utiles

1. Donner une définition simple des rythmes biologiques et illustrer par deux exemples.
2. Citer une conséquence du travail décalé (en dehors des horaires traditionnels) : sur les rythmes biologiques ; sur la santé ; sur la vie sociale.
3. Indiquer deux rôles du sommeil lent et deux rôles du sommeil paradoxal.
4. En déduire trois conséquences du manque de sommeil.

5 Proposer des solutions

- Proposer à Dylan cinq solutions pour améliorer son problème.

Retenir l'essentiel

SCHÉMA-BILAN

Horloge biologique interne (cerveau, hormones)

Horloge synchronisée ou mise à l'heure par :
- alternance jour/nuit
- heure des repas
- heure du lever
- rythmes sociaux

Rythmes de l'organisme ou rythmes biologiques

vigilance | sécrétions digestives | rythme circadien (24 h) | rythme cardiaque | **sommeil** | cycle menstruel

Modification de ces éléments par le TRAVAIL POSTÉ ou le DÉCALAGE HORAIRE

→ **Perturbation des rythmes biologiques (désynchronisation)**

→ **Perturbation de l'organisme jusqu'à adaptation**

Une nuit de sommeil = 4 à 6 cycles de 1h30

1h30 – 1h30 – 1h30 – 1h30 – 1h30 – 1h30

1 cycle

1re étape : sommeil lent	Récupération de la fatigue physique
2e étape : sommeil paradoxal	Récupération de la fatigue mentale, mémorisation

Manque de sommeil

- Fatigue, perturbation de l'organisme
- Irritabilité, difficultés de concentration
- Travail de moins bonne qualité, risque d'accident du travail

Nécessité de mesures favorisant la récupération

COMPLÉTER LA SYNTHÈSE
→ lienmini.fr/pse628-syn01

VÉRIFIER LES ACQUIS (QCM)
→ lienmini.fr/pse628-qcm01

APPROFONDIR (SITE)
→ lienmini.fr/pse628-web01

2 Gérer son activité physique

Objectif : protéger sa santé par une activité physique raisonnée et sans dérives.

S'informer et s'approprier les connaissances utiles

Selon l'OMS, l'inactivité physique est responsable de 10 % des décès en Europe. Dans ce contexte, les études de l'ONAPS visent à développer une prévention ciblée pour limiter les dépenses de santé liées aux soins.

1 Activité physique, inactivité et comportement sédentaire

L'ONAPS et le ministère chargé des sports définissent les termes suivants :

- **Activité physique** (AP) : elle est définie comme « tous mouvements corporels produits par la contraction des muscles squelettiques entraînant une augmentation de la dépense énergétique au-dessus de la dépense de repos ».
  Elle comprend : les mouvements réalisés lors des activités professionnelles ; les déplacements (marche, vélo) ; la vie domestique (jardinage, ménage) ; les loisirs. Le sport fait partie de cette dernière catégorie : il est défini comme « sous-ensemble de l'activité physique, spécialisé et organisé, consistant en une activité revêtant la forme d'exercices et/ou de compétitions, facilitées par les organisations sportives ».
- **Inactivité** : elle se caractérise par un niveau insuffisant d'activité physique ne permettant pas d'atteindre le seuil d'activité physique recommandé.
- **Sédentarité** : il s'agit du temps passé assis ou allongé pendant la période d'éveil (déplacements en voiture, travail de burea u, lecture…).

DOC. 1 **Formes de l'activité physique**

© INPES

COMPRENDRE & ANALYSER

1. Indiquer, à l'aide du doc. 1, la différence entre sport et activité physique.
2. Présenter, à l'aide du site www.onaps.fr (lienmini.fr/pse628-02), en quoi la mission de l'ONAPS peut contribuer à réduire les dépenses de santé.
3. Expliquer la différence entre une personne inactive et une personne sédentaire.

2 La structure du muscle strié squelettique

- L'organisme comprend trois catégories de muscles : le muscle cardiaque, les muscles lisses* qui assurent les contractions dans les viscères (intestin, utérus, œsophage…) et les muscles striés squelettiques qui unissent les os entre eux et font partie de l'appareil locomoteur. Dans le langage courant, le terme « muscle » renvoie aux muscles striés squelettiques.
- Les muscles striés squelettiques permettent de réaliser les différents mouvements sous la commande du système nerveux central. Chacun a un rôle bien précis dans l'appareil locomoteur.
- Le muscle strié squelettique est composé d'un ensemble de faisceaux musculaires d'une taille d'environ 0,5 mm de diamètre ayant une fonction contractile. Ces faisceaux sont formés par une multitude de fibres musculaires, ou cellules musculaires (0,05 à 0,1 mm de diamètre), dans lesquelles on observe des noyaux. Chacune des fibres se compose de myofibrilles (0,001 à 0,002 mm), formés par une succession de sarcomères, unités de base de la contraction musculaire. Des vaisseaux sanguins pénètrent dans les faisceaux de fibres, assurant la vascularisation du muscle.

DOC. 2 **Schéma de la musculature humaine**

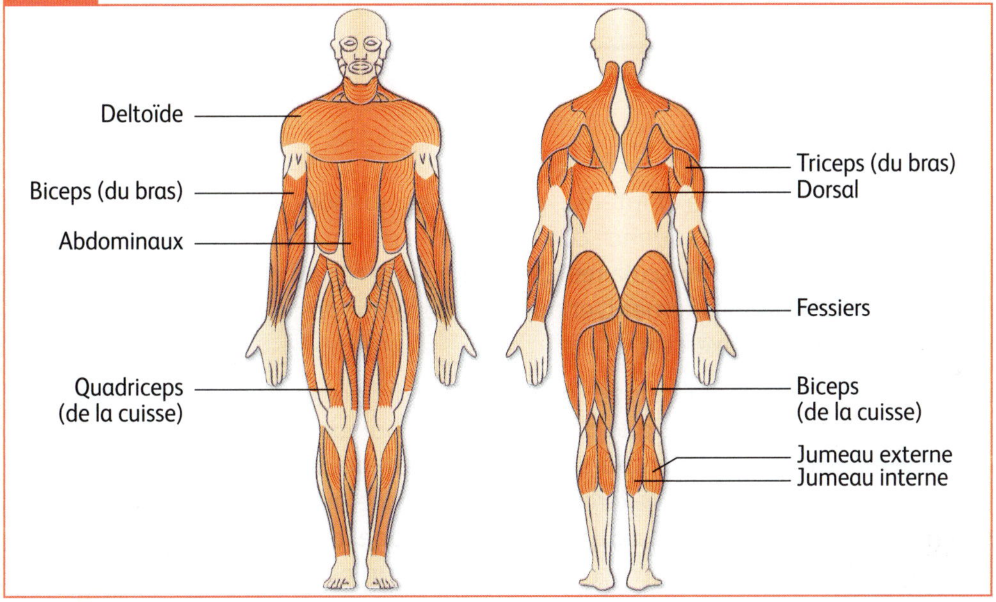

* Contrairement aux muscles striés squelettiques, ces muscles n'obéissent pas à la volonté. Ils sont commandés par le système nerveux autonome (involontaire).

DOC. 3 **Structure d'un muscle strié squelettique**

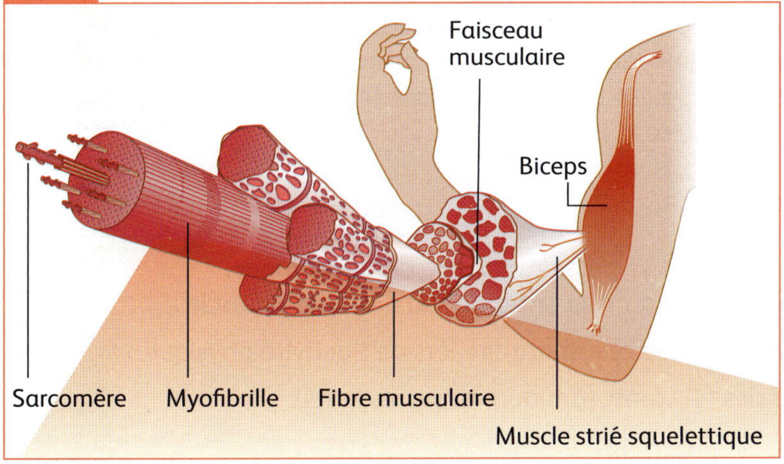

COMPRENDRE & ANALYSER

1. Préciser, à l'aide du doc. 2, quel type de muscles intervient dans le mouvement.
2. Nommer, à l'aide du doc. 3, la plus petite fibre qui constitue le muscle et les unités qui la constituent.
3. Indiquer, à l'aide de ses connaissances, le rôle des vaisseaux sanguins à l'intérieur du muscle.

3 La contraction musculaire et les incidences physiologiques de l'AP

- La contraction musculaire correspond à un raccourcissement des sarcomères dû au glissement relatif des filaments d'actine et de myosine : les deux disques délimitant un sarcomère se rapprochent l'un de l'autre. Ce phénomène entraîne un raccourcissement des cellules musculaires et donc du muscle, qui se contracte : il raccourcit et augmente de volume. C'est le raccourcissement du muscle qui engendre le mouvement corporel.
Pour se contracter, les muscles ont besoin d'énergie. Leurs réserves étant faibles, ils vont en produire à partir du glucose (sucre simple) et du dioxygène apportés par le sang.

DOC. 4 Mécanisme de la contraction musculaire

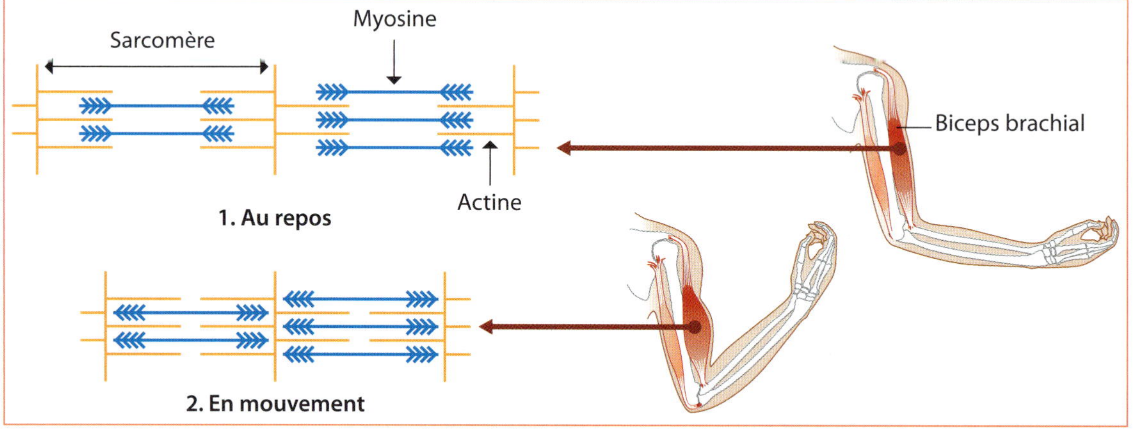

- Plus l'activité physique est longue et intense, plus ces besoins sont importants. C'est pourquoi, lorsqu'on fait du sport, la fréquence cardiaque et le rythme respiratoire augmentent afin d'approvisionner les cellules musculaires. C'est pour cette raison que la pratique sportive engendre une sensation d'essoufflement, et que l'on préconise de consommer des aliments riches en glucides avant tout exercice.
- Autre conséquence de l'exercice physique, la transpiration. Bouger, faire travailler ses muscles engendre une dépense énergétique productrice de chaleur. Or, notre corps se doit de maintenir une température aux alentours de 37 °C. Aussi, pour compenser la hausse de température corporelle induite par l'exercice, le corps, grâce aux glandes sudoripares, va transpirer pour abaisser sa température. C'est ce qu'on appelle la thermorégulation. Il est donc primordial de s'hydrater correctement lors de toute pratique, car transpirer fait perdre de l'eau à l'organisme.
- Enfin, l'effort physique engendre des douleurs musculaires qui sont tout à fait normales et naturelles. Durant l'effort, cette douleur est due à l'acide lactique qui s'accumule dans les muscles lorsque l'apport en dioxygène est insuffisant pour l'organisme. Les douleurs ressenties après l'effort, aussi appelées courbatures, sont dues à des microlésions subies par les muscles au cours de l'exercice.

COMPRENDRE & ANALYSER

1. Indiquer, à l'aide du doc. 4, le phénomène qui se passe au niveau des sarcomères lors de la contraction musculaire, et décrire ce qu'il va entraîner au niveau du muscle.
2. Justifier l'augmentation des rythmes cardiaque et respiratoire lors de l'activité physique.
3. Expliquer la nécessité de consommer des féculents (amidon ou sucres lents) avant une activité physique intense.

4 Effets de l'activité physique sur la santé à long terme

- L'activité physique augmente les rythmes cardiaque et respiratoire, ce qui entraîne une meilleure oxygénation des cellules, une meilleure élimination des déchets, mais aussi une augmentation de la résistance cardiaque et du rythme respiratoire, ainsi qu'une consommation énergétique élevée.
- De ces effets physiologiques résultent les effets positifs de l'activité sportive. Les fonctions cardiaque et respiratoire en sont améliorées. À plus long terme, l'activité physique prévient l'apparition de certaines maladies et permet de lutter contre l'obésité. Au final, elle favorise un bien-être physique et psychologique. Enfin, l'activité physique est source de plaisir et contribue à créer du lien social dès qu'elle est pratiquée en club ou sous forme de sport collectif.

DOC. 5 Les conséquences positives d'une activité physique sur le corps

Tête Jusqu'à cinq fois plus d'endorphines se libèrent dans le cerveau. À la clé : bien-être physique et mental. La qualité du sommeil est meilleure. Le sport est aussi un complément de traitement de la dépression.

Poumons L'activité physique est l'outil thérapeutique le plus performant dans le traitement de la broncho-pneumopathie.

Veines La concentration de glucose dans le sang, et donc les complications cardiovasculaires, diminue pour les diabétiques de type 2.

Poids L'activité physique ne fait pas perdre de poids car elle augmente la masse musculaire. Mais elle tonifie la silhouette et réduit, notamment, la graisse abdominale.

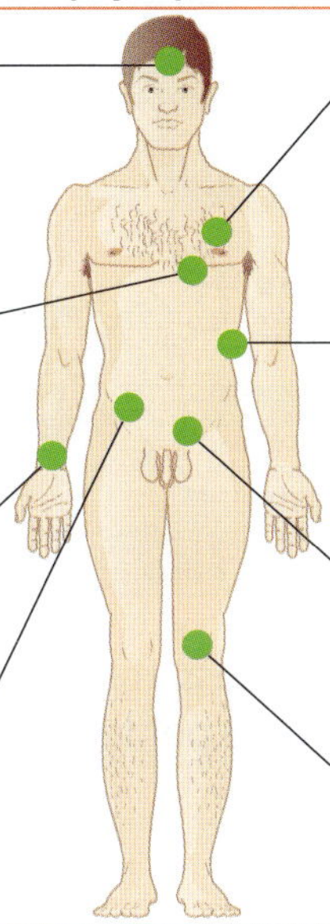

Cœur Le risque d'hypertension artérielle diminue. Pour les patients hypertendus, la pression artérielle est réduite et le traitement médicamenteux peut être rendu inutile.

Dos La fréquence des lombalgies et les troubles musculo-squelettiques diminuent grâce au renforcement musculaire.

Côlon Le risque de cancer du côlon diminue de 40 à 50 %, et les risques de récidive de 61 %.

Os La masse osseuse augmente, limitant ainsi les risques d'ostéoporose, responsable notamment de la fracture du col du fémur.

- Toutefois, dans le cas de certaines pathologies (problèmes cardiaques par exemple), la pratique de certaines activités sportives peut s'avérer dangereuse, voire fatale. Pour cette raison, un certificat médical attestant que l'état de santé de la personne ne présente pas de contre-indication à la pratique de l'activité est demandé avant de s'inscrire dans un club sportif, ou avant de participer à certaines compétitions.
- La pratique de nombreux sports peut être à l'origine de lésions traumatiques, liées par exemple aux chutes ou aux collisions, telles que fractures, entorses, foulures, hématomes, rupture des ligaments croisés, etc. Chez l'enfant, la pratique excessive du sport peut occasionner un risque de surmenage des cartilages de croissance. Enfin, l'activité sportive permet de sécréter de la dopamine, l'hormone du plaisir ; une pratique excessive peut donc générer une véritable addiction.

COMPRENDRE & ANALYSER

1. Expliquer, à l'aide du doc. 5, pourquoi l'activité physique prévient l'obésité et les maladies cardiovasculaires.
3. Justifier la nécessité d'un avis médical avant la pratique de certains sports.
4. Indiquer, à l'aide du doc. 5, pourquoi le sport peut être addictif.

5 Le dopage

On considère qu'il y a dopage dès qu'un sportif utilise des substances ou des méthodes interdites dans l'objectif d'améliorer ses résultats. Les techniques et produits sont divers mais dans tous les cas, outre les effets attendus, ils génèrent des effets secondaires qui peuvent mettre en danger la santé de l'utilisateur.

DOC. 6 Effets des différents produits dopants et effets secondaires

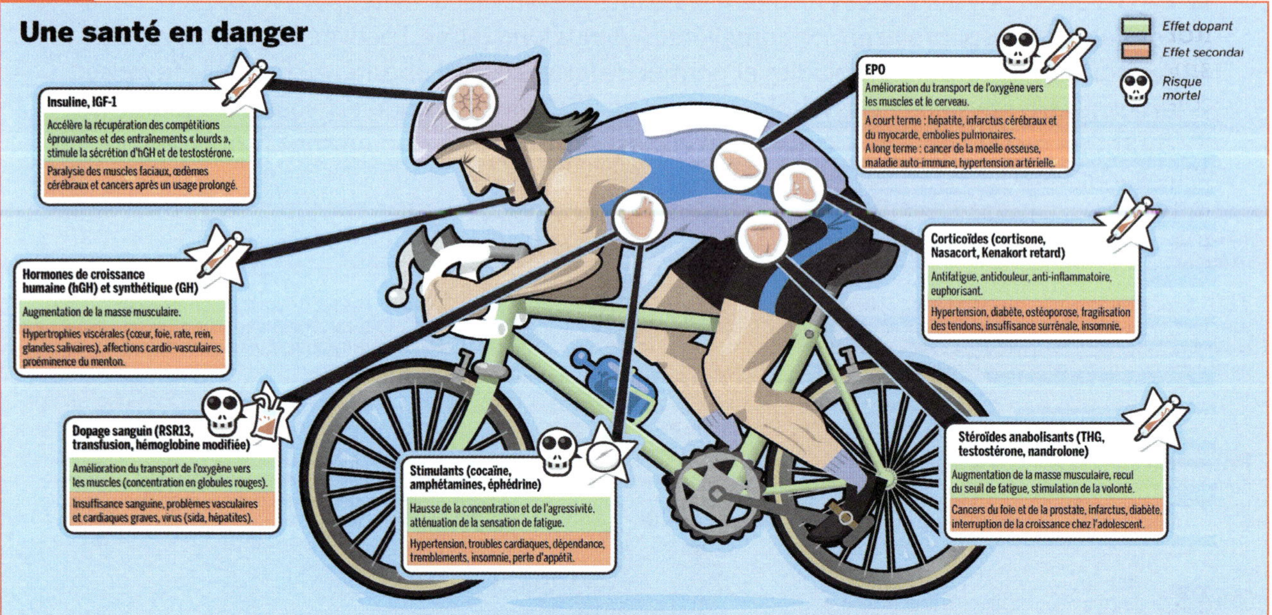

« La Grande boucle et le dopage, stop ou encore », infographie de David Lory pour Le Monde, © Le Monde, 09/07/2013.

Se doper, c'est tricher, mais c'est aussi mettre sa santé en péril. Dans ce contexte, le dopage est interdit et sévèrement réprimé par la loi.

DOC. 7 La répression du dopage

Que prévoit la LOI ?

La lutte contre le dopage dans le sport repose en France sur la loi du 3 juillet 2008, codifiée dans le Code du sport.

Est passible de sanctions disciplinaires tout sportif :
- qui utilise une substance/méthode interdite figurant sur la liste du Code mondial antidopage ;
- qui refuse de se soumettre à un contrôle antidopage.

Est passible de sanctions pénales :
- tout sportif qui détient et utilise, sans raison médicale justifiée, une substance/méthode interdite (sanctions prévues : 1 an de prison et 3 750 € d'amende) ;
- toute personne (sportif, membre de l'entourage sportif, tiers) qui prescrit, administre, applique, cède, offre, produit, fabrique, importe, exporte, transporte, détient ou acquiert une substance/méthode interdite aux fins d'usage par un sportif sans raison médicale justifiée (sanctions prévues : 5 ans de prison et 75 000 € d'amende) ;

L'usage de stupéfiants (cannabis, cocaïne, amphétamines…) entraîne, du fait des lois de 1970 et du 5 mars 2007, le prononcé d'une sanction allant d'un stage de sensibilisation aux dangers de l'usage de stupéfiants (stage payant aux frais de l'usager) à une peine d'un an d'emprisonnement et de 3 750 € d'amende.

© INPES (« Se doper ou pas ? »).

COMPRENDRE & ANALYSER

1. Indiquer, à l'aide du doc. 6, quatre effets recherchés lors de la pratique du dopage.
2. Nommer, à l'aide du doc. 6, trois produits dopants dont les effets secondaires peuvent être mortels.
3. Justifier pourquoi le cannabis est aussi un produit dopant.
4. Relever, dans le doc. 7, la peine encourue par le sportif faisant usage de substances dopantes.

6 Le surentraînement

- Le surentraînement est un excès d'entraînement qui s'avère nocif pour le sportif. Les troubles et lésions qu'il peut générer font que l'on obtient le résultat inverse de celui que l'on peut attendre d'un entraînement raisonné.

DOC. 8 Témoignages de sportifs

Antoine est sportif de haut niveau en cyclisme. Tous les matins, avant de se rendre à l'école, il court une heure. Le soir, il reprend l'entraînement, cumulant course et musculation. Le week-end, il enchaîne les compétitions. Mais plus Antoine s'entraine, plus il dort mal, et ses performances sont en chute libre. Il a perdu beaucoup de poids alors qu'il ne fait pas de régime. Il augmente son temps d'entraînement, mais une semaine avant la course, il contracte une maladie infectieuse qui l'empêche de prendre le départ.

Corinne prépare des championnats de marathon et vise le podium. Pour l'atteindre, elle réalise un entraînement hebdomadaire d'environ 150 km. Au début de sa préparation, Corinne est très motivée. Au fur et à mesure que les semaines passent, elle déprime et se sent fatiguée en permanence. Elle constate une augmentation de sa fréquence cardiaque au repos mais elle poursuit tout de même son entraînement. Dix jours avant le course, sans subir de choc, elle se fissure le tibia et ne peut donc participer à la compétition : le médecin diagnostique une fracture de fatigue.

COMPRENDRE & ANALYSER

- Relever, dans le doc. 8, six conséquences du surentraînement.

7 L'activité physique pour capitaliser ou améliorer son capital santé

Les experts de l'ONAPS formulent les recommandations suivantes :

- Lutter contre la sédentarité : réduire à moins de 7 h le temps passé à des activités sédentaires entre le lever et le coucher ; rompre les temps de sédentarité (travail de bureau) par des pauses d'au moins une minute toutes les heures au cours desquelles un minimum d'activité physique debout est réalisé (court déplacement par exemple).
- Augmenter l'activité physique dans la vie quotidienne : privilégier les déplacements à pied ou à vélo plutôt qu'en voiture, emprunter l'escalier plutôt que l'ascenseur, etc.
- Pratiquer des activités physiques et ou sportives structurées : le seuil d'activité physique recommandé est de 30 minutes d'AP d'intensité modérée, au moins 5 fois par semaine, ou de 20 minutes d'AP d'intensité élevée au moins 3 fois par semaine pour les adultes. Il est donc intéressant de pratiquer des activités dans des clubs sportifs. L'essentiel est de prendre plaisir à pratiquer et à bouger tous les jours. Une pratique régulière et raisonnée est plus bénéfique que 2 h de pratique intensive sur une séance hebdomadaire.

COMPRENDRE & ANALYSER

1. Indiquer l'activité physique minimale à pratiquer par semaine pour préserver son capital santé.
2. Expliquer pourquoi la pratique d'une activité physique seulement un jour par semaine est inutile pour la santé.

S'entraîner en mobilisant la démarche de résolution de problèmes

SITUATION

Le bac en poche, **Maya**, 18 ans, a trouvé un poste de secrétaire, emploi de bureau sédentaire (1). Elle reste assise durant 4 h le matin et 3 h l'après-midi sans quitter son poste. Lorsqu'elle a terminé sa journée de travail, elle n'a plus d'énergie ; elle ne va plus courir ni nager (2), ne se rend plus au club de basket (3). Elle prend l'ascenseur pour accéder à son appartement au deuxième étage (4) et prend sa voiture pour aller faire quelques courses à 1 km (5). Elle n'a pas changé ses habitudes alimentaires. Au bout de 6 mois, Maya a pris du poids, s'essouffle et fatigue rapidement lors d'un effort (6).

1 Identifier le problème posé

2 Identifier les éléments de la situation

Quelle est la conséquence du problème posé ?

Quels comportements ont favorisé l'apparition du problème ?

Quelle est l'origine du problème ?

Qui est concerné ?

3 Mettre en relation les éléments de la situation

- Associer les numéros des éléments de la situation aux lettres correspondant aux axes du diagramme « causes-effet » (exemple : D(6)).

A. Sport — C. Travail — B. Comportement → **D. EFFET** (6) Maya a pris du poids, s'essouffle et fatigue rapidement lors d'un effort.

4 Mobiliser des connaissances utiles

1. Donner une définition simple de l'activité physique et de la sédentarité.
2. Indiquer les cinq appareils qui sont mobilisés lors de l'activité physique.
3. Justifier, en s'aidant des effets de l'activité physique, le fait que Maya a pris du poids, s'essouffle et fatigue rapidement lors d'un effort.

5 Proposer des solutions

- Indiquer et justifier les conseils que l'on peut donner à Maya concernant son attitude pour améliorer son état au bureau, dans la vie quotidienne, dans le cadre du sport.

Retenir l'essentiel

SCHÉMA-BILAN

ACTIVITÉ PHYSIQUE

- Sport
- Vie quotidienne

Mise en œuvre de l'appareil locomoteur

Contraction musculaire

Nécessite O_2 et glucose

Mobilisation :

- du système nerveux
- de l'appareil respiratoire et circulatoire
- de l'appareil excréteur (reins, glandes sudoripares…)

+

- **Prévention** de certaines maladies
  > Réduction des risques de diabète, de maladies cardiovasculaires, d'obésité, etc.
- **Amélioration** de la forme physique et psychologique
  > Meilleure endurance, gestion du stress, etc.

–

Risque de dommages

Atteintes osseuses	Atteintes musculaires
• fractures	• crampes
• luxations	• élongations
• entorses, etc.	• déchirements, etc.

Contre-indications médicales possibles pour certains sports (certificat médical)

Comportements à risque pour améliorer ses performances

- Surentraînement → Mise en danger de l'organisme
- Dopage → Mise en danger de l'organisme

COMPLÉTER LA SYNTHÈSE

→ lienmini.fr/pse628-syn02

VÉRIFIER LES ACQUIS (QCM)

→ lienmini.fr/pse628-qcm02

APPROFONDIR (VIDÉO)

→ lienmini.fr/pse628-vid01

3 Appréhender le concept et le système de santé

Objectif : adopter un comportement permettant de maintenir son capital santé et s'inscrire en citoyen averti et responsable dans le parcours de soins.

S'informer et s'approprier les connaissances utiles

La santé est une préoccupation essentielle. L'État met en œuvre une politique de prévention et veille à l'équilibre du système de santé garantissant l'accès aux soins pour tous.

1 Le concept de santé

- Le préambule de la constitution de l'OMS, écrite en 1946 et non modifiée depuis, indique : « La santé est un état complet de bien-être physique, mental et social, et ne consiste pas seulement en une absence de maladie […]. La possession du meilleur état de santé qu'il est capable d'atteindre constitue l'un des droits fondamentaux de tout être humain, quelles que soient sa race, sa religion, ses opinions politiques, sa condition économique ou sociale. »

DOC. 1 La santé selon l'OMS

SANTÉ = Bien-être PHYSIQUE + Bien-être MENTAL + Bien-être SOCIAL

- D'autres études ont encore complété cette définition de la santé pour englober dans celle-ci toutes les dimensions de la personne.
Maslow, sociologue américain, définit l'Homme comme un tout présentant des aspects physiologiques, psychologiques, sociologiques et spirituels.
Il détermine une hiérarchie de ces besoins représentés sous forme d'une pyramide à 5 niveaux : nous cherchons d'abord à satisfaire les besoins d'un niveau avant de passer à ceux du niveau supérieur.

DOC. 2 La pyramide de Maslow

Besoin de réalisation de soi (développer ses connaissances, ses valeurs, créer, avoir des projets…)

Besoin d'estime et de considération (éprouver le sentiment d'être utile, d'être reconnu capable…)

Besoin d'amour et d'appartenance (être aimé, écouté, compris ; participer, faire partie d'un groupe…)

Besoin de protection et de sécurité (posséder ou maîtriser les choses, se sentir en sécurité, faire confiance…)

Besoins physiologiques (maintien de la vie) (ne pas avoir faim, soif, ne pas souffrir…)

COMPRENDRE & ANALYSER

1. Expliquer, à l'aide des doc. 1 et 2, pourquoi être en bonne santé ce n'est pas seulement être exempt de maladie.
2. Indiquer quel droit fondamental reconnaît la constitution de l'OMS à tout être humain.

2 Le concept de capital santé

- Le capital santé est l'état de santé que chacun possède à la naissance. Peuvent s'y ajouter des faiblesses héréditaires (fragilité cardiovasculaire par exemple) ou des tares génétiques (facteur d'hémophilie par exemple). On parle aussi de terrain. Ce capital santé peut être entamé par une mauvaise hygiène de vie et par un environnement défavorable.
- Le capital santé évolue au fil du temps : l'enfant est soumis au niveau de la qualité des soins qu'il reçoit et à la qualité de son environnement ; l'état de santé de l'adulte est fortement lié à son hygiène de vie (alimentation, sommeil, activité physique…) et au soin qu'il prend de son corps.
- L'environnement a aussi une influence : un cadre de vie mal entretenu et peu confortable peut favoriser l'apparition de maladies (affections des voies respiratoires favorisées par un habitat froid, douleurs dorsales dues à une mauvaise literie…). Ainsi, il apparaît que chacun a une importante part de responsabilité dans le maintien de son capital santé.
- Toutefois, il n'est pas possible de tout contrôler : la pollution de l'air est subie et peut être à l'origine de maladies graves ; l'environnement professionnel est sécurisé mais des risques d'accident du travail ou de maladies professionnelles peuvent persister même si toutes les mesures réglementaires de prévention ont été mises en œuvre.

DOC. 3 Exemple d'altération du capital santé

Yann, 20 ans, vient d'être embauché dans une usine de métallurgie. Il y a du bruit et de la poussière dans l'atelier où il opère. Le rythme de travail auquel il est soumis entraîne chez lui du stress. Il travaille debout et craint d'avoir des varices, comme des personnes de sa famille.

La ville dans laquelle il réside est enveloppée d'un air non pollué, et il habite un petit appartement confortable.

Soucieux de sa silhouette, il a une alimentation équilibrée et fait du sport régulièrement. Il aime sortir et de ce fait, il dort peu. Lors de ces sorties, il consomme de l'alcool et fume beaucoup. Très soigneux, il a une hygiène corporelle et vestimentaire irréprochable et son appartement est toujours bien entretenu.

Le médecin du travail lui explique qu'il est en train de dilapider son capital santé.

COMPRENDRE & ANALYSER

1. Justifier le terme de capital santé pour désigner ce que l'on appelle aussi terrain.
2. Relever, dans le doc. 3, les éléments liés à l'environnement et les éléments liés aux comportements qui peuvent entamer le capital santé de Yann.
3. Expliquer pourquoi on est seulement en partie responsable de son capital santé.

3 Les plans santé

- Un plan santé est un ensemble d'actions mises au point par un ou plusieurs ministères (dont celui de la Santé) sur une période donnée, dans le but d'améliorer les conditions de santé des populations.
- Après un diagnostic, des mesures de prévention collectives de différents niveaux sont mises en œuvre, les citoyens peuvent être incités par l'intermédiaire des médias à mettre en œuvre des mesures individuelles. Le plus connu est le premier programme national nutrition santé (PNNS) qui a été fortement médiatisé avec des spots télévisés fréquents « Mangez cinq fruits et légumes par jour ; Mangez, bougez… ».
- Les mesures de prévention mises en œuvre peuvent être de trois niveaux :
  - – la prévention primaire est mise en œuvre avant l'apparition de la maladie sous forme de mesures individuelles (hygiène, vaccins, alimentation…) et sous forme de mesures collectives (réglementation concernant la qualité de l'eau ou de l'air, campagnes d'information contre un risque particulier comme le SIDA ou le tabagisme…) ;
  - – la prévention secondaire est un dépistage (radiographie des seins par exemple) qui repère un éventuel début de maladie afin d'agir pour limiter son développement ;
  - – la prévention tertiaire vise à limiter le handicap ou à éviter une rechute après une maladie ou un accident.

DOC. 4 **Exemples de plans santé en vigueur**

Plan santé au travail 2016-2020

- **Premier axe stratégique :** donner la priorité à la prévention primaire et au développement de la culture de la prévention.
- **Deuxième axe stratégique :** améliorer la qualité de vie au travail, levier de santé, de maintien en emploi des travailleurs et de performance économique et sociale de l'entreprise.
- **Axe transversal :** renforcer le dialogue social et les ressources de la politique de prévention, en structurant un système d'acteurs, notamment en direction des TPE-PME.

PLAN CANCER 2014-2019

Objectif 10

Objectifs :

1. Guérir plus de malades.
2. Donner plus de moyens à la recherche fondamentale et à la recherche clinique.
3. Améliorer la vie des malades pendant et après le cancer.
4. Faire de la prévention une priorité pour réduire le nombre de cancers dont les causes sont évitables (40 % du total des décès dus au cancer tiennent à des facteurs de risques contrôlables : 73 000 décès sont liés au tabac, 49 000 à l'alcool, 2 300 à l'obésité et 1 000 à l'exposition solaire).

COMPRENDRE & ANALYSER

1. Relever, dans le doc. 4, deux exemples de plans toujours en vigueur puis proposer une définition simple d'un plan santé.
2. Définir la prévention individuelle et la prévention collective.
3. Donner des exemples de prévention primaire et secondaire en lien avec le plan cancer ; s'aider du doc. 4 et de la vidéo (lienmini.fr/pse628-03).

4 Place de l'assurance maladie dans le régime général de la Sécurité sociale

- Les recettes qui alimentent les différentes caisses de la Sécurité sociale proviennent essentiellement des cotisations salariales (prélèvements sur les salaires bruts) et des cotisations patronales payées par les employeurs.
- La Sécurité sociale fonctionne selon le principe de solidarité : les cotisations versées par les salariés bien portants financent les dépenses de santé des personnes malades. Les retraites sont financées par les cotisations de la population active.
  Environ 4 travailleurs sur 5 dépendent du régime général ; les autres (agriculteurs, artisans…) sont affiliés à des régimes spéciaux.
- Depuis le 1er janvier 2016, la protection universelle maladie (PUMa) est entrée en application. Cette réforme garantit à toute personne qui travaille ou réside en France de manière stable et régulière un droit à la prise en charge de ses frais de santé, à titre personnel et de manière continue tout au long de la vie.

DOC. 5 Organigramme simplifié du régime général* de la Sécurité sociale

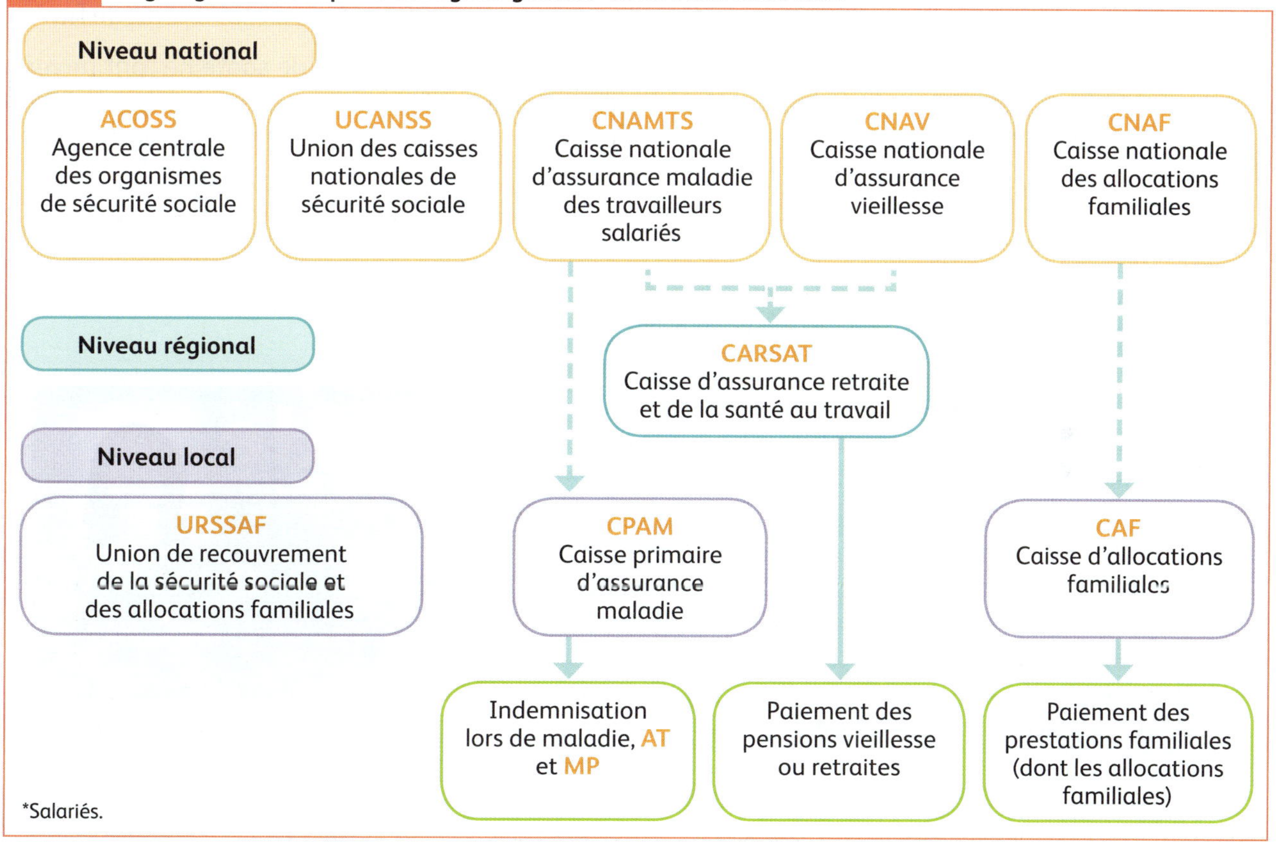

COMPRENDRE & ANALYSER

1. Nommer, à l'aide du doc. 5, les trois caisses nationales qui dépendent du régime général de la Sécurité sociale ; nommer les caisses qui constituent l'assurance maladie.
2. Citer, à l'aide du doc. 5, les trois risques sociaux couverts par l'assurance maladie.
3. Indiquer les conditions pour bénéficier de la protection universelle maladie.
4. Expliquer pourquoi l'assurance maladie fonctionne selon le principe de solidarité.

5 Le vocabulaire de l'assurance maladie

- L'assurance maladie verse à l'assuré(e) des prestations en nature (remboursement des dépenses liées à la santé) et des prestations en espèces (somme remplaçant partiellement le salaire qui n'est plus versé par l'employeur durant l'arrêt de travail lié aux problèmes de santé). Les enfants mineurs sont des ayants droit de leur père ou de leur mère et bénéficient des prestations en nature. Le conjoint ou les enfants majeurs n'ont pas ce statut car la PUMa leur assure une couverture de droit s'ils travaillent ou résident en France.
- Pour se rendre chez un médecin ou autre professionnel de santé (dentiste, radiologue, laboratoire…), il ne faut pas oublier la carte Vitale. Elle permet d'être directement remboursé de sa visite sans avoir à envoyer la feuille de soins à la CPAM dont on relève (toutefois, la feuille de soin est encore utilisée en cas de visite à domicile ou chez certains professionnels de santé encore non équipés de lecteurs de carte Vitale).
- Les dépenses de santé ne sont pas entièrement remboursées, sauf maladies graves dont la liste est établie. La partie qui reste à la charge de l'assuré est le ticket modérateur. Mais celui-ci peut être remboursé (totalement ou en partie) si, en plus de l'assurance maladie, il a adhéré à une mutuelle ou à une assurance maladie complémentaire. Ces dernières peuvent en outre verser un complément de prestations en espèces en cas d'arrêt de travail.
- Le tiers payant se développe de plus en plus : les professionnels de santé ne font payer à leurs patients que le ticket modérateur et sont ensuite directement rémunérés par la CPAM et les mutuelles éventuelles.

DOC. 6 La carte Vitale

La carte Vitale est votre carte d'assuré social. Elle atteste de votre affiliation et de vos droits à l'assurance maladie.

Elle contient tous les renseignements administratifs nécessaires au remboursement de vos soins et à votre prise en charge en cas d'hospitalisation [...].

La carte Vitale est délivrée à tout bénéficiaire de l'assurance maladie à partir de l'âge de 16 ans, et dès 12 ans sur demande depuis le compte ameli uniquement. Elle est valable partout en France (France métropolitaine et départements d'outre-mer).

La carte Vitale ne contient aucune information d'ordre médical. Ce n'est pas une carte de paiement.

© www.ameli.fr

COMPRENDRE & ANALYSER

1. Définir les prestations en nature et les prestations en espèces et donner des exemples.
2. Indiquer l'intérêt de souscrire une mutuelle ou une complémentaire santé.
3. Expliquer, à l'aide du doc. 6, l'intérêt de la carte Vitale.
4. Préciser qui sont les ayants droit.

6 Principes et objectifs du parcours de soins coordonnés

Le parcours de soins coordonnés a été mis en place par la loi du 13 août 2004 relative à l'assurance maladie. Il consiste à confier à un médecin traitant les différentes interventions de personnels de santé pour un même assuré dans un objectif de rationalisation des soins. Ce médecin traitant doit être déclaré par le patient auprès de sa caisse d'assurance maladie. Il a pour rôle :
- de coordonner les soins et de s'assurer que le suivi médical est optimal ;
- d'orienter dans le parcours de soins coordonnés : il met, au besoin, en relation avec d'autres professionnels de santé (médecins spécialistes, médecins hospitaliers, etc.) ;
- de gérer le dossier médical : il centralise toutes les informations concernant les soins et tient à jour le dossier médical (résultats d'examens, diagnostics, traitements, etc.) ;
- d'établir avec d'autres professionnels de santé le protocole de soins en cas d'affection de longue durée ;
- d'assurer une prévention personnalisée : il accompagne dans la prévention des risques de santé, le suivi de la vaccination et des examens de dépistage organisés, etc.

Ce suivi permet d'éviter des consultations ou des examens inutiles, ou encore des interactions médicamenteuses.

Lorsqu'un patient ne respecte pas le parcours de soins coordonnés en se rendant de sa propre initiative chez un spécialiste (excepté gynécologue, dentiste, pédiatre, psychiatre…), le taux de remboursement de la CPAM est plus faible. Cette mesure a pour but de responsabiliser les patients quant à leur consommation médicale, et de contribuer au redressement des comptes de l'assurance maladie.

DOC. 7 Le parcours de soins coordonnés

Situation du patient	Montant remboursé de la consultation d'un généraliste à 25 € (tarif au 01.05.2017)	
	Taux de remboursement	Montant remboursé
Patient dans le parcours de soins (médecin traitant – généraliste secteur 1**)	70 %	16,80 €*
Patient hors parcours de soins (généraliste secteur 1)	30 %	7,20 €*

* Les montants tiennent compte de la participation forfaitaire de 1 € (s'applique à tout patient sauf jeunes de moins de 18 ans, femmes enceintes de plus de 6 mois).

** Il y a aussi des médecins du secteur 2 ; ce sont des médecins qui pratiquent des honoraires libres (différents de ceux fixés par l'État) ; dans ce cas, la CPAM ne rembourse pas davantage.

COMPRENDRE & ANALYSER

1. Indiquer l'intérêt du médecin référent pour le patient.
2. Expliquer, à l'aide du doc. 7, l'intérêt financier pour le patient de rester dans le parcours de soins ; indiquer l'intérêt de ce parcours pour la société.
3. Nommer des spécialistes pouvant être consultés hors parcours de soins sans pénalité au niveau des prestations en nature.

S'entraîner
en mobilisant la démarche de résolution de problèmes

SITUATION

Kevin, 22 ans, consulte pour la première fois depuis 3 ans un médecin. Ayant déménagé, il n'a plus de médecin référent (1). Il tousse le matin et a pris du poids. Il se nourrit au fast-food ou encore de pâtes (2), ne fait plus de sport (3), fume un paquet de cigarettes par jour (4), dort peu (5) car l'avenue est bruyante (6) et joue en ligne (7). L'air est sûrement pollué (8) car il y a un important passage sur l'avenue, et son appartement contiendrait des matériaux avec amiante (9). Dans ses ascendants, il y a eu des cas de cancers (10) et de maladies cardiovasculaires (11). Après cet entretien, le médecin souligne que son suivi médical est insuffisant (12) et qu'il lui faut un médecin référent. Il lui explique qu'il altère son capital santé (13).

1 Identifier le problème posé

2 Identifier les éléments de la situation

- *Pourquoi ?* → *Quelle est la conséquence du problème posé ?*
- *Quoi ?* → *Quelle est l'origine du problème ?*
- *Comment ?* → *Quels comportements ont favorisé l'apparition du problème ?*
- *Qui ?* → *Qui est concerné ?*

3 Mettre en relation les éléments de la situation

- Associer les numéros des éléments de la situation aux lettres correspondant aux axes du diagramme « causes-effet » (exemple : E (13)).

A. Comportement — B. Hérédité — C. Environnement — D. Parcours santé → **E. EFFET** (13) Kevin altère son capital santé.

4 Mobiliser des connaissances utiles

1. Définir la notion de capital santé.
2. Indiquer si Kévin peut bénéficier de la PUMa.
3. Préciser le rôle du médecin référent.
4. Justifier la nécessité d'apporter la carte Vitale lors de la consultation.
5. Expliquer le rôle du plan santé au travail que le chef d'atelier a présenté à Kevin et aux autres chefs d'équipe de l'entreprise.

5 Proposer des solutions

1. Indiquer la démarche que doit faire Kévin pour déclarer son médecin référent.
2. Préciser ce que doit changer Kevin à son mode de vie pour préserver son capital santé en lien avec son mode de vie, avec son environnement et ses antécédents familiaux.

MODULE 1

Retenir l'essentiel

SCHÉMA-BILAN

Plans santé = Politique de prévention collective + Incitation à la prévention individuelle

Plan santé au travail 2016-2020

Santé = bien-être physique + bien-être mental + bien-être social

Chacun est en partie responsable de sa santé.

Le capital santé de chacun peut être dégradé par :
- ses comportements ;
- son environnement ;
- l'hérédité.

Consultation ← Maladie

SÉCURITÉ SOCIALE

- Assurance vieillesse
- Allocations familiales
- Assurance maladie

l'Assurance Maladie

Parcours de soins :

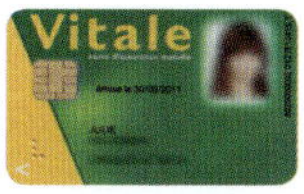

- Carte Vitale
- Prestations en espèce
- Prestations en nature : remboursement optimal

Médecin traitant qui peut diriger vers :
- examens complémentaires ;
- hôpital ;
- spécialiste.

PROTECTION UNIVERSELLE MALADIE (PUMa)

Prise en charge des frais de santé de toute personne qui travaille ou réside en France.

Cotisations salariales et patronales = principe de solidarité

MUTUELLES

Elles prennent en charge :
- une partie du ticket modérateur ;
- un complément de prestations en espèces.

COMPLÉTER LA SYNTHÈSE → lienmini.fr/pse628-syn03

VÉRIFIER LES ACQUIS (QCM) → lienmini.fr/pse628-qcm03

APPROFONDIR (VIDÉO) → lienmini.fr/pse628-vid02

4 Appréhender les principes de base d'une alimentation équilibrée

Objectif : agir en éco-consommateur afin d'appréhender les principes de base d'une alimentation équilibrée.

S'informer et s'approprier les connaissances utiles

« Dis-moi ce que tu manges, je te dirais qui tu es » : ce proverbe n'a jamais eu autant d'écho à une époque où chacun se soucie de mieux se nourrir et où l'acte alimentaire a une portée symbolique, culturelle et d'affirmation identitaire.

1 Approche sociologique de l'alimentation

- Les habitudes alimentaires sont influencées par de multiples déterminants variables d'un pays à l'autre et peuvent être notamment d'ordres biologique (appétit, goût…), économique (pouvoir d'achat…), géographique (climat…), social (culture, famille…), etc. Ainsi, chaque individu n'a pas les mêmes habitudes alimentaires et se nourrit donc différemment.

DOC. 1 Temps passé par jour à table dans quelques pays européens

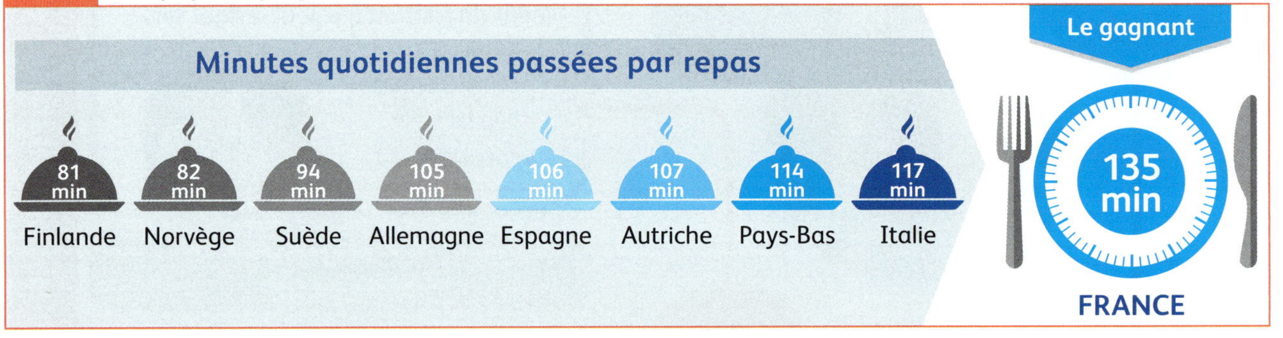

DOC. 2 Comparaison des provisions de deux familles pour une semaine

Bouthan (Asie du Sud)

famille Namgay : 5 € pour sept adultes et six enfants. Essentiellement des légumes.

Australie

famille Browns : 481 € pour trois adultes, trois adolescents et un enfant. Beaucoup de viande et de céréales en boîte.

COMPRENDRE & ANALYSER

1. Relever cinq facteurs influençant les habitudes alimentaires.
2. Indiquer, dans le doc. 1, l'habitude comparée à l'échelle européenne et conclure.
3. Analyser, dans le doc. 2, les différentes pratiques alimentaires.

La famille, l'activité professionnelle, l'appartenance à un groupe et la société influent grandement sur nos habitudes alimentaires par le biais de plusieurs facteurs.

	Facteurs d'influence
Famille	Type de famille, âge des personnes, traditions, éducation reçue, pouvoir d'achat, etc.
Activité professionnelle	Horaires de travail atypiques, temps de pause réduits, distances domicile-travail trop grandes qui incitent les actifs à adopter des habitudes alimentaires souvent à l'encontre de ce qu'ils pratiquent chez eux (pause sandwich, restauration rapide…).
Appartenance à un groupe	Les amis, la vie en collectivité, les pratiques religieuses ou spirituelles (interdits alimentaires…).
Société	Prise de conscience liée à la malbouffe, au gaspillage et mise en place du PNNS, plan de santé publique qui vise à améliorer l'état de santé de la population en agissant sur la nutrition.

DOC. 3 Habitudes alimentaires des Français au déjeuner

COMPRENDRE & ANALYSER

1. Relever les facteurs familiaux influençant les habitudes alimentaires.
2. Citer, à l'aide de ses connaissances, un facteur d'influence religieux et un facteur lié à une philosophie de vie.
3. Définir le sigle PNNS et donner son objectif.
4. Calculer, à l'aide du doc. 3, le pourcentage de personnes ne mangeant pas chez elles à midi, et conclure par rapport au résultat obtenu.

2 Principes généraux de l'équilibre alimentaire

L'alimentation est dite équilibrée quand elle couvre les besoins énergétiques, plastiques (ou bâtisseurs) et fonctionnels. Cet équilibre alimentaire, difficile à suivre sur un repas, se conçoit plutôt sur une journée ou plus facilement sur la semaine. Il se base sur les principes suivants :

– adopter une alimentation diversifiée et variée. On appelle diversité alimentaire la consommation journalière d'aliments appartenant à chacun des sept groupes d'aliments selon une fréquence conseillée. La variété alimentaire est la consommation journalière d'aliments différents au sein d'un même groupe.

– structurer ses repas en trois repas principaux que sont le petit déjeuner, le déjeuner et le dîner, et avoir une régularité des prises alimentaires associée à la convivialité et au cadre du repas familial. Chaque repas comporte en règle générale une entrée, un plat principal et un dessert.

DOC. 4 Les repères de consommation du PNNS

COMPRENDRE & ANALYSER

1. Repérer, dans le doc. 4, le principe général de l'équilibre alimentaire et proposer un autre principe non alimentaire pour être en bonne santé.
2. Justifier, dans le doc. 4, pourquoi certains aliments sont zoomés à l'aide d'une loupe.
3. Expliquer pourquoi l'équilibre alimentaire se conçoit plutôt sur la semaine.
4. Proposer une affiche publicitaire qui compléterait les principes généraux de l'équilibre alimentaire.

3 Les groupes d'aliments

- L'aliment idéal n'existe pas, aucun n'étant assez complet pour couvrir à lui seul tous les besoins nutritionnels. L'équilibre alimentaire est donc assuré par la consommation d'aliments provenant de 7 groupes, en veillant à respecter leur fréquence de consommation durant la journée et en limitant également ses apports en sel.
- Chaque groupe alimentaire possède une spécificité nutritionnelle. Les aliments d'un même groupe alimentaire ont une valeur nutritionnelle proche, et peuvent donc être en partie équivalents.
  Si un groupe est absent ou insuffisamment présent, les apports nutritionnels peuvent être déficitaires et l'alimentation peut donc être déséquilibrée. Aussi, des consommations trop fréquentes ou trop rares de certains aliments ont toutes deux des conséquences défavorables sur la santé.

DOC. 5 Les 7 groupes d'aliments

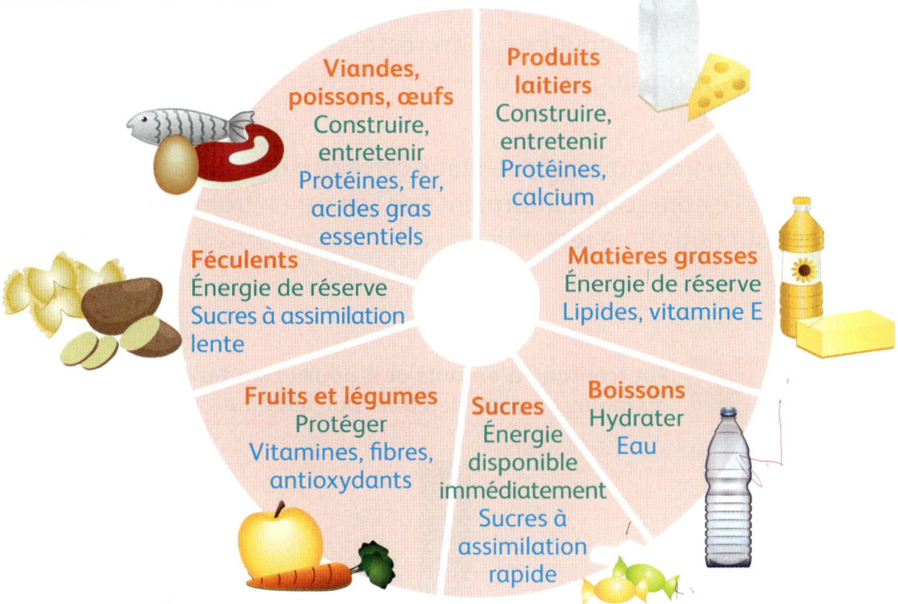

DOC. 6 La pyramide alimentaire

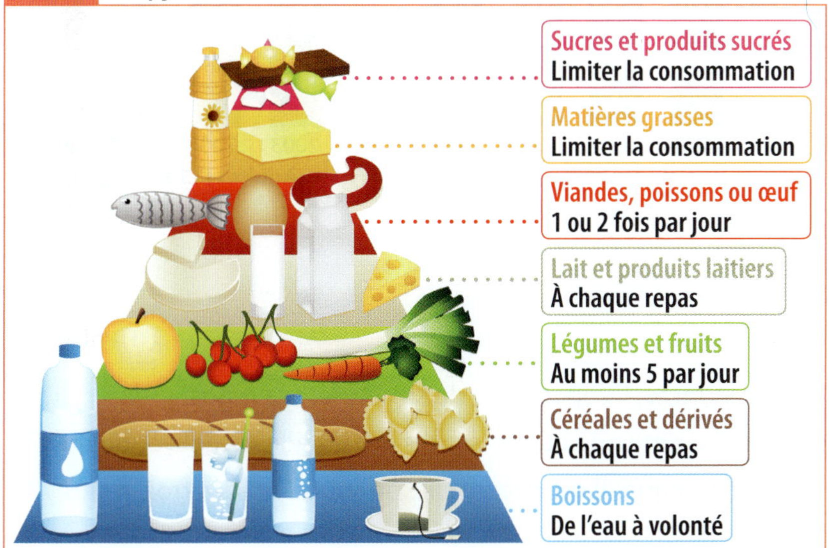

COMPRENDRE & ANALYSER

1. Identifier, pour chaque groupe d'aliments présenté dans le doc. 5, son (ses) constituant(s) alimentaire(s) principal(aux).
2. Justifier, à l'aide du doc. 6, le choix d'une pyramide pour représenter la variété et la proportion des sept groupes alimentaires.
3. Expliquer, dans le doc. 6, l'affirmation « au moins 5 par jour » pour le groupe légumes et fruits.

4 Fréquence et équilibre des repas

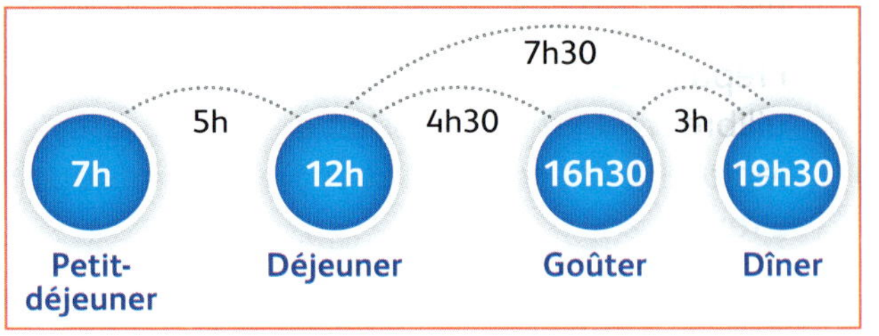

- Les nutritionnistes recommandent de se caler à heures fixes sur trois types de repas par jour avec la possibilité d'y ajouter un goûter afin de respecter ses rythmes biologiques et de donner à l'organisme des repères l'aidant à mieux réguler sa faim.
  - **Le petit-déjeuner** : premier repas qui « casse » le jeûne de la nuit ; extrêmement important, il représente environ 20 % des apports énergétiques journaliers (**AEJ**) et doit être constitué d'une boisson accompagnée de 2 à 3 aliments à choisir entre un produit céréalier, un produit laitier et un fruit.
  - **Le déjeuner et le dîner :** ils représentent respectivement 40 % et 30 % des AEJ et peuvent avoir la même structure : portion de légumes + viande, poisson ou œuf + féculents + une portion de produit laitier + un fruit + eau à volonté.
  - **Le goûter** : pour les enfants ou les adultes qui en ressentent le besoin. Il représente environ 10 % des AEJ. Il faut privilégier un à deux aliments parmi un produit laitier, un produit céréalier et un fruit.
- Le temps pris pour manger a aussi son importance. Notre cerveau a en effet besoin de temps pour recevoir des signaux de l'estomac qui l'informent que l'on est en train de manger ; il lui faut environ 20 minutes pour nous faire ressentir que nous avons suffisamment mangé.

DOC. 7 Halte aux repas déstructurés

Notre mode de vie s'accélère... Et les repas aussi : un café en guise de petit déjeuner, un sandwich avalé sur le pouce ou une pizza le soir devant la télé, l'alimentation est parfois déstructurée.

Pourtant, respecter les rythmes de la table est la première règle d'une alimentation équilibrée et d'un meilleur contrôle du poids !

© Doctissimo

DOC. 8 Pourcentage d'enfants et d'adultes sautant au moins un petit-déjeuner par semaine

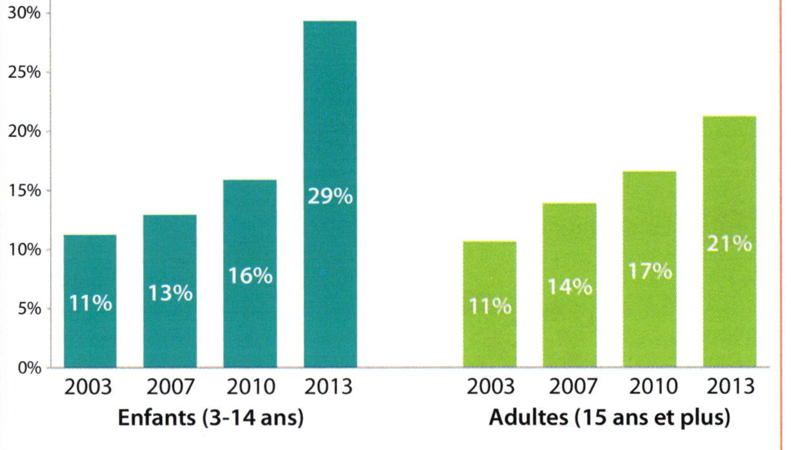

Source : CREDOC 2014.

COMPRENDRE & ANALYSER

1. Indiquer, d'après le doc. 7 et ses connaissances, l'importance de structurer ses repas.
2. Analyser le doc. 8 concernant l'évolution des petits-déjeuners sautés par les adolescents et adultes.
3. Expliquer, à l'aide de ses connaissances, pourquoi il est déconseillé de sauter un des trois repas et notamment le petit-déjeuner.

- Les portions de chaque plat sont différentes en fonction de l'âge, de l'activité physique et de l'appétit de chacun, mais le principe est de respecter le plus souvent « l'assiette santé équilibrée ».
- Un repas est suffisant en quantité lorsqu'il ne laisse pas de sensation de faim. Le menu équilibré comprend généralement une entrée, un plat principal et un dessert.
  – L'entrée : privilégier les entrées de légumes ou même de fruits. Cela permettra d'atteindre le repère nutritionnel de 5 portions de fruits et légumes par jour.
  – Le plat principal : élaborer ses plats principaux autour d'une portion de viande, de poisson ou d'œufs, accompagnés de légumes et de féculents. Il est important de veiller à ce que la quantité d'accompagnement soit supérieure à celle du produit animal.
  – Le dessert : privilégier les fruits et les produits laitiers. Ils contribuent au bon équilibre nutritionnel, tout en apportant une touche gourmande.

DOC. 9 **L'assiette santé équilibrée**

DOC. 10 **Un exemple d'assiette prise en restauration rapide**

COMPRENDRE & ANALYSER

1. Relever les proportions de chaque groupe d'aliments dans l'assiette équilibrée du doc. 9.
2. Analyser le doc. 10 et modifier au besoin cette assiette en respectant les règles de « l'assiette santé équilibrée ».
3. Proposer un déjeuner pour une personne à partir du site www.mangerbouger.fr (lienmini.fr/pse628-04).

S'entraîner
en mobilisant la démarche de résolution de problèmes

SITUATION

Djamila et **Karl** ont aménagé ensemble pour leur première fois voilà 6 mois. Habitués à ce que leurs parents leur préparent des repas équilibrés (1), ils ont pris de mauvaises habitudes alimentaires (mangent en horaires décalés devant la télévision, grignotent entre les repas…) (2). Ils ne déjeunent pas le matin (3), car ils se lèvent à la dernière minute, et à midi, ils mangent au restaurant d'entreprise un menu équilibré (4). Lorsqu'ils se retrouvent le soir, la conception de leurs dîners est compliquée ; ils se contentent alors le plus souvent de plats cuisinés surgelés très gras, très sucrés et très salés (5) ; leur budget alimentation explose et un mal-être ainsi qu'une légère prise de poids pour chacun d'eux commencent à se faire ressentir (6). Ils décident de consulter un médecin nutritionniste.

1 Identifier le problème posé

2 Identifier les éléments de la situation

Quelle est la conséquence sanitaire du problème posé ? ← Pourquoi ?

Quoi ? → *Quelle est l'origine du problème ?*

Qui ? → *Qui est concerné ?*

Quels comportements ont favorisé l'apparition du problème ? ← Comment ?

Quand ? → *À quel moment le problème a-t-il été mis en évidence ?*

3 Mettre en relation les éléments de la situation

- Associer les numéros des éléments de la situation aux lettres correspondant aux axes du diagramme « causes-effet » (exemple : D (6)).

A. Facteurs personnels

C. Choix et modes de vie

B. Alimentation

D. EFFET
(6)
Un mal-être ainsi qu'une légère prise de poids pour chacun d'eux commence à se faire ressentir.

4 Mobiliser des connaissances utiles

1. Expliquer par une phrase pourquoi les habitudes alimentaires sont variées d'un pays à un autre.
2. Citer cinq types de facteurs d'habitudes alimentaires variables d'un pays à l'autre.
3. Définir une alimentation équilibrée.
4. Indiquer un intérêt de s'informer avec le PNNS.

5 Proposer des solutions

- Proposer cinq conseils à Djamila et Karl pour avoir une alimentation équilibrée.

Retenir l'essentiel

SCHÉMA-BILAN

L'alimentation est fortement impactée par des facteurs SOCIOLOGIQUES, ÉCONOMIQUES et CULTURELS.

Le respect de la culture en matière d'alimentation peut être un besoin psychologique fort.

L'alimentation est conditionnée par le mode de vie :
- activité professionnelle ;
- repas pris à l'extérieur ;
- activité sportive ;
- vie de famille ;
- revenu, etc.

Alimentation

▼

Couvre les besoins de l'organisme (ÉNERGÉTIQUES, PLASTIQUES et FONCTIONNELS).

Les besoins de l'organisme sont liés à la personne :
- âge ;
- sexe ;
- état physiologique (grossesse, allaitement) ;
- activité physique, etc.

Les recommandations du PNNS permettent de répondre à ces besoins et garantissent l'équilibre alimentaire sur une journée.

▼

3 repas par jour

(petit-déjeuner / déjeuner / dîner)

▼

alimentation équilibrée = prévention de certaines maladies

(obésité, diabète, maladies cardiovasculaires, etc.)

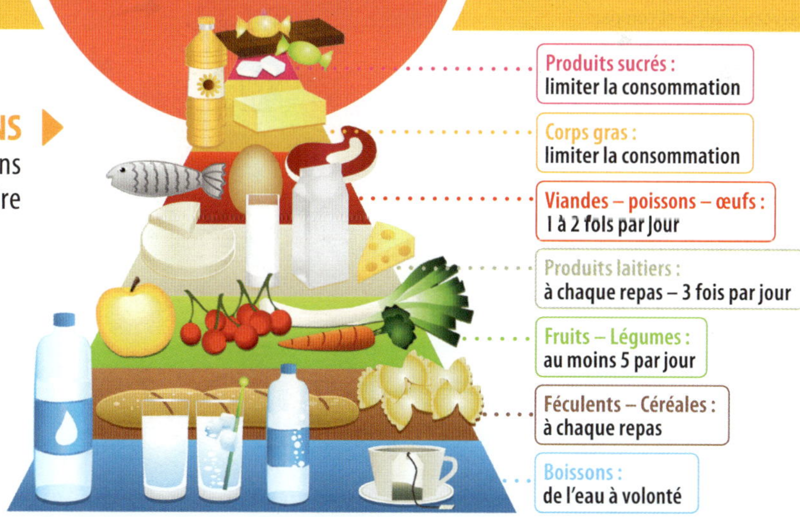

COMPLÉTER LA SYNTHÈSE

→ lienmini.fr/pse628-syn04

VÉRIFIER LES ACQUIS

QCM

→ lienmini.fr/pse628-qcm04

APPROFONDIR

SITE

→ lienmini.fr/pse628-web02

5 Se situer dans l'évolution des comportements

Objectif : agir en éco-consommateur responsable afin de se situer dans l'évolution des comportements alimentaires.

S'informer et s'approprier les connaissances utiles

Jamais l'homme n'a eu autant de choix pour se nourrir, et pourtant le paradoxe est qu'il n'a jamais autant gaspillé et doit faire face à des problèmes sanitaires conséquents liés à son alimentation.

1 Saveur et plaisir alimentaire

- Scientifiquement, le goût désigne la perception générée par les saveurs au niveau des papilles gustatives de la langue et analysée instantanément par le cerveau par le biais de nerfs. Dans le langage courant, ce que nous appelons « goût » correspond en fait à la « flaveur » qui combine les sensations recueillies par la langue, le nez et enfin l'arrière-gorge ou pharynx.
- Le goût est à 90 % d'origine olfactive ; seulement 10 % sont perçus par la langue elle-même. Mais il peut être altéré fortement par la vue, le toucher et, dans une moindre mesure, l'audition. Ainsi, goûter un aliment c'est le reconnaître par tous les sens.

DOC. 1 La détection des odeurs et des arômes

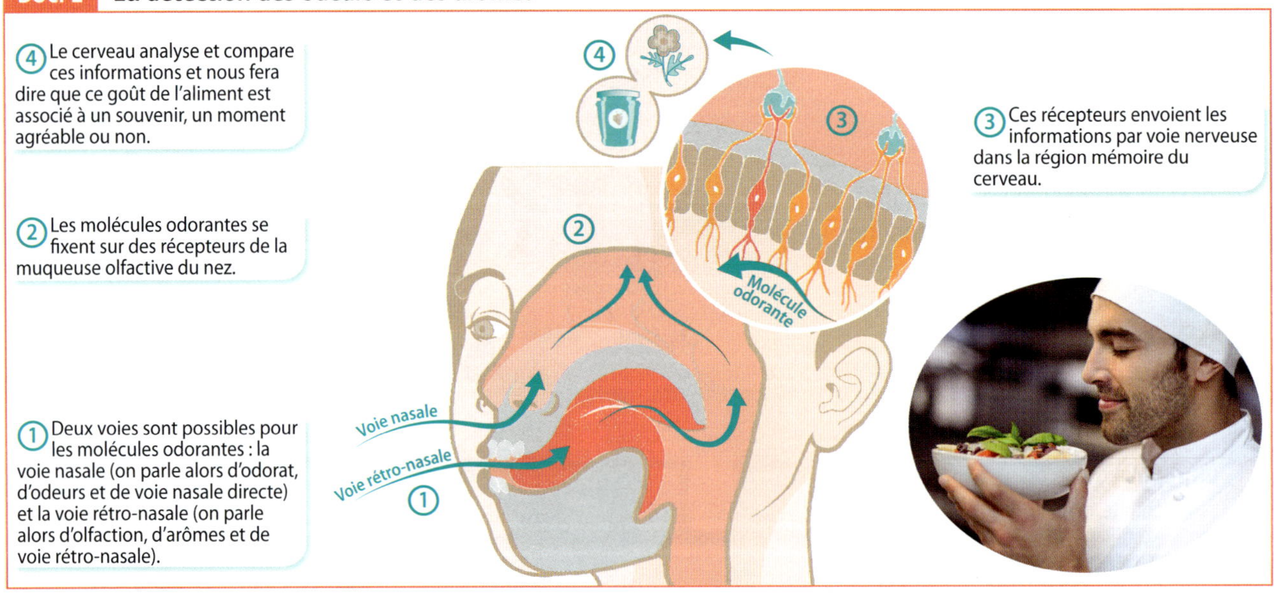

COMPRENDRE & ANALYSER

1. Définir le goût d'un point de vue scientifique.
2. Expliquer, à l'aide du doc. 1 et de ses connaissances, pourquoi la perte de l'odorat provoque la perte de perception du goût des aliments.

- Une saveur est la propriété qu'ont les molécules non volatiles issues de la digestion des aliments et dissoutes dans la salive de produire une sensation sur l'organe du goût qu'est la langue, grâce à ses nombreuses papilles gustatives qui contiennent les bourgeons gustatifs.
- Ces bourgeons du goût abritent eux-mêmes des cellules gustatives qui détectent les 5 saveurs primaires reconnues grâce à cinq types de récepteurs : sucré, salé, acide, amer et umami (« onctueux » en japonais). Chaque saveur est perçue sur toute la surface de la langue de manière un peu différente.
- Pour qu'il y ait perception, le cerveau traite les informations provenant des cellules gustatives par l'intermédiaire de nerfs en un temps très bref.

DOC. 2 **Le mécanisme de perception du goût**

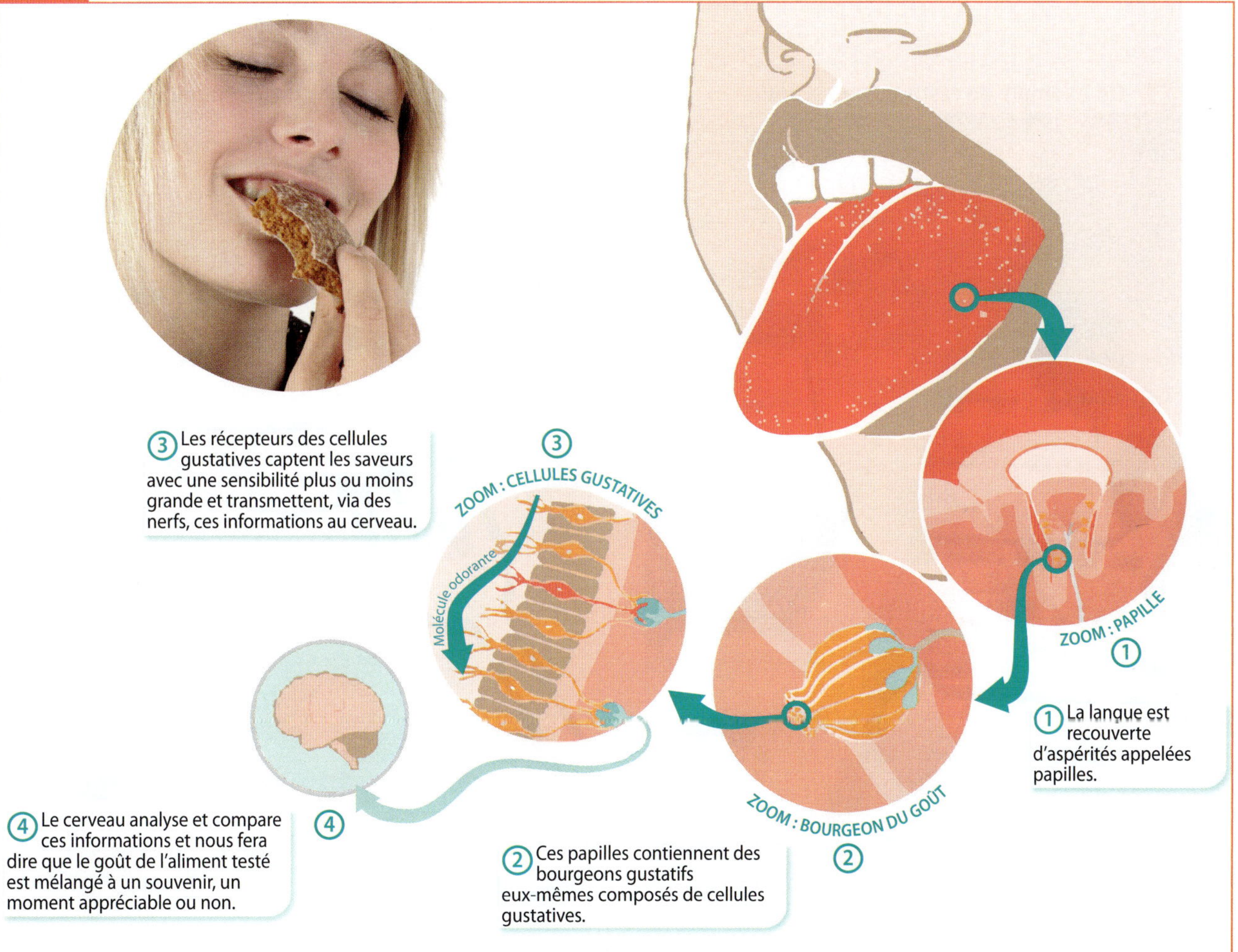

COMPRENDRE & ANALYSER

1. Définir une saveur d'un point de vue scientifique.
2. Relever les saveurs perçues par la langue.
3. Donner le rôle primordial de la salive dans la perception des saveurs.
4. Expliquer, à l'aide du doc. 2, le mécanisme physiologique de perception des saveurs par le cerveau.

- Les composantes du plaisir alimentaire peuvent se classer en deux catégories :
  – les composantes personnelles, liées à l'éducation alimentaire de chacun mais aussi à l'état de santé, à la consommation d'alcool et/ou de tabac, à la perception d'odeurs et de goûts agréables, aux rappels de souvenirs, etc.
  – les composantes environnementales, telles que la température des aliments, la mise en place d'une table soignée, le type d'ambiance du repas (notions de bruit, de lumière, de propreté, de température de la salle, d'espace pour manger, de convivialité…), l'utilisation de produits frais, la dégustation de repas faits maison, etc.
- Le 16 novembre 2010, l'**UNESCO** a inscrit « le repas gastronomique des Français » sur la liste représentative du patrimoine culturel immatériel de l'humanité. Il s'agit d'un repas festif dont les convives pratiquent, pour cette occasion, l'art du « bien manger » et du « bien boire ». Le repas gastronomique met l'accent sur le fait d'être bien ensemble, le plaisir du goût, l'harmonie entre l'être humain et les productions de la nature.

DOC. 3 Un exemple de restauration scolaire en lycée

DOC. 4 Affiche de repas gastronomique

COMPRENDRE & ANALYSER

1. Lister les composantes du plaisir alimentaire liées aux aliments.
2. Dire pourquoi le plaisir alimentaire est propre à chacun.
3. Citer, parmi les éléments du doc. 3, deux des composantes pouvant être perçues comme plaisir alimentaire et deux autres pouvant être perçues comme un non plaisir alimentaire.
4. Expliquer, à l'aide du doc. 4 et de ses connaissances, pourquoi le repas gastronomique des Français est un plaisir alimentaire.

2 Les différentes catégories de produits alimentaires

- Les produits alimentaires sont nombreux et variés ; leurs préparations se présentent sous forme de 6 gammes alimentaires.
- L'emploi du mot « frais » pour un produit (1re gamme) s'utilise si trois conditions sont réunies : posséder lors de la vente les caractéristiques organoleptiques et hygiéniques présentes lors de la production ou de la fabrication ; ne pas avoir été conservé (excepté pour les produits réfrigérés et pasteurisés) ; avoir été produit ou fabriqué depuis moins de 30 jours. Les produits frais sont à riches valeurs nutritionnelle et organoleptique, de saison, à prix abordables mais leur conservation dans le temps est limitée et ils nécessitent de savoir les cuisiner et donc d'avoir du temps.
- Un produit est dit semi-préparé ou semi-élaboré (2e à 6e gammes) quand ce dernier a subi une première transformation chez l'industriel et doit être retravaillé ou non chez le restaurateur ou le consommateur pour être servi. Ces produits sont variés et permettent au consommateur un choix multiple de conservation, un gain de temps pour les cuisiner et une conservation plus longue.

2e gamme	3e gamme	4e gamme	5e gamme	6e gamme
• Conserves (appertisés) • Stérilisés • Pasteurisés	• Surgelés	• Crus • Emballés sous atmosphère contrôlée ou raréfiée	• Cuits • Stérilisés ou pasteurisés • Conditionnés sous vide ou sous atmosphère raréfiée	• Déshydratés • Lyophilisés

DOC. 5 Carottes fraîches en vrac : 1 €/kg

DOC. 6 Carottes en rondelles : 1,40 €/kg

COMPRENDRE & ANALYSER

1. Relever trois conditions pour qu'un produit alimentaire soit qualifié de frais.
2. Citer la gamme alimentaire des produits alimentaires des doc. 5 et 6 et donner deux intérêts et deux limites pour chacun d'entre eux.
3. Justifier pourquoi un produit semi-préparé est plus cher qu'un produit frais.

3 Les compléments alimentaires et les alicaments

- Les **compléments alimentaires** sont définis par le ministère de la Santé comme « des denrées alimentaires dont le but est de compléter un régime alimentaire normal et qui constituent une source concentrée de nutriments (vitamines et minéraux) ou d'autres substances (plantes par exemple) ayant un effet nutritionnel ou physiologique ». Les substances constituant les compléments alimentaires n'exercent pas d'action thérapeutique et n'ont pas vocation à prévenir ou guérir une maladie.
- « **Alicament** » (contraction des mots « aliment » et « médicament ») est un terme marketing utilisé pour désigner un produit transformé mais aussi pour un aliment naturel qui aurait des vertus pour notre santé. N'ayant aucune reconnaissance au niveau réglementaire, ce n'est pas un médicament. D'apparence identique à l'aliment conventionnel, il est consommé dans le cadre d'une alimentation habituelle et doit apporter scientifiquement les preuves (on parle d'allégations santé) inscrites sur son emballage, au-delà de sa fonction de base de fournir des nutriments.

DOC. 7 Un exemple de complément alimentaire

DOC. 8 Un exemple d'alicament

COMPRENDRE & ANALYSER

1. Définir un complément alimentaire et un alicament.
2. Citer une caractéristique commune aux compléments alimentaires et aux alicaments.
3. Justifier le fait que le produit proposé dans le doc. 7 soit un complément alimentaire.
4. Relever le bénéfice pour la santé de l'alicament du doc. 8.

4 Les différentes formes de restauration

- **La restauration hors foyer (RHF)** comprend la restauration commerciale (environ 15 % des repas servis) et la restauration collective à caractère social (85 % des repas servis, soit en moyenne 11 millions de repas par jour).
- **La restauration commerciale** permet à chaque établissement de répondre aux attentes multiples d'une clientèle ayant des besoins spécifiques (pause déjeuner brève, repas conviviaux…) et une soif constante de nouveautés. On y trouve entre autres la sandwicherie, la restauration rapide, le fast-food, la pizzeria, le restaurant-brasserie haut de gamme, le restaurant gastronomique, etc. De prix très variables, ce type de restauration doit faire appel à la connaissance et la responsabilité du consommateur pour que celui-ci mange équilibré et à heures fixes.
- **La restauration collective** à caractère social concerne le secteur de l'enseignement, de la santé et du social (hôpitaux, maisons de retraite, établissements pénitentiaires) et du travail (restauration d'entreprises et d'administrations) et permet de proposer au client, à heures fixes, un repas complet prêt à la consommation ou de distribuer des repas surgelés ou réfrigérés, remis en température par le consommateur. Les contrôles sanitaires sont très fréquents, la traçabilité est accrue, le prix raisonnable, et ce type de restauration essaie de respecter au maximum les recommandations du PNNS.

DOC. 9 **Deux exemples de restauration commerciale**

DOC. 10 **Le logo « Fait maison »**

Depuis le 15 juillet 2014, la mention « fait maison » s'impose à tous les établissements de restauration traditionnelle ou de chaîne rapide, mais aussi aux traiteurs qui vendent des plats préparés dans leur boutique.

COMPRENDRE & ANALYSER

1. Identifier et justifier les deux formes de restauration du doc. 9.
2. Citer deux avantages et deux limites de la restauration commerciale et de la restauration collective à caractère social.
3. Décoder le logo du doc. 10 et conclure quant à l'intérêt et la limite de le voir dans un établissement de restauration.

5 Alimentation et développement durable

- Éviter une surconsommation et réduire le gaspillage alimentaire sont des éléments clés du développement durable, notion définie comme « répondant aux besoins du présent sans compromettre la capacité des générations futures à répondre aux leurs ». Elle se base sur un développement économiquement efficace, socialement équitable, écologiquement soutenable et intégrant aussi un aspect culturel.
- L'objectif 2025 des pouvoirs publics est de réduire de 50 % le gaspillage sur l'ensemble de la chaîne alimentaire (de la production agricole jusqu'à la consommation). L'atteinte de cet objectif dépend de la mobilisation de tous, des professionnels mais également des consommateurs : il faut adopter de nouvelles pratiques de consommation (adapter son régime alimentaire, faire attention à la provenance des aliments, limiter le gaspillage…).

DOC. 11 Campagne de sensibilisation au gaspillage alimentaire

© http://agriculture.gouv.fr

DOC. 12 Sticker « Les Gueules Cassées »

Les grandes enseignes font désormais la chasse au gaspillage en plaçant des stickers sur les fruits et légumes « moches » et sur les produits proches de la DLC.

© Les Gueules Cassées

COMPRENDRE & ANALYSER

1. Décoder le sens de la campagne de sensibilisation du doc. 11.
2. Proposer trois comportements écoresponsables à adopter pour éviter le gaspillage alimentaire.
3. Expliquer le titre du doc. 12 et justifier l'intérêt de cette démarche.
4. Relever dans la vidéo du site www.casuffitlegachis.fr (lienmini.fr/pse628-05) les étapes du gaspillage alimentaire avant que arrive dans nos assiettes.

6 Comportements alimentaires à risques et désordres alimentaires

- Les comportements alimentaires à risques sont des déséquilibres alimentaires dus soit à des carences (régimes, privation de certains aliments), soit à des excès (trop gras, trop salé, trop sucré) et peuvent conduire à des maladies comme le rachitisme, le diabète, l'hypercholestérolémie, l'hypertension artérielle ou encore l'obésité (le PNNS 2016-2020 cible l'obésité dans son deuxième axe). Les conduites à tenir sont d'avoir une alimentation équilibrée, de pratiquer une activité physique régulière et de se faire suivre médicalement.
- Les désordres alimentaires (ou TCA) sont l'expression d'un mal-être en rapport avec une distorsion du comportement alimentaire et qui ont des répercussions négatives sur la santé physique et mentale de l'individu. Parmi les TCA, on trouve entre autres la boulimie nerveuse et l'anorexie mentale. Les conséquences des TCA sont d'ordre physique (ostéoporose précoce, dentition détériorée…), psychologique (dépression, dévalorisation…) et sociale (isolement, relations difficiles…). Une prise en charge à la fois nutritionnelle, comportementale et psychothérapeutique est indispensable.
- La boulimie est la consommation en un laps de temps rapide d'une quantité importante ou massive d'aliments non choisis, sans aucune connotation de plaisir, sans faim ni rassasiement, avec un fort sentiment de perte de contrôle. Elle est suivie de vomissements et d'un dégoût de soi.
- L'anorexie mentale est caractérisée par une peur intense de grossir et de s'alimenter et touchent majoritairement les femmes. On distingue deux types : l'anorexie restrictive où le malade maigrit par le jeûne qu'il s'impose et l'anorexie-boulimie où les crises de boulimie terminées par des vomissements spontanés ou provoqués viennent entrecouper la restriction alimentaire.

DOC. 13 **Comportement alimentaire à risques et IMC**

IMC	Interprétation
≤ 16	Dénutrition sévère
16 < IMC ≤ 18,5	Dénutrition modérée
18,5 < IMC ≤ 25	Poids normal
25 < IMC ≤ 30	Surpoids
30 < IMC ≤ 40	Obésité modérée
IMC ≥ 40	Obésité sévère

IMC = poids (kg)/[Taille (m)]^2

COMPRENDRE & ANALYSER

1. Définir un désordre alimentaire.
2. Identifier, à partir du doc. 13, le comportement alimentaire à risques et proposer une conduite à tenir face à ce comportement.
3. Proposer un exemple nutritionnel, comportemental et psychothérapeutique de prise en charge de la boulimie.

S'entraîner
en mobilisant la démarche de résolution de problèmes

SITUATION

Julian, 30 ans, bon vivant et peu sportif (1), fuit son restaurant d'entreprise (2) et prend comme mauvaise habitude de déjeuner dans des brasseries où ses repas sont très peu équilibrés (trop gras et trop sucrés) (3). Dans la journée, il aime aussi grignoter des barres chocolatées en guise de coupe-faim (4). En l'espace de quatre mois, son IMC a bondi au point qu'il soit dans la zone de surpoids important (proche de l'obésité). Un de ses amis lui demande alors s'il n'est pas un boulimique compulsif. Des analyses médicales confirmeront une hypercholestérolémie et un surpoids important (5). Il décide de se faire suivre par un médecin nutritionniste, un psychothérapeute et un coach sportif.

1 Identifier le problème posé

2 Identifier les éléments de la situation

- Pourquoi ? → quelle est la conséquence sanitaire du problème posé ?
- Quoi ? → *Quelle est l'origine du problème ?*
- Qui ? → *Qui est concerné ?*
- Comment ? → *Quels comportements ont favorisé l'apparition du problème ?*
- Quand ? → *À quel moment le problème a-t-il été mis en évidence ?*

3 Mettre en relation les éléments de la situation

- Associer les numéros des éléments de la situation aux lettres correspondant aux axes du diagramme « causes-effet » (exemple : C (5)).

A. Comportement alimentaire

B. Comportement non alimentaire

C. EFFET
(5)
Julian a une hypercholestérolémie et un surpoids important.

4 Mobiliser des connaissances utiles

1. Expliquer pourquoi le goût n'est pas qu'une affaire de langue.
2. Citer les cinq types de saveurs.
3. Définir la boulimie et l'anorexie mentale.
4. Indiquer trois intérêts de manger dans son restaurant d'entreprise.

5 Proposer des solutions

- Proposer un conseil que le médecin nutritionniste, le psychothérapeute et le coach sportif peuvent donner à Julian.

Retenir l'essentiel

SCHÉMA-BILAN

ÉVOLUTION DES COMPORTEMENTS

Prise en compte des saveurs et recherche du plaisir alimentaire

Connaissance des produits avec leurs avantages et leurs limites

- produits frais ;
- produits semi-élaborés ;
- plats préparés industriels ;
- compléments alimentaires ;
- alicaments.

Prise en compte du développement durable lors des achats alimentaires

Éviter :
- surconsommation ;
- gaspillage ;
- indice carbone élevé.

Adopter un comportement éco-citoyen :
- produits peu transformés et emballés, biologiques, de saison ;
- achats effectués au fur et à mesure, etc.

Attitude raisonnée face à l'alimentation

Appréhension des différents modes de restauration et de leurs limites

- restauration traditionnelle ;
- brasserie ;
- fast-food ;
- snacking.

Connaissance des comportements alimentaires à risques

- trop gras, trop copieux ;
- trop salé, trop sucré.

Connaissance des désordres alimentaires

- boulimie ;
- anorexie.

Pathologies • Intérêt de l'IMC dans la surveillance du poids.

COMPLÉTER LA SYNTHÈSE

→ lienmini.fr/pse628-syn05

VÉRIFIER LES ACQUIS QCM

→ lienmini.fr/pse628-qcm05

APPROFONDIR SITE

→ lienmini.fr/pse628-web03

6 Appréhender les circuits de distribution et la qualité sanitaire des aliments

Objectif : agir en éco-consommateur responsable afin d'appréhender les circuits de distribution et la qualité sanitaire des aliments.

S'informer et s'approprier les connaissances utiles

Bien que notre alimentation soit de plus en plus mondialisée et que le commerce alimentaire connaisse de profondes mutations, les consommateurs n'en restent pas moins exigeants et soucieux de savoir ce qu'ils mangent réellement.

1 Les circuits de distribution

- Un circuit de distribution est le chemin emprunté par un produit pour rejoindre un consommateur. Il est caractérisé par sa longueur, correspondant au nombre d'intermédiaires qui se placent entre le producteur et le consommateur.

DOC. 1 Les différents circuits de distribution

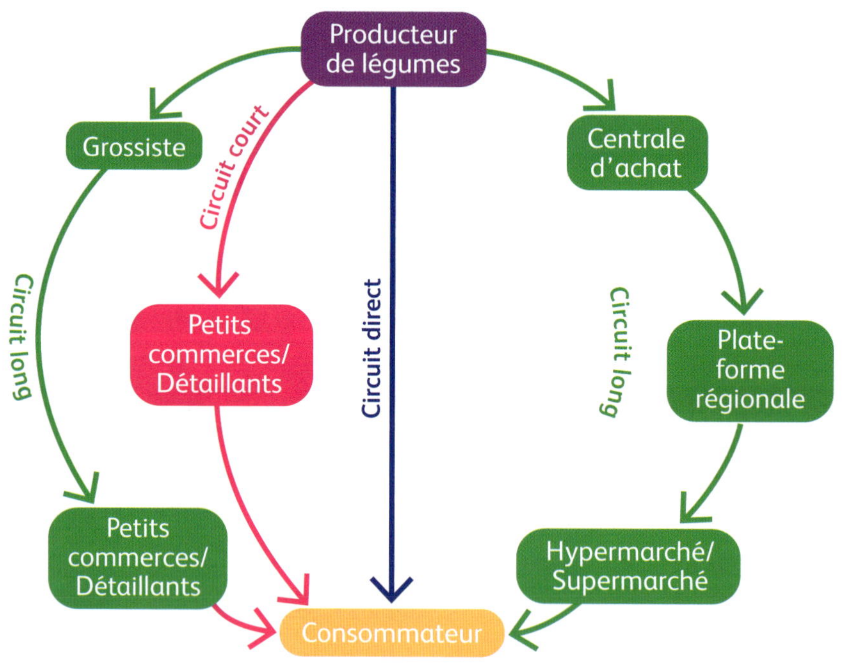

COMPRENDRE & ANALYSER

1. Définir un circuit de distribution.
2. Identifier, à l'aide du doc. 1, les différents circuits de distribution.
3. Citer, à l'aide du doc. 1, les différents intermédiaires composant chaque circuit de distribution.

- Un circuit direct (ou ultra-court) n'a recours à aucun intermédiaire et se rencontre dans la vente directe à l'usine, la vente à domicile, la vente par correspondance (effectuée directement par le fabricant), le marché des producteurs, etc.
- Un circuit court n'a recours qu'à un seul intermédiaire entre le fabricant et le consommateur. Il se rencontre dans le cas des AMAP, des groupements d'achats de paniers hebdomadaires, des commerces mobiles, des commerces de proximité, etc.

	Circuit direct	Circuit court
Avantages	Création d'un lien social ; qualité et fraîcheur des produits ; maintien des emplois locaux ; prix intéressant (pas d'intermédiaire), etc.	Qualité et fraîcheur des produits ; produits de saison (impact carbone limité) ; conseil adapté ; création d'un lien social ; proximité, etc.
Limites	Production irrégulière sur l'année ; produits du terroir exclusivement ; choix limité, etc.	Prix pouvant être élevé ; choix limité, etc.

- Un circuit long comporte au moins deux intermédiaires entre le producteur et le consommateur. On y trouve les centrales d'achat, les détaillants, les commerces de proximité, les super et hypermarchés, les hard-discounters, les achats en ligne, etc.

Avantages	Grand choix de produits et prix bas (selon le type de magasins) ; surface restreinte pour certains magasins, disponibilité 24h/24 pour la commande en ligne, peu d'attente pour le retrait en « drive », etc.
Limites	Prix plus élevés (pour les grandes enseignes) ; incitation à consommer plus ; choix restreint de produits et de qualité moyenne (selon le type de magasins) ; absence de conseils ; impact environnemental important, etc.

DOC. 2 Un nouveau concept de distribution

Le lait de « La marque des consommateurs » avec son logo « c'est qui le patron » est depuis le 2 novembre 2016 en magasin. Son cahier des charges avec des choix durables a été déterminé à 100 % par les consommateurs : alimentation des vaches garantie saine et de qualité, producteurs ayant des exploitations à taille humaine rémunérés justement. Le consommateur a ainsi un pouvoir décisionnel et a accès à un maximum d'informations.

DOC. 3 Les achats en ligne

COMPRENDRE & ANALYSER

1. Expliquer, dans le doc. 2, cette nouvelle démarche de distribution.
2. Identifier, en justifiant la réponse, le circuit de distribution présenté dans le doc. 3.
3. Donner, pour le circuit de distribution du doc. 3, deux intérêts et deux limites.

2 Le commerce équitable

■ Initialement, le commerce équitable est né de la volonté de réajuster le jeu du commerce international. Il est conçu pour assurer une juste rémunération à des petits producteurs et artisans des pays en voie de développement afin de promouvoir leur activité à long terme et d'améliorer leur niveau de vie. Ce type de commerce s'est élargi aux échanges entre pays développés. Il contribue au développement durable.

Intérêts	Limites
• Revenu juste et garanti pour le producteur. • Provenance et conditions de production du produit connus. • Création d'écoles, de centres de santé, de programmes d'alphabétisation, etc.	• Impact environnemental important pour les produits provenant de pays lointains. • Produits plus chers que la normale. • Manque de visibilité des produits.

■ Pour reconnaître et bien choisir un produit issu du commerce équitable, il faut repérer le label qui est apposé sur celui-ci. Ce label atteste qu'un certificateur externe a vérifié la conformité du cahier des charges (respect de la nature, du producteur, des droits de l'homme, qualité du produit).

DOC. 4 **Le commerce équitable en France**

Évolution du chiffre d'affaires, en millions d'euros

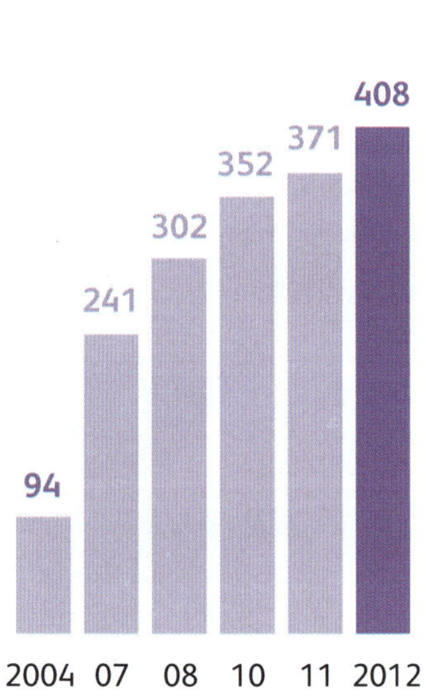

Typologie des ventes

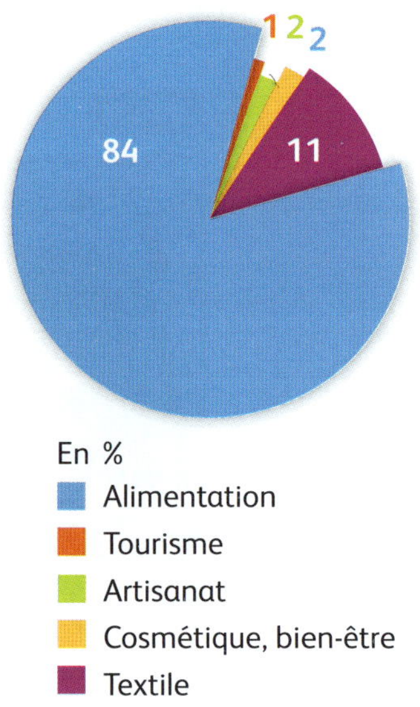

Source : plate-forme pour le commerce équitable : fairtrade international.

DOC. 5 **Les principaux labels de garantie en France du commerce équitable**

COMPRENDRE & ANALYSER

1. Expliquer l'adjectif équitable dans la notion de commerce équitable.
2. Relever les critères permettant de définir le commerce équitable.
3. Comparer, à l'aide du doc. 4, l'évolution du chiffre d'affaires du commerce équitable entre 2004 et 2012 puis conclure quant à la typologie des ventes.
4. Rechercher sur le site www.jeconsommeresponsable.fr (lienmini.fr/pse628-06) la signification des labels présentés dans le doc. 5.

3 La sécurité alimentaire

- « La sécurité alimentaire existe lorsque tous les êtres humains ont, à tout moment, un accès physique et économique à une nourriture suffisante, saine et nutritive, leur permettant de satisfaire leurs besoins énergétiques et leurs préférences alimentaires pour mener une vie saine et active » (définition de la Conférence mondiale de l'alimentation, Rome, 1996).
- Plusieurs organismes indépendants et qui communiquent entre eux assurent notre sécurité alimentaire :
  – ceux qui évaluent les risques sanitaires (**DDPP**, **InVS**, **ANSES**) ;
  – ceux qui gèrent les risques sanitaires, (**DGCCRF**, **DGAL**, **DGS**).

Liberté • Égalité • Fraternité RÉPUBLIQUE FRANÇAISE **Direction départementale de la protection des populations** Assure la qualité et la sécurité de l'alimentation. Réalise des contrôles, effectue ses enquêtes, sanctionne si fraude avérée.	**DG CCRF** Direction générale de la concurrence, de la consommation et de la répression des fraudes Contrôle la qualité et la sécurité des produits. Veille à la sécurité physique et à la santé des consommateurs (règles d'étiquetage…). Émet des avis de produits dangereux pour le consommateur.
InVS **INSTITUT DE VEILLE SANITAIRE** Met en place un dispositif de surveillance. Assure un suivi des **TIAC** au niveau national.	**anses** agence nationale de sécurité sanitaire alimentation, environnement, travail Évalue scientifiquement le risque sanitaire. Analyse des produits alimentaires.

DOC. 6 Avis de rappel émis par la DGCCRF

RAPPEL DE PRODUIT
Viande bovine / Côte à griller
N° lot / A2456591020 – DLC 19/09/2017

Marque : carnibœuf

En raison d'une non-conformité microbiologique, nous demandons à nos clients qui posséderaient ce produit de ne pas le consommer et de le rapporter au magasin d'achat. Il leur sera remboursé.
Un centre d'information se tient à la disposition des consommateurs pour répondre à leurs questions au numéro suivant :

APPEL GRATUIT
N° Vert 0800

DOC. 7 Données épidémiologiques de l'InVS

En 2014, 1 380 foyers de toxi-infections alimentaires collectives (**TIAC**) ont été déclarés en France, affectant 12 109 personnes, dont 649 (5 %) ont été hospitalisées et 2 sont décédées. Par rapport à 2013, le nombre de TIAC est en légère augmentation (+ 2,5 %) […].

© InVS

COMPRENDRE & ANALYSER

1. Relever le nom des organismes d'évaluation des risques sanitaires.
2. Justifier l'intervention de la DGCCRF dans le **doc. 6**.
3. Donner, à l'aide du **doc. 7**, l'un des principaux rôles de l'InVS.

- Quinze associations agréées interviennent au plan national pour défendre les consommateurs. Elles relèvent toutes de la loi du 1er juillet 1901, sont indépendantes et à but non lucratif.
- Ces associations de consommateurs siègent dans des instances locales, régionales ou nationales comme le CNC où elles représentent les consommateurs. Elles les conseillent et les aident à régler les litiges de la vie quotidienne, soit à l'amiable, soit par l'action en justice (elles sont habilitées à défendre en justice l'intérêt collectif des consommateurs et à demander réparation des préjudices).
- Elles peuvent aussi agir à titre préventif, par exemple pour demander le retrait du marché d'un produit dangereux. Elles peuvent également saisir les organismes officiels comme l'ANSES, l'Autorité de la concurrence ou la Commission des clauses abusives.

DOC. 8 **Quelques associations de consommateurs spécialisées dans l'alimentation**

INDECOSA – la cgt – CONSOM' ACTION

CLCV – Consommation logement et cadre de vie – citoyens au quotidien

Familles de France

Familles rurales – Vivre mieux !

DOC. 9 **Focus sur UFC-Que choisir**

UNION FEDERALE DES CONSOMMATEURS QUE CHOISIR

233, Boulevard Voltaire – 75011 Paris
Tél : 01 43 48 55 48 / Fax : 01 43 48 44 35 / Internet : www.quechoisir.org

UFC QUE CHOISIR

[...] Plus ancienne association de consommateurs en Europe. Totalement indépendante de l'État, des entreprises, des partis politiques et des syndicats [...].

Domaines d'intervention : • Alimentation : sécurité sanitaire et étiquetage des aliments ; lutte contre les produits déséquilibrés [...] / • Énergie : lutte contre les excès tarifaires des tarifs réglementés ; promotion d'une réelle maîtrise de la consommation énergétique par les consommateurs / • Environnement : pollution, pénurie et prix de l'eau ; lutte contre les déchets / • Finances : accès aux services bancaires, tarification, crédit à la consommation [...] / • Santé : accès géographique et financiers aux soins [...] / • Technologies de l'information et de la communication : [...] couverture et qualité de l'Internet mobile.

Actions marquantes dans l'alimentation : [...] impliquée au début des années 90 : dans le dossier de la « vache folle », elle demande en 1997 la traçabilité et l'étiquetage de la viande bovine [...] inform[e] les consommateurs sur les dangers pour la santé de certains aliments [...] (les excès de sucre en 2003) [...].

© INC – 2015

COMPRENDRE & ANALYSER

1. Relever, dans le doc. 8, le nom de trois associations de consommateurs et indiquer leurs rôles.
2. Définir, à l'aide du doc. 9, le sigle UFC et expliquer ce nom.
3. Expliquer, à l'aide du doc. 9, pourquoi UFC-Que choisir est un acteur important dans la sécurité alimentaire.

4 La traçabilité et les signes de qualité sur l'étiquetage

- Selon la réglementation européenne, la traçabilité est avant tout un outil technique industriel qui correspond à la capacité de suivre les déplacements d'un aliment parmi des stades précis de la production, de la transformation et de la distribution.
- Sur l'étiquette des produits alimentaires doivent figurer des mentions obligatoires. Pour les denrées alimentaires préemballées (conditionnées dans un emballage avant leur présentation à la vente), on doit trouver : la dénomination de vente (1), l'origine (2), la liste des ingrédients et la présence de certains allergènes (3), la quantité nette de produit (4), la **DLC** « à consommer jusqu'au » ou la **DDM** « à consommer de préférence avant… » (5), l'identification du fabriquant (6), le mode d'emploi si la denrée nécessite un usage approprié ou une conservation spécifique (ex. : à conserver dans un endroit sec) (7), la déclaration nutritionnelle (8), le numéro du lot de fabrication (9), le titre alcoométrique volumique acquis (10).
- Pour les denrées alimentaires non préemballées, une affichette doit être placée à proximité du produit à la vente et mentionner : la dénomination de vente, la présence d'allergènes, l'état physique du produit, le prix de vente.

DOC. 10 Un exemple d'étiquetage

- Certains produits alimentaires ont des signes de qualité appelés « labels ».

Signes de qualité	Garantie
Label Rouge	Il atteste que l'aliment possède des caractéristiques qui lui confèrent une qualité supérieure à son équivalent sur le marché.
Agriculture biologique (**AB**) et son logo européen obligatoire	Ils indiquent qu'au moins 95 % des ingrédients sont issus de l'agriculture biologique (emploi d'engrais verts, pesticides naturels). Le produit fini contient moins de 0,9 % d'**OGM**.
Appellation d'origine protégée (**AOP**) et indication géographique protégée (**IGP**)	AOP : produit dont la production, la transformation et l'élaboration ont lieu dans une aire géographique déterminée, avec un savoir-faire reconnu et constaté. IGP : produit dont au moins une des étapes de fabrication citées pour l'AOP a eu lieu dans une aire géographique précise.

COMPRENDRE & ANALYSER

1. Indiquer l'intérêt de la traçabilité pour le consommateur.
2. Justifier la qualité du produit du doc. 10 et relever trois mentions obligatoires.
3. Expliquer la différence entre DLC et DDM.

S'entraîner
en mobilisant la démarche de résolution de problèmes

SITUATION

Manon, 20 ans, qui habitait auparavant dans une commune rurale, a rejoint Steve, 22 ans, à Paris. Le changement d'environnement (1), un budget limité (2) et le manque de temps (3) sont des obstacles à ses habitudes de consommation. Manon, pour qui qualité et achat responsable sont essentiels (commerce équitable (4), agriculture biologique (5), traçabilité (6)), est désorientée face à la multitude de magasins (7) et à la variété des étiquettes (8) sur les produits. Steve lui explique qu'au contraire ses habitudes ne vont pas changer, car elle va trouver les produits désirés en organisant ses achats (9).

1 Identifier le problème posé

2 Identifier les éléments de la situation

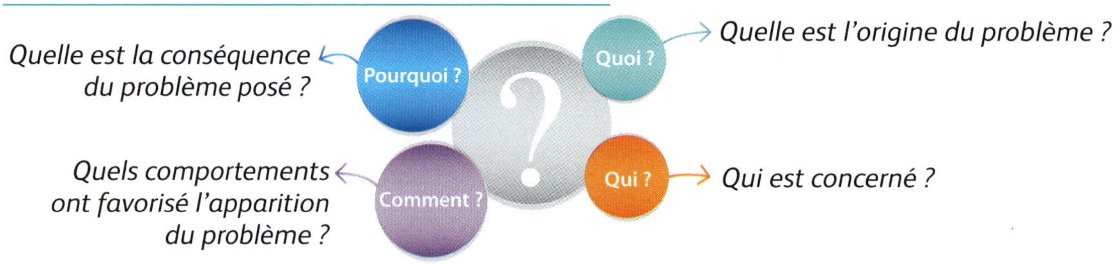

3 Mettre en relation les éléments de la situation

- Associer les numéros des éléments de la situation aux lettres correspondant aux axes du diagramme « causes-effet » (exemple : D(9)).

A. Éléments liés au couple

B. Facteurs liés à l'environnement d'achat

C. Critères recherchés pour l'achat des produits

D. EFFET (9) Manon va organiser ses achats.

4 Mobiliser des connaissances utiles

1. Définir un circuit de distribution.
2. Expliquer le principe du commerce équitable.
3. Citer les deux grands types d'acteurs de la sécurité alimentaire.
4. Citer cinq mentions obligatoires et deux signes de qualité d'une étiquette alimentaire.

5 Proposer des solutions

- Indiquer et justifier les conseils que l'on peut donner à Manon concernant :
– les lieux d'achat ;
– le type de produits à acheter pour assurer un développement durable ;
– la lecture des étiquettes des produits alimentaires.

Retenir l'essentiel

SCHÉMA-BILAN

Je contrôle le prix, la qualité, l'origine

Au marché ← **j'achète** → équitable

Producteur

- 1 intermédiaire → 1 autre intermédiaire → Consommateur : Circuit long
- 1 intermédiaire → Consommateur : Circuit court
- Consommateur : Circuit direct

Consommateur

Je lis les étiquettes

Mentions obligatoires

- Origine
- DLC ou DDM
- Adresse du fabricant
- Poids net
- N° de lot
- Mode d'emploi
- Composition
- Dénomination de vente
- Taux d'alcool si > à 1,2 % d'alcool en volume
- Valeur nutritionnelle

- Respect de la nature, du producteur
- Droits de l'homme (femme, enfant)
- Salaire juste
- Qualité du produit

Qualité

Traçabilité : connaître le trajet du produit

Organismes chargés de veiller à la qualité sanitaire des aliments

DDPP (Direction départementale de la protection des populations) : Sur le terrain, effectue des contrôles (élevages, abattoirs, commerces...).

InVS (Institut de veille sanitaire) : Donne son avis en cas de crise.

ANSES : Expertises scientifiques

COMPLÉTER LA SYNTHÈSE
→ lienmini.fr/pse628-syn06

VÉRIFIER LES ACQUIS (QCM)
→ lienmini.fr/pse628-qcm06

APPROFONDIR (VIDÉO)
→ lienmini.fr/pse628-vid03

7 Adopter une attitude critique et responsable vis-à-vis des conduites addictives

Objectif : agir en citoyen responsable vis-à-vis des comportements à risques et des conduites addictives.

S'informer et s'approprier les connaissances utiles

La consommation d'alcool, de tabac, de cannabis, ainsi que des conduites addictives sans produit (jeux vidéo, téléphone portable...) sont en augmentation malgré une réglementation de plus en plus stricte et la multiplication des campagnes de prévention.

1 Facteurs de prise de risque et phénomène d'addiction

- Une prise de risque est le fait d'augmenter la probabilité de rencontrer un danger avec des conséquences plus ou moins graves pour la santé.
- Les facteurs de prise de risque sont nombreux et variés. Parmi eux, on trouve le produit, le mode de consommation, la polyconsommation, la dose, la fréquence et la durée de consommation, la situation (consommer est plus risqué à certains moments de sa vie), la personne (âge, état physique et psychologique au moment de la consommation...), etc.

DOC. 1 **Principales expérimentations* de psychoactifs suivant l'âge et le sexe (en %)**

	Ensemble 2014	18-25 ans	26-34 ans	35-44 ans	45-54 ans	55-64 ans	Hommes	Femmes
Effectifs	*n = 13 039*	*n = 1 809*	*n = 2 271*	*n = 3 021*	*n = 3 048*	*n = 2 890*	*n = 6 127*	*n = 6 912*
Alcool	95	92	93	95	97	98	97	94
Tabac	82	79	82	81	83	83	86	78
Cannabis	42	54	59	47	35	19	50	33
Poppers	7,3	11,7	11,5	8,2	5,7	1,1	9,9	4,7
Cocaïne	5,6	7,1	10,2	6,4	4,2	1,4	8,3	3,1
Champignons hallucinogènes	4,8	6,6	8,4	5,4	3,2	1,3	6,8	2,8
MDMA/ecstasy	4,3	7,0	8,4	5,3	1,9	0,2	6,1	2,5

Source : Baromètre santé 2014, INPES, exploitation OFDT.

*Expérimentation : au moins un usage au cours de la vie (cet indicateur sert principalement à mesurer la diffusion d'un produit dans la population).

- Une addiction se manifeste par l'impossibilité répétée de contrôler un comportement et la poursuite de ce dernier en dépit de la connaissance des conséquences négatives ; l'individu ne peut plus se passer du produit ou de son activité sans en ressentir un manque.

COMPRENDRE & ANALYSER

1. Définir un facteur de prise de risque.
2. Citer quatre facteurs de prise de risque.
3. Proposer, à l'aide du doc. 1, une explication concernant le fort pourcentage lié à l'expérimentation du tabac et de l'alcool chez les jeunes âgés de 18 à 25 ans.

■ Les addictions sont des pathologies définies par une dépendance à une substance psychoactive ou à une activité avec des conséquences nuisibles pour la santé.

■ Le mécanisme de l'addiction s'effectue en plusieurs étapes :

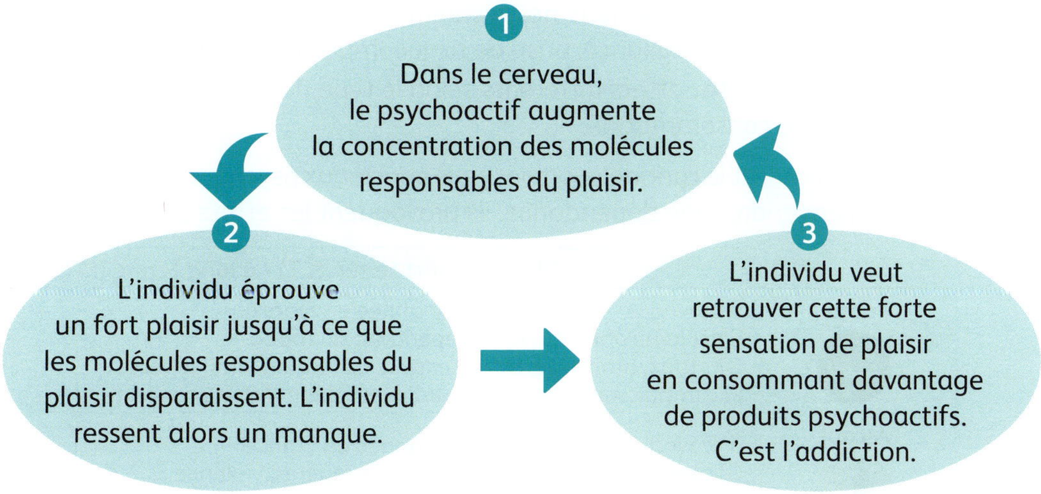

■ Concernant certaines addictions comportementales, le développement des nouvelles technologies (Internet, smartphone, tablette…) permet de jouer et d'être connecté quasiment en tout lieu et à tout instant, générant ainsi de nouvelles formes d'addiction.

DOC. 2 **Le mécanisme de l'addiction : exemple de la cocaïne**

❶ La cocaïne se fixe sur des récepteurs et bloque le système de recapture de la dopamine (molécule responsable de la sensation de plaisir).

❷ La dopamine reste donc en contact prolongé avec le second neurone qui est sans cesse activé : la sensation de plaisir est prolongée artificiellement.

❸ Le cerveau s'en remet à cette drogue pour avoir un niveau élevé de plaisir.

❹ Un risque de dépression et un sentiment de manque se ressentent après un arrêt d'apport extérieur de cocaïne et un retour à la normale du taux de dopamine.

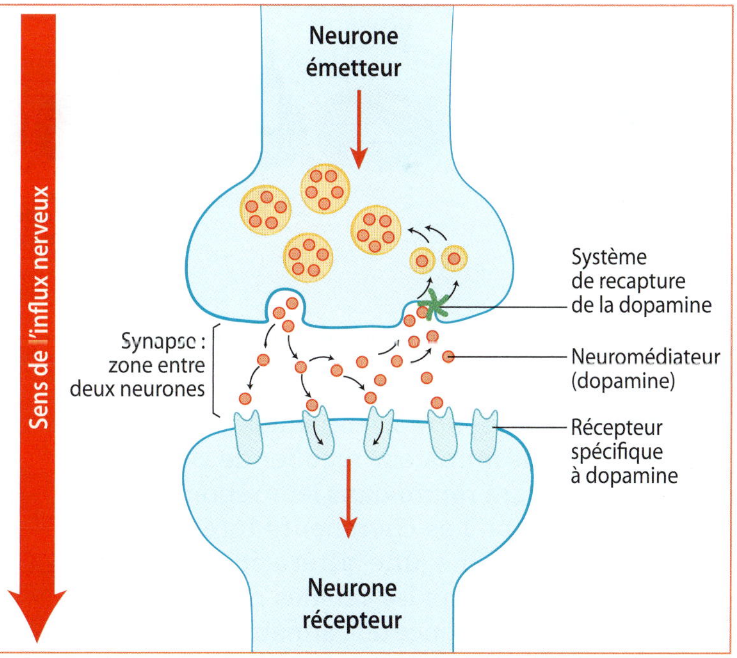

COMPRENDRE & ANALYSER

1. Caractériser une addiction et une substance psychoactive.
2. Citer, à l'aide de ses connaissances, deux addictions comportementales.
3. Expliquer, à l'aide du doc. 2, le mécanisme de l'addiction.

2 Effets des conduites addictives et de la polyconsommation

- Les substances psychoactives et les addictions comportementales ont des effets sur :
  - **le plan social** : isolement, agressivité, difficultés financières, etc. ;
  - **le plan personnel** : absentéisme, accidents du travail, décrochage scolaire, baisse de concentration et de vigilance, prise de risque importante, etc. ;
  - **le plan de la santé** : effets différents selon le type de produit, la dose administrée et la fréquence de consommation.

- Le tabac, l'alcool et le cannabis sont les trois principaux psychoactifs consommés en France. En plus d'engendrer une dépendance, ils provoquent les effets suivants :

	Effets à court terme (CT) / à long terme (LT)
Tabac	Il provoque 73 000 décès par année en France. C'est la nicotine qui rend dépendant au tabac. CT : toux, bronchite, hypertension, excitation, mal de tête… LT : Impuissance, maladie cardiovasculaire (MCV), cancers…
Alcool	Il provoque 50 000 décès par année en France. CT : nausées, perte d'équilibre et de repères, violence… LT : cancer, cirrhose, hépatite, troubles psychiques, MCV…
Cannabis	Le THC (tétrahydrocannabinol) est la substance active. CT : euphorie, somnolence, baisse de motivation, palpitations… LT : troubles psychiques, anxiété, cancers de la gorge et de la bouche…

DOC. 3 Part des usagers développant une dépendance à la substance consommée

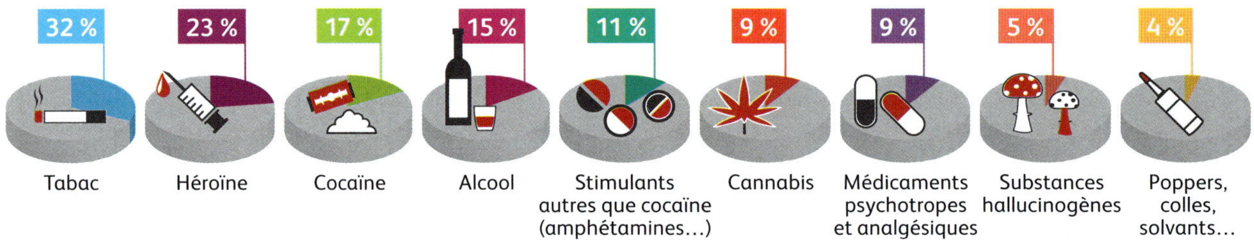

Source : www.inserm.fr

DOC. 4 Effets du cannabis sur le fonctionnement de l'œil

Menée pour la première fois sur l'être humain, cette recherche montre scientifiquement que les yeux d'un consommateur régulier de cannabis ont un important retard dans leur réponse à un signal lumineux. Les chercheurs interprètent ce résultat comme une altération dans la communication entre les cellules nerveuses de la rétine sous l'influence du cannabis. La qualité de la vision est importante dans de nombreux actes de la vie quotidienne, en particulier dans la conduite automobile. À ce titre, les équipes de recherche vont poursuivre leurs explorations pour estimer les conséquences de ce retard rétinien sur l'ensemble de la fonction visuelle.

© MILDECA, 14/12/2016.

COMPRENDRE & ANALYSER

1. Relever trois effets liés aux conduites addictives au niveau personnel.
2. Citer, à l'aide de ses connaissances, trois symptômes d'addiction aux jeux vidéo.
3. Indiquer, dans l'ordre décroissant, les quatre produits du doc. 3 qui développent une très forte dépendance.
4. Expliquer, à l'aide du doc. 4, l'effet constaté du cannabis sur l'œil. En déduire les conséquences au niveau de la conduite automobile ou de la sécurité au travail.

- La polyconsommation est définie comme l'usage régulier et répété dans le temps, avec une certaine fréquence ou un usage concomitant (simultanément ou successivement dans un temps très court) d'au moins deux substances psychoactives. Conjugués, les effets des produits sont modifiés et amplifiés, entraînant des risques d'apparition de troubles plus graves pour la santé à court, moyen et long termes.

DOC. 5 **Polyconsommations régulières en 2014 (%)**

Si, en 2014, seuls 8 % des adolescents de 17 ans n'avaient encore jamais expérimenté ni le tabac, ni l'alcool, ni le cannabis, à l'inverse sept sur dix (68,1 %) avaient déjà expérimenté au moins deux de ces trois substances et près de la moitié (45,2 %) les avaient toutes essayées.

Source : ESCAPAD 2014 (OFDT) et baromètre santé 2014 (INPES).

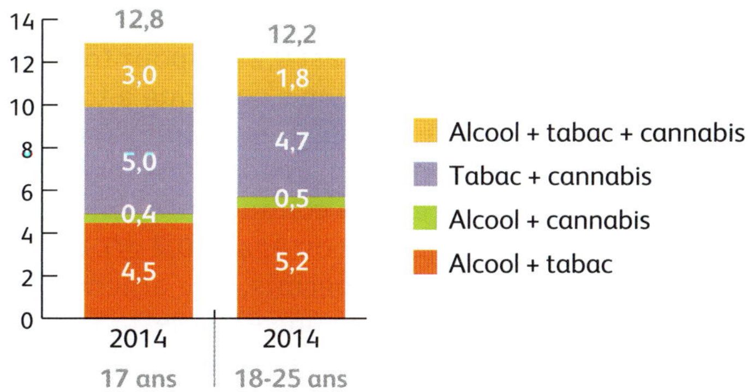

DOC. 6 **La polyconsommation à base d'alcool et ses risques**

ASSOCIATIONS DE PRODUITS		RISQUES IMMÉDIATS / À COURT TERME
Alcool ⊕ cannabis		Risques d'accidents démultipliés (conduite de véhicules, utilisation de machines) : • Conduire sous cannabis double le risque d'être responsable d'un accident mortel. • Conduire après avoir bu de l'alcool multiplie par 8,5 ce risque. • Conduire après avoir « cumulé » cannabis et alcool multiplie par 15 ce risque. Chez certains usagers, risque de crise d'angoisse ou de panique accru.
Alcool ⊕ médicaments psychoactifs		Risque de somnolence et d'accidents (conduite de véhicules, utilisation de machines).
Alcool ⊕ cocaïne		Risque de coma éthylique accru, risques cardiaques accrus (troubles du rythme cardiaque, infarctus, arrêt cardiaque…).
Alcool ⊕ ecstasy		Risques cardiaques accrus, risque de déshydratation et d'hyperthermie accru.
Alcool ⊕ héroïne		Risque de surdose accru.

Source : INPES

COMPRENDRE & ANALYSER

1. Définir la polyconsommation.
2. Analyser, à l'aide du doc. 5, la polyconsommation régulière chez les mineurs.
3. Expliquer, à l'aide du doc. 6 et de ses connaissances, pourquoi une polyconsommation a un impact sur la santé plus important qu'une consommation « simple ».

3 Le cadre légal des substances psychoactives

- Les substances psychoactives se classent en deux catégories :
  - Les **substances licites réglementées** sont celles dont l'usage et la vente sont autorisés par la loi mais légiférés. C'est le cas notamment de l'alcool, du tabac, des médicaments psychoactifs (anxiolytiques, somnifères, antidépresseurs…), du poppers, etc.

DOC. 7 L'alcool et le permis probatoire

[…] Le taux d'alcool autorisé est 0,2 g/L pour tous les permis probatoires. La réglementation s'applique à tous les jeunes conducteurs pendant 3 ans après l'obtention du permis, 2 ans si celle-ci est précédée d'un apprentissage par conduite accompagnée […]. Les jeunes conducteurs contrôlés avec un taux d'alcoolémie supérieur ou égal à 0,2 g/L encourent un retrait de 6 points sur leur permis, une amende forfaitaire de 135 €, une immobilisation du véhicule. […] Les accidents de la route sont la 1re cause de mortalité et de handicap des 18-25 ans et dans un 1/4 de ces accidents, une alcoolémie excessive en est la cause. Un conducteur novice a 4 fois plus de risque d'être impliqué dans un accident mortel. […]

© www.securite-routiere.gouv.fr

  - Les **substances illicites** sont celles dont l'usage et le trafic sont interdits et punis par la loi. C'est le cas du cannabis, de la cocaïne, de l'héroïne, de l'ecstasy, de la morphine, du LSD (appelée aussi « acide »), des champignons et plantes hallucinogènes, etc.

DOC. 8 Usage et trafic de produits stupéfiants en France

- **Usage :** l'usage peut être puni de 1 an d'emprisonnement et de 3 750 € d'amende. En revanche, si le cannabis est destiné à la revente ou à plusieurs usagers, les peines appliquées seront plutôt celles du trafic. Le procureur de la République peut demander de prendre contact avec une structure de soins (injonction thérapeutique) ou avec toute autre structure éducative ou sociale.
- **Conduite après usage de stupéfiants :** conduire après avoir fait usage de stupéfiants est passible de 2 ans d'emprisonnement et de 4 500 euros d'amende, peines portées à 3 ans et 9 000 euros si l'usage de stupéfiants se double d'une alcoolémie supérieure au taux légal.
- **Trafic :** proposer, même gratuitement, des stupéfiants est un acte de trafic dont la peine est de 5 ans d'emprisonnement et 75 000 euros d'amende maximum et peut être portée à 10 ans d'emprisonnement s'il est commis à l'encontre d'un mineur, dans ou à proximité d'un établissement scolaire ou dans les locaux d'une administration. Le fait d'inciter quelqu'un à consommer est aussi sévèrement sanctionné.

© www.drogues-info-service.fr

COMPRENDRE & ANALYSER

1. Différencier une substance licite d'une substance illicite.
2. Justifier, à l'aide du doc. 7, l'affirmation : « tolérance zéro pour le permis probatoire ».
3. Préciser, à l'aide du doc. 8, si le simple usage de stupéfiants est puni ou non par la loi.
4. Relever, dans le doc. 8, la sanction prévue en cas de proposition de stupéfiants à un tiers.

4 Prévention et structures d'accueil, d'aide et de soutien

- Concernant la prévention individuelle, il appartient à chacun de connaître son niveau d'addiction, de se responsabiliser en évitant par exemple de fréquenter des lieux où la présence de psychoactifs est connue, de ne pas se laisser entraîner la première fois, de ne pas conduire en ayant consommé des substances psychoactives, d'en parler à un professionnel.
  Au niveau du comportement, il est prudent lors de sorties de désigner une personne qui ne consomme pas de substances psychoactives et qui sera le conducteur, de s'informer et de se sensibiliser aux risques (via Internet, la télévision, la radio…), de ne pas stigmatiser les personnes « addict » à un produit et/ou un comportement, etc.

- Concernant les mesures de prévention collectives mises en place par l'État, elles permettent de protéger et d'informer les citoyens. Citons par exemple :
  - des lois comme la loi Evin (1991, modifiée en 2006 pour étendre l'interdiction de fumer à d'autres lieux à usage collectif) ; celle qui règlemente la circulation et la vente d'alcool interdite aux mineurs ;
  - des campagnes d'information sur les dangers des comportements addictifs sans produit (addiction aux jeux d'argent…) et des substances psychoactives (cannabis, tabac avec la présence sur les paquets d'images choquantes et de la mention « Fumer tue »…).

- Les missions gouvernementales et les structures d'accueil d'aide et de soutien sont nombreuses :
  - la mission interministérielle de lutte contre les drogues et les conduites addictives (**MILDECA**) coordonne les actions de l'État au niveau de la prévention, de la recherche et de la lutte contre les trafics. La MILDECA a mis en place le MAAD-Digital, nouveau site web élaboré pour et par les jeunes.
  - localement, on trouve les centres de soins d'accompagnement et de prévention en addictologie (**CSAPA**) et les consultations jeunes consommateurs (**CJC**) qui sont installés en ville ou dans l'enceinte d'un hôpital (où se trouve aussi des consultations spécialisées en addictologies) ; les points d'accueil écoute jeunes (**PAEJ**) ; les maisons des adolescents, etc.

DOC. 9 Prévention routière

© DSCR

DOC. 10 Les CJC

© DSCR / Santé Publique France.

COMPRENDRE & ANALYSER

1. Citer quatre mesures de prévention individuelle contre les conduites addictives
2. Expliquer l'intérêt de l'affiche présentée dans le doc. 9.
3. Indiquer le rôle de la MILDECA.
4. Décoder le sigle CJC du doc. 10 et donner trois de ses rôles.
5. Aller sur le site www.maad-digital.fr ; préciser son intérêt puis répondre au quiz (lienmini.fr/pse628-07).

S'entraîner
en mobilisant la démarche de résolution de problèmes

SITUATION

Manon, 17 ans, est fumeuse (1 paquet par jour) (1) et accro aux jeux vidéo (5 h/jour) (2). Elle se reconnaît dans l'article suivant : « Alcool (3), cannabis (4), tabac et jeux vidéo sont des consommations de plus en plus régulières (5) pour les adolescents français qui ont un réel impact sur leur santé. Ces faits s'avèrent d'autant plus inquiétants qu'ils expérimentent à la fois alcool, tabac et cannabis (polyconsommation) (6) à un âge où le cerveau qui poursuit sa maturation est particulièrement fragile et où la personnalité est en pleine construction. Si cette folie de l'excès (7) disparaît souvent avec l'âge, les jeunes sont plus sensibles que les adultes aux effets neurotoxiques de l'alcool et du cannabis, ils deviennent vite accros. » (8)

1 Identifier le problème posé

2 Identifier les éléments de la situation

3 Mettre en relation les éléments de la situation

- Associer les numéros des éléments de la situation aux lettres correspondant aux axes du diagramme « causes-effet » (exemple : C (8)).

A. Produits consommés → B. Modes de consommation → **C. EFFET** (8) Les jeunes deviennent vite accros.

4 Mobiliser des connaissances utiles

1. Expliquer par une phrase l'addiction.
2. Citer deux types d'addiction.
3. Différencier une substance illicite d'une substance licite réglementée.
4. Indiquer deux types de structures permettant de faire face aux addictions.

5 Proposer des solutions

- Proposer trois actions permettant aux jeunes et donc à Manon d'être moins « accros » à toutes substances ou activités liées aux jeux vidéo.

Retenir l'essentiel

SCHÉMA-BILAN

Usage simple

Conséquences moindres en cas d'usage modéré et occasionnel de produits licites.

Prise de produits dits produits addictifs

- **licites :** tabac, alcool, médicaments
- **illicites :** cannabis, ecstasy, cocaïne, etc.

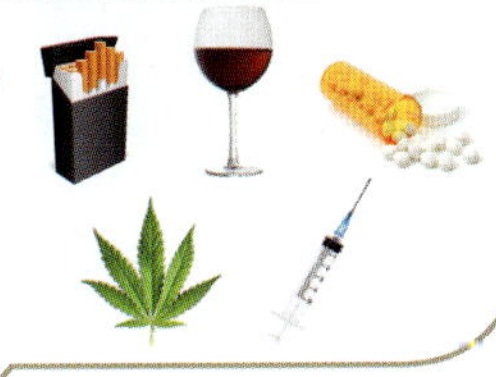

Remarque : il existe aussi des dépendances sans prise de produits.

- jeux
- téléphone
- Internet

Usage

Phénomène d'addiction
Dépendance et état de manque

Conséquences sur l'organisme

Effets :
- **à court terme :** selon les produits, modification du comportement, euphorie, diminution de la vigilance, des réflexes et de la vue, etc.
- **à long terme :** atteinte des divers appareils et systèmes : cancers, troubles cardiovasculaires, troubles de la mémoire, cirrhose, etc.

Conséquences sociales et professionnelles

Selon les produits :
- favorise l'échec scolaire et le décrochage ;
- perte de l'estime de soi ;
- difficultés relationnelles ;
- difficultés financières ;
- accidents du travail ;
- risque d'accidents de la circulation (du trajet) ;
- peut conduire au licenciement.

Cadre légal

Mesures préventives et / ou répressives

- **Dans l'entreprise :** interdiction de fumer, d'introduire et de consommer des boissons alcoolisées et substances illicites (sanctions prévues dans le règlement intérieur pouvant aller jusqu'au licenciement).
- **Actions individuelles** de prévention : laisser le volant à celui qui ne boit pas, se faire aider pour arrêter de fumer, choisir des jeux vidéo adaptés, faire du sport, etc.

Accueil / Aide / Soutien

- **Dans l'entreprise :** médecin du travail
- **À l'extérieur :** structures d'aide

ADALIS

MILD & CA
drogues.gouv.fr
La MILDECA

CSAPA
Les CSAPA

COMPLÉTER LA SYNTHÈSE
→ lienmini.fr/pse628-syn07

QCM
VÉRIFIER LES ACQUIS
→ lienmini.fr/pse628-qcm07

SITE
APPROFONDIR
→ lienmini.fr/pse628-web04

8 Prévenir les infections sexuellement transmissibles (IST)

Objectif : adopter un comportement responsable en matière de sexualité.

S'informer et s'approprier les connaissances utiles

Les infections sexuellement transmissibles ou IST sont transmises par voie sexuelle. Leur prévention doit être le souci de chacun, notamment lors de la vie sexuelle.

1 Les principales IST

DOC. 1 Principales IST autres que le sida et l'hépatite B

	Signes possibles après contamination	Complications graves si non traitées
Chlamydiose 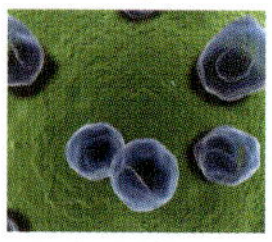	**Les chlamydiae (bactéries) provoquent :** • Souvent aucun signe, sinon brûlures, écoulement par la verge, l'anus ou le vagin • Fièvre • Douleur au bas-ventre • Délai d'apparition : 1 à 2 semaines	• Risques de stérilité et de grossesse extra-utérine • Contamination de la mère infectée au fœtus
Blennoragie gonococcique 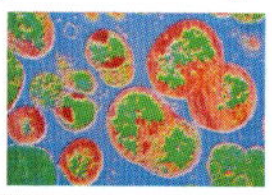	**Les gonocoques (bactéries) provoquent :** • Brûlure et/ou écoulement jaune par la verge, le vagin ou l'anus • Fièvre • Douleur au bas-ventre • Délai d'apparition : 2 à 7 jours	• Risques de stérilité, surtout chez la femme • Contamination de la mère infectée au fœtus
Syphilis 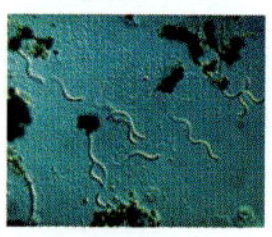	**Les tréponèmes (bactéries) provoquent :** • Chancre (petite plaie, bouton) • Éruptions sans démangeaisons sur la peau et muqueuses • Délai d'apparition : 2 à 4 semaines ou plus	• Atteinte du cerveau, des nerfs, du cœur, des artères et des yeux • Contamination de la mère infectée au fœtus
Papillomavirus 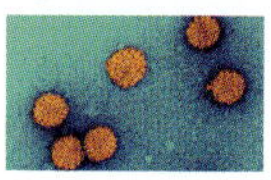	**Le virus du papillome humain (VPH) provoque :** • Lésions ou petites verrues (condylomes) sur les organes génitaux ou l'anus • Délai d'apparition : 1 à 8 semaines	• Risques de cancer du col de l'utérus • Contamination de la mère infectée au fœtus
Herpès génital 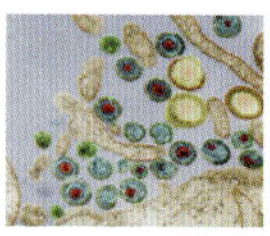	**Le virus de l'herpès génital provoque :** • Petits boutons douloureux sur les organes génitaux, l'anus ou la bouche • Démangeaisons • Délai d'apparition : 1 semaine ou plus	• Contamination de la mère infectée au fœtus

Remarque : les IST se transmettent lors des relations sexuelles (contact entre la vulve, le vagin, le pénis, l'anus, la bouche et la main) ; elles fragilisent les muqueuses (du vagin, de l'urètre, de l'anus), favorisant la pénétration du VIH.

COMPRENDRE & ANALYSER

Relever dans le doc. 1 :

1. Les deux familles de micro-organismes responsables d'IST.
2. Trois symptômes pouvant faire penser à une contamination par une IST.
3. Trois conséquences d'une IST non traitée.

2 Deux IST virales particulières : le sida et l'hépatite B

■ Le **sida** et l'hépatite B se transmettent par rapport sexuel, de la mère à l'enfant, par le sang mais aussi par la salive, dans de rares cas, pour l'hépatite B. Elles sont incurables car le traitement proposé retarde uniquement les effets de ces maladies, sans les soigner. Le plus souvent, elles ne présentent aucun symptôme.

DOC. 2 Une IST très particulière : le sida

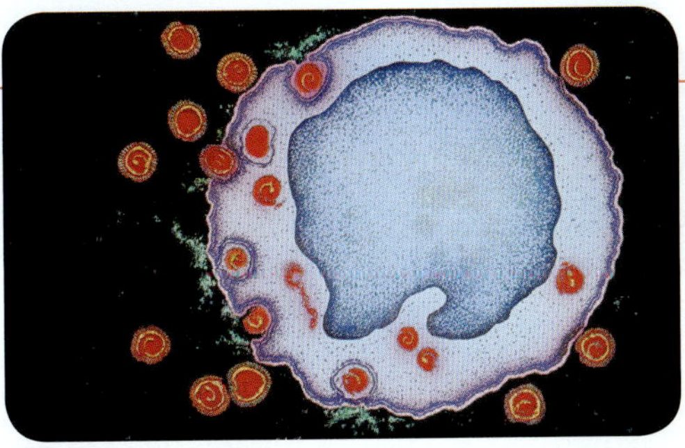

Le sida, ou syndrome d'immunodéficience acquise, est une maladie provoquée par le VIH (virus de l'immuno-déficience humaine). Fin 2015, 36,7 millions de personnes vivaient avec le VIH dans le monde.

On distingue 3 phases lors d'une infection par le sida :

1. La primo-infection : cette réponse du système immunitaire à l'infection dure de 3 à 8 semaines ; des symptômes (fièvre, courbatures) peuvent parfois apparaître.

2. La phase asymptomatique : l'individu ne présente pas de symptômes mais le nombre de lymphocytes T4, cellules de défense du corps humain, baisse progressivement car détruits par le virus qui les parasite (photo ci-dessus). Elle peut durer plusieurs années. Pendant ces deux phases, le sujet est dit séropositif : il est porteur du virus mais ne présente aucun signe de la maladie. Il peut néanmoins la transmettre.

3. Le sida : la destruction des lymphocytes par le virus conduit à une baisse progressive des défenses immunitaires. Le sujet est atteint de maladies infectieuses opportunistes ; il s'affaiblit et décède au bout de quelques années.

DOC. 3 L'hépatite B

L'hépatite B est une infection virale qui s'attaque au foie. Les signes (fièvre, fatigue, amaigrissement) passent souvent inaperçus et la personne adulte guérit spontanément dans 90 % des cas. Les autres deviennent des porteurs chroniques (0,68 % de la population française en 2013) : ils peuvent transmettre le virus de l'hépatite B appelé VHB (photo ci-contre), et développer une cirrhose ou un cancer du foie ; surveillance médicale et traitement peuvent freiner ou éviter leur apparition. 1 % des personnes contaminées développe ces maladies souvent mortelles. Un vaccin permet de s'en protéger.

COMPRENDRE & ANALYSER

1. Citer un exemple de transmission du virus du sida par voie sanguine.
2. Donner un exemple de transmission de l'hépatite B par la salive.
3. Retrouver, dans le doc. 2 :
   – la signification du sigle VIH ;
   – le nom des cellules infectées par le virus du sida et leur rôle.
4. Relever, dans le doc. 3, un moyen de prévention de l'hépatite B.

3 Les conduites à risques

- Certains comportements augmentent la probabilité d'être contaminé par une IST, mais aussi de contaminer le (la) partenaire.
- La prise de risque va concerner certaines IST en fonction du mode de transmission : sexuel, sanguin ou par la salive dans de rares cas.

DOC. 4 **Exemples de situation à risques**

A. Maxime a eu un rapport sexuel non protégé (sans préservatif) ; il n'est pas vacciné contre l'hépatite B.

B. Andreas est toxicomane ; lors d'une crise de manque, il s'est piqué avec une seringue déjà utilisée. Il n'est pas vacciné contre l'hépatite B.

C. Maria, infirmière, s'est piquée accidentellement avec une seringue qu'elle venait d'utiliser pour faire une injection à un malade atteint du sida ; elle est à jour dans ses vaccins.

D. Sandra a eu un rapport sexuel non protégé ; elle est seulement vaccinée contre l'hépatite B.

E. Véronique multiplie les flirts ; elle échange avec ses partenaires baisers et caresses et n'a aucun contact sexuel. Elle n'est pas vaccinée contre l'hépatite B.

DOC. 5 **Usage du préservatif chez les jeunes**

[...] Concernant les comportements à risques liés à la sexualité, le sondage fait apparaître des données préoccupantes : [...] 42 % des lycéens et 57 % des étudiants déclarent ne pas utiliser systématiquement un préservatif lors d'un rapport sexuel.

61 % des étudiants et 73 % des lycéens ne se font pas dépister systématiquement en cas de changement de partenaire, estimant pour plus de la moitié (53 %) ne pas avoir pris « un risque suffisant » ou ne pas savoir où faire le test (26 %). [...]

© www.ouest-france.fr, extrait du sondage OpinionWay réalisé en mai 2016, publié le 21.06.2016.

COMPRENDRE & ANALYSER

1. Indiquer le (les) type(s) de risque d'exposition pour chaque situation du doc. 4 parmi ceux proposés : sida, hépatite B, autres IST.
2. Relever, dans le doc. 5, le pourcentage de lycéens n'utilisant pas systématiquement de préservatif à chaque rapport.
3. Proposer, à l'aide de ses connaissances, deux facteurs expliquant le non usage systématique du préservatif chez les jeunes.

4 Les conduites à tenir suite à une prise de risque : le dépistage

- Lors d'une suspicion d'IST, il faut réagir rapidement :
  – informer son partenaire afin qu'il se fasse dépister ;
  – se diriger vers un médecin ou un service de santé ;
  – se faire dépister ;
  – suivre le traitement prescrit.

DOC. 6 **Dépistage des IST**

QUAND SE FAIRE DÉPISTER ?

Lors de l'apparition des premiers symptômes : fièvre, démangeaisons, douleurs génitales.

Dans une relation amoureuse stable, lorsque vous voulez cesser d'utiliser le préservatif.

Après un rapport sexuel non protégé avec un nouveau partenaire.

Partage de seringue ou de matériel médical qui a été en contact avec du sang.

LES MÉTHODES DE DÉPISTAGE

Prise de sang

Prélèvement local

Échantillon d'urine

Source : 121doc.net

DOC. 7 **Dépistage classique du VIH**

Les tests classiques de prise de sang de 4e génération permettent de détecter dans certains cas la présence du virus au bout de 3 semaines après la prise de risque.

Néanmoins, il faut faire un second test 6 semaines après la prise de risque pour être certain du résultat.

Le délai d'attente pour obtenir le résultat définitif est d'une semaine.

PRISE DE RISQUE

15-20 jours — **1er test possible** : résultat non fiable à 100 %

6 semaines — **2e test** : résultat fiable à 100 %

DOC. 8 **L'autotest VIH**

Depuis 2015, un autotest sanguin de dépistage du VIH, qui fournit une réponse entre 15 et 30 minutes selon les tests, est en vente libre en pharmacie. Toutefois, il n'est pas fiable à 100 % et ne détecte pas les infections datant de moins de 3 mois.

Simple d'utilisation, il complète l'offre de dépistage existante mais ne la remplace pas.

Un résultat positif doit être confirmé par un dépistage classique et suivi d'une prise en charge médicale rapide.

COMPRENDRE & ANALYSER

1. Relever, dans le doc. 6, les circonstances qui doivent amener à faire un dépistage d'IST.
2. Expliquer, à l'aide de ses connaissances, la nécessité que le partenaire sexuel soit pris en charge lors d'une suspicion d'IST.
3. Justifier, à l'aide de ses connaissances et du doc. 7, la nécessité de réaliser un second test sanguin lors d'un dépistage du VIH.
4. Indiquer, à l'aide de ses connaissances et du doc. 8, l'intérêt des autotests VIH.

5 Les conduites à tenir suite à une prise de risque : les traitements

- Les IST provoquées par une bactérie se soignent efficacement par antibiothérapie ; les IST virales, plus difficiles à traiter, récidivent souvent. Dans tous les cas, il faut respecter la dose et la durée du traitement.
- Il existe un traitement d'urgence post-exposition (**TPE**) pour le VIH.

DOC. 9 **Le traitement d'urgence post exposition (TPE)**

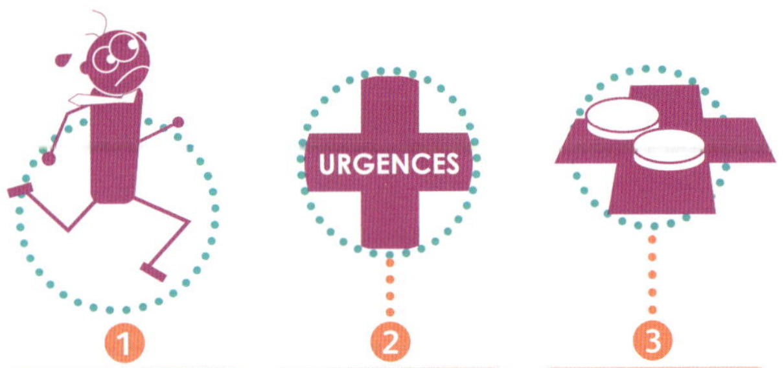

1. RÉAGISSEZ TRÈS VITE ! Dès les heures qui suivent, et en tout cas **moins de 48 heures après la prise de risque**. Passé ce délai, le traitement est inefficace.
2. Contactez l'**hôpital** le plus proche. ALLEZ AUX URGENCES et dites que vous venez pour un **accident d'exposition au VIH**. Si vous le pouvez, mieux vaut venir avec votre partenaire.
3. S'il y a réellement un risque de contamination, le médecin vous donnera un TRAITEMENT (une trithérapie) d'une durée de **quatre semaines**.

Le TPE diminue le risque de contamination par le VIH mais il ne le supprime pas totalement.

Il bloque la multiplication du virus et sa propagation grâce à l'action de trois médicaments antirétroviraux.

Dans l'idéal, ce traitement doit être pris dans les 4 heures qui suivent la prise de risque.

Le TPE est pris en charge à 100 %.

COMPRENDRE & ANALYSER

1. Relever la signification du sigle TPE.
2. Expliquer, à l'aide du doc. 9 :
   - pourquoi la prise en charge d'un risque de VIH doit être la plus rapide possible.
   - pourquoi on parle de trithérapie concernant le traitement du VIH ;
   - le mode d'action du TPE.

6 Structures d'accueil, d'aide et de soutien

- De nombreux professionnels de la santé (médecins, infirmiers, pharmaciens, etc.), des associations et des structures permettent d'orienter les personnes par rapport à leur besoin : information, dépistage, soin, aide psychologique, etc.

DOC. 10 **Le CeGIDD**

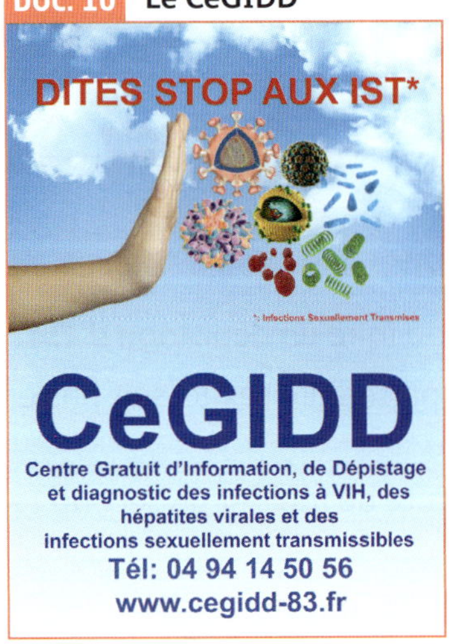

DOC. 11 **Une association de lutte contre le SIDA**

AIDES

Membre de la Coalition Internationale Sida PLUS

COMPRENDRE & ANALYSER

- Rechercher, à l'aide du doc. 10 et du site www.sida-info-service.org (lienmini.fr/pse628-08), le **CeGIDD** le plus proche de chez vous.

7 Les moyens de prévention des IST

- Le préservatif est le moyen de prévention universel contre toutes les IST. Il doit être conforme aux normes européenne ou française ; sa date de péremption ne doit pas être dépassée car le latex pourrait devenir poreux et donc le rendre inefficace.
- Le vaccin contre l'hépatite B est conseillé car les adolescents sont très exposés à cette maladie grave, parfois mortelle, par les relations sexuelles et, dans une moindre mesure, par la salive.
- Le vaccin contre les papillomavirus humains assure une prévention efficace contre le cancer du col de l'utérus.

DOC. 12 Préservatifs : distinguer le vrai du faux

A. Les préservatifs protègent contre toutes les IST.

B. Il existe des préservatifs féminins.

C. Un préservatif n'est pas nécessaire s'il y a prise de la pilule.

D. Il faut une ordonnance pour acheter des préservatifs.

E. Tous les préservatifs sont homologués CE.

F. Il existe des préservatifs masculins de plusieurs tailles.

G. Le préservatif peut dans certains cas se percer lors de sa mise en place.

H. Le préservatif n'est pas nécessaire si les deux partenaires ont fait des tests VIH et qu'ils sont négatifs.

DOC. 13 Infection à papillomavirus

La vaccination contre certains types de papillomavirus humain (HPV) [...] constitue un moyen complémentaire de lutter contre les infections à HPV.

Elle est proposée aux jeunes filles de 11 à 14 ans et en rattrapage chez les jeunes filles et jeunes femmes de 15 à 19 ans révolus. En effet, l'infection est souvent contractée au début de la vie sexuelle.

© Institut National du Cancer

COMPRENDRE & ANALYSER

1. Citer, dans le doc. 12, les affirmations erronées.
2. Justifier pourquoi utiliser un préservatif est une marque de respect pour soi et pour le (la) partenaire.
3. Relever, dans le doc. 13, l'âge minimum pour se faire vacciner contre les HPV.
4. Justifier l'utilité chez les jeunes filles du vaccin contre le papillomavirus.

S'entraîner
en mobilisant la démarche de résolution de problèmes

SITUATION

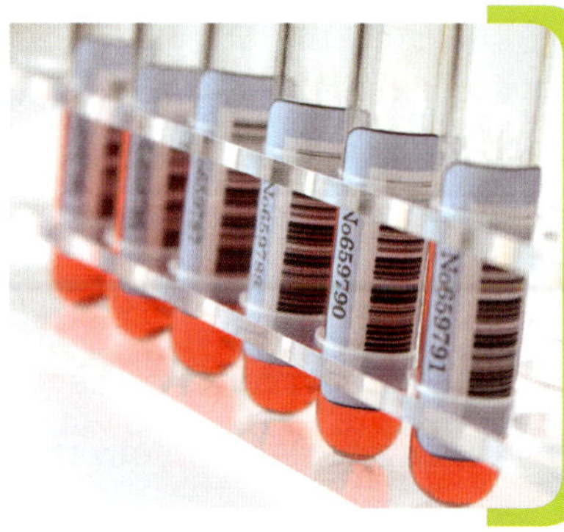

Marion, 17 ans, a eu un rapport sexuel sans préservatif ①, avec son nouvel ami ② il y a 24 heures. Elle n'est pas vaccinée contre l'hépatite B ③ ni contre le papillomavirus ④. Elle prend la pilule contraceptive ⑤. Son ami n'a jamais fait de dépistage ⑥ et a déjà eu des relations sexuelles ⑦ auparavant. Elle réalise qu'elle a pris un risque de contamination par une IST ⑧.

1 Identifier le problème posé

2 Identifier les éléments de la situation

quelle est la conséquence du problème posé ?

quels comportements ont favorisé l'apparition du problème ?

qui est concerné ?

quelle est l'origine du problème ?

à quel moment le problème a-t-il été mis en évidence ?

3 Mettre en relation les éléments de la situation

- Associer les numéros des éléments de la situation aux lettres correspondant aux axes du diagramme « causes-effet » (exemple : C⑧).

A. Éléments concernant Marion

B. Éléments concernant son ami

→ **C. EFFET**
⑧
Marion a pris un risque de contamination par une IST.

4 Mobiliser des connaissances utiles

1. Donner la signification du sigle « IST ».
2. – Citer le mode de transmission des IST dans cette situation.
   – Indiquer deux autres modes de transmission possible des IST.
3. Indiquer la conduite à tenir dans le cas de cette situation à risque.
4. Citer trois structures ou personnes pouvant délivrer des conseils face à cette situation à risque.
5. Expliquer pourquoi le couple doit se rendre « au plus vite » dans une de ces structures.

5 Proposer des solutions

- Proposer trois conseils qui seront donnés à Marion pour éviter tout risque d'IST à l'avenir.

Retenir l'essentiel

SCHÉMA-BILAN

PRÉSERVATIF = PRÉVENTION UNIVERSELLE

RISQUE D'IST (infection sexuellement transmissible)

=

Rapport non protégé (sans préservatif) + **Partenaire contaminé(e)**

PRISE DE RISQUE ▶ Urgences ou CeGIDD (centre gratuit d'information, de dépistage et de diagnostic) au plus vite.

Contact sexuel

Syphilis / Blennoragie / Chlamydiose (bactéries)

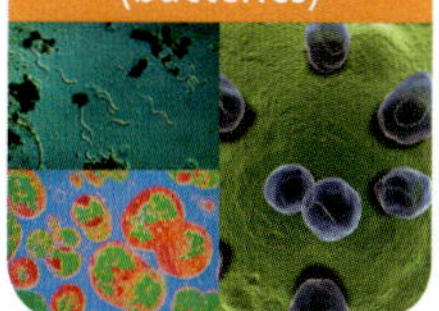

- Brûlures en urinant
- Boutons
- Pertes

Stérilité Atteinte des organes profonds

Traitement efficace par antibiotiques

Herpès génital (virus)

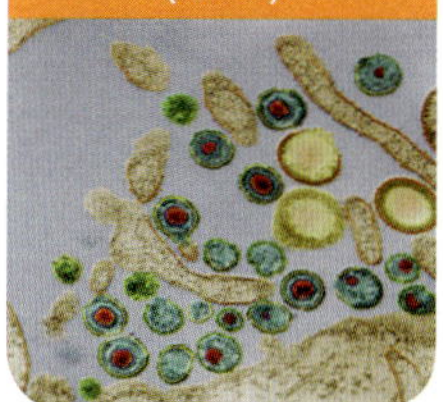

- Petites lésions

Infections récidivantes

Traitement antiviral

Papillomavirus (virus)

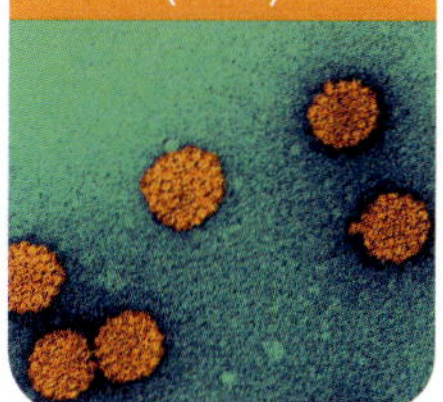

- Condylome

☠ **Risque de cancer du col de l'utérus**

Vaccin préventif

Contact sexuel, salive et sang

Hépatite B (virus)

Contact sexuel et sang

Sida (virus)

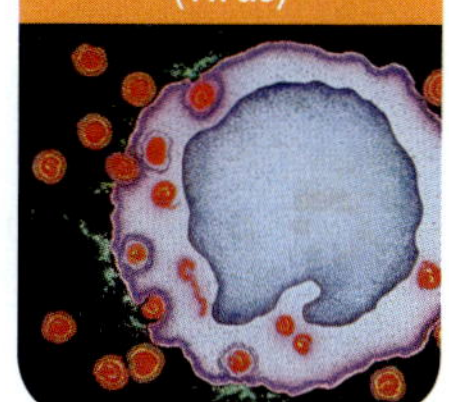

Hépatite B et Sida :
- Aucun signe détectable
- Dépistage par prise de sang

☠ **Risque de cirrhose et de cancer du foie**

Vaccin préventif

☠ **Infections opportunistes**

Trithérapie qui ralentit l'évolution

La plupart des IST se transmettent de la mère (infectée) au fœtus.

Se faire dépister

- Lorsqu'un couple souhaite abandonner l'usage du préservatif.
- En cas de plaie ayant été en contact avec du sang.
- En cas d'utilisation de matériel souillé.

S'informer

- CeGIDD.
- AIDES.
- Les CPEF (centres de planification et d'éducation familiale).

COMPLÉTER LA SYNTHÈSE

→ lienmini.fr/pse628-syn08

VÉRIFIER LES ACQUIS (QCM)

→ lienmini.fr/pse628-qcm08

APPROFONDIR (VIDÉO)

→ lienmini.fr/pse628-vid04

9 Prévenir une grossesse non désirée

Objectif : adopter un comportement responsable en termes de maîtrise de la natalité.

S'informer et s'approprier les connaissances utiles

La vie sexuelle expose au risque d'une grossesse non désirée. Il est possible de s'en protéger par une contraception maîtrisée. Les contraceptions préventives ou de rattrapage utilisent des méthodes réversibles, évitant une grossesse non désirée tout en ayant des rapports sexuels.

1 Les principaux moyens contraceptifs préventifs

- Il est conseillé de personnaliser la contraception préventive avec un médecin en fonction de son mode de vie. Il y a prescription et suivi médical pour l'ensemble des moyens contraceptifs à l'exception des préservatifs.

DOC. 1 Le préservatif

Il empêche le sperme de pénétrer dans le vagin : c'est une méthode mécanique « barrière ».

Il ne présente aucune contre-indication et protège aussi contre les IST.

Le préservatif masculin se pose sur la verge en érection avant le rapport sexuel.

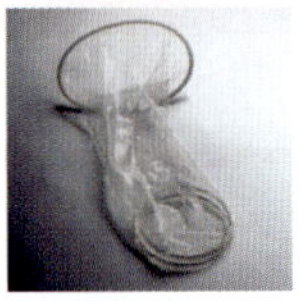

Le préservatif féminin se pose dans le vagin avant le rapport sexuel.

L'efficacité théorique est d'environ 95 % pour les préservatifs. Ils sont en vente libre dans les pharmacies.

DOC. 2 Le dispositif intra-utérin (DIU)

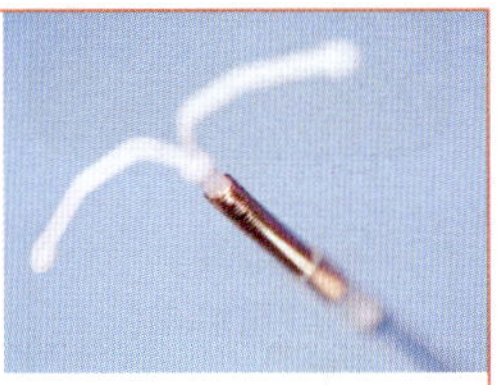

Il existe deux types de stérilet ou DIU : mécanique (au cuivre) et hormonal. Tous deux sont posés dans l'utérus par le médecin et restent en place 2 à 5 ans. Ils ont un effet inflammatoire sur la muqueuse utérine, la rendant impropre à la nidation. Si le DIU en cuivre rend inactif les spermatozoïdes, le DIU hormonal libère en petite quantité une hormone qui épaissit les sécrétions du col de l'utérus, bloquant ainsi le passage des spermatozoïdes.

Les DIU sont utilisés comme contraceptif d'urgence dans certains cas.

L'efficacité théorique est de 99,5 %.

Ce moyen de contraception nécessite une prescription et un suivi médical. Il est partiellement remboursé par la Sécurité sociale.

COMPRENDRE & ANALYSER

1. Proposer une définition simple de la contraception.
2. Citer, à l'aide de ses connaissances et du doc. 1, un avantage et un inconvénient des préservatifs.
3. Citer, à l'aide de ses connaissances et du doc. 2, un avantage et un inconvénient du dispositif intra-utérin.
4. Comparer le mode d'action des préservatifs et du dispositif intra-utérin.

- Les contraceptifs hormonaux ont une efficacité théorique supérieure à 99,5 %.
Ils peuvent avoir différents modes d'action :

① Bloquer l'ovulation.	② Rendre la muqueuse utérine impropre à la nidation.	③ Modifier les sécrétions du col de l'utérus (glaire cervicale) pour empêcher la remontée des spermatozoïdes.

Certaines pilules de nouvelle génération peuvent n'avoir que les effets ② et/ou ③ ; les autres pilules ont les trois effets tout comme le stérilet hormonal présenté dans le doc.2.
L'implant, le patch et l'anneau ont les effets ① et ②.

DOC. 3 **Les contraceptifs hormonaux***

Contraceptifs	Description
Pilule contraceptive 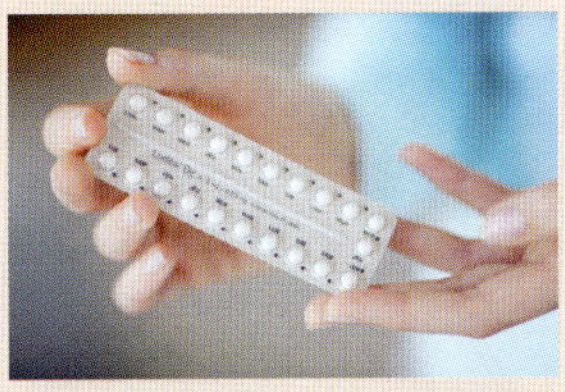	Il existe deux types de pilule : – **Œstroprogestative ou combinée** (PC) qui contient deux hormones : progestérone et œstrogène. – **Microprogestative** (PP) qui contient une seule hormone : la progestérone. De plus en plus faiblement dosé, le comprimé doit être pris chaque jour à heure fixe (21 jours/28 ou 28 jours/28 selon les cas) et sans oubli, car la protection serait inefficace. Il existe des contre-indications (troubles cardiovasculaires ou hépatiques).
Implant sous-cutané 	L'implant est un petit bâtonnet contenant des hormones qui vont se libérer petit à petit dans le corps. Il est inséré sous anesthésie locale. Efficace 3 ans et discret (sous la peau du bras), il est simple d'utilisation puisqu'une fois posé, il n'y a plus à y penser.
Patch contraceptif 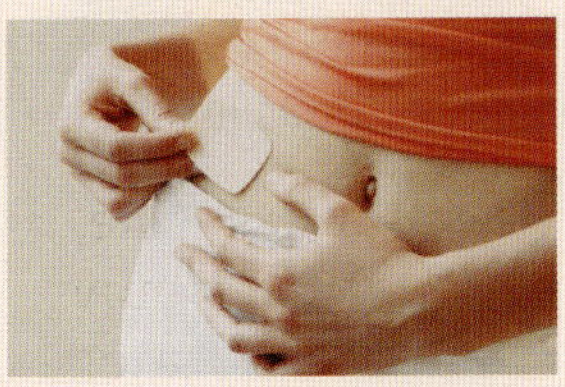	C'est un timbre carré diffusant deux hormones dans le sang, à coller soi-même sur peau sèche 1 fois par semaine pendant 3 semaines. Au début de la 4e semaine, on ne met plus de patch et les règles apparaissent. On reste protégé. Le patch est prescrit en « deuxième intention » après avoir écarté d'autres types de contraceptifs.
Anneau vaginal 	C'est un anneau souple contenant deux hormones à placer soi-même au fond du vagin pendant 3 semaines. Au début de la 4e semaine, on l'enlève et les règles apparaissent. L'anneau protège durant 4 semaines. Il faut en changer toutes les 4 semaines.
Il y a prescription et suivi médical pour l'ensemble de ces moyens contraceptifs. Certains implants et pilules sont partiellement remboursés par la Sécurité sociale.	

* Le DIU hormonal, qui est aussi un contraceptif hormonal, n'apparaît pas dans ce document mais a déjà été étudié dans le doc. 2.

COMPRENDRE & ANALYSER

1. Indiquer un intérêt d'avoir différents moyens de contraception à disposition.
2. Citer, à l'aide de ses connaissances et du doc. 3, un avantage et un inconvénient pour chaque moyen contraceptif hormonal.
3. Relever, dans le doc. 3, deux contre-indications à l'utilisation de la pilule.
4. Indiquer le mode d'action des contraceptifs hormonaux.

2 Les modes d'action des différentes méthodes contraceptives préventives

- Les contraceptifs préventifs vont agir à différents endroits au niveau de l'appareil génital féminin en fonction de leur mode d'action et de leur localisation.
- Le choix de la contraception se fera avec un médecin, en fonction des avantages et des inconvénients des contraceptifs mais aussi par rapport à la situation personnelle de chaque individu.

DOC. 4 Mode d'action des contraceptifs au niveau de l'appareil génital féminin

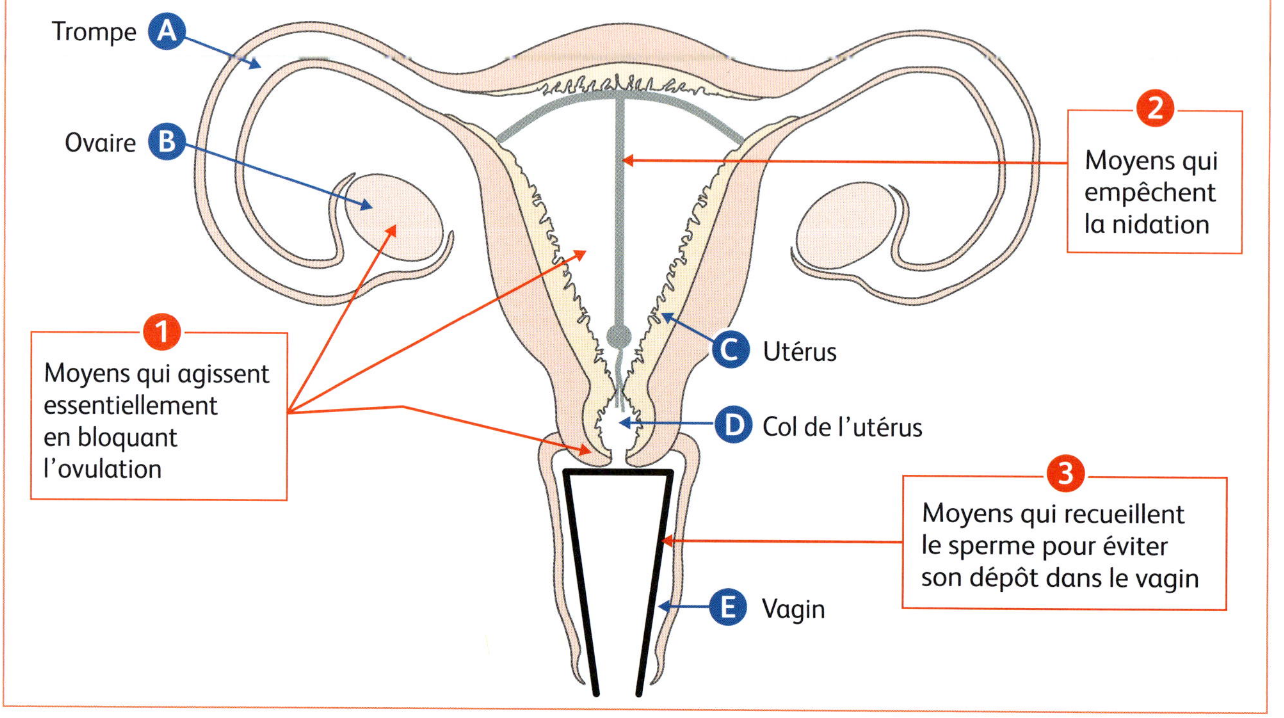

DOC. 5 Exemples de situations nécessitant une contraception adaptée

A. Marc, 22 ans, et Sophie, 21 ans, ont des tests de dépistage des IST négatifs. C'est un couple fidèle qui souhaite abandonner l'usage du préservatif. Sophie est très étourdie. Elle a déjà oublié de mettre son patch contraceptif une fois.

B. Yann et Elsa, tous deux âgés de 17 ans, commencent une relation.

C. Jane, 25 ans, souhaite une contraception avec le moins de contraintes possibles. Son compagnon est fidèle.

D. Cyndi, 35 ans, vient de divorcer. Elle présente des contre-indications à la contraception hormonale et son ami, 40 ans, refuse d'utiliser des préservatifs.

E. Kenza, 19 ans, désire une contraception hormonale autre que la pilule. Le côté esthétique doit être pris en compte car elle ne veut pas voir le contraceptif ni le sentir sous sa peau.

COMPRENDRE & ANALYSER

1. Citer les différents types de contraceptifs connus en fonction des modes d'action 1, 2 et 3 du doc. 4.
2. Indiquer et justifier pour chaque situation du doc. 5 le (les) moyens(s) contraceptif(s) le(s) plus adapté(s).

3 La contraception d'urgence

- La contraception d'urgence est une méthode de rattrapage exceptionnelle qui a pour objectif d'éviter une grossesse non désirée lors d'un rapport non ou mal protégé.
- L'efficacité de la contraception d'urgence est liée au délai de prise du contraceptif d'urgence ; plus ce délai est proche du rapport sexuel, plus l'efficacité est élevée.

DOC. 6 La contraception d'urgence

LA CONTRACEPTION D'URGENCE

La contraception d'urgence est une méthode de rattrapage exceptionnelle qui vise à éviter une grossesse non désirée en cas de rapport non ou mal protégé. La contraception d'urgence doit rester occasionnelle et ne pas faire l'objet de prises répétées. Elle ne peut remplacer une contraception régulière. En dehors de tout retard de règles, la contraception d'urgence peut être prise à n'importe quel moment du cycle.

ET CE N'EST PAS RISQUÉ DE PRENDRE UNE CONTRACEPTION D'URGENCE ?

Des effets indésirables, généralement modérés et de courte durée, peuvent survenir après la prise d'une contraception d'urgence. Il peut s'agir de : troubles des règles (saignements, retard ou avance de règles), fatigue, nausées, vomissements, douleurs abdominales, diarrhées, maux de tête, vertiges ou tension mammaire... Quant au risque de stérilité, soyez rassurée, l'utilisation de la contraception d'urgence n'a aucun impact sur votre fécondité.

DANS QUEL DÉLAI PUIS-JE LA PRENDRE ?

Il existe de 2 types de contraceptif d'urgence à prendre suivant un rapport sexuel non ou mal protégé :
- Celle à prendre dans les **3 jours (72h)**
- Celle à prendre dans les **5 jours (120h)**

Le dispositif intra-utérin au cuivre peut être utilisé comme contraception d'urgence, à placer dans les 5 jours par votre gynécologue, votre médecin généraliste ou une sage-femme.

ATTENTION ! LA CONTRACEPTION D'URGENCE N'AGIT QUE SUR LES RAPPORTS AYANT EU LIEU AVANT LA PRISE DU COMPRIMÉ. ELLE NE REMPLACE EN AUCUN CAS UNE CONTRACEPTION RÉGULIÈRE, ELLE NE PROTÈGE PAS DES IST.

À QUOI ÇA RESSEMBLE ?

La pilule d'urgence se présente sous la forme d'un comprimé unique à prendre le plus rapidement possible après un rapport non ou mal protégé. Elle est d'autant plus efficace si elle est prise rapidement après le rapport à risque.

OÙ PEUT-ON TROUVER LA CONTRACEPTION D'URGENCE ?

En pharmacie : avec ou sans prescription médicale. Sa délivrance reste anonyme et gratuite pour les jeunes filles de moins de 18 ans.

Dans les Centres de planification et d'éducation familiale : délivrance anonyme et gratuite pour les mineures et les majeures sans couverture sociale.

À l'infirmerie scolaire : délivrance anonyme et gratuite pour les élèves des collèges et lycées (mineures et majeures).

Dans les Services universitaires et inter-universitaires de médecine préventive et de promotion de la santé : délivrance anonyme et gratuite pour toutes les étudiantes.

COMPRENDRE & ANALYSER

1. Relever, dans le doc. 6, les types de contraceptifs d'urgence.
2. Indiquer, à l'aide du doc. 6, dans quel cas l'utilisation de la contraception d'urgence est préconisée.
3. Retrouver, dans le doc. 6, les structures délivrant un contraceptif d'urgence pour une lycéenne de moins de 18 ans.
4. Indiquer l'intérêt de proposer gratuitement et de façon anonyme la contraception d'urgence aux jeunes filles de moins de 18 ans.

4 Le cadre légal de l'IVG

- Lorsque les contraceptions préventive et d'urgence ont été inefficaces ou absentes, la femme enceinte peut recourir à une interruption volontaire de grossesse (**IVG**).
- L'IVG est réglementée et plusieurs étapes doivent être respectées, avant et après l'intervention. Elle est pratiquée avant la fin de la douzième semaine de grossesse.

DOC. 7 **L'IVG, un dernier recours très réglementé**

1. Définition

L'avortement (ou IVG : interruption volontaire de grossesse) est un recours pour une fille enceinte désirant interrompre sa grossesse.

Il ne peut se pratiquer que pendant les quatorze premières semaines suivant le début des dernières règles.

Une mineure peut choisir de ne pas en parler à ses parents et, dans ce cas, l'autorisation parentale n'est pas indispensable. Mais elle doit se faire accompagner par une personne majeure de son choix afin de ne pas rester seule dans ce moment difficile. C'est toujours une situation douloureuse à vivre et évitable par une contraception adaptée.

Pour connaître les démarches spécifiques aux mineures, s'adresser à Info IVG, au mouvement français pour le planning familial ou voir le site www.choisirsacontraception.fr. Vous pouvez aussi télécharger le « Guide d'information sur l'IVG pour les femmes » du ministère de la Santé.

© Questions d'ados (amour – sexualité), INPES.

2. Réglementation

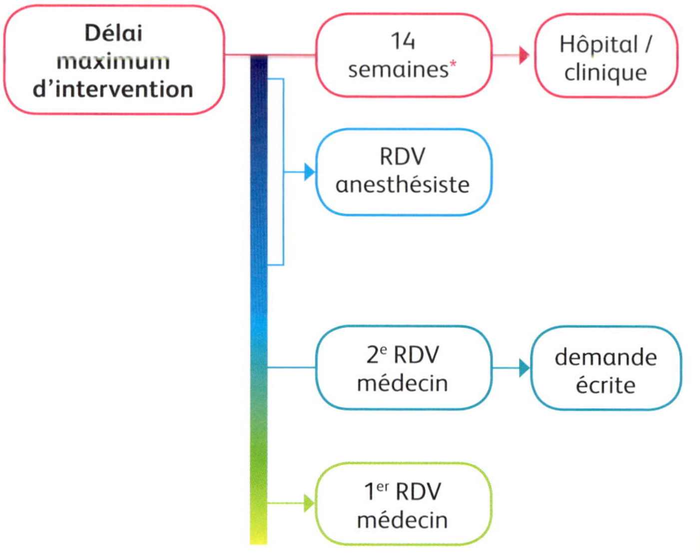

*Après le début des dernières règles, soit 12 semaines de grossesse.

Deux consultations médicales sont obligatoires avant une IVG.

La première consultation se fait avec un médecin ou une sage-femme en fonction de son choix. La femme fait sa demande d'IVG, une confirmation et une datation de grossesse est réalisée.

Un entretien psycho-social est proposé (celui-ci est obligatoire si la femme est mineure).

La deuxième consultation permet de confirmer par écrit la demande d'IVG.

COMPRENDRE & ANALYSER

1. Indiquer, à l'aide du doc. 7 et de ses connaissances, pourquoi l'IVG ne peut être en aucun cas considérée comme un moyen de contraception.
2. Relever, dans le doc. 7, le délai légal maximum de pratique d'une IVG.
3. Expliquer, à l'aide du doc. 7, pourquoi il est important qu'une personne majeure accompagne une mineure dans toutes les démarches relatives à l'IVG.

5 Les structures d'accueil, d'aide et de soutien

- Les professionnels de santé peuvent informer les personnes sur la contraception, y compris d'urgence et l'IVG :
  – les médecins généralistes et les gynécologues répondent aux problèmes liés à la sexualité et réalisent les prescriptions adaptées ;
  – les pharmaciens délivrent la contraception (y compris d'urgence), informent et conseillent ;
  – les infirmières scolaires ont un rôle d'écoute ; elles informent, conseillent et délivrent la contraception d'urgence.
- Certaines structures spécialisées apportent aide, information et soutien dans les démarches concernant la contraception ou l'IVG. C'est le cas des centres de planification et d'éducation familiale (**CPEF**) et des **CeGIDD**.
- Le ministère de la Santé a mis en place un numéro national « Sexualités, Contraception, IVG » (0800 08 11 11, appel gratuit et anonyme).

DOC. 8 **CPEF et CEGIDD**

- Les CeGIDD ont entre autres une mission :
  – d'information et d'éducation à la santé sexuelle et à la vie affective, de prévention des grossesses non désirées, notamment par la prescription de contraception y compris la contraception d'urgence et la délivrance de celle-ci dans certaines situations ;
  – d'orientation des demandes d'interruption volontaire de grossesse vers une structure de santé ou un professionnel compétent.
- Les CPEF sont gratuits pour les mineurs et les non-assurés sociaux, avec la garantie d'anonymat pour les personnes mineures. On peut y consulter des médecins et psychothérapeutes conjugal et familial. Tous assurent un accueil et une écoute, des entretiens individuels et des consultations sur les questions se rapportant entre autres à la contraception (contraception d'urgence incluse), la stérilité, l'accès à l'IVG, la prévention et le dépistage des IST. Cet organisme public est soit implanté dans un centre de **PMI**, soit délégué à des hôpitaux ou à une association telle que le planning familial.

COMPRENDRE & ANALYSER

1. Rechercher les coordonnées du CPEF le plus proche de son domicile à partir du site www.social-sante.gouv.fr (lienmini.fr/pse628-09).
2. Relever la signification du sigle CPEF.
3. Indiquer, à l'aide de ses connaissances et du doc. 8, une mission commune au GeGIDD et au CPEF, mis à part le domaine de la contraception.

S'entraîner
en mobilisant la démarche de résolution de problèmes

SITUATION

Lila, 17 ans, se rend à l'infirmerie de son lycée car elle a eu un rapport sexuel (1) il y a 24 heures. Son petit ami Léo, 18 ans, ne met pas de préservatif (2). Elle s'est aperçue qu'elle n'avait pas pris sa pilule (3) depuis 48 heures. Elle angoisse à l'idée d'être enceinte (4) et désire prendre la pilule d'urgence (5). Lila envisage de changer de moyen de contraception car elle oublie souvent sa pilule.

1 Identifier le problème posé

2 Identifier les éléments de la situation

Quelle est la conséquence du problème posé ?

Quels comportements ont favorisé l'apparition du problème ?

Quelle est l'origine du problème ?

Qui est concerné ?

À quel moment le problème a-t-il été mis en évidence ?

3 Mettre en relation les éléments de la situation

- Associer les numéros des éléments de la situation aux lettres correspondant aux axes du diagramme « causes-effet » (exemple : D(4)).

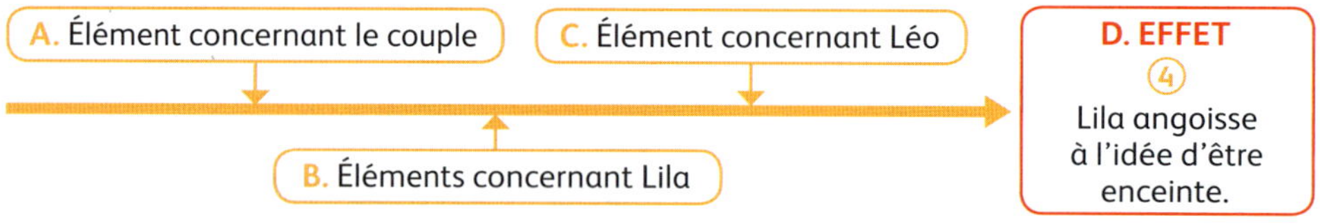

4 Mobiliser des connaissances utiles

1. Définir le terme « contraception ».
2. Différencier contraception d'urgence et contraception préventive.
3. Indiquer un avantage et un inconvénient du préservatif et de la pilule contraceptive.
4. Indiquer deux structures ou personnes pouvant informer Lila sur les modes de contraception.

5 Proposer des solutions

- Proposer, en justifiant son choix, un moyen de contraception adapté au cas de Lila.

Retenir l'essentiel

SCHÉMA-BILAN

POUR ÉVITER UNE GROSSESSE NON DÉSIRÉE

Contraception

=

Ensemble des méthodes réversibles permettant d'éviter une grossesse.

Contraception préventive

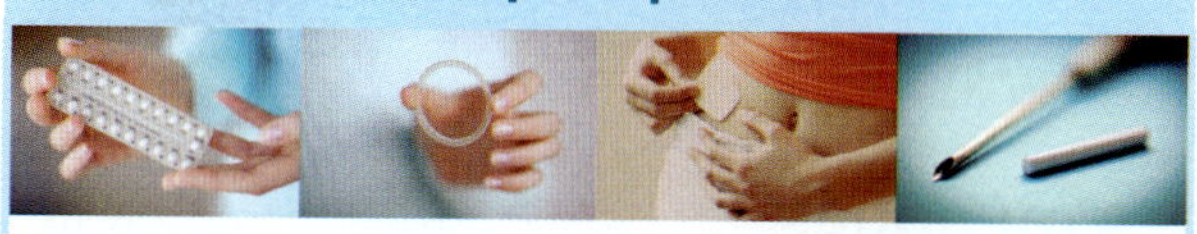

Procédés hormonaux : pilule, anneau, patch, implant
- Bloquent l'ovulation et/ou modifient la muqueuse utérine et/ou modifient la glaire cervicale.

Stérilet (ou DIU, dispositif intra-utérin)
- Empêche la nidation.

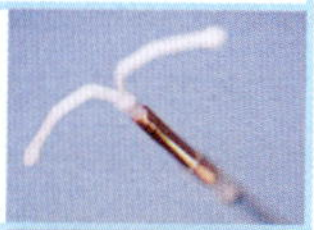

Préservatifs masculin et féminin
- Empêchent le sperme de pénétrer dans le vagin.

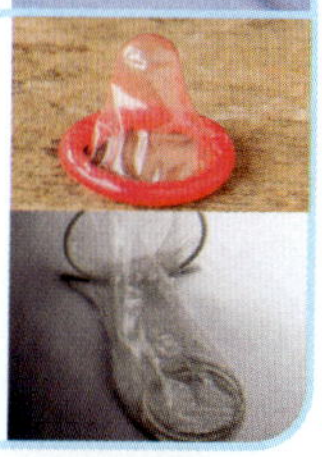

! Les seuls en vente libre et qui protègent des IST

Si oubli ou accident (préservatif déchiré) →

Contraception d'urgence

- **Dans les 3 jours suivant le rapport,** pour les mineures, gratuitement et sans ordonnance (infirmerie scolaire, CPEF, pharmacie).
- **Dans les 5 jours** auprès d'un médecin ou d'une sage-femme (autre type de médicament ou DIU).

Efficacité liée à la rapidité de la prise.

POUR STOPPER UNE GROSSESSE NON DÉSIRÉE

L'IVG (interruption volontaire de grossesse)

- Jusqu'à la 14ᵉ semaine après le début des dernières règles.
- Réalisée par un médecin dans un centre agréé.

! L'IVG n'est pas une méthode contraceptive mais un recours très réglementé.

Structures d'accueil, d'aide et de soutien

- CeGIDD.
- Numéro national « Sexualités, Contraception, IVG »
- Les CPEF (centres de planification et d'éducation familiale).
- Mais aussi : infirmière scolaire, médecin traitant, gynécologue.

COMPLÉTER LA SYNTHÈSE
→ lienmini.fr/pse628-syn09

QCM – VÉRIFIER LES ACQUIS
→ lienmini.fr/pse628-qcm09

VIDÉO – APPROFONDIR
→ lienmini.fr/pse628-vid05

10 Gérer son budget

Objectif : être capable d'avoir une attitude réfléchie dans la gestion de son budget.

S'informer et s'approprier les connaissances utiles

La consommation des ménages est liée au contexte socio-économique. La tenue d'un budget familial est nécessaire pour veiller à ce que les dépenses n'excèdent pas les recettes et pour dégager une épargne.

1 Évolution de la consommation des ménages

- Les dépenses de consommation des ménages augmentent régulièrement depuis cinquante ans ; elles ont été multipliées par trois depuis 1960.
- La répartition des dépenses a beaucoup évolué. Par exemple, la part des dépenses liées à l'alimentation a été divisée par deux depuis cinquante ans : ceci s'explique notamment par la diminution du prix des produits alimentaires.
- Le mode de consommation a évolué en fonction des mutations socio-économiques de ces cinquante dernières années : emploi, durées du travail et du temps libre, facteurs démographiques, progrès technologiques, concurrence entre les produits, etc.

DOC. 1 Évolution des dépenses de consommation des ménages par poste (en %)

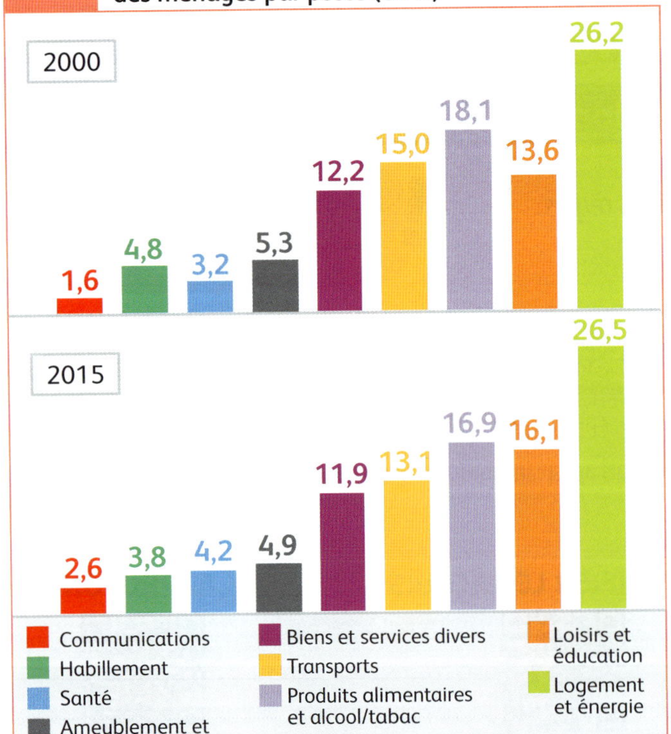

Source : www.statistiques.developpement-durable.gouv.fr

DOC. 2 La consommation des ménages en hausse en 2015

Sur un an, le revenu disponible brut des ménages a augmenté de 1,4 %. La hausse des prix est restée stable (+ 0 %), ce qui a permis de redresser le pouvoir d'achat des ménages (+ 0,9 %). Les dépenses de consommation des ménages ont donc augmenté de 1,5 % en 2015.

Source : www.insee.fr

COMPRENDRE & ANALYSER

1. Indiquer, à l'aide du doc. 1, les trois postes budgétaires qui ont le plus augmenté. Justifier cette évolution.
2. Relever, dans le doc. 1, le poste budgétaire qui a le plus diminué.
3. Identifier, dans le doc. 2, deux paramètres influençant la consommation des ménages.

2 Les éléments constitutifs d'un budget

- Un budget est la prévision des revenus et des dépenses qui permet de planifier des projets et d'éviter un surendettement.
- L'intérêt de réaliser un budget est de connaître l'état des finances à un moment donné. Il permet aussi de visualiser des dépenses pouvant être réduites, reportées ou supprimées. Il permet également de contrôler et de vérifier les entrées et les sorties d'argent ponctuelles comme les achats sur Internet pour certains produits ou les remboursements des frais de santé, qui peuvent ainsi être mieux suivis.

DOC. 3 Les éléments du budget

Les revenus (R)

du travail	sociaux (de transfert)	de biens
Sommes versées en contrepartie du travail fourni.	Sommes versées par l'État afin d'aider les particuliers (proportionnelles au revenu fiscal du foyer).	**Loyer :** somme perçue par le propriétaire d'un bien immobilier. **Intérêts :** revenus des placements financiers.
Salaire, prime, heures supplémentaires, etc.	APL, allocations familiales, RSA, etc.	Rente, loyer, intérêts, etc.

Les dépenses (D)

fixes	courantes	occasionnelles
Dépenses obligatoires connues à l'avance et dont la somme varie peu chaque mois.	Dépenses liées au quotidien qui sont connues à l'avance et dont la somme varie chaque mois.	Dépenses importantes concernant un achat que l'on peut reporter, annuler ou réduire. Il est indispensable d'épargner pour cette dépense.

DOC. 4 Cas particulier des impôts

Les ménages sont susceptibles de payer trois types d'impôts directs.

- **Impôt sur le revenu :** il est calculé sur le salaire brut total annuel du foyer fiscal. En fonction de certains critères, on paie cet impôt ou on est non imposable.
- **Taxe d'habitation :** elle s'applique à chaque foyer (propriétaire ou locataire) disposant d'un bien immobilier. Elle est payée par la personne habitant le logement au 1er janvier de l'année d'imposition.
- **Taxe foncière :** c'est un impôt local dû tous les ans par le propriétaire d'un bien immobilier.

COMPRENDRE & ANALYSER

1. Relever dans le doc. 3, pour chaque type de revenu, deux exemples.
2. Citer, à l'aide du doc. 3 et de ses connaissances, deux exemples pour chaque type de dépense.
3. Indiquer, à l'aide des doc. 3 et 4, le type de dépense correspondant aux impôts. Justifier la réponse.

3 Les différents types de budget

- Il existe trois types de budget :
  – le budget excédentaire est défini par des revenus supérieurs aux dépenses ;
  – le budget déficitaire est défini par des revenus inférieurs aux dépenses ;
  – le budget équilibré est défini par des revenus égaux aux dépenses.
- Un budget excédentaire est à privilégier car il permet de garder une réserve d'argent pour des dépenses imprévues ou en prévision d'achats plus importants.
- Un budget déficitaire peut entraîner des situations financières délicates pouvant déboucher sur des découverts bancaires, des impayés ou la souscription de crédit dont le montant des intérêts peut encore plus pénaliser la personne.

DOC. 5 Les différents types de budget

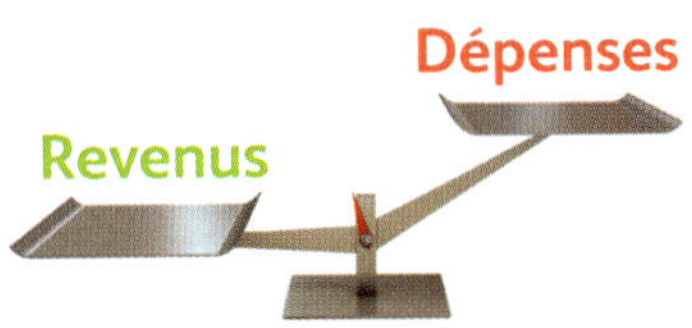

Budget excédentaire

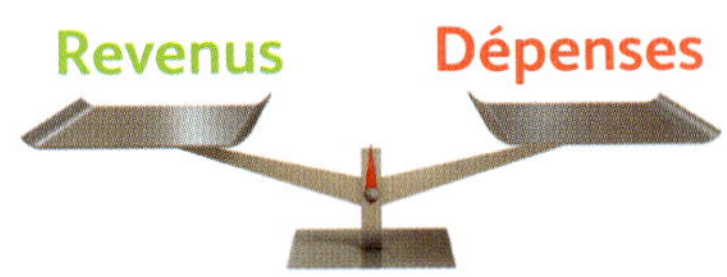

Budget équilibré

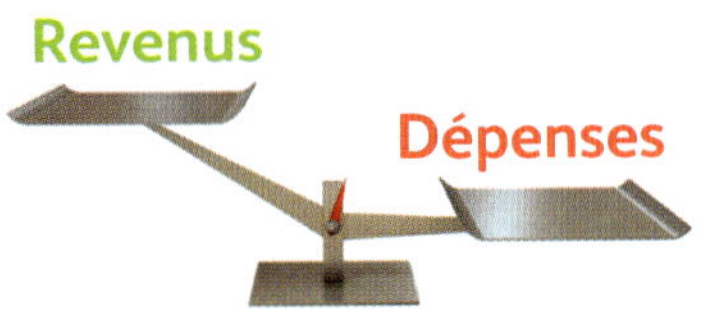

Budget déficitaire

DOC. 6 Exemples de situations personnelles

A. Marie, 19 ans, constate en fin de mois qu'elle a économisé 120 euros.

B. Mourad, 17 ans, fait ses comptes de fin de mois : il a dépensé tous ses revenus du mois sans entamer son épargne.

C. Laura, 21 ans, a fait des achats lors des soldes d'hiver. En faisant ses comptes de fin de mois, elle constate qu'il lui manque de l'argent pour payer le loyer.

DOC. 7 Le cas de Laura

Dans une semaine, c'est la fin du mois. Laura est de plus en plus angoissée par cette période qui coïncide en général avec les premiers appels du banquier, car son compte est souvent à découvert. Elle ne parvient pas à mettre de l'argent de côté et, pire encore, elle dépasse son plafond de découvert autorisé à la banque. Cela entraîne des pénalités en plus des sommes à rembourser. Laura va réduire ses dépenses courantes, car elle ne s'en sort plus. Elle a décidé de prendre rendez-vous avec son banquier afin d'obtenir des solutions pratiques.

COMPRENDRE & ANALYSER

1. Indiquer, à l'aide du doc. 5, pour chaque situation du doc. 6, le type de budget qui lui correspond.
2. Identifier, dans le doc. 7, deux conséquences d'un budget mal géré.
3. Relever, dans le doc. 7, la solution la plus pertinente que Laura doit appliquer.

4 La prévision et la maîtrise d'un budget

- L'établissement d'un budget se fait par étapes :
  1. calculer le total des revenus (R) et des dépenses (D) du mois ;
  2. calculer la différence entre les deux valeurs précédentes (R-D) ;
  3. faire le bilan de l'argent économisé (épargne) par rapport au mois précédent : soit le montant du bilan augmente (mois excédentaire), soit il diminue (mois déficitaire), car on a dépensé plus que l'on a gagné et il a fallu puiser dans ses réserves.
- Dans certaines situations où le budget est déficitaire, il convient de reporter les dépenses occasionnelles et de réduire certaines dépenses courantes.

DOC. 8 Le budget d'Ana

Éléments du budget	Janvier	Février	Mars
APL (aide pour le logement)	100	100	100
Salaire et prime	1 450	1 550	1 600
Total Revenu (R)	**1 550**	**1 650**	**1 700**
Loyer	500	500	500
EDF/Eau/Internet/Mobile	120	120	120
Loisirs	150	50	150
Alimentation/Habillement/Soins	450	450	100
Impôts (taxe habitation) + (impôt revenu en mars)	100	100	300 + *(400)*
Voiture (essence)	130	130	130
Assurances (voiture et logement)	100	100	100
Total Dépenses (D)	**1 550**	**B**	**C**
R-D	A	+ 200	– 100
Bilan épargne	**0**	**+ 200**	**+ 100**

DOC. 9 Conseils pour gérer efficacement un budget

> Mensualiser les dépenses fixes chaque fois que cela est possible.

> Effectuer tous les mois le calcul des dépenses et des revenus.

> Mettre de côté une somme d'argent disponible immédiatement.

COMPRENDRE & ANALYSER

1. Calculer les valeurs des cases A, B et C du doc. 8.
2. Identifier, dans le doc. 8, un poste budgétaire pouvant être réduit. Proposer un exemple concret afin de réduire ce dernier.
3. Indiquer le type de budget d'Ana à la fin du trimestre. Justifier la réponse.
4. Justifier chaque conseil du doc. 9.

5 Les différents types d'épargne

- L'épargne est la part de revenus qui n'a pas été dépensée à la fin du mois. Elle provient d'un budget excédentaire.
- Il est conseillé d'épargner de façon régulière, même sur de petites sommes, afin de ne pas déstabiliser le budget.
- Il existe plusieurs types d'épargne en fonction de leur finalité : projet, prévoyance, placement, précaution. Il est conseillé, lorsque cela est possible, de varier les formes d'épargne en créant plusieurs types d'épargne pour un même foyer.

DOC. 10 Les différentes formes d'épargne

Épargne de prévoyance

Elle est idéale pour protéger sa famille, transmettre un capital à ses héritiers ou préparer un complément de retraite. Il faut s'y prendre longtemps à l'avance.

Épargne de projet

Elle doit permettre de constituer un capital nécessaire à la réalisation d'un projet planifié à l'avance (logement, vacances, travaux, voiture, etc.).

Épargne de précaution

Montant mis de côté pour les coups durs, les passages délicats dans sa vie. Elle répond à une dépense imprévue.

Épargne de placement

Somme d'argent placée sur un compte afin d'augmenter son capital et d'obtenir des revenus complémentaires.

DOC. 11 Différents profils d'épargnants

A. Axel, 19 ans, désire placer son argent afin d'acheter de l'électroménager dans six mois.

B. Nadège, 21 ans, met 100 € chaque mois de côté pour se préparer une rente à ses 65 ans.

C. Mohamed, 19 ans, désire placer son argent afin de récupérer un maximum de bénéfices.

D. Manon, 20 ans, met 200 € de côté chaque mois pour gérer les mois difficiles.

COMPRENDRE & ANALYSER

1. Justifier, à l'aide de ses connaissances et du doc. 10, le fait que l'épargne de précaution soit la priorité des épargnes à constituer.
2. Retrouver, à l'aide du site www.groupama.fr (lienmini.fr/pse628-10), à quoi correspond le montant moyen d'une épargne de précaution.
3. Indiquer, à l'aide du doc. 10, deux avantages de l'épargne.
4. Préciser, pour chaque situation du doc. 11, le type d'épargne qui lui correspond.

6 Le choix de l'épargne

■ Le choix du type d'épargne dépend de nombreux paramètres. Les principaux sont :

– le plafond, qui correspond à la somme maximale que l'on peut mettre sur le compte ;

– le taux d'intérêt, qui peut être brut (avant prélèvements sociaux) ou net d'impôt ;

– la disponibilité des fonds, qui permet ou non de retirer son argent dès que l'on veut ;

– le niveau de risque, qui définit si le capital est garanti ou non, à savoir si la somme investie est récupérable à 100 % ou non.

DOC. 12 **Quelques placements d'épargne courants**

Placement	Plafond du capital	Versement	Taux d'intérêt	Disponibilité du capital	Informations complémentaires
Livret A	22 950 €	Libre	0,75 % net	Oui, sans condition	Sans condition d'âge. Capital garanti.
PEL	61 200 €	225 € à l'ouverture et 45 €/mois	1,50 % net	Oui, mais PEL clôturé	Acheter un logement, avec un taux de crédit favorable. Durée conseillée : 4-10 ans.
LEP	7 700 €	30 € à l'ouverture	1,25 % net	Oui, sans condition	Sans condition d'âge. Réservé aux particuliers ayant un impôt sur le revenu < 769 €/an. Capital garanti.
Livret Jeune	1 600 €	Libre (en général)	Variable : 1,50 à 3,5 % net	Oui, sans condition	Avoir entre 12 et 25 ans. Taux d'intérêt variables selon les banques et plus avantageux qu'un livret A. Capital garanti.
LDDS	12 000 €	15 € à l'ouverture puis libre	0,75 % net	Oui, sans condition	Le domicile fiscal est établi en France. Possibilité d'obtenir une carte de retrait.

Note : les taux étant réglementés par l'État, ils sont révisés chaque année (actualisation au 01/02/2017).

DOC. 13 **Épargne dynamique : actions**

Acheter une action d'une entreprise revient à acquérir une partie de celle-ci. En échange, l'entreprise reverse le plus souvent une partie de ses bénéfices annuels, par le biais d'un dividende par action. Si l'entreprise ne fait aucun bénéfice, il n'y a aucun dividende et la valeur de l'action peut chuter.

COMPRENDRE & ANALYSER

1. Proposer, à l'aide du doc. 12, le meilleur support d'épargne pour Reda, 18 ans, qui désire acheter une tablette. Justifier la réponse.
2. Expliquer, à l'aide du doc. 12 et de ses connaissances, la notion de plafond en termes d'épargne. Relever le plafond du livret A.
3. Justifier, à l'aide du doc. 13, le fait que les actions soient considérées comme une épargne à caractère « risqué ».

S'entraîner
en mobilisant la démarche de résolution de problèmes

SITUATION

Axel, 19 ans, titulaire d'un bac pro, vient de s'installer dans un studio du centre-ville situé près de son travail, ce qui limite ses frais de transport. Le loyer est élevé (1) par rapport à son salaire, mais il perçoit une APL (2) ainsi que des primes (3) qui augmentent ses revenus. Ses dépenses de loisirs (4) et d'habillement (5) sont importantes. Chaque mois, il met spécialement de l'argent de côté pour acheter une voiture (6), mais son épargne ne sera pas suffisante (7). Un crédit (8) sera nécessaire, ce qui n'était pas prévu. Axel s'inquiète depuis un mois et doit donc réagir vite.

1 Identifier le problème posé

2 Identifier les éléments de la situation

3 Mettre en relation les éléments de la situation

- Associer les numéros des éléments de la situation aux lettres correspondant aux axes du diagramme « causes-effet » (exemple : D (6)).

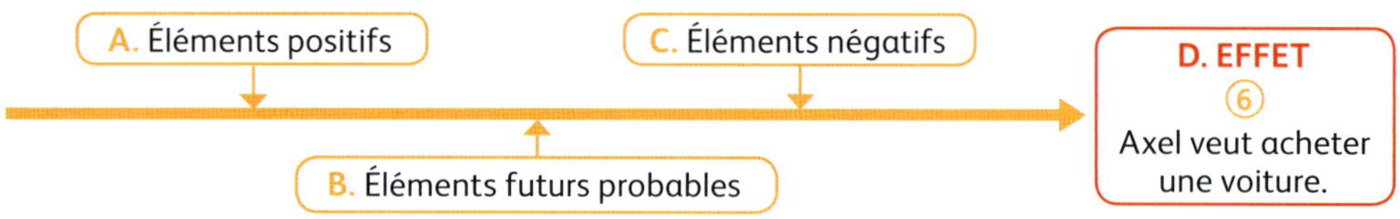

4 Mobiliser des connaissances utiles

1. Définir la notion de budget.
2. Identifier le type de budget d'Axel. Justifier la réponse.
3. Préciser la forme d'épargne qu'Axel constitue afin d'acheter sa voiture.
4. Indiquer deux types d'épargne qu'Axel peut utiliser afin de toucher des intérêts.

5 Proposer des solutions

- Indiquer un conseil qui sera donné pour augmenter l'épargne d'Axel afin qu'il puisse acheter sa voiture.

Retenir l'essentiel

SCHÉMA-BILAN

BUDGET = Prévision des DÉPENSES en fonction des RECETTES

Postes budgétaires
- Alimentation
- Logement
- Transports
- Communication et loisirs
- Équipement
- Santé
- Habillement, etc.

→ Place dans le budget liée au contexte socio-économique

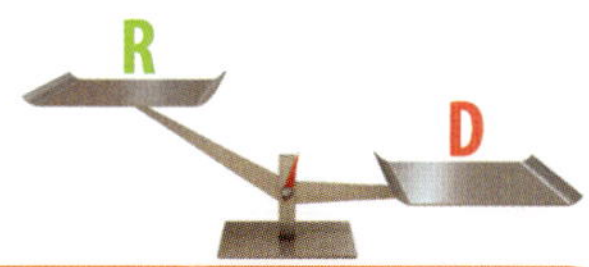

Le budget peut être : Équilibré | Excédentaire | Déficitaire

Déficitaire → **Réduire ses dépenses !**

Excédentaire →

Épargne = argent de côté

Épargne de précaution

Épargne de projet

Épargne de placement, etc.

- Livret A
- PEL
- LEP
- Livret Jeune

→ Taux fixés par l'État.

- Actions, etc.

COMPLÉTER LA SYNTHÈSE
→ lienmini.fr/pse628-syn10

VÉRIFIER LES ACQUIS (QCM)
→ lienmini.fr/pse628-qcm10

APPROFONDIR (VIDÉO)
→ lienmini.fr/pse628-vid06

11 Acheter un bien

Objectif : acheter en utilisant un moyen de paiement de manière responsable.

S'informer et s'approprier les connaissances utiles

Acheter un bien ou un service est souvent associé à l'acceptation de conditions générales de vente dont la première est en général le paiement de cet achat. Ce paiement peut se faire au comptant, par différents moyens, ou à crédit.

1 Les contrats

- Tout acte d'achat est un contrat entre une personne qui s'engage à délivrer un bien ou un service et une autre personne qui s'engage à le payer. Comme tout contrat, il entraîne des droits et des obligations pour ceux qui le concluent.

DOC. 1 Les principaux contrats de consommation

Contrat de vente : accord par lequel un acheteur a la propriété d'un bien ou d'un service en échange du paiement de celui-ci au vendeur.

Bien ou service ? Un bien est un objet satisfaisant un besoin. Un service est le résultat d'une action humaine satisfaisant un besoin.

Contrat de location : accord par lequel un locataire a l'usage d'un bien pour un temps et un prix déterminés. Un loyer sera payé.

Contrat de location avec option d'achat (LOA) : le client loue un bien et a la possibilité de l'acheter à une date et à un prix fixés dans le contrat, le prix tenant compte des loyers versés.

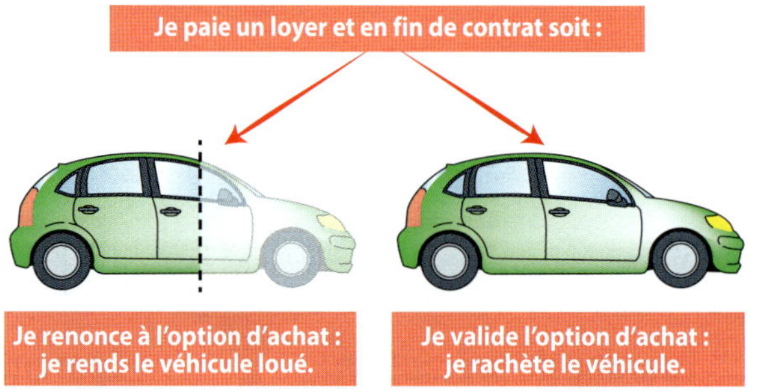

DOC. 2 Exemples de situations de la vie courante

A. Location d'un studio pour des vacances.

B. Dépôt de vêtements au pressing.

C. Abonnement pour un mobile.

D. Commande de vêtements sur Internet.

E. Devis pour la réparation d'un scooter.

COMPRENDRE & ANALYSER

1. Identifier, à l'aide du doc. 1, pour chaque exemple du doc. 2 :
   – le type de contrat souscrit (vente ou location) ;
   – le type de produit proposé (bien ou service).
2. Proposer, à l'aide de ses connaissances, une obligation du vendeur et du client pour chaque exemple du doc. 2.

- Lors de la signature d'un contrat de vente, le Code de la consommation précise les modalités de l'engagement pris par l'acquéreur et le vendeur. Il précise entre autres :

  – la durée du délai de rétractation dans le cas d'une vente à distance ou à domicile. Ce délai permet de changer de décision sans pénalité financière ;

  – la notion du terme « acompte », qui est une somme versée pour réserver un bien. C'est un engagement définitif qui oblige le client à verser le montant total du produit et le commerçant à le livrer ;

  – la notion du terme « arrhes », qui est une somme versée pour réserver un bien. Les arrhes permettent de se désengager. Si le client ne désire plus le produit, il ne perd que la somme versée pour bloquer la réservation.

DOC. 3 Les engagements dans un contrat de vente

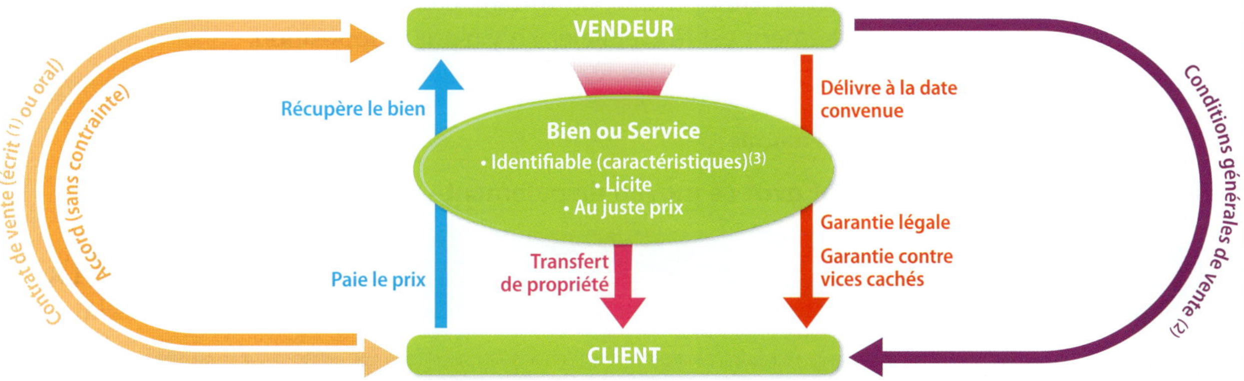

1. Certains contrats doivent obligatoirement être écrits.
2. Elles précisent les modalités de vente. Leur acceptation lors d'un cyberachat revient à signer le contrat de vente.
3. Le vendeur a l'obligation d'information : il doit fournir toutes les caractéristiques du produit ; certains spécialistes (ex. : dépanneurs) doivent fournir un devis.

DOC. 4 Les particularités des contrats de vente

A	B	C	D	E
Un client est en droit de ne pas payer l'intégralité d'un séjour à 1 000 € s'il ne veut plus acheter celui-ci et qu'il a déjà envoyé un acompte de 200 € pour réserver.	Un client a 10 jours pour annuler un contrat de vente après une commande sur Internet.	Si un produit présente un vice caché (défaut), le vendeur doit l'échanger.	Un contrat de vente est toujours écrit.	Un client est en droit de ne pas payer l'intégralité d'un séjour à 1 000 € s'il ne veut plus acheter celui-ci et qu'il a déjà envoyé 200 € d'arrhes pour réserver.

COMPRENDRE & ANALYSER

1. Indiquer, à l'aide du site www.service-public.fr (lienmini.fr/pse628-11), la durée du délai de rétractation dans le cas d'une vente par téléphone ou sur Internet.
2. Relever, dans le doc. 3, le rôle des « conditions générales de vente ».
3. Lister, dans le doc. 4, les affirmations qui sont erronées.
4. Justifier l'intérêt d'un contrat de vente écrit par rapport à un contrat oral.

2 Les moyens de paiement

- Il existe une multitude de moyens de paiement. En fonction des paiements à effectuer, certains moyens sont plus adaptés.
- Le paiement en espèces (billets ou pièces) est réglementé : la limite de paiement d'un achat à un professionnel est de 1 000 €. Le paiement en espèces à un particulier n'est pas limité, même si un acte écrit est conseillé pour des sommes de 1 500 € et plus.
- La carte bancaire (CB) permet le paiement d'achats divers et le retrait d'argent en espèces. Attention à bien vérifier le plafond de retrait et de paiement de la carte. Les achats sur Internet sont très fréquents ; il est conseillé d'acheter sur des sites connus et sécurisés avec des e-cartes bleues à usage unique.
- Le virement, parfois payant, permet de transférer une somme sur un autre compte. Utile pour certains paiements (crédit, achat de voiture, etc.), il est initié par le créditeur et non par le débiteur. Le virement est irréversible, il n'y a pas d'opposition.

DOC. 5 Les moyens de paiement des Français

Il est possible de payer partout avec ce moyen de paiement

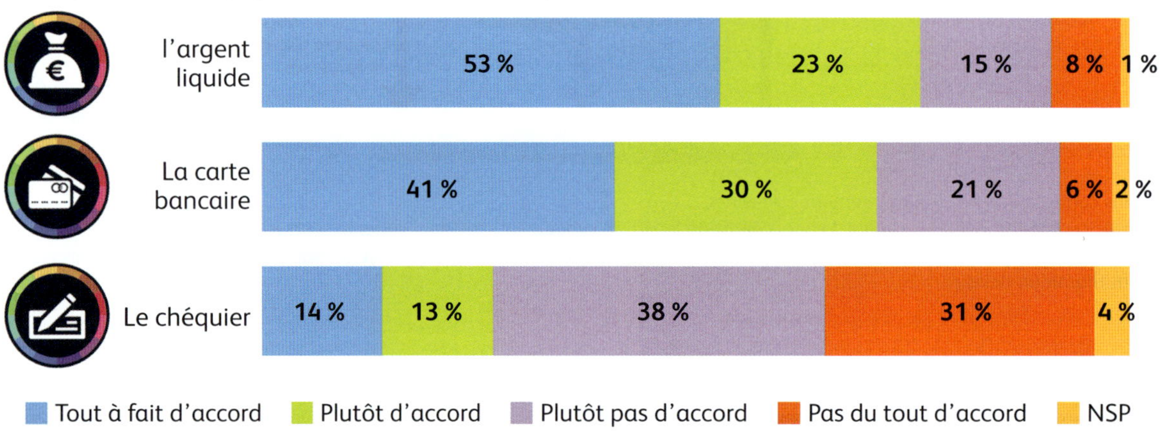

Source : Les Français et les moyens de paiement, Institut CSA, mai 2015.

DOC. 6 La e-carte bleue à usage unique

Le service e-carte bleue est rattaché à la carte bancaire physique. Il permet d'obtenir des numéros de carte virtuelle pour payer ses achats sur Internet, grâce à un e-numéro de carte à usage unique délivré pour chacun des paiements en ligne. Cela évite de communiquer le numéro de carte bancaire physique.

COMPRENDRE & ANALYSER

1. Citer, à l'aide de ses connaissances, un intérêt et une limite pour les moyens de paiement suivants : espèces, CB, virement, TIP, chèque.
2. Calculer, à l'aide du doc. 5, le pourcentage de personnes estimant que le chèque n'est pas un moyen de paiement utilisable partout. Justifier ce pourcentage par un exemple.
3. Indiquer, à l'aide de ses connaissances, un moyen permettant de vérifier qu'une transaction sur Internet est sécurisée.
4. Relever, dans le doc. 6, le principal intérêt d'une e-carte bleue à usage unique.

- Le titre interbancaire de paiement (TIP), gratuit, permet de régler une facture reçue à une date précise. Il suffit de renvoyer par la poste le TIP daté et signé avec un RIB la première fois.
- Le chèque permet de payer les achats. Si le chèque conserve une trace des dépenses, le risque d'oubli, de fraude, de vol ou de découvert est toutefois présent.
- Le prélèvement automatique permet de régler des transactions régulières (factures mensuelles…). Lorsque l'autorisation de prélèvement est validée, la somme est débitée sans formalité à certaines dates. Cette dernière doit être vérifiée sur le relevé de compte pour éviter les erreurs.

DOC. 7 Exemple de moyen de paiement : le chèque

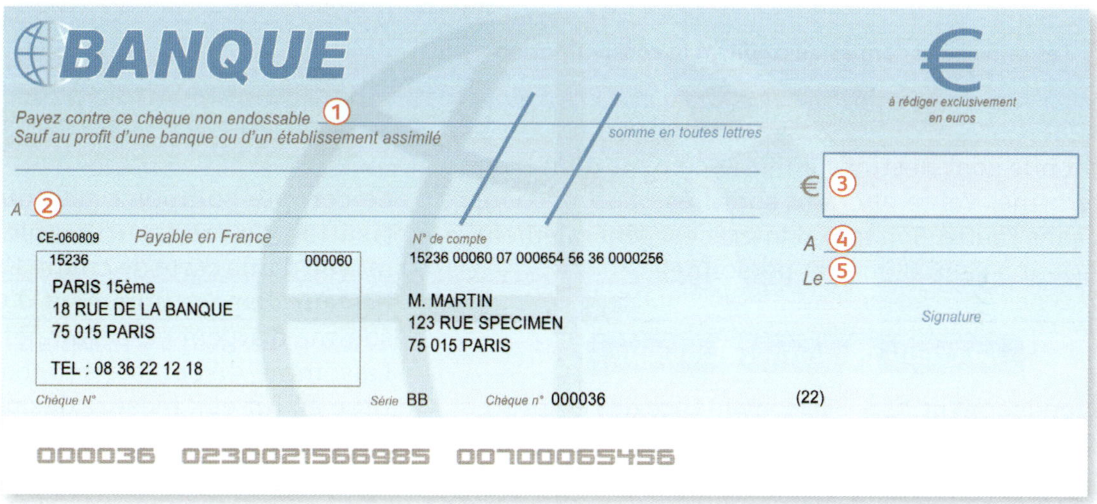

DOC. 8 Quelques situations d'achat

- **A** Shopping à Londres.
- **B** Paiement du loyer.
- **C** Paiement des courses alimentaires de la semaine.
- **D** Paiement de la facture d'eau.
- **E** Paiement mensuel de l'impôt sur le revenu.
- **F** Achat de revues, de pain.
- **G** Paiement d'une pension à un étudiant.

DOC. 9 Le paiement sans contact

La technologie NFC permet des communications à courte portée entre appareils compatibles. Près de 60 % des cartes bancaires en France sont équipées de cette technologie sans contact qui permet de régler des achats inférieurs à 20 euros avec sa carte bancaire sans faire son code. En juin 2016, 11,5 millions de Français avaient un téléphone mobile NFC.

COMPRENDRE & ANALYSER

1. Nommer les parties numérotées du chèque du doc. 7, à l'aide de la situation suivante : règlement du loyer de 600 € à M. Xabo Yvan. Prendre en compte la date du jour.
2. Proposer, pour chaque situation du doc. 8, le moyen de paiement le plus adapté.
3. Relever, dans le doc. 9, les deux supports physiques de la technologie NFC.
4. Indiquer, à l'aide de ses connaissances, une limite au paiement sans contact.

3 Le crédit et l'endettement

- Le crédit permet au consommateur de disposer immédiatement d'un bien ou d'un service sans posséder tout l'argent nécessaire à son achat. Un crédit à la consommation ne peut excéder 75 000 €.
- La comparaison d'offres de crédits doit être rigoureuse et porte sur certains critères en particulier : la durée du remboursement, le montant des mensualités et de la somme empruntée, les frais du crédit (assurance, gestion), et le **TAEG**, qui correspond au coût total du crédit.
- Le montant maximum des mensualités d'un crédit doit être inférieur à 33 % du salaire du souscripteur du crédit. Lorsqu'une personne a souscrit un crédit, elle est endettée. On appelle cette personne un débiteur et son créancier est celui à qui elle doit l'argent.

DOC. 10 Les principales formes de crédits à la consommation

Le crédit affecté

Les fonds sont destinés au financement d'un bien déterminé. Vente et crédit sont liés : l'un n'existe pas sans l'autre. Son taux d'intérêt est généralement inférieur à celui d'un prêt personnel.

Le crédit personnel classique

Les fonds sont utilisés à la convenance de l'emprunteur, par exemple pour faire face à des besoins de trésorerie imprévus.

Le crédit renouvelable ou crédit permanent

Le compte comporte une autorisation de crédit utilisable au moyen d'une carte de crédit. L'utilisateur dispose librement d'une somme d'argent en permanence. La somme disponible se reconstitue au fur et à mesure des remboursements. Le taux d'intérêt est l'un des plus élevés.

DOC. 11 Exemples de proposition de crédit

Axel doit acheter 3 000 € de matériel pour son studio. Son salaire mensuel est de 1 500 €. Il doit emprunter 2 000 €. Il reçoit deux offres de crédit.

Offre 1

Taux canon pour toutes vos envies !

Montant du crédit : 2 000 €
TAEG : 11 %
7 mensualités de 295,32 €.
Coût total crédit : 67,24 €

Offre 2

Crédit de folie, achetez ce que vous voulez !

Montant du crédit : 2 000 €
12 mensualités de 177,70 €
TAEG : 13,44 %.
Coût total crédit : 132,40 €

Un crédit vous engage et doit être remboursé. Vérifiez vos capacités de remboursement avant de vous engager.

COMPRENDRE & ANALYSER

1. Indiquer, à l'aide du doc. 10, à quel type de crédit correspondent les deux offres du doc. 11.
2. Calculer, à l'aide de la situation du doc. 11, le montant maximum de la mensualité que pourrait payer Axel avec son salaire de 1 500 €.
3. Identifier l'offre la plus pertinente proposée dans le doc. 11 dans le cas d'Axel. Justifier son choix par deux arguments.

- Pour obtenir un crédit, un consommateur passe par différentes étapes d'un circuit obligatoire. La réglementation vise à garantir une commercialisation responsable du crédit à la consommation, et une meilleure prévention du surendettement.
- Cette procédure permet au prêteur (créancier) de vérifier les finances du futur acheteur, sa capacité de remboursement, son fichage éventuel au FICP.
- Cette procédure permet à l'acheteur d'avoir un délai de réflexion pour accepter ou non le crédit. Il peut aussi, durant ce temps, comparer les offres de crédit des concurrents.
- Toute personne ayant contracté un crédit est endettée : elle doit donc de l'argent à son créancier, qui est en général la banque.

DOC. 12 Parcours pour obtenir un crédit à la consommation

Chaque crédit à la consommation engage à la fois l'emprunteur et l'organisme de crédit (le prêteur).

1re ÉTAPE demande de prêt

L'emprunteur fait une demande de crédit après avoir rempli une fiche de renseignements.

2e ÉTAPE décision de l'organisme de prêt

L'organisme de prêt vérifie le FICP et la capacité de remboursement de l'emprunteur.

3e ÉTAPE l'offre de prêt

L'emprunteur reçoit une offre de prêt, valable 15 jours, qui détaille les caractéristiques du prêt.

4e ÉTAPE signature de l'offre

Si l'emprunteur accepte l'offre de prêt, il la signe. Il disposera de 14 jours pour revenir sur son engagement en envoyant le bordereau de rétractation en recommandé avec accusé de réception à l'organisme de prêt.

DOC. 13 Dynamique des crédits en France

En mai 2016, selon la Banque de France, le montant total de l'argent prêté par les banques et les sociétés de crédit sur un an s'élevait à 1 070 milliards d'euros.

Sur cette période, les crédits à la consommation ont augmenté de 6 %.

Cette bonne nouvelle au niveau économique est due principalement à trois éléments :

- le faible niveau des intérêts ;
- les consommateurs qui retrouvent le moral ;
- une inflation (la différence prix/salaires) faible.

COMPRENDRE & ANALYSER

1. Définir, à l'aide de ses connaissances et du texte, le terme endettement.
2. Identifier, dans le doc. 12, une condition nécessaire afin que l'organisme prêteur propose une offre de prêt à un éventuel emprunteur.
3. Relever, dans le doc. 12, la durée de validité de l'offre de prêt.
4. Lister, dans le doc. 13, les deux types d'organismes prêteurs pour les crédits à la consommation.

4 Le surendettement

- Le surendettement des personnes est caractérisé par l'impossibilité de faire face à l'ensemble de ses dettes. Il y a surendettement en général lorsque le remboursement du crédit n'est plus possible.
- Une personne surendettée peut saisir la commission de surendettement qui décidera :
  – soit d'une procédure de rétablissement personnel (**PRP**) ;
  – soit d'un plan conventionnel de redressement.

DOC. 14 Traitement du surendettement

La première des actions est de contacter un spécialiste de la gestion de budget familial (conseillère, assistante sociale) ou votre banquier, ainsi que votre créancier, afin de définir une stratégie de remboursement. Ensuite, si la situation n'est pas résolue, il faut déposer un dossier à la commission de surendettement. Celle-ci peut décider :

– soit un plan conventionnel de redressement, qui recherche un accord entre le particulier endetté et ses créanciers pour un réaménagement des dettes ;

– soit une procédure de rétablissement personnel lorsque le remboursement de la dette n'est pas envisageable. Il y aura effacement des dettes en contrepartie de la vente des biens. Si le demandeur ne dispose pas d'actifs, il y aura un effacement des dettes non professionnelles. Le dépôt de dossier entraîne l'inscription au FICP, ce qui alerte les organismes de crédit sur le risque d'accorder un prêt au particulier.

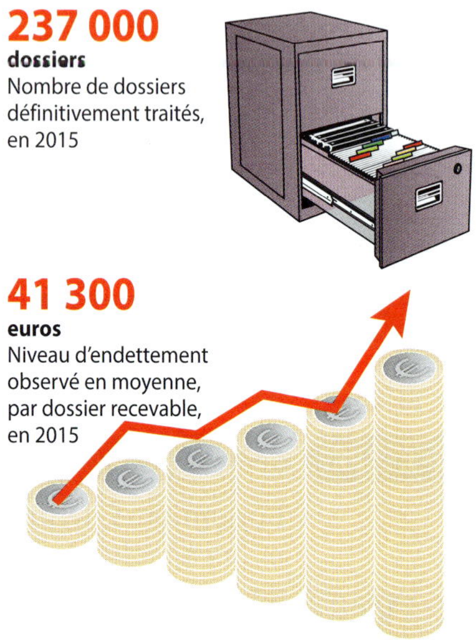

Source : Banque de France, 2016.

DOC. 15 Profil du surendetté

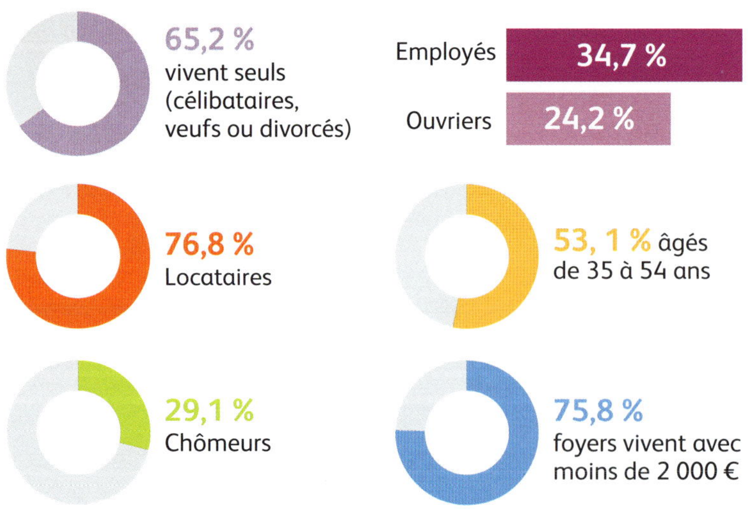

90 % des dossiers concernés sont liés à des dettes financières (crédit à la consommation, dette immobilière, découverts et dépassements).

Source : Banque de France, 2015.

COMPRENDRE & ANALYSER

1. Définir le terme surendettement.
2. Identifier, dans le doc. 14, les personnes à contacter lors de difficultés de remboursement.
3. Définir, à l'aide du doc. 14, le rôle de la commission de surendettement.
4. Relever, dans le doc. 14, le niveau d'endettement moyen par dossier en 2015.
5. Lister, dans le doc. 15, les deux principales caractéristiques des surendettés.

5 La protection du consommateur

- Lors de ses actes de consommation, le consommateur peut commettre des erreurs ou être trompé. Les services de l'État et les associations de consommateurs sont les interlocuteurs auprès desquels trouver aide et conseil.
- La protection du consommateur est une des missions de certains ministères. La sécurité sanitaire et économique des consommateurs est garantie grâce aux missions d'information, de contrôles et de tests de la **DIRECCTE**, de la **DDPP** ou de la **DGCCRF**.
- Leur action est complétée par l'activité d'associations de consommateurs, actives tant à l'échelon national qu'à l'échelon local. Elles conseillent pour tout problème de consommation, aident à régler les litiges de la vie quotidienne, soit à l'amiable, soit par une action en justice où elles sont habilitées à défendre les intérêts des consommateurs.
- L'**INC** est un établissement public qui produit des enquêtes, des essais et qui mène des actions de prévention et d'information (*Consomag*, *60 millions de consommateurs*).

DOC. 16 **Une campagne de protection des consommateurs**

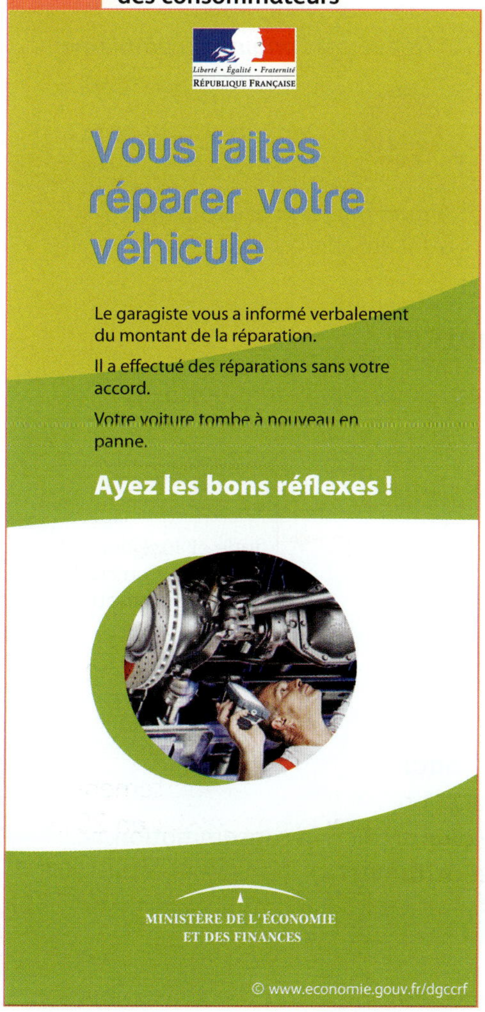

DOC. 17 **Les 10 principes de base de la protection des consommateurs dans l'UE**

1. Achetez ce que vous voulez, où vous voulez.
2. Si un article ne fonctionne pas, renvoyez-le.
3. Des normes de sécurité sévères pour les aliments et les biens de consommation.
4. Informez-vous sur ce que vous mangez.
5. Les contrats doivent être équitables […].
6. Les consommateurs peuvent […] changer d'avis.
7. La comparaison des prix doit être facilitée.
8. Le consommateur ne doit pas être induit en erreur.
9. Votre protection lorsque vous êtes en vacances.
10. Des recours efficaces dans les litiges transfrontaliers.

COMPRENDRE & ANALYSER

1. Retrouver dans la page la signification du sigle DDPP et indiquer un de ses rôles.
2. Relever dans la page le rôle des associations de consommateurs au niveau local.
3. Préciser, à l'aide du 5, la mission exercée par la DIRECCTE dans le doc. 16.
4. Justifier l'intérêt du troisième principe de base indiqué dans le doc. 17.

S'entraîner
en mobilisant la démarche de résolution de problèmes

SITUATION

Jade, 20 ans, et **José**, 19 ans, ont signé un contrat pour louer une maison de vacances (1). Le trajet en bateau (2) pour rallier la location coûte cher, et les dépenses courantes sont élevées (3) sur ce lieu de vacances. Ils doivent contracter un crédit à la consommation (4) avec un TAEG très bas (5). Leur revenu est correct (6) et ils possèdent peu d'épargne (7). Leur taux d'endettement (8) actuel est de 20 %. Depuis une semaine, Jade s'inquiète car ils ont déjà un crédit affecté (9) pour leur voiture.

1 Identifier le problème posé

2 Identifier les éléments de la situation

- Pourquoi ? → *Quelle est la conséquence du problème posé ?*
- Quoi ? → *Quelle est l'origine du problème ?*
- Qui ? → *Qui est concerné ?*
- Comment ? → *Quels comportements ont favorisé l'apparition du problème ?*
- Quand ? → *À quel moment le problème a-t-il été mis en évidence ?*

3 Mettre en relation les éléments de la situation

- Associer les numéros des éléments de la situation aux lettres correspondant aux axes du diagramme « causes-effet » (exemple : D (4)).

A. Éléments concernant le crédit

C. Éléments concernant le budget

B. Éléments concernant les vacances

D. EFFET
(4)
Jade et José doivent contracter un crédit à la consommation.

4 Mobiliser des connaissances utiles

1. Définir le type de contrat souscrit par Jade et José.
2. Citer deux obligations de Jade et José concernant ce contrat.
3. Proposer deux moyens de paiement afin de payer la location.
4. Citer le délai de rétractation après signature de l'offre d'un crédit à la consommation.
5. Différencier le terme « endettement » du terme « surendettement ».

5 Proposer des solutions

- Indiquer trois conseils qui seront donnés au couple pour choisir leur crédit à la consommation.

Retenir l'essentiel

SCHÉMA-BILAN

CONTRAT DE LOCATION

Quel que soit le type de contrat :
- Bien lire avant de signer.
- S'informer.

CONTRAT DE VENTE

Accord

Vendeur

Paye et acquiert le bien

Bien ou Service

Informe et délivre

Client

Information → Structures locales d'information et de défense du consommateur

Paiement

Comptant
- Espèces
- Chèque
- Prélèvement automatique
- Carte bancaire
- TIP (eau, électricité, téléphone, etc.)
- Virement permanent

ou

À crédit

Crédit à la consommation ≠ du crédit immobilier

- Très encadré par la réglementation
- Délai de rétractation de 14 jours

Information →

- Crédit affecté
- LOA (location avec option d'achat)
- Crédit personnel
- Crédit renouvelable (ou permanent)

LE TAEG (taux annuel effectif global) permet leur comparaison.

Excès de crédits

Impossibilité de payer les factures

Surendettement

1. Mesures personnelles pour faire face
2. Dépôt d'un dossier à la commission du surendettement

Information →

Dossier recevable

- Plan conventionnel de redressement
  - Aménagement des crédits → Remboursement des dettes
- Procédure de rétablissement personnel (PRP)
  - Vente des biens → Remboursement des dettes
  - Effacement de la dette si absence de biens

Structures locales d'information et de défense du consommateur

COMPLÉTER LA SYNTHÈSE

→ lienmini.fr/pse628-syn11

VÉRIFIER LES ACQUIS

QCM

→ lienmini.fr/pse628-qcm11

APPROFONDIR

VIDÉO

→ lienmini.fr/pse628-vid07

12 S'assurer pour protéger les biens et les personnes

Objectif : agir comme un citoyen responsable en souscrivant des assurances appropriées.

S'informer et s'approprier les connaissances utiles

Que l'on soit responsable ou victime d'un événement fâcheux, être assuré constitue une protection financière face à certaines situations de la vie courante. Souscrire une assurance se révèle parfois difficile face à la complexité des termes utilisés et à la multitude d'offres.

1 Principes et rôle de l'assurance

- Un contrat d'assurance est établi entre l'assureur et l'assuré qui engage les deux parties. L'assuré doit payer sa prime d'assurance et, en contrepartie, l'assureur le garantit contre les événements fâcheux non intentionnels ou risques pour lesquels il s'assure.
- L'assureur s'engage à verser des indemnités à l'assuré après avoir reçu la déclaration écrite du sinistre.

DOC. 1 Mécanisme de l'assurance

L'assuré paie une prime d'assurance pour couvrir un ou des risques. → L'assureur établit un contrat d'assurance couvrant les risques définis par l'assuré. → En cas de sinistre couvert par le contrat, l'assureur verse des indemnités à l'assuré.

DOC. 2 Incendie dans un atelier

Un adolescent de 17 ans met le feu à une poubelle ; l'incendie se propage dans l'atelier. Les dégâts s'élèvent à 300 000 €. Ses parents ont une assurance responsabilité civile. En réparation du dommage causé, l'assurance prend en charge une partie du sinistre, à hauteur du montant de l'indemnisation stipulé dans le contrat.

DOC. 3 Accident de voiture

Un adulte qui envoyait un SMS a percuté un piéton. Ce dernier se retrouve handicapé à vie. L'assurance responsabilité civile du conducteur va dédommager financièrement la victime qui n'aura plus l'usage de ses jambes.

COMPRENDRE & ANALYSER

1. Résumer, à l'aide du doc. 1, le rôle de l'assurance.
2. Indiquer les causes et les conséquences des sinistres des doc. 2 et 3.
3. Citer les réparations proposées ou probables au niveau des sinistres des doc. 2 et 3.

- L'assurance fonctionne sur le principe de la solidarité : les cotisations versées par l'ensemble des adhérents servent à indemniser ceux qui sont victimes de sinistres.
- Les assurances proposent des garanties qui vont couvrir certains événements de la vie. Il existe deux assurances obligatoires :
  – la responsabilité civile automobile : elle prend en charge tous les dégâts commis aux tiers (c'est-à-dire aux autres) par l'assuré ;
  – l'assurance habitation locataire : elle couvre les dommages résultant d'un incendie, d'une explosion ou d'un dégât des eaux.

DOC. 4 **Les assurances facultatives**

Certaines assurances facultatives sont largement souscrites même si la loi ne les impose pas :

– la banque ne fait pas de prêt sans une assurance emprunteur pour un crédit immobilier. De ce fait, elle peut être considérée comme obligatoire ;

– l'assurance multirisque habitation (dégâts des eaux, incendie, explosion) pour les propriétaires.

Il existe d'autres assurances facultatives : protection juridique, vol, annulation voyage, assurance vie, bris de glace, assurance tous risques automobiles, etc.

DOC. 5 **Exemples de situations**

A. Enzo percute en voiture un vélo. Il est en tort ; son assurance rembourse le vélo et sa voiture.

B. Incendie chez Léa ; propriétaire.

C. Inondation chez Erwan ; locataire.

D. Vol de TV dans le studio de Paul.

E. Nadia percute en voiture un vélo. Elle est en tort ; son assurance rembourse le vélo mais pas sa voiture.

DOC. 6 **L'assurance automobile tous risques**

L'assurance « tous risques » couvre l'ensemble des dégâts subis par le véhicule. Elle comprend la responsabilité civile (tiers) et les garanties ci-contre.

Par exemple, si vous foncez dans un mur, votre véhicule sera aussi remboursé.

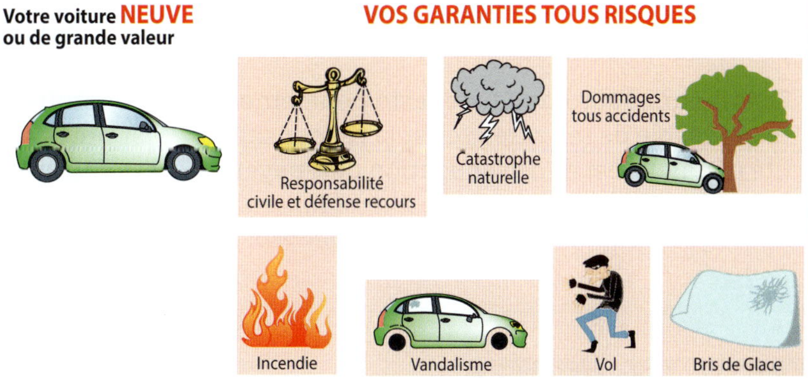

COMPRENDRE & ANALYSER

1. Citer le nom des deux assurances obligatoires.
2. Relever, dans le doc. 4, quatre assurances facultatives.
3. Indiquer, à l'aide des doc. 4 et 6, le nom de l'assurance mise en jeu et son caractère obligatoire ou non pour chaque situation du doc. 5.
4. Expliquer pourquoi l'assurance repose sur le principe de solidarité.

2 Responsabilité civile et responsabilité pénale

- La responsabilité civile a une obligation légale. Toute personne doit réparer les dommages causés à autrui. Le Code civil (art. 1382 à 1386) définit les cas de responsabilité : dommages causés par son fait, sa négligence, son imprudence, par les enfants, employés, animaux ou choses que l'on a sous sa garde.
- La responsabilité pénale est l'obligation légale faite à une personne, reconnue coupable par un tribunal, de supporter la peine prévue par la loi correspondant à une infraction. On ne peut pas assurer les sanctions.

DOC. 7 **Accident de la route et alcool**

Un automobiliste renverse un vélo. Le cycliste, blessé, est hospitalisé ; le vélo est hors d'usage. La voiture a une aile endommagée.

Le dépistage de l'alcoolémie réalisé sur les lieux par la police est positif : 0,9 g d'alcool par litre de sang.

Bien que l'automobiliste ait une assurance tous risques, compte tenu des circonstances, cette assurance ne couvrira que les seuls dégâts qui relèvent de sa responsabilité civile, à savoir les torts occasionnés à autrui : le remplacement du vélo et la prise en charge des frais médicaux de la victime. Les autres garanties couvertes par l'assurance ne s'appliquent pas dans ce cas et l'assureur est en droit (selon le contrat signé) de résilier ce contrat.

Par ailleurs, l'automobiliste reste pénalement responsable de ses actes : c'est la responsabilité pénale. Il est dans l'obligation de « payer » son infraction à la loi.

La conduite en état d'ivresse (≥ 0,5 g/L d'alcool dans le sang ou ≥ 0,2 g/L pour le permis probatoire) entraîne un retrait de 6 points sur le permis et une suspension possible de permis. De plus, entre 0,5 (ou 0,2 g/L pour le permis probatoire) et 0,8 g/L, une amende de 750 € est prévue. Au-delà de 0,8 g/L, l'amende peut atteindre 4 500 € ; une annulation du permis et une peine de prison sont possibles.

COMPRENDRE & ANALYSER

1. Identifier la cause du sinistre décrit dans le doc. 7.
2. Indiquer quels sont les seuls dommages pris en charge par l'assurance de l'automobiliste.
3. Définir, à partir du doc. 7 et du 2, la notion de responsabilité civile.
4. Retrouver, dans le doc. 7, les sanctions encourues par l'automobiliste du fait de sa responsabilité pénale.
5. Lister, dans le doc. 7, les conséquences de la responsabilité pénale de l'automobiliste au niveau de son assurance.

3 Le contrat d'assurance

- Il décrit les biens couverts par le contrat et présente l'étendue des garanties en indiquant les franchises, les exclusions, les plafonds de garantie, etc.
- Le vocabulaire utilisé dans le domaine des assurances est spécifique ; il convient de maitriser les termes les plus courants :
  - **L'assuré** : personne à qui est accordée la garantie prévue par le contrat d'assurance. L'assuré n'est pas obligatoirement le souscripteur.
  - **Un risque** : événement incertain (qui n'a pas encore eu lieu) affectant une personne, ses biens ou sa responsabilité.
  - **Une garantie** : couverture d'un risque en contrepartie d'une cotisation.
  - **Une franchise** : somme d'argent qui reste à la charge de l'assuré en cas d'indemnisation par l'assureur.
  - **Un sinistre** : réalisation de l'événement incertain créant des dommages.

DOC. 8 **Extrait d'un contrat d'assurance automobile**

CONTRAT

Souscripteur : M. Vincent EUSKA
8, allée de la Houle – Biarritz (64)
Permis n° 88665840 – cat. B
Usage privé et professionnel

N° de contrat :
22567YHN75

Conducteur habituel : M. EUSKA

Lieu de garage : allée de la Houle, Biarritz

Véhicule : Renault « Tropic »

Immatriculation : 8856 ST 64

Montant annuel de la cotisation : 400 €.

Contrat d'une durée annuelle avec tacite reconduction par périodes successives de la même durée sauf dénonciation par l'une des parties, moyennant un préavis de 1 mois.

Garantie souscrite et franchise : responsabilité civile, incendie, explosion, vol (franchise de 100 €), catastrophe naturelle, bris de glace (franchise de 200 €).

Fait à Biarritz en trois exemplaires le 15/09/2017.

COMPRENDRE & ANALYSER

1. Expliquer le terme préavis présent dans le doc. 8.
2. Indiquer et justifier, à l'aide du doc. 8 :
   – si l'assurance prendra en charge un bris de glace du véhicule de M. Euska ;
   – si l'assurance de M. Euska prendra en charge tous les frais de remboursement, y compris les siens dans le cas d'un accident où il est en tort ;
   – si M. Euska a intérêt de déclarer un sinistre « bris de glace » à son assurance alors qu'un garage peut lui remplacer le pare-brise pour 150 €.

4 La déclaration du sinistre

- Pour être indemnisé à la suite d'un sinistre, l'assureur doit être prévenu rapidement. Il faut ensuite établir la déclaration de sinistre, appelée constat, et l'envoyer avec avis de réception ou l'apporter à l'assureur :
  – dans les 5 jours ouvrés qui suivent le sinistre ou son constat par l'assuré ;
  – dans les 2 jours ouvrés qui suivent, dans le cas d'un vol ou son constat par l'assuré.
- Dans le cas d'un vol, il faut avant tout déclarer ce dernier à la police avant d'effectuer toute démarche auprès des assureurs.

DOC. 9 Extrait d'un constat européen d'accident

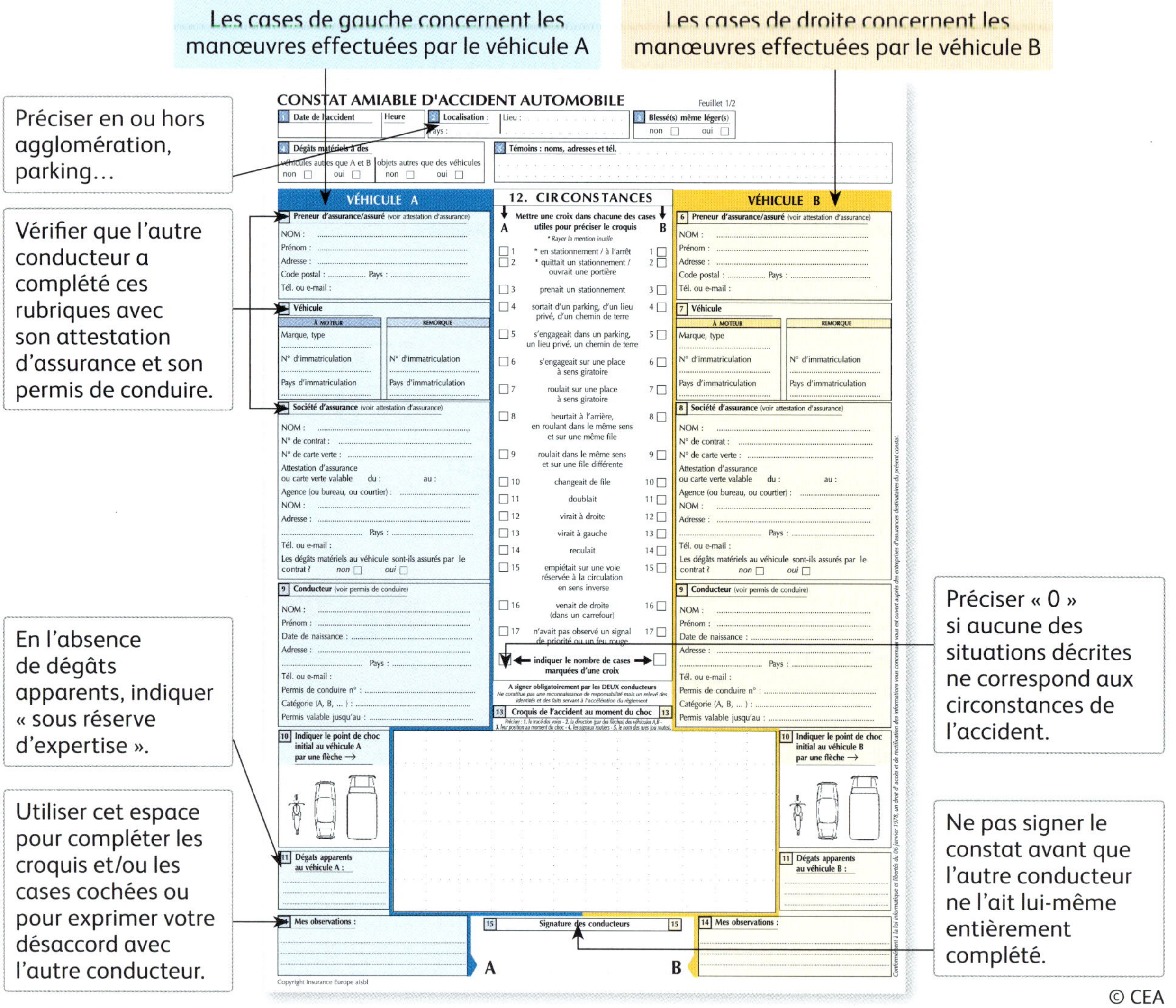

COMPRENDRE & ANALYSER

1. Expliquer, à l'aide du doc. 9, l'intérêt de compléter un constat européen d'accident.
2. Préciser à qui envoyer le constat du doc. 9 et dans quel délai.
3. À l'aide du site www.service-public.fr (lienmini.fr/pse628-12) :
   – retrouver l'autre possibilité de déclarer un accident si l'on ne possède pas de constat papier ;
   – indiquer la démarche à effectuer lors d'un accident avec un dommage corporel.

■ La rédaction d'un constat doit être extrêmement rigoureuse et précise. Si elle implique deux personnes, il est souhaitable de remplir le constat à deux, afin que chaque partie puisse envoyer un volet du constat à son assurance pour accélérer l'indemnisation éventuelle.

DOC. 10 L'accident de Maria

Circonstances de l'accident : à 18 h 30, Maria a percuté l'arrière de la voiture qui roule devant elle et qu'elle n'a pas vue ralentir. Les deux véhicules sont endommagés, mais il n'y a pas de blessé. Maria a son pare-chocs et son capot enfoncés et un phare fêlé. La conductrice propose de faire un constat amiable. L'accident a eu lieu au niveau du 40, bd des Pyrénées, à Oloron-Sainte-Marie ; il y a un panneau de limitation de vitesse à 50 km/h, 30 m avant l'accident. Les éléments de son contrat sont les suivants :

Assuré	Fernandez Maria 23, rue Camou 64400 Oloron-Sainte-Marie Tél. : 05 59 39 76 54
Véhicule	Renault Clio –1567 YW 64 – France
Société d'assurance	MAIF contrat n° 67 890 Y. Attestation du 01.01.17 au 31.12.17 4, rue Raymond Ritter – 64000 Pau Tél. : 05 59 80 55 61
Conducteur	Fernandez Maria, née le 22.02.1988 Permis n° 4567890 – cat B Domicile : 23, rue Camou – 64400 Oloron-Sainte-Marie

DOC. 11 Extraits du constat amiable d'accident automobile

9 Conducteur (voir permis de conduire)

NOM : ....

Prénom : ....

Date de naissance : ....

Adresse : 23, rue Camou – 64400 Oloron-Sainte-Marie .... Pays : ....

Tél. ou e-mail :

Permis de conduire n° : ....

Catégorie (A, B, ...) : ....

Permis valable jusqu'au : permanent ....

10 Indiquer le point de choc initial au véhicule A par une flèche →

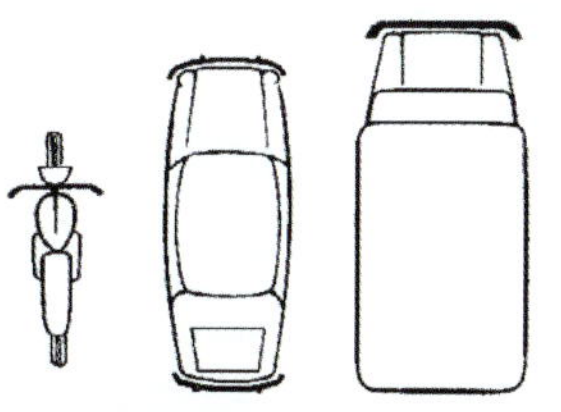

11 Dégâts apparents au véhicule A :

....

....

....

13 Croquis de l'accident au moment du choc 13

*Préciser : **1.** le tracé des voies - **2.** la direction (par des flèches) des véhicules A,B - **3.** leur position au moment du choc - **4.** les signaux routiers - **5.** le nom des rues (ou routes).*

COMPRENDRE & ANALYSER

Télécharger le constat amiable d'accident automobile (page 2) sur www.gmf.fr (lienmini.fr/pse628-13) puis :

1. Compléter, à l'aide du **doc. 10**, les éléments d'informations de la rubrique 9 du **doc 11**.
2. Identifier, dans la rubrique 10 du **doc 11**, le schéma du véhicule de Maria et indiquer le point de choc initial pour son véhicule.
3. Noter, à l'aide du **doc. 10**, les dégâts apparents au véhicule de Maria (rubrique 11 du **doc 11**).
4. Réaliser le croquis de l'accident au moment du choc à l'aide de la situation énoncée dans le **doc. 10** et des explications données dans la rubrique 13 du **doc 11**.

S'entraîner
en mobilisant la démarche de résolution de problèmes

SITUATION

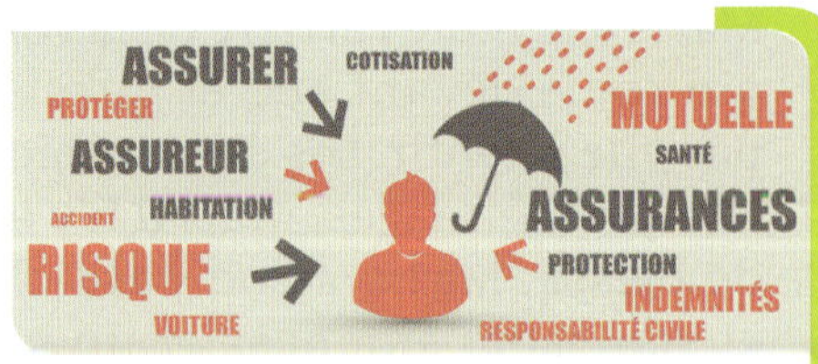

Jean et Anaïs, jeune couple, envisagent de louer un studio. Devant les multiples offres d'assurance (1), ils ont du mal à identifier leurs besoins. Ils ont déjà eu un dégât des eaux (2), et ont déjà rempli un constat amiable (3). À la suite de ce sinistre, leur franchise dégâts des eaux était passée à 200 € et leur cotisation avait augmenté de 5 %. Ils savent qu'il leur faut la garantie responsabilité civile (4) habitation et dégâts des eaux (5). Cela fait deux semaines qu'ils hésitent pour contracter d'autres garanties d'assurance (6), et les offres de location de studio diminuent (7) fortement.

1 Identifier le problème posé

2 Identifier les éléments de la situation

Quelle est la conséquence du problème posé ? (Pourquoi ?)

quelle est la nature du problème ? (Quoi ?)

Qui est concerné ? (Qui ?)

Quels éléments ont favorisé l'apparition du problème ? (Comment ?)

À quel moment le problème a-t-il été mis en évidence ? (Quand ?)

3 Mettre en relation les éléments de la situation

- Associer les numéros des éléments de la situation aux lettres correspondant aux axes du diagramme « causes-effet » ci-après (exemple : D (6)).

A. Éléments liés au dégât des eaux

C. Éléments liés aux garanties

B. Éléments liés aux conditions du marché

D. EFFET
(6)
Jean et Anaïs hésitent pour contracter d'autres garanties d'assurance.

4 Mobiliser des connaissances utiles

1. Citer une assurance obligatoire.
2. Citer une assurance facultative.
3. Définir la notion de responsabilité civile.
4. Expliquer le mécanisme d'indemnisation d'un dégât des eaux estimé à 1 500 €.
   Pour rappel le déclenchement de cette garantie fait intervenir une franchise de 200 €.

5 Proposer des solutions

- Indiquer trois garanties supplémentaires qui peuvent être proposées au couple pour leur contrat d'assurance.

Retenir l'essentiel

SCHÉMA-BILAN

PRINCIPE DE L'ASSURANCE

Risque
- Accident
- Incendie
- Dégât des eaux
- Vol, etc.
- Responsabilité civile

Risque → **Assuré**

Assuré → Paie la prime ou la cotisation → **Assureur**

Assureur → Contrat d'assurance → Assuré

Assureur → Assure contre le risque → Risque

Assureur → **Indemnisation de l'assuré** → Assuré

Risque → **Sinistre**
- Déclaration dans les délais
- Constat amiable pour les dégâts matériels des véhicules

Sinistre → Assureur

Assurance responsabilité civile OBLIGATOIRE → Risque

Responsabilité civile	≠	**Responsabilité pénale**
Chacun est responsable des dommages occasionnés à autrui.		Chacun est responsable de ses infractions à la loi.
Obligation de dédommagement		Obligation de subir les sanctions prévues

COMPLÉTER LA SYNTHÈSE
→ lienmini.fr/pse628-syn12

VÉRIFIER LES ACQUIS (QCM)
→ lienmini.fr/pse628-qcm12

APPROFONDIR (VIDÉO)
→ lienmini.fr/pse628-vid08

13 Maîtriser sa consommation en eau

Objectif : agir en écocitoyen afin de maîtriser sa consommation d'eau.

S'informer et s'approprier les connaissances utiles

Alors que la demande en eau augmente, certains pays atteignent déjà les limites de leurs ressources. L'absence ou la mauvaise qualité de l'eau font que 700 millions d'individus n'ont pas accès à l'eau potable.

1 Les ressources d'eau disponibles dans le monde

- Notre planète est recouverte aux trois quarts d'eau. 3 % de cette eau est douce, le reste est salé. 77 % de l'eau douce existe sous forme de glace. Au total, seul 0,7 % de l'eau terrestre est utilisable par l'homme
- La répartition de l'eau douce est inégale entre les pays et à l'intérieur même des pays. Les besoins hydriques sont de plus en plus importants à cause de l'accroissement de la population mondiale et du développement de l'agriculture et de l'industrie.
- Le dérèglement climatique, le gaspillage, la pollution et l'absence de vision à long terme sont les principaux facteurs de la mauvaise gestion de l'eau.
- La gestion durable de l'eau limiterait la sécheresse, l'apparition de foyers infectieux ou de maladies, la famine, les conflits, et pourrait de ce fait accroître la richesse des pays.

DOC. 1 Prévision de l'eau douce disponible dans le monde en 2025

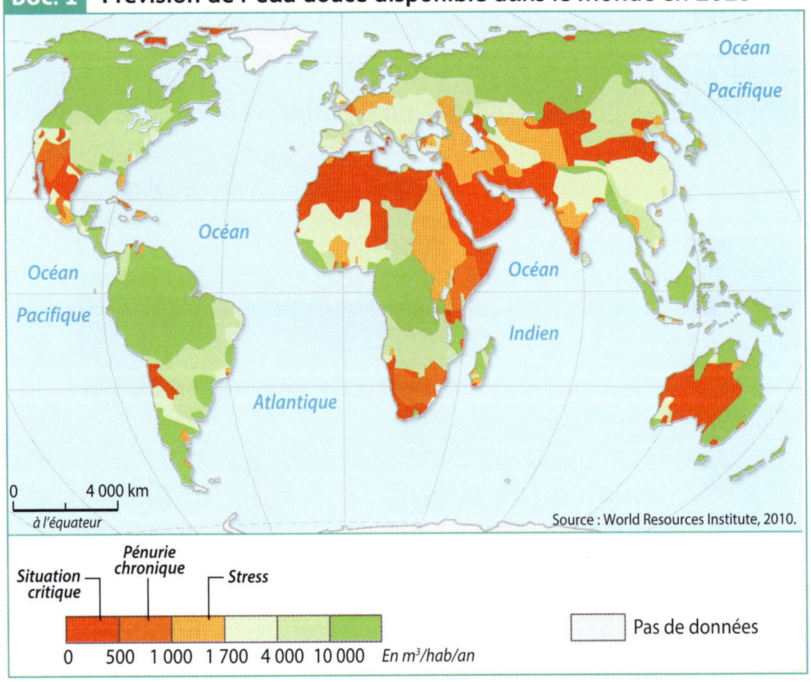

COMPRENDRE & ANALYSER

1. Repérer trois facteurs augmentant la consommation mondiale d'eau.
2. Citer, à l'aide du doc. 1, trois zones géographiques en état de pénurie d'eau.
3. Indiquer deux éléments qui font que seul 0,7 % de l'eau sur Terre est disponible pour l'homme.
4. Relever trois réservoirs d'eau douce facilement accessibles pour l'homme à l'aide du site www.cnrs.fr (lienmini.f/pse628-14)

2 Les ressources d'eau disponibles en France

- Les besoins en eau de la France sont couverts par ses ressources. Avec un volume des précipitations stable qui permet de recharger les nappes souterraines et d'alimenter les eaux de surface (lacs, rivières, fleuves…), la France couvre ses besoins en eau.
- Les plus gros prélèvements sont utilisés pour la production d'énergie (centrales nucléaires), la consommation d'eau potable, l'irrigation des cultures agricoles et l'activité industrielle. Utilisée par les plantes ou bien évaporée, l'eau prélevée pour l'irrigation ne rejoint pas les eaux de surface.
- La répartition de l'eau sur le territoire est inégale en fonction des régions, des saisons et de la pollution. Les contrôles qualitatif et quantitatif pour gérer la ressource en eau sont fréquents.

DOC. 2 État des nappes d'eau au 1er mai 2016

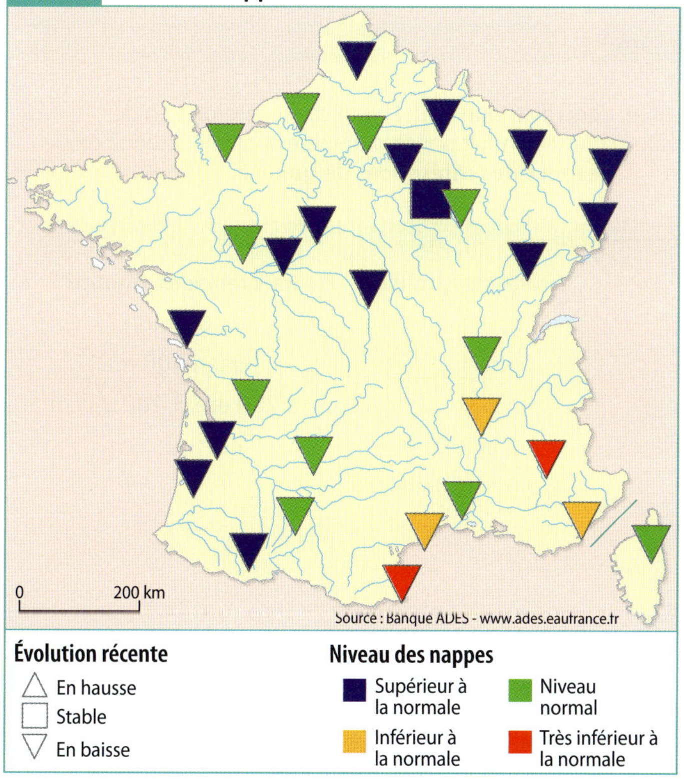

DOC. 3 Répartition des masses d'eau de surface en France selon leur état écologique

L'**état écologique** prend en compte la faune et la flore aquatiques, certaines substances chimiques et l'état physique des cours d'eau.

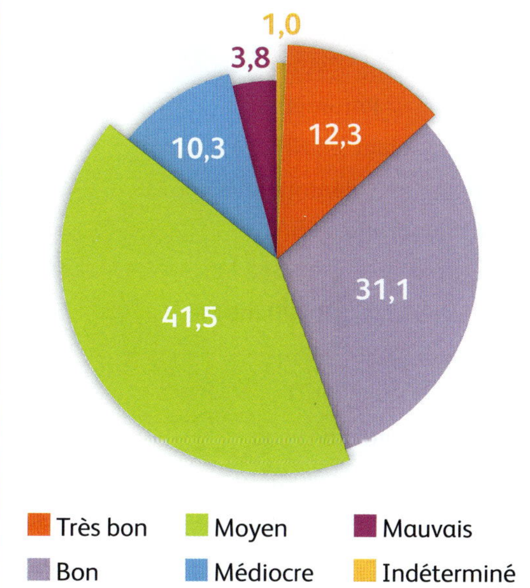

COMPRENDRE & ANALYSER

1. Indiquer, à l'aide du doc. 2, l'état des nappes d'eau dans votre région.
2. Calculer, à l'aide du doc. 3, le pourcentage des masses d'eau ayant au moins un bon état écologique.
3. Justifier, à l'aide de ses connaissances et des doc. 2 et 3, l'intérêt de contrôler le niveau qualitatif et quantitatif des masses d'eau en France.
4. Citer, à l'aide de ses connaissances, trois conséquences d'une éventuelle pénurie (manque important) d'eau au niveau des nappes souterraines et des eaux de surface.

3 Les critères de potabilité

- Une eau potable est une eau qui ne doit pas porter atteinte à la santé de celui qui la consomme. Des analyses contrôlent cette eau afin qu'elle réponde aux 63 critères de potabilité qui portent sur les paramètres microbiologiques (bactéries, virus, etc.), organoleptiques (odeur, couleur, saveur, turbidité), chimiques (substances indésirables, toxiques) et physico-chimiques (pH, T, etc.).
- Le circuit de l'eau est cyclique : pour la rendre potable, l'eau captée dans les nappes souterraines ou les eaux de surface passe dans une station de potabilisation avant d'être stockée puis distribuée. Polluée par nos usages domestiques (douche, toilettes, etc.), elle est traitée dans une station d'épuration avant de rejoindre le milieu naturel. Épurée mais non potable, l'eau rejetée est à nouveau captée pour la rendre propre à la consommation.

DOC. 4 **Analyse de l'eau dans la commune d'Aigues-Juntes (09)**

Date et heure du prélèvement : 04/10/2016 à 08 h 47

Conformité

Conclusions sanitaires
Eau d'alimentation non conforme aux exigences de qualité. L'eau distribuée fait l'objet d'une interdiction de consommation depuis le 5 mars 2003 compte tenu du risque sanitaire induit par sa mauvaise qualité bactériologique.

Conformité bactériologique non — **Respect des références de qualité** non
Conformité physico-chimique oui

Paramètres analytiques

Paramètre	Valeur	Limite de qualité*	Référence de qualité**
1. Ammonium (en NH_4)	< 0,05 mg/L		≤ 0,1 mg/L
2. Bactéries coliformes /100mL-MS	61 n/100 mL		≤ 0 n/100 mL
3. Conductivité à 25 °C	133 µS/cm		≥ 200 et ≤ 1 100 µS/cm
4. Entérocoques/100 mL-MS	95 n/100 mL	≤ 0 n/100 mL	
5. Escherichia coli/100 mL-MF	55 n/100 mL	≤ 0 n/100 mL	
6. Odeur (qualitatif)	0		
7. Saveur (qualitatif)	0		
8. Température de l'eau	14,4 °C		≤ 25 °C
9. Turbidité néphélométrique NFU	1,78 NFU		≤ 2 NFU
10. pH	7,30 unité pH		≥ 6,5 et ≤ 9 unité pH

© www.sante.gouv.fr, ministère des Affaires sociales, de la Santé et des Droits des femmes.

* Limites de qualité : concerne des paramètres dont la présence induit des risques pour la santé.
Les eaux doivent respecter les valeurs inférieures ou égales aux limites.

** Références de qualité : témoins du bon fonctionnement de la production et de distribution de l'eau.
Ces substances n'ont pas d'effets directs sur la santé.

COMPRENDRE & ANALYSER

1. Définir le terme eau potable.
2. Relever, à l'aide du doc. 4, un paramètre organoleptique, microbiologique et physico-chimique.
3. Justifier pourquoi l'eau distribuée à Aigues-Juntes est interdite à la consommation en indiquant le numéro des paramètres non conformes.

4 Les mesures collectives pour préserver l'eau

Au niveau mondial, l'Organisation des Nations unies estime que la demande en eau devrait augmenter de plus de 50 % en 2050. Garantir l'accès de tous à l'eau et à l'assainissement et assurer une gestion durable des ressources en eau sont un des objectifs prioritaires pour l'**ONU**.

DOC. 5 Consommation mondiale d'eau par secteur

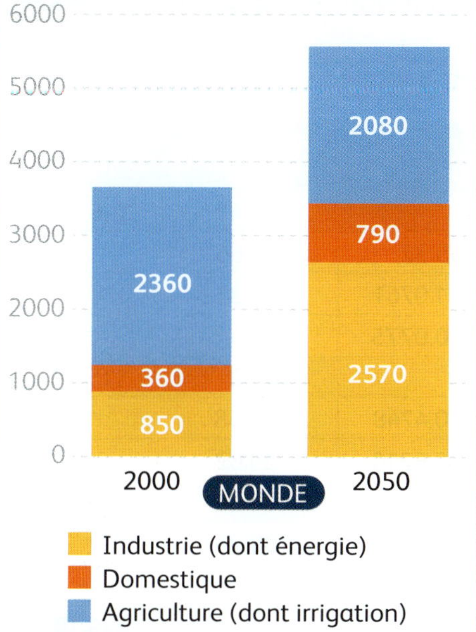

DOC. 6 Extraits de l'objectif 6 de développement durable (ONU)

6. 1. D'ici à 2030, assurer l'accès universel et équitable à l'eau potable, à un coût abordable.

6. 2. D'ici à 2030, assurer l'accès de tous, dans des conditions équitables, à des services d'assainissement et d'hygiène adéquats [...].

6. 3. D'ici à 2030, améliorer la qualité de l'eau en réduisant la pollution, [...], en diminuant de moitié la proportion d'eaux usées non traitées et en augmentant [...] à l'échelle mondiale le recyclage et la réutilisation sans danger de l'eau.

6. 6. b [D'ici à 2030], appuyer et renforcer la participation de la population locale à l'amélioration de la gestion de l'eau et de l'assainissement.

© www.un.org

DOC. 7 L'empreinte eau

L'empreinte eau est le volume total d'eau nécessaire pour la production d'un bien ou d'un service.

Prenons l'exemple du café : il a fallu cultiver, récolter, transporter, laver et emballer ce café avant la mise en vente. Il faut ajouter la quantité d'eau utilisée pour fabriquer la machine à café et on arrive à 140 litres pour une tasse de café !

COMPRENDRE & ANALYSER

1. Indiquer, à l'aide du doc. 5, le secteur d'activité le plus consommateur d'eau en 2000 et en 2050.
2. Expliquer, à l'aide du doc. 6, en quoi le traitement des eaux usées préserve la ressource en eau. Proposer un exemple de réutilisation d'eau sans danger.
3. Démontrer, à l'aide du doc. 7, pourquoi il est nécessaire de limiter sa consommation de viande rouge pour préserver la ressource en eau.

- Au niveau national, la loi sur l'eau et les milieux aquatiques (LEMA) est basée sur le principe de « pollueur-payeur » et a pour objectif d'améliorer le service public de l'eau et de l'assainissement.
- En France, toute activité humaine consommatrice d'eau doit être reliée à un réseau d'assainissement individuel (fosse septique) ou collectif (station d'épuration). Ces activités seront taxées afin de financer ces infrastructures.
- Les six agences de l'eau réparties sur les sept bassins hydrographiques métropolitains ont pour mission de contribuer à réduire les pollutions de toutes origines et à protéger les ressources en eau et les milieux aquatiques. Elles financent des projets de lutte contre la pollution et de gestion des milieux en récupérant des redevances auprès des usagers.

DOC. 8 **Extrait d'une facture d'eau pour une famille de quatre personnes**

Détail (01/09/17 au 01/03/18)	Quantité	Prix € HT unitaire	Montant € HT	Montant € TTC
1 Distribution de l'eau			**138.41**	**146.02**
Abonnement	0.5	55.32	27.66	
Conso. Part entreprise	96 m^3	1.0761	103.31	
Conso. Part « Agence de l'eau » préservation ressource	96 m^3	0.0775	7.44	
2 Collecte et traitement des eaux usées			**105.2**	**115.72**
Part entreprise	96 m^3	0.4748	45.58	
Part commune	96 m^3	0.6210	59.62	
3 Organisme public Agence Adour Garonne			**53.28**	**57.24**
Lutte contre pollution de l'eau	96 m^3	0.3150	30.24	
Modernisation réseau	96 m^3	0.24	23.04	
Net à payer				**319.18**

DOC. 9 **Le prix de l'eau**

Chaque Français consomme environ 145 L d'eau par jour.

46 % du prix de l'eau concerne la distribution : Ⓐ captage, Ⓑ potabilisation, Ⓒ acheminement à l'usager.

37 % du prix de l'eau concerne la dépollution des eaux : Ⓓ collecte, Ⓔ traitement en station d'épuration et rejet Ⓕ.

17 % du prix de l'eau concerne les redevances et taxes finançant les investissements en faveur de l'eau (modernisation, collecte, système de dépollution…).

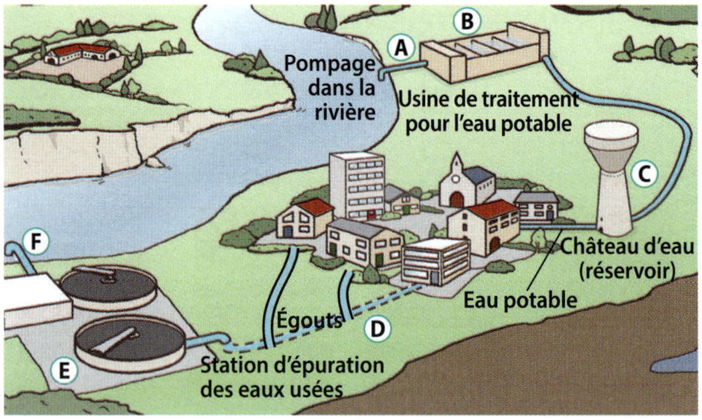

COMPRENDRE & ANALYSER

1. Relever, dans le doc. 8, le volume d'eau utilisé pour six mois.
2. Repérer, dans le doc. 8, le montant de la taxe perçue par l'agence de l'eau.
3. Retrouver, dans le doc. 9, la consommation en eau quotidienne d'un Français.
4. Expliquer, à partir de ses connaissances et des doc. 8 et 9, le lien entre le principe de la loi sur l'eau et les milieux aquatiques et le prix de l'eau en France.

5 Les mesures individuelles pour préserver l'eau

La consommation d'eau d'un Français est d'environ 145 L d'eau potable par jour. Les actions éco-citoyennes afin de préserver l'eau sont :

- La réduction de la quantité d'eau potable utilisée pour préserver le volume d'eau disponible dans la nature : réparer les fuites, préférer les douches aux bains, éviter de laisser couler l'eau, acheter des régulateurs de débit et des économiseurs d'eau, etc.
- La réduction de la pollution de l'eau pour préserver la qualité de l'eau : limiter les produits phytosanitaires, acheter des produits chimiques biodégradables ou sans danger pour la nature, etc.
- La réutilisation de l'eau de pluie pour la recycler : arroser le jardin, évacuer les eaux des toilettes ou même nettoyer son linge si un réseau d'eau de pluie est présent dans l'habitation. Cette eau est ensuite traitée en station d'épuration.

DOC. 10 **Répartition de la consommation en eau des ménages**

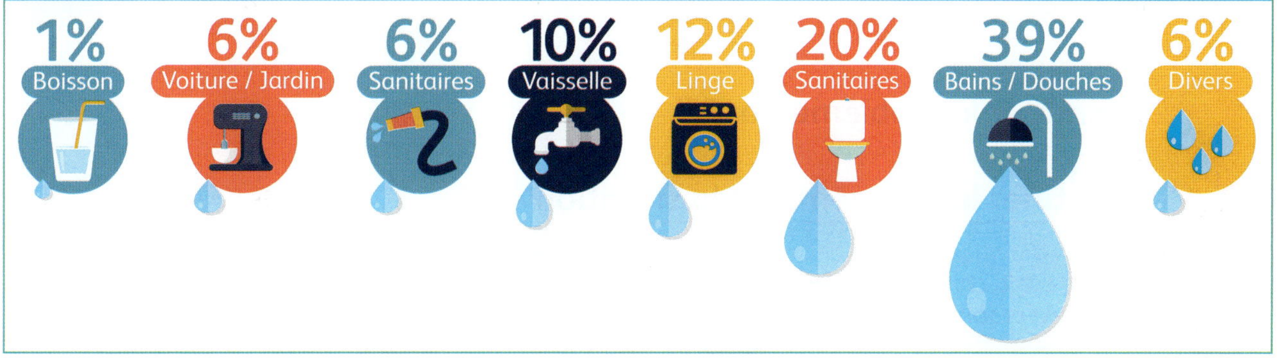

DOC. 11 **Réduction des captages d'eau dans les réservoirs**

A-t-on besoin d'eau potable dans les toilettes et le lave-linge ? Non.

Recycler l'eau pluviale peut réduire de 30 % le volume d'eau potable utilisé pour une famille. Cela réduit le captage de l'eau dans les nappes souterraines ainsi que le volume d'eau à potabiliser.

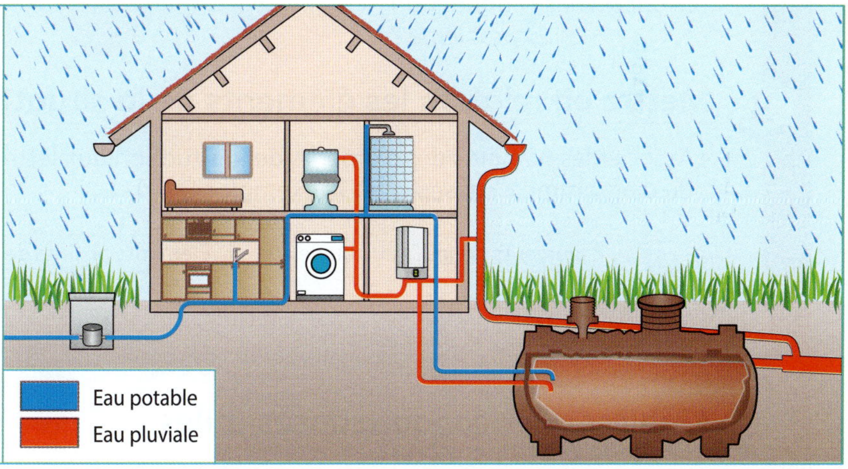

COMPRENDRE & ANALYSER

1. Relever, dans le doc. 10, les trois postes les plus consommateurs d'eau.
2. Indiquer, à l'aide du doc. 10, trois postes pouvant utiliser de l'eau de pluie à la place de l'eau potable.
3. Justifier, à l'aide du doc. 11 et de ses connaissances, deux avantages de recourir à l'eau pluviale au niveau individuel et collectif.
4. Proposer trois conseils afin de réduire sa consommation d'eau.

S'entraîner
en mobilisant la démarche de résolution de problèmes

SITUATION

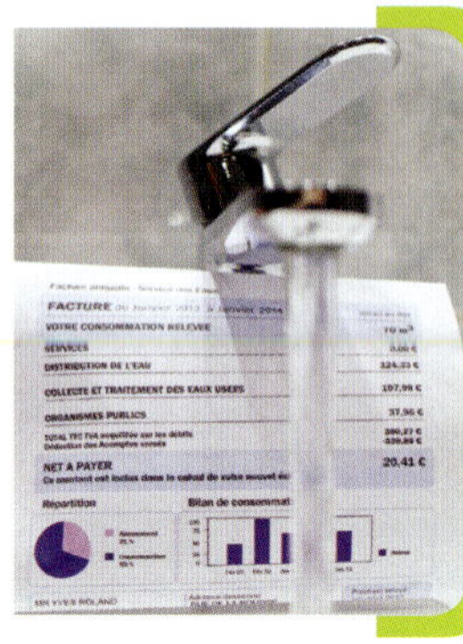

Marc et Virginie, jeune couple, prennent souvent des bains (1), lavent leur voiture tous les samedis (2), et ne réparent pas les fuites (3) d'eau. Ils ont reçu en août un kit économie d'eau offert par la mairie. Le kit est composé d'un régulateur de débit pour douche (4) et de mousseurs pour robinets (5). Marc et Virginie veulent réduire leur facture d'eau et s'inscrire dans une démarche de développement durable (6). La ville a fait des efforts en ce qui concerne les espaces verts en limitant les pesticides (7) et en utilisant des espèces locales économes en eau (8).

1 Identifier le problème posé

2 Identifier les éléments de la situation

Quelle est la conséquence du problème posé ?

Quels comportements ont favorisé l'apparition du problème ?

Quelle est l'origine du problème ?

Qui est concerné ?

À quel moment le problème a-t-il été mis en évidence ?

3 Mettre en relation les éléments de la situation

- Associer les numéros des éléments de la situation aux lettres correspondant aux axes du diagramme « causes-effet » (exemple : D (6)).

A. Éléments négatifs du couple

B. Éléments positifs de la ville

C. Éléments positifs du couple

D. EFFET
(6)
Marc et Virginie veulent s'inscrire dans une démarche de développement durable.

4 Mobiliser des connaissances utiles

1. Expliquer par une phrase pourquoi le kit est un outil qui s'inscrit dans la démarche de développement durable.
2. Citer la consommation moyenne d'eau quotidienne en eau pour un Français.
3. Définir une eau potable.
4. Indiquer un intérêt des collectivités de gérer la ressource en eau de façon durable.

5 Proposer des solutions

- Proposer à Marc et Virginie quatre autres conseils pour diminuer la facture d'eau après l'installation du kit économie d'eau.

Retenir l'essentiel

SCHÉMA-BILAN

L'eau, abondante sur Terre, est un enjeu majeur du développement durable. Le cycle de l'eau assure la distribution de cet élément vital sur la planète.

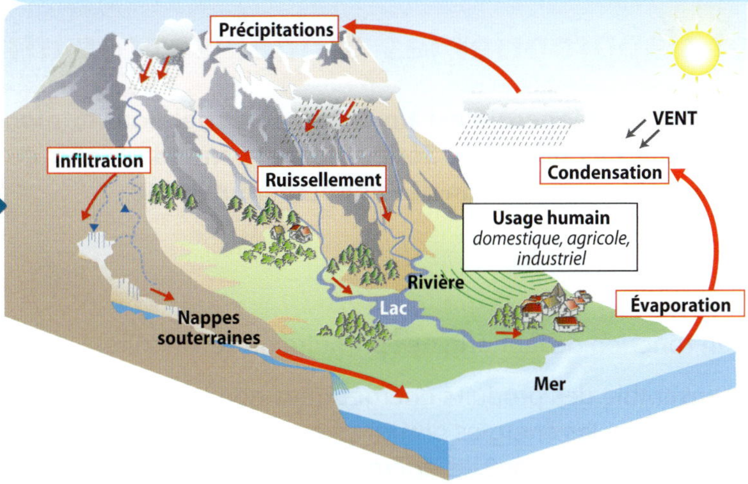

Une infime partie est utilisable par l'homme

- Une eau potable peut se boire sans risque pour la santé.
- Elle respecte des paramètres de potabilité très contrôlés comme des critères physico-chimiques ou microbiologiques.

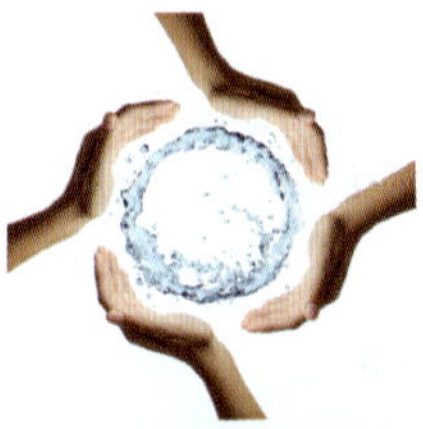

- Augmentation de la population.
- Répartition inégale de l'eau sur Terre et à l'intérieur des pays.
- Pollution d'origine humaine (domestique, agricole, industrielle).
- Mauvaise gestion de cette ressource vitale.

Ces éléments génèrent des pénuries et la dégradation de la qualité de l'eau.

Mesures collectives pour préserver l'eau

- Renforcer la loi sur l'eau basée sur le principe « pollueur-payeur ».
- Faire respecter les normes de qualité de l'eau.
- Dépolluer les eaux usées avant leur rejet dans le milieu naturel.
- Contrôler les travaux et les activités pouvant porter atteinte aux ressources naturelles (périmètres de protection autour des captages).
- Certaines mairies offrent un « kit économie d'eau » à chacun des foyers de la commune.

Mesures individuelles pour préserver l'eau

- Réparer les fuites.
- Prendre une douche plutôt qu'un bain.
- Remplir les machines à laver.
- Privilégier les équipements avec une touche « éco ».
- Installer des mousseurs d'eau.
- Ne pas laisser couler l'eau.
- Mesures spécifiques pour l'agriculture et l'industrie.

COMPLÉTER LA SYNTHÈSE
→ lienmini.fr/pse628-syn13

VÉRIFIER LES ACQUIS — QCM
→ lienmini.fr/pse628-qcm13

APPROFONDIR — VIDÉO
→ lienmini.fr/pse628-vid09

14 Maîtriser sa consommation en énergie

Objectif : agir en écocitoyen afin de maîtriser sa consommation en énergie.

S'informer et s'approprier les connaissances utiles

La maîtrise de la consommation d'énergie est un enjeu essentiel pour la planète, les ressources et la qualité de vie des hommes. Seul un accord mondial, afin de limiter l'utilisation d'énergies polluantes, assurera un développement durable.

1 Les ressources en énergie

- On classe les énergies en fonction de leur origine : primaire ou secondaire.
- L'énergie primaire est l'ensemble des produits énergétiques non transformés et exploités directement par l'homme. Parmi les énergies primaires on distingue :
  – les énergies non renouvelables : ce sont les énergies fossiles (pétrole, gaz, charbon) et les énergies fissiles (uranium). Ces énergies s'épuisent plus rapidement que leur renouvellement. Elles ont un stock limité et sont inégalement réparties sur la planète. Elles ont des impacts importants sur l'environnement et la santé humaine. Cependant leur rendement énergétique est correct et ne varie pas.

DOC. 1 Répartition et durée des réserves de pétrole et de gaz dans le monde

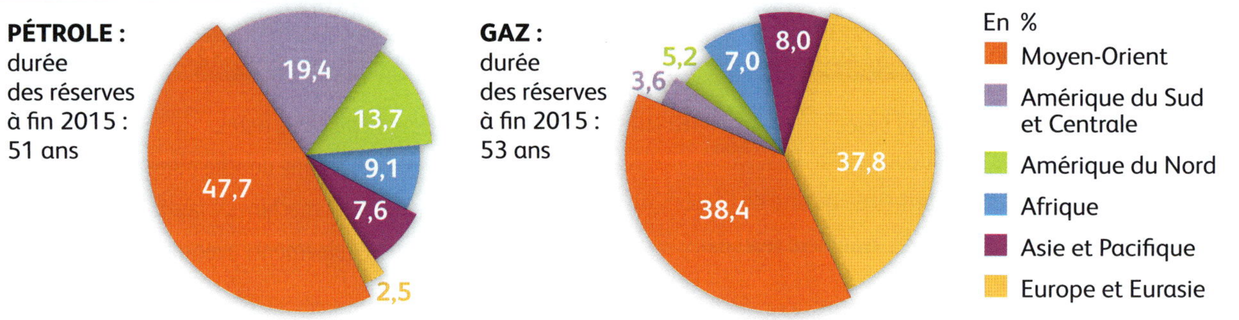

DOC. 2 L'énergie nucléaire

L'énergie nucléaire est utilisée afin de réduire les émissions de CO_2 et la dépendance énergétique en gaz et pétrole. Cette énergie permet d'obtenir de l'électricité avec un rendement connu d'avance et un faible coût d'achat pour le combustible (uranium). Cependant, la gestion des déchets radioactifs et la sécurité des anciennes centrales nucléaires sont des facteurs écologiques et sanitaires non résolus à ce jour.

COMPRENDRE & ANALYSER

1. Définir le terme énergie non renouvelable et citer deux exemples.
2. Indiquer, à l'aide du doc. 1, les trois zones géographiques les plus riches en pétrole.
3. Justifier par deux remarques, à l'aide du doc. 1 et de ses connaissances, l'intérêt de réduire sa consommation d'énergie fossile.
4. Relever, dans le doc. 2, deux avantages et deux inconvénients de l'énergie nucléaire.

– les énergies renouvelables (**EnR**) : ces énergies se reconstituent plus rapidement qu'elles ne sont utilisées. Elles sont gratuites, disponibles en grandes quantités sur la totalité de la planète et peuvent assurer une indépendance énergétique. Ces énergies inépuisables génèrent peu de déchets et d'émissions polluantes. Les rendements de ces EnR augmentent chaque année. Elles ont un coût d'exploitation encore élevé, même si elles deviennent de plus en plus compétitives sur le marché de l'énergie. Certaines EnR sont sujettes aux aléas météorologiques et ne peuvent pas produire de l'énergie de façon régulière et constante en fonction des besoins.

DOC. 3 **Les énergies renouvelables**

Solaire (soleil)	**Éolien** (vent)	**Géothermie** (terre)	**Hydraulique** (eau)	**Biomasse** (matière organique : bois, déchets, etc.)

La lumière du soleil est captée et transformée en électricité ou en chaleur par des cellules photovoltaïques.	La force du vent est transformée en électricité grâce à des générateurs.	La chaleur de la terre est récupérée et convertie en énergie thermique ou électrique.	La force de l'eau (mer, rivières, fleuves) est convertie en électricité par des turbines.	L'incinération ou la fermentation (biogaz) des déchets produit de la chaleur ou de l'électricité.

- L'énergie secondaire, obtenue par transformation d'énergie primaire, est facile à stocker, transporter ou utiliser. Par exemple, le gaz et le pétrole (primaire) sont transformés en électricité (secondaire) ; l'essence ou le gazole (secondaire) proviennent du pétrole (primaire).

COMPRENDRE & ANALYSER

1. Relever, à l'aide du doc. 3 et du 1, l'énergie secondaire pouvant être produite à partir de toutes les sources d'énergies renouvelables.
2. Indiquer, à l'aide du doc. 3 et de ses connaissances, l'intérêt d'utiliser la biomasse comme source d'énergie au niveau des grandes agglomérations.
3. Citer deux avantages et deux inconvénients des énergies renouvelables.
4. Expliquer, à l'aide de ses connaissances, pourquoi il est indispensable de limiter la part des énergies fossiles au profit des énergies renouvelables dans le futur.

2 La consommation énergétique dans le monde

- La demande énergétique mondiale augmente, car les zones industrialisées ont besoin de plus en plus d'énergie pour maintenir leur croissance, et les zones peu industrialisées veulent combler leur décalage économique.
- La part des énergies non renouvelables dans la consommation énergétique mondiale est nettement supérieure à celle des EnR. Cependant, depuis plusieurs années, les énergies renouvelables augmentent significativement leur part dans la production mondiale.
- La totalité des pays consomment plusieurs sources d'énergie afin de satisfaire leurs besoins. On appelle cette répartition le mix énergétique : il évite une dépendance vis-à-vis d'une seule source d'énergie.

DOC. 4 Évolution de la consommation mondiale d'énergie (Mtep)

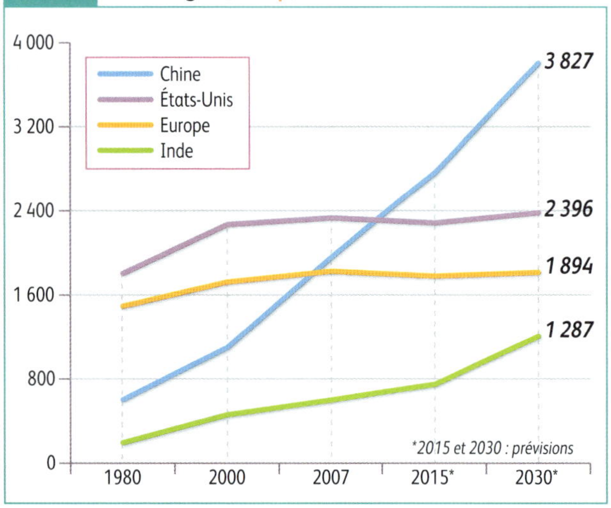

DOC. 5 Consommation mondiale énergie primaire

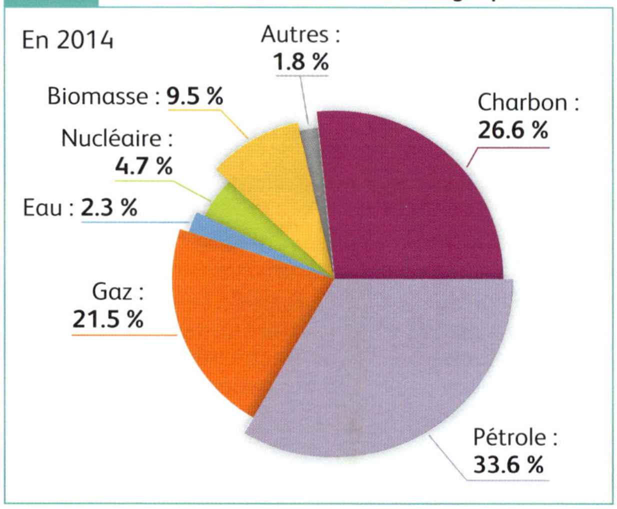

DOC. 6 Consommation d'énergie par personne en tonne équivalent pétrole (tep)

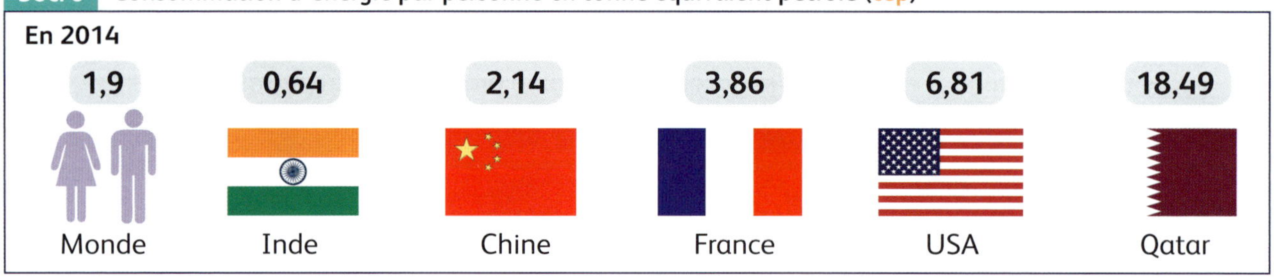

COMPRENDRE & ANALYSER

1. Relever, dans le doc. 4, les deux pays qui augmenteront le plus leur consommation d'énergie en 2030.
2. Calculer, à l'aide du doc. 5, la part des énergies non renouvelables dans la consommation mondiale d'énergie primaire.
3. Relever, dans le doc. 5, la première énergie primaire utilisée dans le monde.
4. Comparer, à l'aide du doc. 6, la consommation d'énergie entre un Qatari et un Français. Proposer une explication.
5. Expliquer pourquoi les EnR sont de plus en plus présentes dans les mix énergétiques des pays industrialisés.

3 La consommation énergétique en France

- La France ne couvrant pas ses besoins énergétiques, elle doit importer 50 % de l'énergie dont elle a besoin, notamment le gaz, le pétrole et l'uranium.
- Les secteurs consommateurs en énergie sont, par ordre décroissant, le secteur résidentiel et tertiaire (43 %), les transports (32 %), l'industrie (22 %) et l'agriculture (3 %).
- L'électricité en France est produite à 77 % par 58 réacteurs nucléaires et par les EnR à hauteur de 18,7 % ; le reste est produit par les énergies fossiles.
- Le mix énergétique de la France s'oriente vers un rééquilibrage des énergies renouvelables aux dépens des énergies non renouvelables, dont le pétrole et l'uranium, afin de diminuer l'émission de gaz à effet de serre (GES) et de réduire le nombre de centrales nucléaires.

DOC. 7 Évolution de la consommation française d'énergie primaire

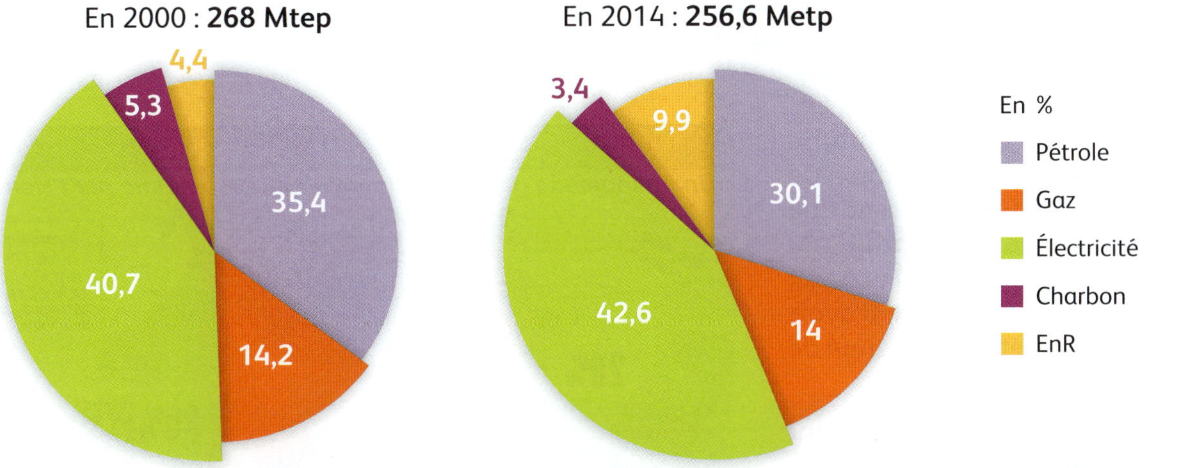

© www.statistiques.developpement-durable.gouv.fr

DOC. 8 Production française d'EnR par filière

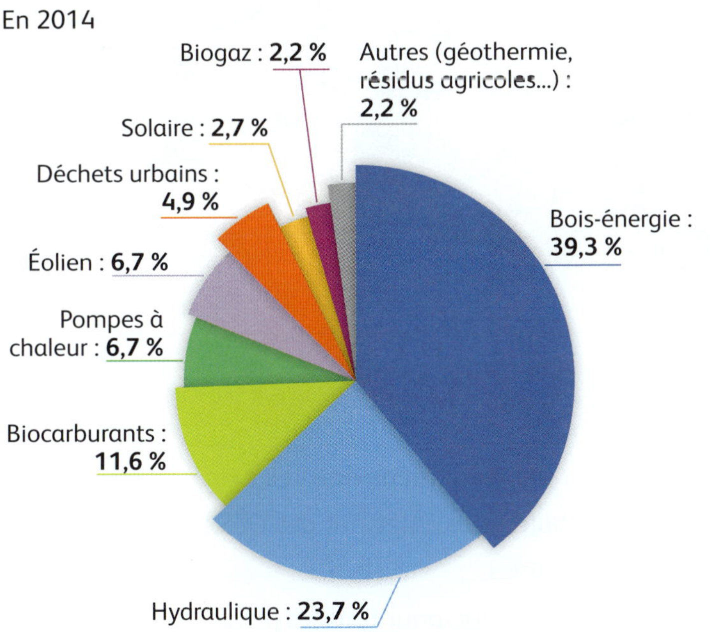

COMPRENDRE & ANALYSER

1. Analyser, à partir du doc. 7, l'évolution sur 14 ans de la consommation d'énergie en France au niveau qualitatif et quantitatif.
2. Indiquer, à l'aide du doc. 8, la filière qui a produit le plus d'EnR en France.
3. Citer l'énergie primaire la plus utilisée pour la fabrication d'électricité.

4 Les impacts de la consommation énergétique sur l'environnement

- La catastrophe nucléaire de Fukushima en 2011 a engendré des risques de cancers accrus, une pollution de la terre et de la mer entraînant le déplacement de plusieurs centaines de milliers de personnes. À ce jour, on estime que le démantèlement de la centrale durera 40 ans et que la radioactivité de certaines zones perdurera plus de 100 ans.
- Les énergies fossiles sont directement responsables de l'augmentation et de l'accumulation des gaz à effet de serre dans l'atmosphère, provoquant un dérèglement climatique dont les conséquences pourraient être exceptionnelles : montée des eaux, sécheresse ou précipitations anormales sur certaines zones du globe, baisse de la biodiversité, augmentation des épidémies, déplacement des populations, etc.

DOC. 9 **L'effet de serre**

L'effet de serre est un phénomène naturel ! Une partie de l'énergie solaire entrant dans l'atmosphère est absorbée et le reste réchauffe la Terre. Le sol ne conserve pas cette énergie et la renvoie vers l'extérieur sous forme de rayons infrarouges (IR). Les gaz à effet de serre comme la vapeur d'eau et le dioxyde de carbone (CO_2) captent une partie de ces IR tandis que le reste repart vers l'espace, permettant à la Terre d'avoir une température moyenne de 15 °C.

L'activité humaine a fortement augmenté la concentration des GES dans l'air. Ces GES retiennent anormalement la chaleur, provoquant un risque de réchauffement sur Terre pouvant atteindre 3 °C d'ici à 2100. Le CO_2 issu de la combustion des énergies fossiles constitue 77 % des GES. 18 % des GES proviennent du méthane (CH_4) issu de diverses fermentations et 8 % du dioxyde d'azote (NO_2) provenant de l'industrie.

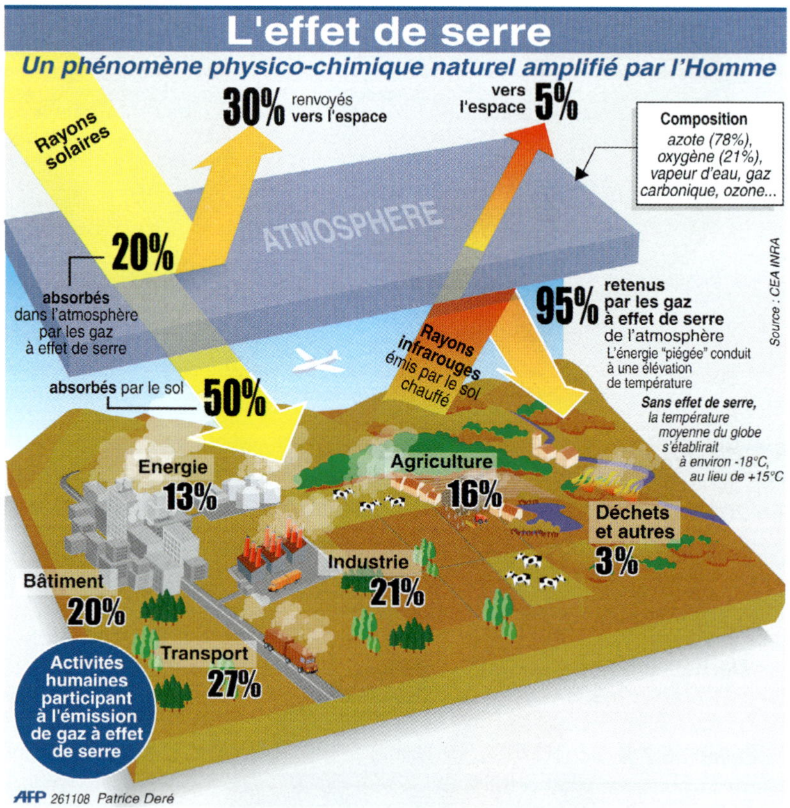

COMPRENDRE & ANALYSER

1. Justifier l'affirmation suivante : « L'effet de serre est un phénomène naturel. »
2. Relever, dans le doc. 9, les trois principales activités humaines émettant des GES.
3. Citer trois gaz à effet de serre issus des activités humaines.
4. Expliquer pourquoi la baisse des GES est un enjeu écologique pour tous les pays.

5 Les mesures individuelles pour maîtriser la consommation d'énergie

Chaque citoyen peut réduire la consommation énergétique finale en adoptant des gestes simples au quotidien. Ces gestes concernent principalement les déplacements, l'achat de produits et les activités domestiques.

DOC. 10 Comparaison d'émission de gaz à effet de serre entre deux repas

Menu 1

Total : 4 979 g eq CO_2
876 Kcal

Cornets de jambon aux légumes
Bifteck-frites
Plateau de fromages

Menu 2

Total : 517 g eq CO_2
776 Kcal

Soupe de légumes
Omelette aux pommes de terre et oignons
Salade de fruits

Source : Réseau Action Climat France.

DOC. 11 Mesures écocitoyennes dans le domaine de l'habitat et de l'équipement

- Utiliser les touches « éco » des lave-vaisselle et lave-linge.
- Adapter la taille des appareils aux besoins de la famille.

- Choisir en fonction de la classe énergétique (moins énergivore).
- Éviter le suréquipement.

- Favoriser l'éclairage naturel.
- Éteindre la lumière quand on quitte une pièce.
- Limiter les ampoules halogènes très énergivores.

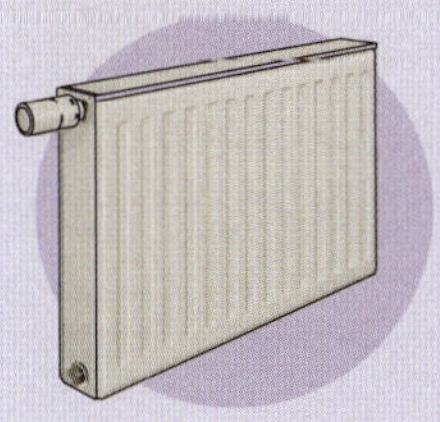

- Effectuer une bonne isolation thermique.
- Installer des robinets thermostatiques et des programmateurs.
- Entretenir la chaudière afin d'avoir un bon rendement.

- Préférer la douche au bain.
- Installer des chauffe-eau solaires.
- Isoler les canalisations.

COMPRENDRE & ANALYSER

1. Expliquer, à l'aide de ses connaissances et du doc. 10, pourquoi notre alimentation peut avoir un impact non négligeable sur l'augmentation des GES.
2. Indiquer, à l'aide de ses connaissances et du doc. 11, une mesure écocitoyenne supplémentaire au niveau de l'électroménager, de l'éclairage et du chauffage.
3. Calculer, à l'aide du site http://e-graine.org (lienmini.f/pse628-15), son empreinte écologique.

6 Les mesures collectives pour maîtriser la consommation d'énergie

- La prise de conscience de ces problèmes a amené 195 pays à adopter un accord de principe pour diminuer la production des GES lors de la conférence de Paris en 2015 (COP21). L'objectif est de maintenir l'augmentation de la température mondiale en dessous de 2 degrés et de mener des efforts plus poussés pour limiter cette augmentation à 1,5 degré.
- L'Union européenne a adopté le paquet « Énergie-Climat » 2030 dont les objectifs sont présentés dans le doc. 14.
- La loi sur la transition énergétique votée en 2015 fixe des objectifs ambitieux pour la France : diviser par deux la consommation totale d'énergie du pays d'ici à 2050, faire tomber à 50 % en 2025 la part de l'énergie tirée du nucléaire et à 30 % en 2030 celle tirée des énergies fossiles, ou encore augmenter de 33 % à horizon 2030 la part des EnR, ainsi que réduire de 40 % les GES en 2030 par rapport au niveau de 1990.

DOC. 12 Les principaux pays émetteurs de CO_2 (2014)

Chine	États-Unis	Inde	Russie	Japon
29,6 %	15 %	6,6 %	5 %	3,5 %

En % d'émissions mondiales

DOC. 13 Les impacts de la loi sur la transition énergétique en France

Le particulier peut obtenir des aides fiscales pour les travaux de rénovation énergétique des logements anciens [...]. Jusqu'en 2020, les nouvelles constructions d'habitation seront toujours labellisées BBC. Dès 2020, les constructions seront des bâtiments à énergie positive (Bepos), ils consommeront moins d'énergie qu'ils n'en produisent.

Ce qui change pour les entreprises et les collectivités locales : le déploiement des EnR, la stimulation du secteur du bâtiment par la rénovation énergétique, des prêts aux collectivités locales pour financer les projets de transition énergétique.

DOC. 14 Objectifs du paquet « Énergie-Climat »

	2020	2030
Émissions de gaz à effet de serre	–20%	–40% « au moins »
Part des énergies renouvelables dans la consommation d'énergie finale	20%	27%
Consommation d'énergie par rapport aux estimations 2020 et 2030	–20%	–27%

COMPRENDRE & ANALYSER

1. Calculer, à l'aide du doc. 12, le % d'émission de CO_2 émis par les principaux pays émetteurs.
2. Relever, dans le doc. 13, les bénéficiaires de la loi sur la transition énergétique.
3. Indiquer deux enjeux de la loi sur la transition énergétique.
4. Proposer, à l'aide de ses connaissances, une mesure concrète pour chaque objectif du paquet « Énergie-Climat » donné dans le doc. 14.

- Le développement des infrastructures et des moyens de locomotion moins énergivores et peu polluants est un des axes prioritaires pour réduire la facture énergétique du pays tout en limitant l'émission des GES. Les différents plans de déplacements urbains (**PDU**) et les dispositifs fiscaux pour acquérir des véhicules propres vont dans ce sens. Par exemple le système bonus-malus écologique vise à aider financièrement, via un bonus, les acquéreurs de voitures neuves émettant le moins de CO_2, et à pénaliser, via un malus, ceux qui achètent des modèles les plus polluants.
- La prise en compte des émissions de gaz à effet de serre des produits ou activités par les collectivités et les particuliers fait désormais partie des démarches courantes visant à réduire les GES, tout en privilégiant les activités économiques locales ou nationales.

DOC. 15 Plan de déplacements urbains

Le PDU a été institué pour réfléchir à la place de la voiture dans les villes de plus de 100 000 habitants et pour la région Île-de-France. Les mesures à mettre en place concernent l'amélioration de la sécurité durant les trajets, la diminution du trafic routier, le développement des transports collectifs économes et peu polluants, etc. Entreprises et collectivités publiques sont incitées à favoriser le transport de leur personnel par l'utilisation des transports en commun et par le covoiturage, en réalisant un plan de déplacement d'entreprise plus respectueux de l'environnement.

DOC. 16 Le diagnostic de performance énergétique d'un logement

Le **DPE** doit être présenté pour tous les biens mis en vente et en location. À côté du descriptif du logement, vous devez trouver deux étiquettes : énergie ① et climat ②.

① Étiquette énergie

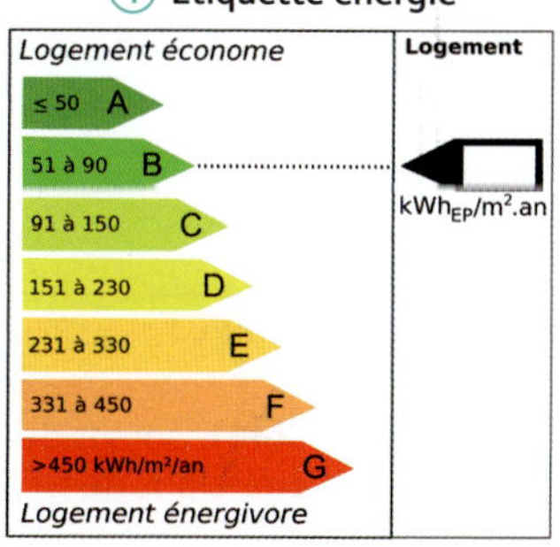

② Étiquette climat

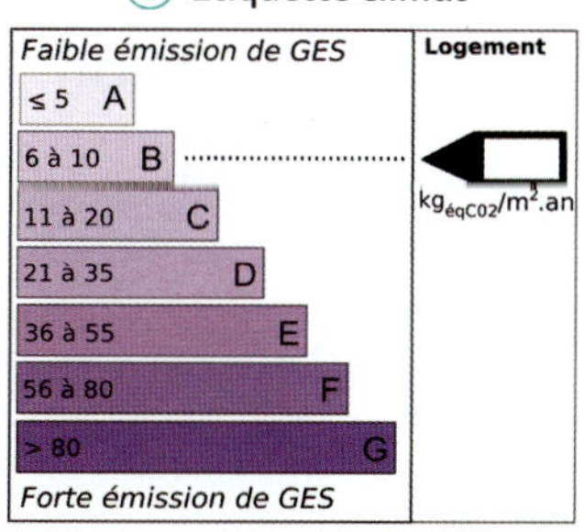

DOC. 17 L'empreinte carbone

L'empreinte carbone est le calcul des émissions de gaz à effet de serre liées à une activité ou un produit.

De plus en plus de produits affichent leur empreinte carbone.

Prenons l'exemple des transports : les émissions de CO_2 pour un passager qui effectue un aller-retour Paris-Amsterdam sont de :

- 23 kg en train pour une durée de 3h18 ;
- 192 kg en avion (vol direct) pour une durée de 1h15 ;
- 223 kg en voiture pour une durée de 5h05.

COMPRENDRE & ANALYSER

1. Relever, dans le doc. 15, le type de collectivités concernées par le PDU.
2. Proposer, à l'aide de ses connaissances, trois moyens de déplacements quotidiens limitant la consommation d'énergie et les émissions de GES.
3. Justifier, à l'aide du doc. 16, la mise en place du DPE.
4. Expliquer, à l'aide du doc. 17 et de ses connaissances, en quoi l'affichage de l'empreinte carbone peut permettre de réduire les émissions de GES.

S'entraîner
en mobilisant la démarche de résolution de problèmes

SITUATION

Zohra, 21 ans et **Joël**, 20 ans, doivent acheter un véhicule car leur vieille voiture est à la casse depuis un mois. Ils hésitent entre deux modèles. Un bonus écologique (1) est proposé pour le véhicule électrique qui n'émet pas de GES (2) et est silencieux (3). Le véhicule essence a plus d'autonomie (4) mais le prix de l'essence (5) est élevé. En attendant, ils n'ont aucun moyen de déplacement personnel. Le choix de son véhicule s'inscrit dans la démarche globale du couple qui essaie de limiter les émissions de GES (6) au quotidien. En effet, ils ont déjà installé des panneaux solaires (7) afin de réduire la facture d'énergie (8) dans leur logement.

1 Identifier le problème posé

2 Identifier les éléments de la situation

Quelle est la conséquence du problème posé ?

Quel élément a favorisé l'apparition du problème ?

Quelle est l'origine du problème ?

Qui est concerné ?

À quel moment le problème a-t-il été mis en évidence ?

3 Mettre en relation les éléments de la situation

- Associer les numéros des éléments de la situation aux lettres correspondant aux axes du diagramme « causes-effet » (exemple : D (6)).

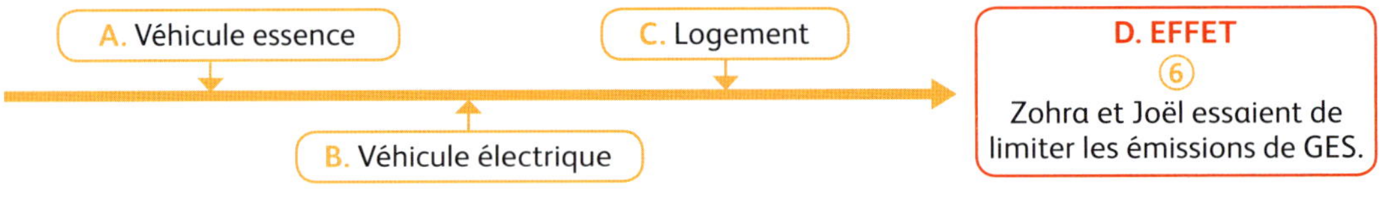

4 Mobiliser des connaissances utiles

1. Citer le principal gaz responsable de l'effet de serre et indiquer le risque lié à cet effet.
2. Définir une énergie non renouvelable et citer trois exemples.
3. Citer trois avantages des énergies renouvelables.
4. Citer trois gestes écocitoyens afin de réduire la facture énergétique d'un logement.

5 Proposer des solutions

- Proposer à Zohra et Joël trois solutions afin qu'ils puissent se déplacer écologiquement en attendant l'achat du nouveau véhicule.

Retenir l'essentiel

SCHÉMA-BILAN

MAÎTRISER SA CONSOMMATION EN ÉNERGIE POUR :

- limiter les effets sur l'environnement et sur l'Homme (effet de serre, climat instable, recrudescence de maladies) ;
- gérer les ressources et éviter une dépendance énergétique ;
- favoriser l'accès aux énergies sur toute la planète.

COP21 (2015) : limiter le réchauffement climatique à 1,5 °C.

Accord européen : paquet « Énergie-Climat » (2030) : favoriser les énergies renouvelables, baisser la consommation d'énergie et réduire les gaz à effet de serre.

Loi française sur la transition énergétique (2015)

Au niveau des énergies

Favoriser les énergies renouvelables
(non polluantes, gratuites, bien réparties sur la planète)

- Solaire (soleil)
- Éolienne (vent)
- Hydroélectrique (eau)
- Géothermique (terre)
- Biomasse (bois, déchets)

Réduire la part des énergies non renouvelables
(polluantes, chères, mal réparties sur la planète)

- **Énergies fossiles :**
  - Pétrole
  - Gaz
  - Charbon
- **Énergies fissiles :** Uranium

Au niveau collectif

Pour les transports :

- Développement des transports peu polluants : transports en commun, bonus-malus véhicule, etc.
- Plan de déplacements urbains (PDU) : voies cyclables, parkings, covoiturage, etc.

Pour le bâtiment

- Crédits d'impôts pour isoler l'habitat.
- Bâtiments à basse consommation (BBC), etc.

Au niveau individuel

Pour les transports :

- Utiliser les transports peu polluants : train, tramway, bus électrique, métro, vélo, etc.

Pour l'habitat :

- Utiliser des ampoules LED.
- Éviter de surchauffer la maison.
- Éteindre les appareils en veille.
- Acheter des appareils électroménagers moins énergivores.
- Isoler son habitation (ex. : double vitrage).

COMPLÉTER LA SYNTHÈSE
→ lienmini.fr/pse628-syn14

VÉRIFIER LES ACQUIS (QCM)
→ lienmini.fr/pse628-qcm14

APPROFONDIR (VIDÉO)
→ lienmini.fr/pse628-vid10

15 Identifier des situations à risques et la conduite à tenir

Objectif : adopter un comportement citoyen face aux risques majeurs et lors de l'application des mesures collectives face à un risque.

S'informer et s'approprier les connaissances utiles

Chaque jour, nous sommes confrontés à la notion de risque, en particulier à travers la médiatisation des catastrophes. Connaître ceux auxquels on est exposé permet de mieux s'en protéger.

1 Risques majeurs, risques professionnels, risques d'accidents domestiques

- On définit le risque comme la possibilité plus ou moins importante d'atteinte à la santé et/ou aux biens.
- Selon le contexte où est situé ce risque, on distingue :
  – les risques d'accidents domestiques : c'est la possibilité qu'un accident se produise à la maison ou dans ses abords immédiats (jardin, cour, garage et autres dépendances). On parle de plus en plus d'accidents de la vie courante (AcVC) qui englobent les accidents domestiques, les accidents scolaires, les accidents de loisirs et les accidents survenus à l'extérieur ;
  – les risques professionnels : il s'agit de familles de dangers présents sur le lieu de travail à l'origine d'accidents du travail (AT) ou de maladies professionnelles (MP).
  – les risques majeurs : la courbe de Farmer montre qu'ils se distinguent des précédents par leur rare fréquence et leur immense gravité (ex. : séisme, crash aérien).

DOC. 1 La courbe de Farmer

Cette courbe permet de classer en trois domaines les risques, en fonction de la fréquence de leur apparition (probabilité) et de la gravité des dommages.

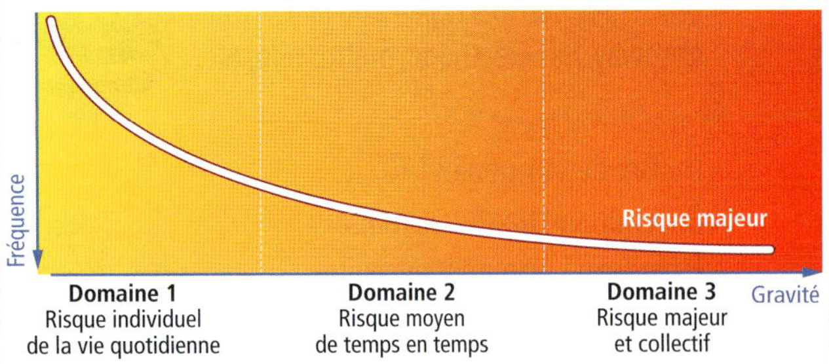

DOC. 2 Les AcVC

- 11 millions d'accidentés par an
- 4,5 millions vont aux urgences
- 19 000 décès, dont 8 000 chez les plus de 65 ans
- 3e cause de mortalité

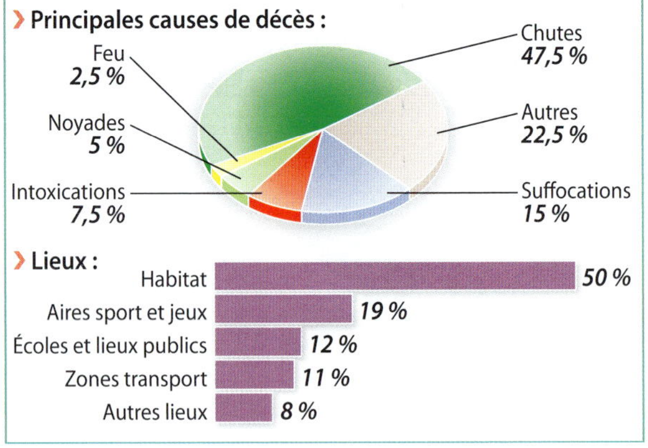

COMPRENDRE & ANALYSER

1. Expliquer, à partir de la courbe de Farmer du doc. 1, ce qui distingue les risques d'accidents domestiques et les risques professionnels des risques majeurs.
2. Justifier, à l'aide du doc. 2, pourquoi les accidents de la vie courante, ou AcVC, constituent un problème de santé publique.
3. Indiquer, à l'aide du doc. 2, la proportion d'accidents domestiques dans les AcVC.

2 La notion de risque majeur

- Le risque majeur est la possibilité, même peu probable, d'un événement d'origine naturelle ou humaine dont les effets peuvent mettre en jeu un grand nombre de personnes, occasionner des dommages importants et dépasser les capacités de réaction de la société. On parle dans ce cas de catastrophe et non plus d'accident.
- L'existence d'un risque majeur est liée :
  – d'une part à la présence d'un événement, ou aléa, qui est la manifestation d'un phénomène naturel ou humain (aléa technologique) ;
  – d'autre part à l'existence d'enjeux qui représentent l'ensemble des personnes et des biens pouvant être affectés par un phénomène.
  Les conséquences d'un risque majeur sur les enjeux se mesurent en termes de vulnérabilité. Par exemple, un aléa sismique en plein désert n'est pas un risque tandis qu'un séisme au-dessus de la faille de San Andreas, sur la côte californienne, avec ses grandes villes (San Francisco, Los Angeles…) constitue un vrai risque majeur.
- On distingue les risques naturels, qui sont liés aux éléments, au climat, à la nature du sol ou à l'hydrographie, des risques technologiques qui résultent de l'activité humaine.

DOC. 3 **Aléa, enjeu et risque majeur**

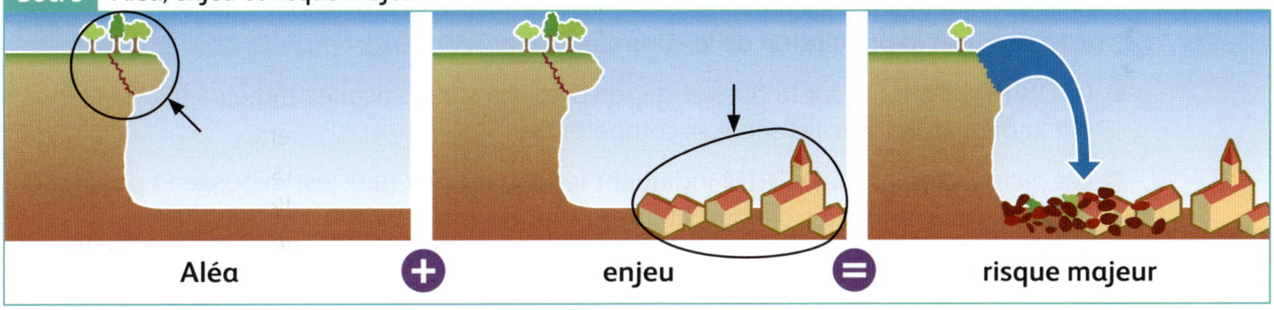

DOC. 4 **Risques naturels et technologiques**

www.developpement-durable.gouv.fr

COMPRENDRE & ANALYSER

1. Indiquer, à l'aide du doc. 3, les deux éléments nécessaires pour constituer un risque majeur.
2. Expliquer pourquoi un séisme dans le désert n'est pas un risque majeur.
3. Nommer, à l'aide du doc. 4, six risques naturels et trois risques technologiques.

3 Les risques majeurs au niveau local

- Les risques majeurs auxquels sont exposées les agglomérations varient selon la région (climat, hydrographie, nature du sol), mais aussi selon les installations et dispositifs industriels qui y sont implantés.

- Il est possible, à partir des sites www.gouvernement.fr ou www.prim.net, dédiés aux risques majeurs, d'aller s'informer sur les risques qui menacent sa commune, son département ou sa région.

DOC. 5 Page d'accueil du site www.risques.gouv.fr

- Par ailleurs, les municipalités ont obligation d'information. En effet, le Code de l'environnement, dans son article L125-2, indique que : « Les citoyens ont droit à l'information sur les risques majeurs auxquels ils sont soumis dans certaines zones du territoire et sur les mesures de sauvegarde qui les concernent. Ce droit s'applique aux risques technologiques et aux risques naturels prévisibles. »

- Le document d'information communal sur les risques majeurs (**DICRIM**) répond à cette obligation. Il indique les mesures préventives en cas de catastrophes majeures affectant le territoire et la population de la commune.

- Le DICRIM s'appuie sur le dossier départemental sur les risques majeurs (**DDRM**), établi par la préfecture avec les services compétents.

- Les pictogrammes du DICRIM indiquent les risques auxquels est exposée la population. La conduite à tenir dans chaque situation est présentée dans le document.

DOC. 6 Exemple de DICRIM

COMPRENDRE & ANALYSER

1. Rechercher, à partir des sites www.risques.gouv.fr (doc. 5) et www.prim.net, les risques majeurs qui menacent sa commune et son département.
2. Indiquer, à l'aide du doc. 6, la signification du sigle DICRIM.
3. Expliquer la fonction du DICRIM.

4 Les mesures de prévention collective face aux risques majeurs

La prévention collective contre les risques majeurs comporte les actions suivantes ;

1. **Développement de la recherche sur les phénomènes**
   Le recueil et le traitement des données sur les phénomènes est régulier. Il permet une meilleure compréhension des événements afin de mieux cibler les actions futures.
2. **Maîtrise de l'aménagement du territoire**
   Il s'agit d'éviter d'augmenter les enjeux dans les zones à risque (par exemple, ne pas construire dans une zone inondable) et de diminuer la vulnérabilité des zones déjà urbanisées en réalisant des travaux (digues, par exemple).
3. **Planification de l'organisation des secours**
   L'État et les collectivités territoriales doivent organiser les secours pour faire face aux crises éventuelles. Dans sa commune, le maire est responsable de l'organisation des secours de première urgence. Pour cela, il peut mettre en œuvre le plan communal de sauvegarde. Le but est d'anticiper les événements pour que les équipes de secours soient immédiatement opérationnelles.
4. **Exploitation des retours d'expériences**
   Les accidents technologiques font l'objet d'analyses poussées lorsqu'un tel événement se produit, pour comprendre les aléas afin de mieux les prévenir.
5. **Surveillance des phénomènes et alerte des citoyens**
   Il existe des dispositifs d'analyses et de mesures intégrés dans un système d'alerte des populations. Les mouvements de terrain de grande ampleur sont également surveillés en permanence. Cela permet de réagir efficacement dans les plus brefs délais.
6. **Information des citoyens**
   La législation précise que les citoyens ont droit à l'information sur les risques majeurs auxquels ils sont exposés et sur les mesures de sauvegarde qui les concernent.

DOC. 7 Principes de la prévention collective des risques majeurs

© www.cypres.org

DOC. 8 Les zones de sismicité en France

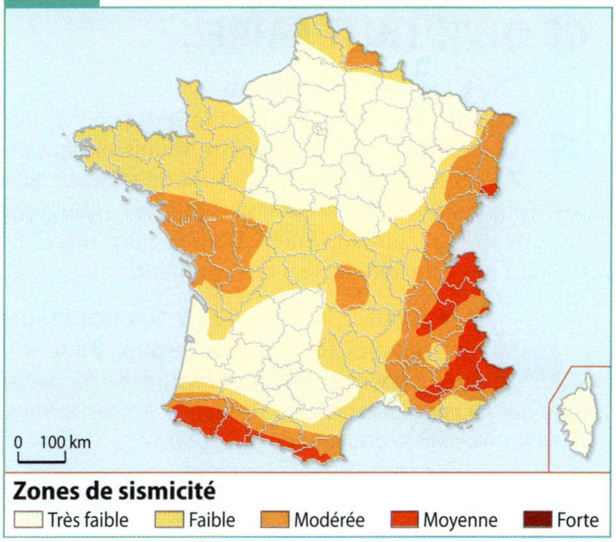

COMPRENDRE & ANALYSER

1. Préciser, à l'aide du doc. 7, pour chacune des six mesures si elles relèvent de la prévention, de la prévision ou de l'information.
2. Expliquer, à l'aide du doc. 8, l'intérêt de connaître les zones de sismicité au niveau de l'aménagement du territoire.
3. Justifier pourquoi, en matière de risques majeurs, la prévention ne peut pas être fiable à 100 %.

5 La conduite d'urgence à tenir face à un risque majeur

- En cas de catastrophe, les citoyens sont avisés par un signal d'alerte qui est le plus souvent une sirène. Il enclenche la mise en route des différents dispositifs de secours.
- L'écoute de la radio permet de connaître la nature du danger et les consignes de sécurité à suivre.
- Le DICRIM précise les bons réflexes qu'il est souhaitable d'avoir d'une manière générale en cas d'alerte, puis il précise les spécificités de la conduite face à chaque type de risque.

DOC. 9 Signaux d'alerte aux populations

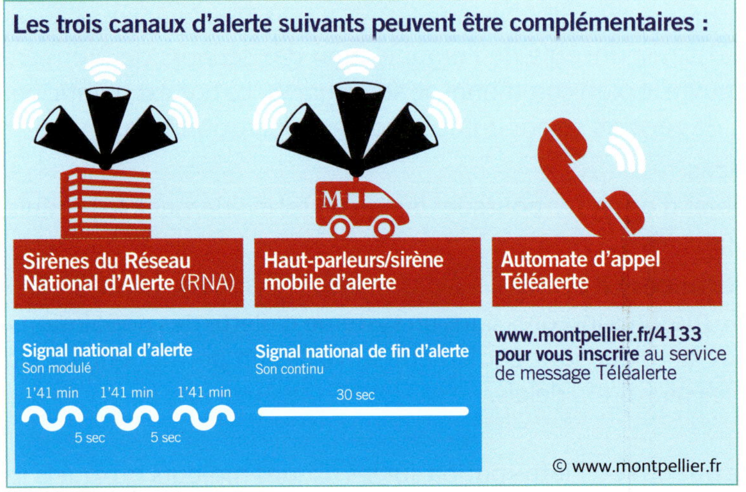

© www.montpellier.fr

COMPRENDRE & ANALYSER

1. Citer, à l'aide du doc. 9, les trois canaux d'alerte des populations en cas de risque majeur.
2. Indiquer, à l'aide du doc. 9, comment le citoyen est informé de la fin de l'alerte.
3. Rechercher, en s'appuyant sur le doc. 10, la conduite à tenir si les deux principaux risques majeurs menaçant votre ville venaient à se produire. Vous pouvez aussi vous aider d'un des sites référencés page 130.

DOC. 10 Les bons réflexes en cas de signal d'alerte

CE QU'IL FAUT FAIRE…

→ Mettez-vous à l'abri
Entrez dans le bâtiment le plus proche, de préférence dans une pièce sans fenêtre, munissez-vous d'une radio et attendez les consignes avant de ressortir. Si vous êtes en voiture, garez-vous et entrez dans le bâtiment le plus proche. Il s'agit de vous protéger physiquement. Dans le cas d'un séisme, la mise à l'abri se fait à l'extérieur, loin des bâtiments.

→ Écoutez la radio 103.9 "France Bleue Pays de Savoie" (ou éventuellement 93.4 'R' Les Arcs')
Vous pourrez connaître la nature du danger, son évolution ainsi que les consignes de sécurité à suivre. Munissez-vous d'une radio à piles, l'électricité pouvant être coupée.

→ Tenez-vous prêt à évacuer à la demande des autorités
Réunissez vos papiers d'identité, vos effets personnels indispensables (médicaments, lunettes…), de l'eau, des vêtements appropriés, des lampes de poche, des couvertures. Pensez à vos voisins qui sont seuls et non autonomes (personnes âgées, handicapées…).

→ Coupez le gaz et l'électricité
Pour éviter les risques d'explosion ou de court-circuit.

…ET NE PAS FAIRE

→ N'allez pas chercher vos enfants à l'école
Les enseignants les mettront en sécurité grâce à leur Plan Particulier de Mise en Sûreté qui organise la sécurité des enfants dès la réception de l'alerte et ce, jusqu'à l'arrivée des secours. Vous ne feriez qu'encombrer les voies de circulation, voire vous exposer ou les exposer au danger inutilement.

→ Ne téléphonez pas
Tous les renseignements vous seront fournis par la radio. Libérez les lignes pour les secours, qu'il s'agisse du téléphone fixe ou du portable.

© DICRIM – ville de Bourg-Saint-Maurice – Les Arcs.

6 L'organisation des secours

- L'organisation des secours est un dispositif structuré où le maire est directeur des opérations de secours dans la ville ; il met en œuvre le plan de sauvegarde communal.
- Pour les sinistres plus importants, c'est le préfet qui devient directeur des opérations de secours en appliquant le plan de secours départemental, dit plan **ORSEC**.
- Les établissements scolaires ont obligation de créer un plan particulier de mise en sécurité ou **PPMS** en cas de risque majeur. Celui-ci est testé régulièrement lors d'alertes. Les entreprises et établissements accueillant du public disposent d'un dispositif similaire.

DOC. 11 Dispositifs et acteurs de secours

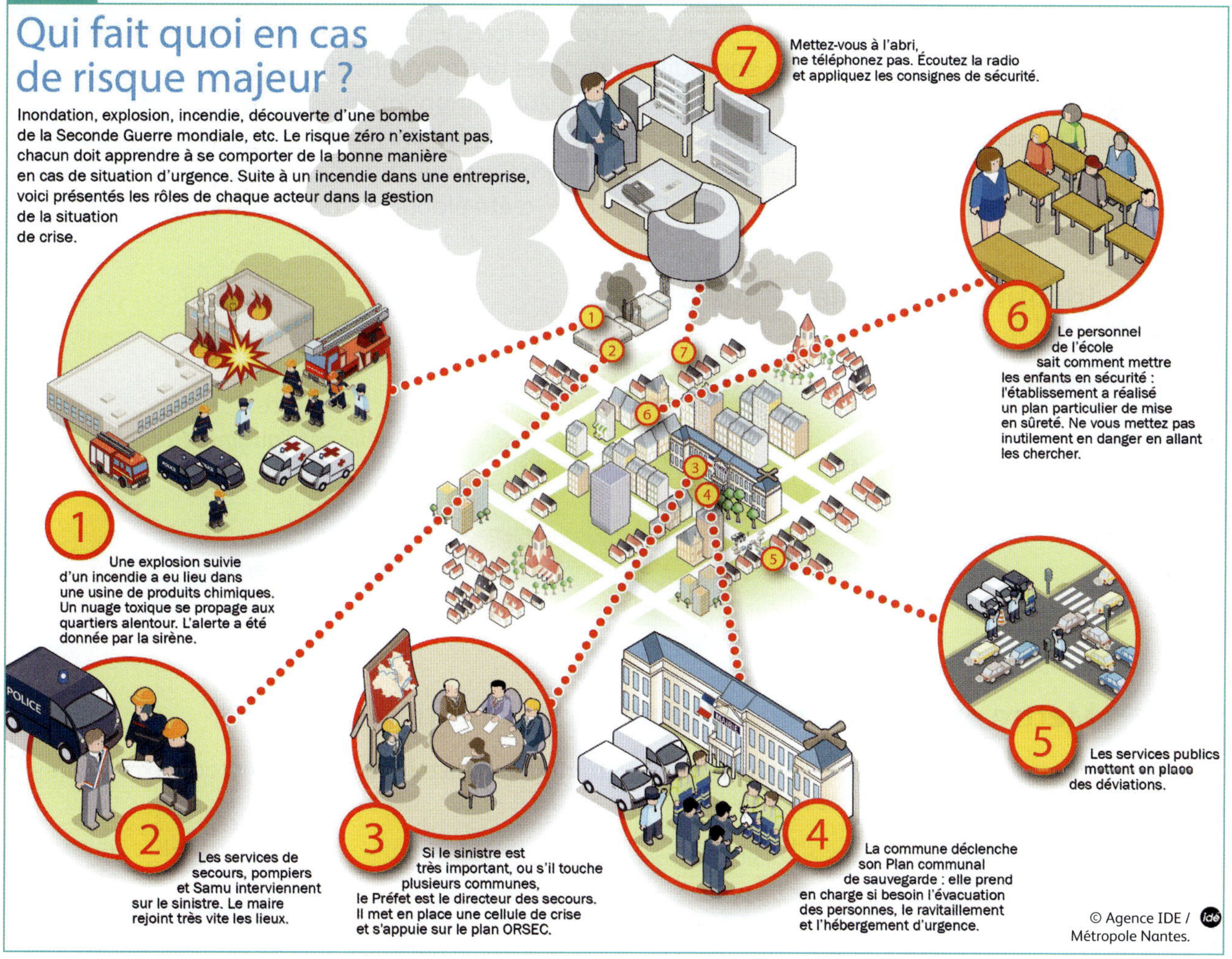

© Agence IDE / Métropole Nantes.

COMPRENDRE & ANALYSER

1. Nommer, à l'aide du doc. 11, le dispositif qui organise la mise en sécurité des élèves en cas de catastrophe.
2. Indiquer, à l'aide du doc. 11, le nom du dispositif que doit mettre en place la maire pour organiser les secours sur le territoire de sa commune.
3. Expliquer quel peut être le rôle des secouristes **PSC1** ou SST en cas d'alerte.
4. Préciser, à l'aide du doc. 11, le dispositif mis en place et la personne qui le pilote en cas de catastrophe de grande ampleur.

S'entraîner
en mobilisant la démarche de résolution de problèmes

SITUATION

Sabrina, 25 ans, a trouvé une maison de construction récente mais située près d'une rivière dont la crue a été dévastatrice l'année passée ①; de plus, la région est déjà classée à fort risque sismique ②. Ne souhaitant pas être exposée aux risques majeurs ③, elle s'entretient avec le maire qui lui explique que les constructions sont faites selon des normes antisismiques strictes ④, et que les permis de construire ne sont jamais attribués en zones inondables ⑤. Il lui précise que des sismographes sont installés dans le secteur pour surveiller au plus près l'activité sismique ⑥, qu'il a fait établir un plan communal de sauvegarde ⑦ indiquant l'organisation des secours si par malheur un des risques venait à se produire, et que le DICRIM ⑧ a été élaboré et distribué à la population.

1 Identifier le problème posé

2 Identifier les éléments de la situation

3 Mettre en relation les éléments de la situation

- Associer les numéros des éléments de la situation aux lettres correspondant aux axes du diagramme « causes-effet » (exemple : E③).

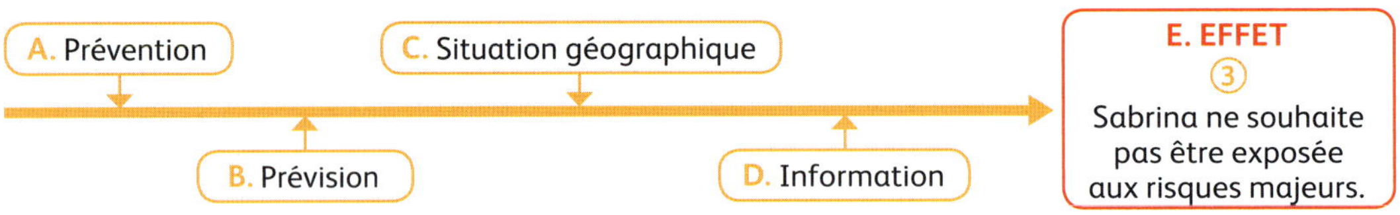

4 Mobiliser des connaissances utiles

1. Définir la notion de risque majeur.
2. Indiquer à quelle catégorie de risques majeurs appartiennent ceux que redoute Sabrina.
3. Préciser la signification du sigle « DICRIM » et expliquer son intérêt pour les populations.
4. Citer quatre recommandations données dans le DICRIM en cas de risque majeur.

5 Proposer des solutions

- Donner les conseils utiles à Sabrina pour qu'elle se protège au mieux d'éventuels risques majeurs.

Retenir l'essentiel

SCHÉMA-BILAN

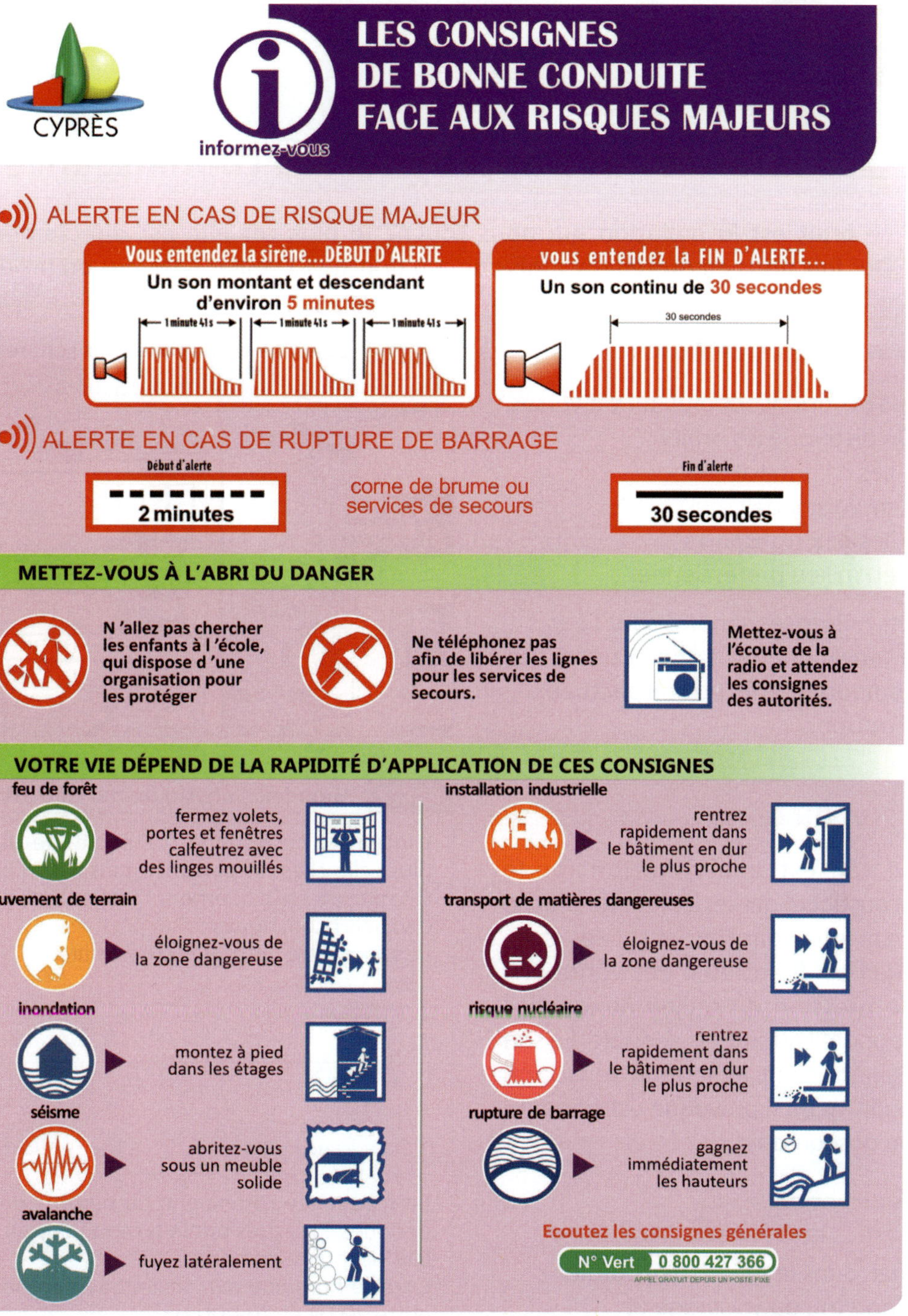

COMPLÉTER LA SYNTHÈSE

→ lienmini.fr/pse628-syn15

QCM — VÉRIFIER LES ACQUIS

→ lienmini.fr/pse628-qcm15

VIDÉO — APPROFONDIR

→ lienmini.fr/pse628-vid11

16

Se protéger du bruit

Objectif : adopter un comportement raisonné et citoyen face aux nuisances sonores.

S'informer et s'approprier les connaissances utiles

Le bruit est la pollution qui nous touche le plus car elle est directement perceptible. Des lois nous en protègent mais chacun doit aussi veiller à ne pas en produire.

1 Les sources du bruit

- Les pollutions sonores sont diverses. On distingue les bruits :
  – liés à l'habitat ;
  – de voisinage ;
  – liés aux transports ;
  – en milieu professionnel.
- Les nuisances sonores sont liées à l'environnement, mais aussi à des comportements peu respectueux d'autrui.

2 Du son au bruit

- Le son est une vibration (onde acoustique) qui se déplace de proche en proche dans l'air, les solides et les liquides. Il entraîne des variations de pression du milieu auxquelles l'appareil auditif est sensible. Le son devient bruit lorsque la sensation auditive qu'il provoque est gênante ou désagréable.

COMPRENDRE & ANALYSER

1. Identifier, dans le doc. 1, deux bruits liés à l'habitat, au voisinage et aux transports.
2. Expliquer la différence entre un son et un bruit.
3. Définir, à l'aide du doc. 2, l'intensité d'un son et indiquer l'unité qui le mesure.

DOC. 1 Les différentes pollutions sonores

DOC. 2 Grandeurs physiques qui caractérisent le son

L'intensité correspond à l'amplitude de la vibration ; plus celle-ci est importante, plus le son est « fort ».
On mesure physiquement l'intensité sonore en décibels acoustiques : dB(A)*.
Le sonomètre permet cette mesure.

* dB(A) s'écrit aussi dB.

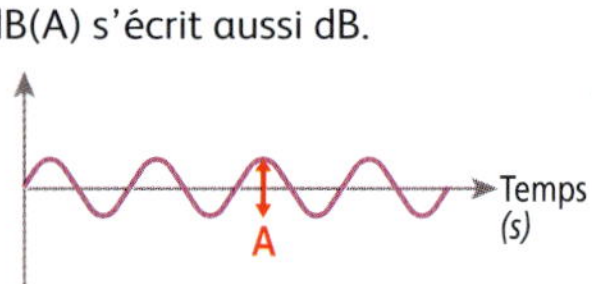

Faible amplitude = son faible

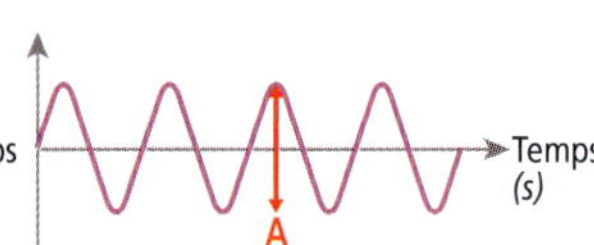

Forte amplitude = son fort

La fréquence correspond au nombre de vibrations (ou périodes T) reçues par le tympan durant 1 seconde.
Elle s'exprime en hertz (Hz)**.
L'oreille humaine perçoit uniquement les sons compris entre 20 Hz et 20 000 Hz.

** 1 Hz = 1 oscillation par seconde.

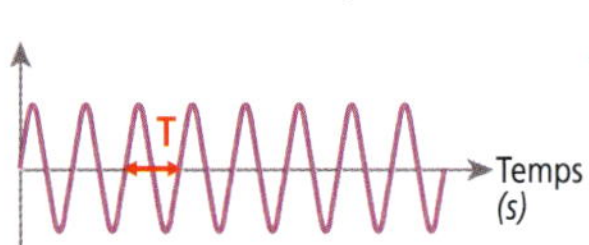

Fréquence élevée = son aigu (2 000 < fréquence < 20 000 Hz)

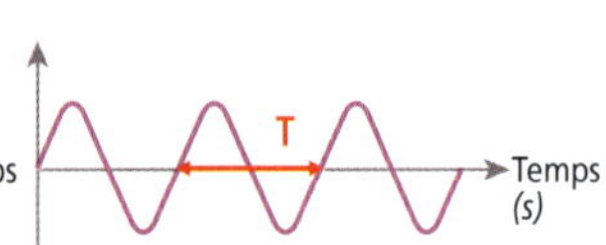

Fréquence faible = son grave (20 < fréquence < 200 Hz)

3 Les différents seuils

Le dB(A), ou décibel acoustique, mesure l'intensité du son. On détermine ainsi certains seuils caractéristiques :

Seuil d'audition	0 dB(A)	Niveau sonore le plus faible que peut percevoir l'oreille humaine.
Seuil de fatigue	70 dB(A)	L'exposition prolongée à des bruits à partir de cette intensité provoque fatigue auditive et perturbation du système nerveux.
Seuil de danger	80 dB(A)	L'exposition prolongée à des bruits à partir de cette intensité provoque des troubles et des lésions.
Seuil de douleur	120 dB(A)	Niveau sonore qui peut provoquer une sensation douloureuse au niveau de l'appareil auditif.

Important ! L'échelle des décibels est une échelle logarithmique. Ainsi, 3 décibels supplémentaires correspondent à un doublement du niveau sonore, et 10 décibels multiplient celui-ci par 10. De même, les décibels ne s'additionnent pas : 2 machines à laver de niveau sonore de 60 décibels ne font pas un bruit de 120 décibels mais de 63 décibels.

DOC. 3 Ordre de grandeur des niveaux sonores

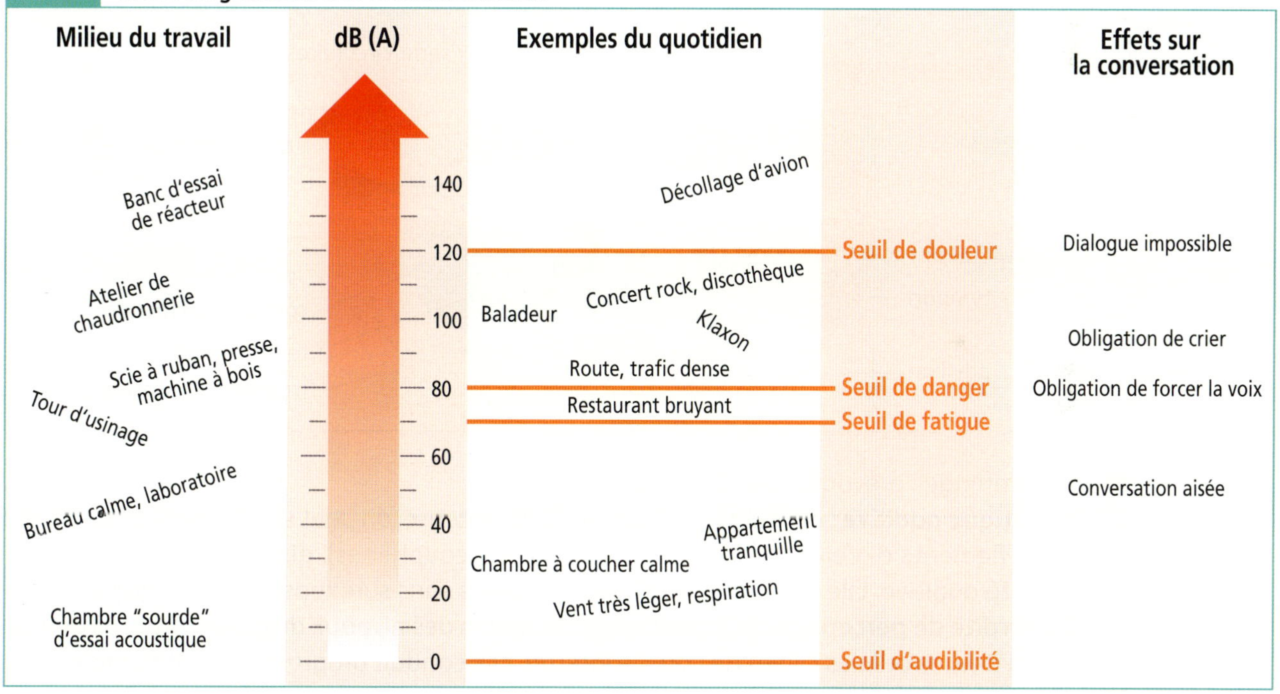

COMPRENDRE & ANALYSER

1. Donner, à l'aide du doc. 3, des exemples de bruits dont l'intensité correspond au seuil de fatigue.
2. Justifier pourquoi 80 dB(A) est le seuil à partir duquel on met en place des mesures de prévention en entreprise.
3. Expliquer pourquoi un bruit correspondant au seuil de danger est perçu avec une intensité 100 fois supérieure à celle du seuil de fatigue.
4. Indiquer et justifier quel est le lave-vaisselle qu'il est le plus pertinent de choisir sachant que l'un émet 38 dB(A) et l'autre 41 dB(A).

4 Les effets du bruit sur l'appareil auditif

■ Connaître l'anatomie et de fonctionnement de l'appareil auditif est nécessaire pour comprendre les effets du bruit.

■ L'oreille externe débute par le pavillon et se prolonge par le conduit auditif au fond duquel se trouve le tympan, membrane sensible aux vibrations séparant l'oreille externe de l'oreille moyenne. Du tympan part une chaîne de trois osselets dont le dernier s'appuie sur une membrane souple, la fenêtre ovale. Dans la partie supérieure de l'oreille interne se trouvent les canaux semi-circulaires intervenant dans l'équilibre et, dans la partie inférieure, la cochlée, ou limaçon, portant les cellules auditives ciliées sensibles aux vibrations qui se prolongent par le nerf auditif.

■ L'onde acoustique captée par le pavillon fait vibrer le tympan qui fait vibrer à son tour les trois osselets ; le dernier osselet fait vibrer la fenêtre ovale ; la vibration se propage à l'intérieur de la cochlée et atteint les cellules nerveuses ciliées. Le message nerveux se propage par le nerf auditif qui le transmet au cerveau, où il sera décodé.

DOC. 4 Schéma de l'appareil auditif

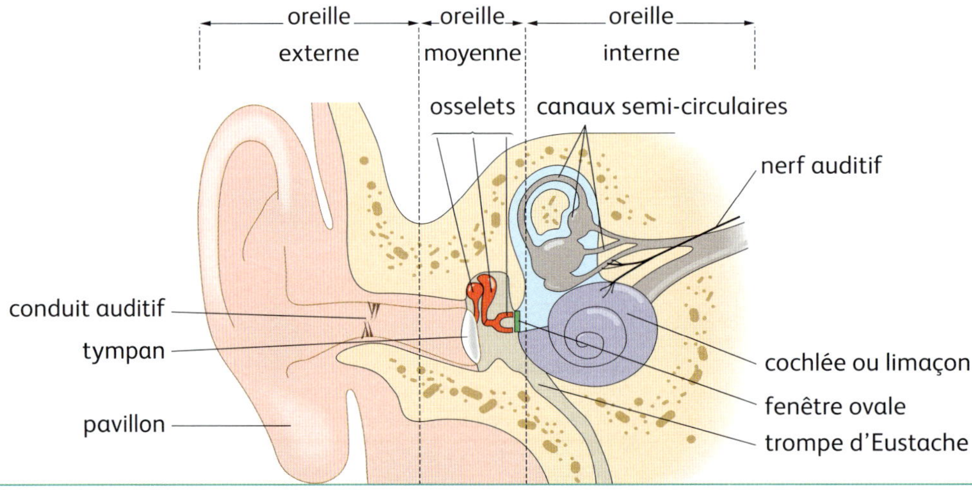

■ Les dommages provoqués par le bruit sont :
- **La fatigue auditive :** après l'exposition à un bruit intense, on peut souffrir temporairement de sifflements d'oreille ou de bourdonnements (acouphènes), ainsi que d'une baisse de l'acuité auditive. Elle demande quelques semaines sans surexposition pour disparaître.
- **La surdité de perception :** l'exposition prolongée à des niveaux de bruits intenses détruit peu à peu les cellules ciliées de l'oreille interne. Elle conduit progressivement à une surdité neurosensorielle irréversible. L'appareillage par des prothèses amplifie l'acuité résiduelle et ne restitue pas la fonction auditive dans son ensemble, l'efficacité est donc limitée.
- **La surdité de transmission :** un bruit soudain très intense peut entraîner une surdité brutale, totale ou partielle, réversible ou non. L'effet de souffle peut provoquer une déchirure du tympan et des lésions des osselets qui transmettent l'onde sonore.

COMPRENDRE & ANALYSER

1. Indiquer, à l'aide du doc. 4, le trajet du son dans l'appareil auditif.
2. Décrire le mécanisme de perception du son.
3. Expliquer la différence entre surdité de perception et surdité de transmission.

5 Les autres effets du bruit

- Outre l'importante fatigue qu'elle génère, l'exposition régulière au bruit peut affecter divers appareils dont les appareils digestif, cardiovasculaire, respiratoire et génital.
Le système nerveux est le plus atteint ; le bruit peut provoquer nervosité, tremblements, stress, vertiges, troubles de la vigilance, troubles du sommeil et troubles sensoriels, notamment au niveau de la vue. L'agressivité qu'il peut générer peut être à l'origine de faits divers dramatiques.

DOC. 5 **Affiche informative sur les effets du bruit**

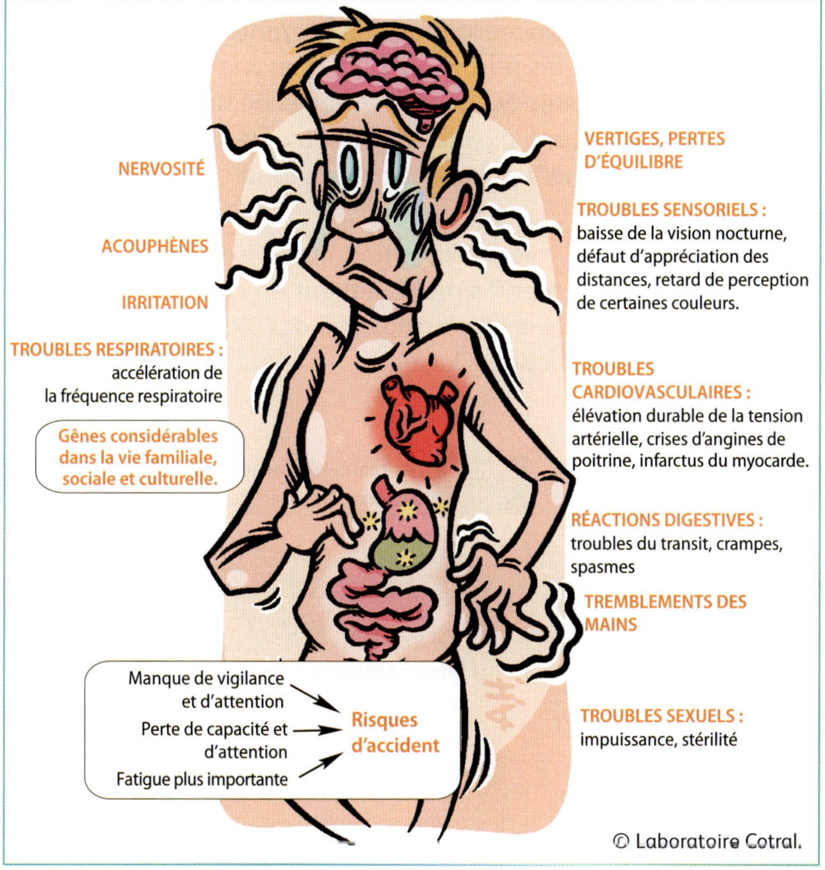

DOC. 6 **Le bruit au travail**

Le bruit en milieu professionnel impacte la santé des travailleurs.

Si l'effet le plus visible est la surdité, il est aussi reconnu qu'il augmente les risques d'accidents du travail :

– en empêchant les opérateurs d'entendre correctement les paroles, les consignes et les signaux ;

– en masquant le son produit par un danger imminent ou le signal avertissant de celui-ci ;

– en distrayant les travailleurs de leur activité, notamment les conducteurs ;

– en favorisant le stress, ce qui augmente la charge mentale et peut ainsi augmenter le risque d'erreurs.

DOC. 7 **Fait divers provoqué par le bruit**

Placé en garde à vue jeudi en fin de matinée, ce chauffeur livreur célibataire et sans enfant « a reconnu presque instantanément les faits ». Il aurait poignardé les trois résidents car ils faisaient trop de bruit. Travaillant de nuit, il a expliqué aux policiers s'être couché vers 19 h 15 et avoir entendu du bruit dans le couloir de l'hôtel aux alentours de minuit. « Il est sorti et a eu une altercation avec les trois victimes », a détaillé le procureur. Mais « il a continué à entendre du bruit et il est retourné au contact » vers 2 heures du matin. [...]

© www.rtl.fr, RTL/AFP, 29 août 2014.

COMPRENDRE & ANALYSER

1. Nommer, à l'aide du doc. 5, les organes les plus sensibles aux effets du bruit.
2. Expliquer, à l'aide du doc. 6, pourquoi le bruit peut être à l'origine d'accidents du travail. Donner au moins trois raisons.
3. Justifier, à l'aide du doc. 7, pourquoi le bruit a des incidences sociologiques.

6 Les mesures de prévention contre le bruit en milieu professionnel

Le niveau sonore peut être élevé dans certains ateliers (chaudronnerie par exemple). Conformément à la réglementation, l'employeur doit réduire le bruit des ateliers au niveau le plus bas possible. Il peut agir soit sur la source du bruit, soit sur son mode de propagation, soit à sa réception par les travailleurs. Il dispose des moyens suivants :

Action sur la source

– Réduction du bruit à la source par action sur la machine.
  Ex. : achat d'une nouvelle machine moins bruyante lors du renouvellement du parc machines.

Protections collectives

– **Encoffrement de machines** : un encoffrement est une boîte présentant un isolement phonique élevé, à l'intérieur de laquelle est placée la machine bruyante.

– **Traitement acoustique du local** : revêtir les parois du local d'un matériau absorbant le son. Efficace seulement au niveau des zones éloignées des zones de bruit.

– **Écrans acoustiques** : des boxes permettent d'isoler des postes de travail bruyants ; ils sont généralement associés à un traitement acoustique du plafond.

Protections individuelles

– PICB : casques et bouchons d'oreilles sont mis à disposition ou utilisés en fonction des niveaux sonores précisés par la loi. Celle-ci prend simultanément en compte l'exposition quotidienne subie durant 8 heures (L ex, 8 h) et le niveau maximal des pics sonores auxquels peut être exposé le travailleur (pression acoustique, L r, c).

DOC. 8 Cibles des moyens de lutte contre le bruit

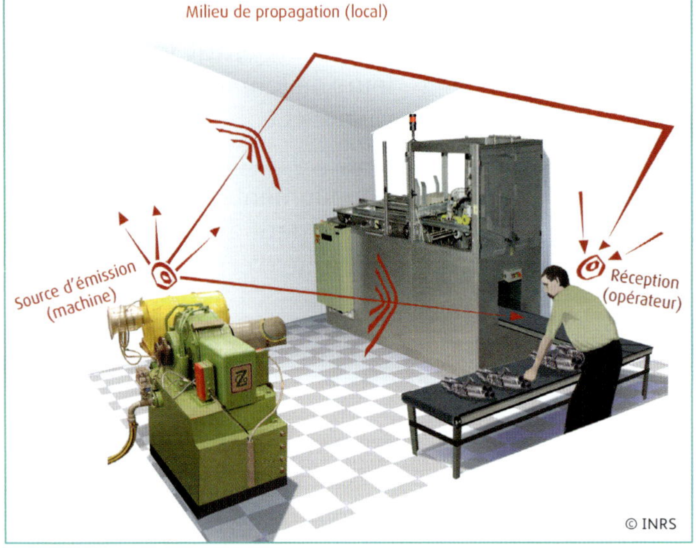

DOC. 9 Actions réglementaires en fonction du niveau d'exposition

- Mise en œuvre d'un programme de mesures de réduction d'exposition au bruit
- Signalisation des endroits concernés (bruyants) et limitation d'accès
- Utilisation des PICB
- Contrôle de l'ouïe

85 dB(A) — — 137 dB(C)

- Mise à disposition des PICB
- Information et formation des travailleurs sur les risques et les résultats de leur évaluation, les PICB, la surveillance de la santé
- Examen audiométrique préventif offert

80 dB(A) — — 135 dB(C)

EXPOSITION QUOTIDIENNE (L ex, 8 h) | PRESSION ACOUSTIQUE (L r, c)

COMPRENDRE & ANALYSER

1. Indiquer, à l'aide du doc. 8, des mesures de prévention contre le bruit agissant à la source du bruit, sur sa propagation et au niveau de la réception.
2. Justifier, à l'aide du doc. 9, l'obligation de porter des PICB à partir de 85 dB(A) et de contrôler régulièrement l'ouïe.

7 Les mesures de prévention contre les bruits du quotidien

- L'isolation phonique des bâtiments est réalisée grâce à des moyens techniques tels que doubles vitrages, plaques isolantes sur les parois, sols flottants et plafonds suspendus.
- Une réglementation protège les citoyens des nuisances sonores :
  – il existe des normes acoustiques pour les logements récents. Sous certaines conditions, des aides sont attribuées pour réaliser l'isolation phonique des logements anciens. Les locaux publics bénéficient de la même vigilance. À l'extérieur, les murs antibruit protègent les bâtiments proches de grands axes ;
  – des décrets précisent le niveau sonore maximal d'un certain nombre d'appareils tels que téléphones, appareils électroménagers, matériel de bricolage, matériel professionnel ;
  – il y a répression des nuisances sonores. Ainsi les auteurs de tapages nocturnes et même diurnes sont sanctionnés ; l'utilisation injustifiée des avertisseurs sonores (klaxons) est aussi passible d'une contravention.
- D'autre part, il appartient à chaque citoyen d'avoir un comportement responsable et respectueux en n'étant pas lui-même à l'origine de nuisances sonores.

DOC. 10 Extrait d'une plaquette municipale d'information des populations

COMPRENDRE & ANALYSER

1. Indiquer, à l'aide du doc. 10, quatre comportements que chacun peut mettre en œuvre chez soi pour éviter de faire du bruit.
2. Expliquer l'introduction du doc. 10 « en matière de bruit, nous avons tous des droits et des devoirs ! ».
3. Présenter, à l'aide des informations du site edukson.org (lienmini.fr/pse628-16), deux mesures permettant de protéger son ouïe lors de l'écoute de son téléphone ou lors d'un concert.

S'entraîner
en mobilisant la démarche de résolution de problèmes

SITUATION

Fred, 17 ans, est en première professionnelle. L'atelier de travaux pratiques de carrosserie est bruyant (1) mais il met rarement son casque antibruit (2). Passionné de musique, il écoute sans cesse, excepté en cours, son téléphone, au volume maximal (3) et il va chaque semaine en discothèque ou à un concert où il se tient près des enceintes (4). L'appartement qu'il loue est mal insonorisé (5), il entend les bruits de l'avenue proche (6) et les voisins du dessus (téléviseur, chien qui aboie, talons) (7) ; il ne perçoit même plus le bruit de fond incessant de la ventilation (8). De plus en plus souvent, Fred demande à ce qu'on lui répète ce qui lui est dit ; il est stressé, irritable et a des troubles du sommeil (9).

1 Identifier le problème posé

2 Identifier les éléments de la situation

Quelle est la conséquence du problème posé ?

Quels éléments ont favorisé l'apparition du problème ?

Quelle est l'origine du problème ?

Qui est concerné ?

À quel moment le problème a-t-il été découvert ?

3 Mettre en relation les éléments de la situation

- Associer les numéros des éléments de la situation aux lettres correspondant aux axes du diagramme « causes-effet » (exemple : F (9)).

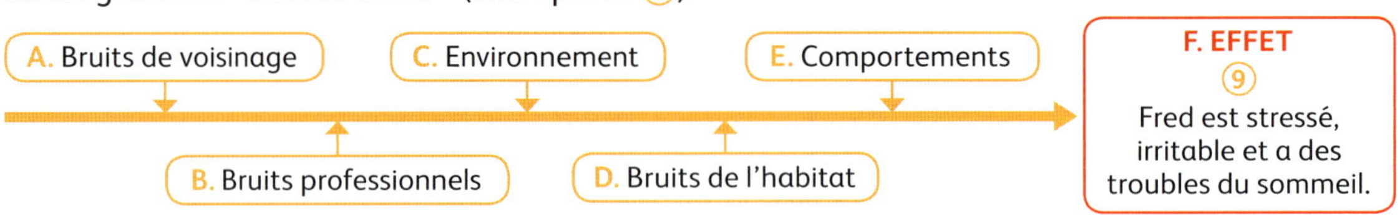

4 Mobiliser des connaissances utiles

1. Donner l'unité qui permet de mesurer l'intensité d'un bruit.
2. Préciser quel est le seuil de fatigue et le seuil de danger.
3. Expliquer le mécanisme de la perception du son.
4. Citer les effets du bruit sur l'appareil auditif.
5. Indiquer les effets du bruit sur le système nerveux.

5 Proposer des solutions

- Proposer pour chaque famille de causes répertoriées sur le diagramme « causes-effet » des solutions pour remédier au problème de Fred.

Retenir l'essentiel

SCHÉMA-BILAN

Source

Bruits de transport

Bruits de voisinage

Bruits professionnels

Bruits de l'habitat

Action au niveau de la source

Ex. : réglementation, modification des comportements

Nature – Transmission

Bruit = son provoquant une sensation auditive gênante

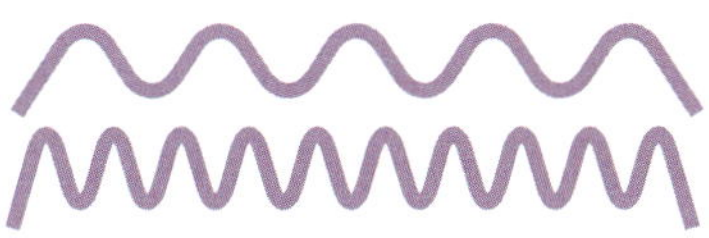

Son = onde sonore caractérisée par :

- **l'intensité** (son faible / fort) avec pour unité le décibel : dB(A)
- **la fréquence** (son aigu / grave) avec pour unité le hertz : Hz

Action au niveau de la transmission

Ex. : isolation phonique

Perception

L'onde sonore parvient jusqu'aux cellules ciliées qui la transmettent au cerveau.

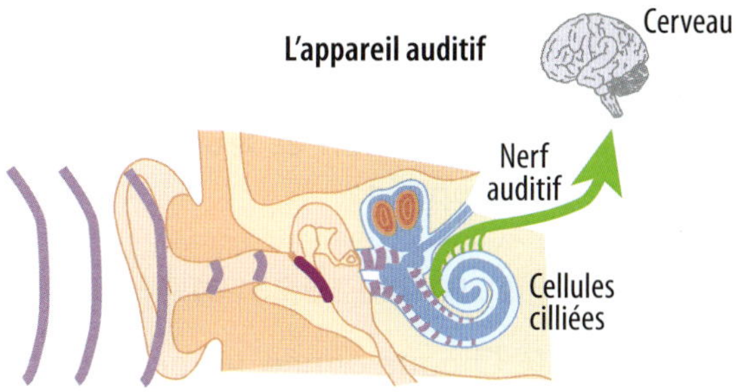

Le niveau sonore, ou sensation acoustique, se mesure en dB(A).

- Seuil de l'audition = 0 dB(A)
- Seuil de fatigue = 70 dB(A)
- Seuil de danger = 80 dB(A)
- Seuil de douleur = 120 dB(A)

Action au niveau de la réception

Ex. : port de PICB (casque, bouchons d'oreilles)

Prévention du bruit nécessaire

Exposition répétitive à des niveaux sonores élevés :

- atteintes de l'appareil auditif, surdités de perception ou de transmission ;
- troubles physiologiques et psychologiques ;
- conséquences sociales (violence, accidents).

COMPLÉTER LA SYNTHÈSE

→ lienmini.fr/pse628-syn16

VÉRIFIER LES ACQUIS (QCM)

→ lienmini.fr/pse628-qcm16

APPROFONDIR (VIDÉO)

→ lienmini.fr/pse628-vid12

17 Repérer les risques professionnels dans l'activité de travail

Objectif : repérer les dangers présents dans la situation de travail afin de proposer des solutions préventives pour supprimer ou éviter la survenue du dommage.

S'informer et s'approprier les connaissances utiles

L'évaluation des risques constitue le point de départ de la démarche de prévention. Leur identification et leur analyse permettent de définir les actions de prévention les plus appropriées.

1 Pourquoi repérer les risques professionnels ?

- Chaque année, les accidents du travail (AT) et les maladies professionnelles (MP) se traduisent par la perte de 47,8 millions de journées de travail, soit une moyenne de 2,5 jours par an et par personne. Les conséquences humaines, financières et juridiques sont majeures pour les entreprises et leur personnel. L'INRS publie les statistiques des AT et MP à partir des données recueillies par la caisse nationale d'assurance maladie (CNAM).
- L'évaluation des risques professionnels (EvRP) relève de la responsabilité de l'employeur et s'inscrit dans le cadre de son obligation générale d'assurer la sécurité et de protéger la santé des salariés. Elle est associée à une identification des risques d'atteinte à la santé.

DOC. 1 Définitions (extraits du Code de la Sécurité sociale)

Accident de travail (article L 411-1)	Maladie professionnelle (article L 461-2 et suivants)
« Est considéré comme accident du travail, quelle qu'en soit la cause, l'accident survenu par le fait ou à l'occasion du travail à toute personne salariée ou travaillant, à quelque titre ou en quelque lieu que ce soit, pour un ou plusieurs employeurs ou chefs d'entreprise. »	C'est la conséquence directe de l'exposition d'un travailleur à un risque physique, chimique, biologique, ou résultant des conditions dans lesquelles il exerce son activité professionnelle. Conformément à l'article L.461-1, « est présumée d'origine professionnelle toute maladie désignée dans un tableau de maladies professionnelles et contractée dans les conditions mentionnées à ce tableau. »

DOC. 2 Fréquence des AT et des décès (pour 1 000 actifs)

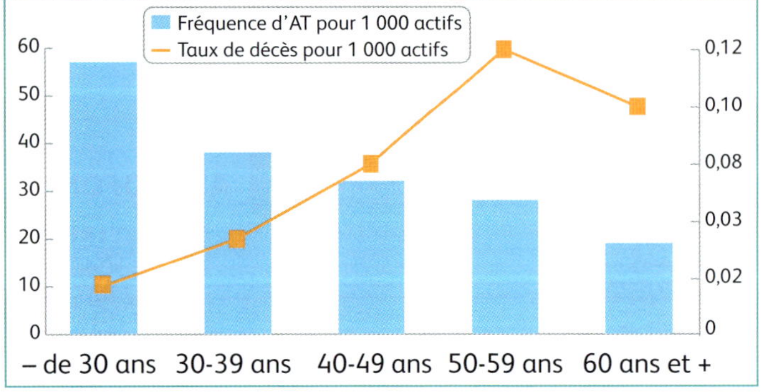

COMPRENDRE & ANALYSER

1. Relever, à l'aide du doc. 1, les caractéristiques des AT et des MP.
2. Justifier pourquoi il est nécessaire de repérer les risques professionnels.
3. Indiquer, à l'aide du doc. 2, la relation entre l'âge des salariés et la fréquence et la gravité des AT.

2 La notion de « risques » dans l'activité de travail

- Les risques professionnels qualifient des familles de dangers (sources de dommages) présents dans une situation professionnelle et pouvant entraîner une atteinte à la santé (accident de travail ou maladie professionnelle).
- L'activité de travail ou « situation professionnelle » regroupe les éléments tels que le (les) opérateur(s) concerné(s), l'ensemble des activités exercées dans un environnement donné : un Individu effectuant une Tâche avec des Matériels dans un Milieu (= I T Ma Mi).
- Le mot « risque » correspond aussi à une notion abstraite, inobservable. On parle alors de risque d'atteinte à la santé. Il s'agit de l'éventualité d'une rencontre entre l'homme et un danger auquel il est exposé. Il se caractérise par la probabilité plus ou moins importante que le travailleur soit victime du danger. L'utilisation du mot « risque » dans la suite de la séquence réfère à cette définition.

DOC. 3 **Exemples de familles de risques professionnels**

1. Risques d'accident de plain-pied
2. Risques de chute de hauteur
3. Risques liés aux circulations internes
4. Risque routier
5. Risques liés à l'activité physique
6. Risques liés à la manutention mécanique
7. Risques liés aux produits, aux émissions et aux déchets
8. Risques liés aux agents biologiques
9. Risques liés aux équipements de travail
10. Risques liés aux effondrements et aux chutes d'objets
11. Risques et nuisances liés au bruit
12. Risques liés aux ambiances thermiques
13. Risques d'incendie, d'explosion
14. Risques liés à l'électricité
15. Risques liés à l'éclairage
16. Risques liés aux rayonnements
17. Risques psychosociaux
18. Autres risques

Source : INRS – Brochure ED 840 « Évaluation des risques professionnels ».

DOC. 4 **Exemples de risques professionnels**

DOC. 5 **Principales causes d'accidents du travail avec arrêt**

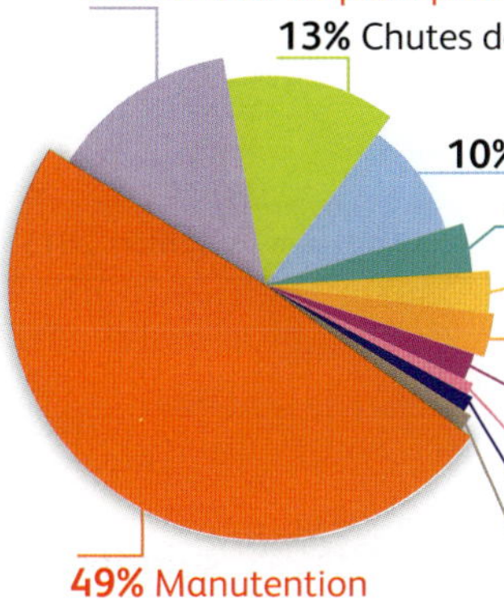

COMPRENDRE & ANALYSER

1. Indiquer, à l'aide du doc. 3, les trois risques professionnels auxquels vous êtes le plus confronté.
2. Identifier les quatre risques professionnels représentés dans le doc. 4.
3. Associer à chaque cause d'accident repérée en rouge dans le doc. 5 le risque professionnel correspondant.

3 La prévention en entreprise

- La loi de prévention du 31 décembre 2001 impose aux chefs d'entreprise de mettre en place des mesures pour assurer la sécurité et protéger la santé des travailleurs de l'établissement. Ces mesures comprennent des actions de prévention des risques professionnels.
- Neuf principes de prévention sont définis qui peuvent être classés en trois niveaux, du plus efficace au moins efficace :

– niveau 1 : **la prévention intrinsèque**
Elle vise en premier lieu à éviter les risques (= supprimer le danger) ou à combattre les risques à la source (= réduire le danger ou l'exposition de la personne au danger).

– niveau 2 : **la protection individuelle et/ou collective**
Les mesures collectives consistent à protéger les personnes du danger alors que les mesures individuelles évitent ou réduisent le dommage. La loi impose de prendre des mesures de protection collective en leur donnant la priorité sur les mesures de protection individuelle.

– niveau 3 : **l'information et/ou la formation du personnel**
Les informations peuvent être visuelles (affiche, pictogramme, voyant…) ou sonores (sirène…). Elles peuvent également être données à l'occasion d'une formation (travail en hauteur, prévention des risques liés à l'activité physique…). Dans les entreprises, des formations d'accueil au poste sont délivrées à l'embauche. Les habilitations et formations certificatives entrent dans ce niveau de prévention.

DOC. 6 Baromètre de la prévention dans les petites entreprises (2014)

Environ 1 000 chefs d'entreprise de moins de 50 salariés ont été questionnés.
Tendances fortes depuis l'enquête de 2010 :
– Le recul du niveau de préoccupation des entreprises sur les questions de santé et de sécurité. Le contexte économique difficile peut expliquer cette tendance.
– Les entreprises sont plus nombreuses à déclarer avoir mis en œuvre des mesures de prévention.

	TPE 1-9 sal. Base 170 — % oui	Rappel 2010	TPE 10-49 sal. Base 652 — % oui	Rappel 2010
Mise en place de **moyens de protection individuelle** (chaussures, masques, gants…)	73 % ↗	45 %	93 % ↗	74 %
Intervention sur l'organisation ou l'aménagement (suppression de produits dangereux, automatisation de certaines tâches…)	48 %	–	68 %	–
Mise en place d'actions d'**information des salariés** (réunions d'information, affiches…)	60 %	51 %	81 %	79 %
Mise en place de **moyens de protection collective** (ventilation, garde-corps…)	50 %	39 %	67 % ↗	60 %
Mise en place d'**actions de formation des salariés** (CACES, SST…)	34 %	34 %	71 % ↗	59 %
D'autres mesures	1 %	–	4 %	–
Aucune mesure prise / NSP*	15 %	11 %	2 %	2 %

↗ Significativement supérieur à 2010 (liste modifiée)
* NSP : ne sait pas

Source : Références en santé au travail n° 141, mars 2015.

COMPRENDRE & ANALYSER

1. Citer les trois niveaux de prévention à mettre en place dans l'entreprise.
2. Relever, dans le doc. 6, les trois types de prévention mise en place en tête du classement.
3. Attribuer à ces trois types de prévention le niveau qu'ils représentent et rédiger une courte analyse.

4 Analyser les risques : outils et démarches

- Dans le cadre réglementaire que représente l'évaluation des risques au sein du document unique (**DUER**), l'INRS met à disposition des entreprises différents outils. Sous forme de grilles de questionnements à remplir, ils sont destinés à évaluer le niveau de prise en compte de la prévention dans l'entreprise.
- Trois types de démarches ont pour objectif de proposer des mesures de prévention :
  – l'**approche par le risque** (développée dans ce module 8) ;
  – l'**approche par le travail** (qui fait l'objet du module 11) ;
  – l'**approche par l'accident de travail** (qui fait l'objet du module 12).

DOC. 7 **Outil d'analyse – Grille DIGEST (entreprise de moins de 50 salariés)**

D I G E S T

Gestion de la santé et de la sécurité au travail dans les petites entreprises
Cette démarche est adaptée aux entreprises de moins de 50 salariés. 10 sujets pour mesurer votre niveau d'organisation ainsi que l'implication de votre personnel.

Cette grille d'évaluation peut vous y aider.
Elle porte sur 10 sujets, avec une cotation à faire par rapport à quatre situations types par thème.

Centré sur les pratiques, cet outil est destiné à évaluer la situation actuelle de l'entreprise et à lui fournir des indications pour progresser dans sa gestion de la santé et sécurité au travail. La même grille peut être utilisée une seconde fois pour mesurer les progrès effectués.

Élaboré par le Réseau Prévention (INRS, CNAMTS, CARSAT / CRAM / CGSS), il a été dénommé grille DIGEST (Diagnostic de la GEstion de la Santé et de la sécurité au Travail).

Synthèse des résultats (extrait)

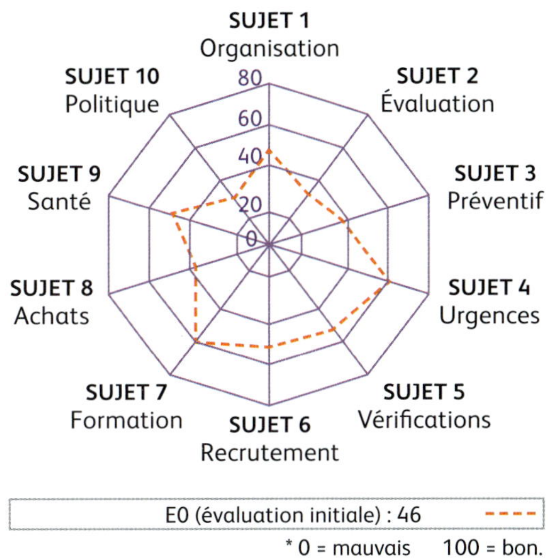

DOC. 8 **Les temps de l'analyse de la situation professionnelle**

DÉMARCHE A PRIORI
Deux approches
→ PAR LES RISQUES
→ PAR LE TRAVAIL

DÉMARCHE A POSTERIORI
→ APPROCHE PAR L'ACCIDENT

COMPRENDRE & ANALYSER

1. Indiquer, à l'aide du doc. 7, les avantages que représentent les outils d'évaluation à destination des entreprises.
2. Relever, dans le doc. 8, les deux démarches d'analyse d'une situation de travail et le type d'approche mise en œuvre pour chacune d'elles.
3. Justifier, à l'aide du doc. 8, les termes a priori et a posteriori à partir de l'événement qui sépare les deux démarches.

5 Une démarche d'analyse : l'approche par le risque

- Cette démarche a pour but de rechercher les risques d'atteinte à la santé. Pour cela, plusieurs étapes sont nécessaires :
  – repérage et identification des risques (analyse des risques d'atteinte à la santé) ;
  – évaluation des risques d'atteinte à la santé ;
  – proposition de mesures de prévention.
- La mise en œuvre de cette démarche suppose de maîtriser certains concepts :
  – **Situation dangereuse** → toute situation dans laquelle l'opérateur est exposé à un ou plusieurs dangers.
  Exemples : travailler à proximité d'une pièce nue sous tension, manipuler des produits chimiques, travailler sous une charge en hauteur, etc.

  – **Danger** → la source potentielle de dommage.
  Exemples : outil coupant, charge en hauteur, atmosphère bruyante, posture contraignante, etc.

  – **Événement dangereux** → un événement extérieur capable de provoquer un dommage. Il peut être soudain ou, au contraire, résulter d'une exposition à long terme.
  Exemples : contact de la pièce nue sous tension avec la peau, inhalation de vapeurs toxiques, exposition 8 heures par jour à un niveau sonore de 85 dB(A), etc.

  – **Dommage** (ou risque d'atteinte à la santé) → blessure physique ou atteinte à la santé.
  Exemples : brûlure, fractures, amputation, surdité, etc.

DOC. 9 Une situation de travail

Hugo, employé boucher, désosse et découpe des pièces de viande pour les présenter à la vente au détail. Le samedi, jour de pointe, le magasin ne désemplit pas. À l'atelier de découpe et de fabrication, les cadences s'accélèrent. Le maniement du couteau se fait moins précis ; s'il entre en contact avec la main d'Hugo, celui-ci risque une coupure, ou pire, le sectionnement d'un tendon. La présence d'eau sur le sol rend la glissade presque inévitable. Hugo se déplace avec précaution, ce n'est pas le moment de se faire une entorse !

COMPRENDRE & ANALYSER

1. Citer les trois étapes de l'approche par le risque.
2. Rechercher dans votre expérience en PFMP des exemples de dangers et d'événements dangereux possibles.
3. Identifier, à partir des éléments soulignés dans le doc. 9, la situation de travail dangereuse, le (les) danger(s), le (les) événement(s) dangereux, le (les) dommage(s) possible(s).

La démarche d'approche par le risque se décompose en plusieurs étapes :

- **Étape 1 :** analyse des risques d'atteinte à la santé

Elle a pour objectif de mettre en évidence les dangers auxquels le salarié est exposé.

Cette étape se fait en deux temps :

1. **La délimitation de la situation de travail étudiée :** elle permet aux observateurs de restreindre leur champ d'observation. En effet, dans l'entreprise, de multiples situations de travail se déroulent dans le même environnement.
Les questions suivantes peuvent être posées :
INDIVIDU : qui est l'opérateur ?
TâCHE : quoi ? quelle est la tâche professionnelle observée ?
MATÉRIEL : avec quoi ?
MILIEU : où ? dans quel environnement professionnel ?

2. **L'identification des dangers auxquels l'opérateur est soumis au cours de chaque situation de travail :** toutes les sources potentielles de dommage (= danger) sont relevées. Le recueil de ces informations est particulièrement important puisque toute l'étude va découler des dangers repérés. Lors de son activité, si un opérateur est en présence d'un danger, la situation devient une « situation dangereuse ». Si l'événement dangereux ne se produit pas, le dommage n'aura pas lieu.

Les éléments de la situation sont mis en relation à l'aide d'un schéma de **principe d'apparition du dommage (PAD)**. Une même situation de travail pouvant présenter plusieurs dangers, il y a une schématisation par danger.

DOC. 10 Le schéma de principe d'apparition du dommage (PAD)

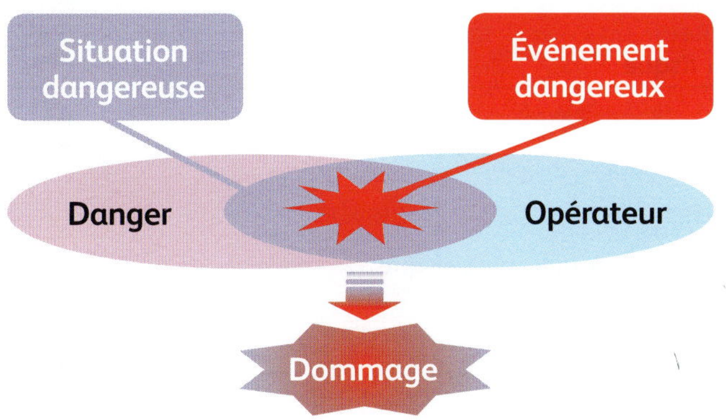

COMPRENDRE & ANALYSER

1. Repérer les éléments de la situation de travail décrite dans le doc. 11.
2. Mettre en relation ces éléments en réalisant sur une feuille un (des) schéma(s) de principe d'apparition du dommage (PAD) sur le modèle du doc. 10.

DOC. 11 Description de la situation professionnelle en institut de beauté

Selma, élève de bac pro Esthétique, accomplit une PFMP dans un institut de beauté. Chaque jour, elle pratique des soins du corps. Les cabines sont conçues pour le bien-être des clientes : petit espace, lumière tamisée, musique d'ambiance, marchepied pour l'accès au mobilier de soin. Selma doit s'adapter, mais il lui arrive de trébucher sur les obstacles et le soir, elle ressent des douleurs lombaires.

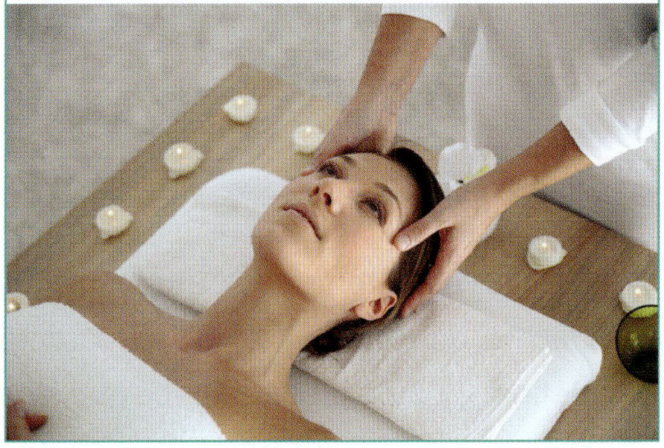

■ **Étape 2** : évaluation des risques d'atteinte à la santé

C'est une étape fondamentale dans la démarche. Selon l'évaluation réalisée, le risque sera traité en priorité ou non.

Là encore, elle se déroule en deux temps :

1. L'estimation du risque

Elle tient compte de deux critères :

– la **gravité du dommage** : cela peut aller de l'accident sans arrêt de travail au décès de l'opérateur ;

– la **probabilité d'occurrence** (ou probabilité d'apparition du dommage) : c'est la conjonction entre la fréquence de la durée de l'exposition au danger et la probabilité que l'événement dangereux ait lieu.

DOC. 12 **Échelle d'estimation de la gravité du dommage**

- 4 **très grave** (décès)
- 3 **grave** (accident avec incapacité permanente)
- 2 **moyen** (accident avec arrêt de travail et/ou hospitalisation)
- 1 **faible** (accident sans arrêt de travail)

DOC. 13 **Probabilité d'occurrence**

fréquence et/ou durée d'exposition au danger	probabilité d'apparition d'un événement dangereux	probabilité d'apparition du dommage	
fréquent et/ou longue durée d'exposition	élevée	4	très probable
	faible	3	probable
rare et/ou courte durée d'exposition	élevée	2	improbable
	faible	1	très improbable

2. L'évaluation du risque

Elle consiste à croiser la gravité et la probabilité d'occurrence. Les zones « nécessaire » et « non prioritaire » dépendent de l'entreprise. Des critères supplémentaires peuvent être pris en compte (nombre de salariés touchés, perception du risque par les salariés…).

DOC. 14 **Exemple de représentation de l'évaluation du risque**

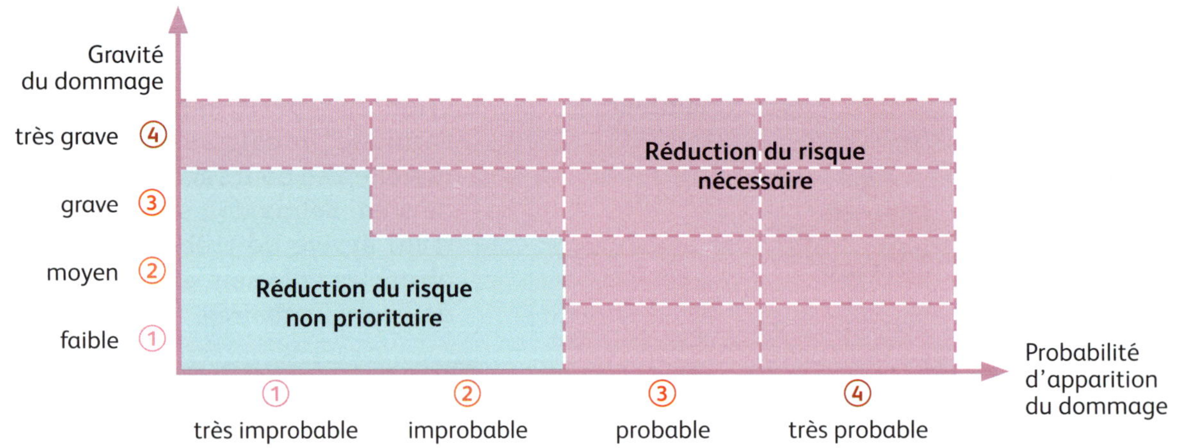

COMPRENDRE & ANALYSER

1. Citer les deux temps de l'étape « évaluation des risques d'atteinte à la santé ».
2. Décrire, à l'aide du doc. 12, les caractéristiques du dommage estimé « grave ».
3. Définir, à l'aide du doc. 13, ce que signifie une apparition de dommage « improbable ».
4. Évaluer le risque d'atteinte à la santé du cas d'Hugo (doc. 9) en utilisant le doc. 14.

■ **Étape ③** : propositions de mesures de prévention

La prévention consiste à intervenir avant que le dommage (AT ou MP) ne se produise. Différentes mesures de prévention seront envisagées si la réduction du risque d'atteinte à la santé est évaluée comme « nécessaire ». L'entreprise sélectionnera le (les) moyen(s) adapté(s) en fonction de la faisabilité et en analysant les composantes de la nouvelle situation professionnelle.

Le fait qu'à l'issue de l'évaluation un risque professionnel soit classé dans la zone non prioritaire n'exclut pas la proposition de moyens de prévention.

DOC. 15 **Planification des actions de prévention en entreprise**

Elle s'appuie sur des critères permettant d'apprécier la qualité d'une mesure de prévention. Ainsi, la direction est conduite à sélectionner une ou plusieurs mesure(s) de prévention en s'aidant notamment des critères de choix suivants :
– La mesure de prévention est-elle conforme à la réglementation ?
– Est-elle stable dans le temps ?
– Est-elle facilement intégrable dans le travail quotidien ?
– N'entraîne-t-elle pas le déplacement du risque ou l'apparition de nouveaux risques ?
– Quelle est la portée de la mesure ?
– Permet-elle d'agir sur les causes profondes ?
– Quels sont les délais d'application de cette mesure ?

La mise en place immédiate d'une action dont la portée n'est pas satisfaisante (ex. : une consigne) ne doit pas dispenser de concevoir d'autres actions plus durables et efficaces et de portée plus importante.

DOC. 16 **Quelques mesures de prévention en boucherie**

• **Une organisation du travail :** pour éviter le coup de feu prévisible des heures de pointe, les artisans de la boucherie ont grand intérêt à anticiper la demande de la clientèle. Le temps d'attente sera considérablement réduit et la satisfaction augmentée.

• **Des locaux bien conçus :** de plus en plus, dans les grandes surfaces mais aussi chez les artisans, le laboratoire est vitré. La clientèle a une vue directe sur les opérations de préparation. Les entreprises sont soumises à des règles d'hygiène et de sécurité du personnel strictes. Citons, par exemple, des rangements pour les couteaux non utilisés (barre magnétique, armoire de stérilisation, tiroirs...), des sols antidérapants.

• **Des couteaux qui coupent :** faute de formation et de temps, les opérateurs de découpe peuvent mal entretenir leurs couteaux, qui perdent rapidement leur pouvoir de coupe. Les gestes deviennent plus nombreux, plus difficiles et la tâche prend plus de temps.

COMPRENDRE & ANALYSER

1. Préciser, à l'aide du doc. 15, les critères qui permettent à l'entreprise de hiérarchiser les actions de prévention.
2. Proposer et hiérarchiser (niveau 1, 2 ou 3), à l'aide du doc. 16, des mesures de prévention adaptées à la situation de travail d'Hugo (doc. 9).
3. Proposer et hiérarchiser (niveau 1, 2 ou 3) des mesures de prévention adaptées à la situation de travail de Selma (doc. 11) à partir du site www.officiel-prevention.com (lienmini.fr/pse628-17).

S'entraîner
en mobilisant la démarche d'approche par le risque

SITUATION

Avec son bac pro Carrossier peintre automobile en poche, **Léo** a décroché un CDD dans une grande enseigne automobile. Il est chargé de multiples tâches, mais a une préférence pour celles relatives à la peinture : préparer les tôles, les couleurs, appliquer la peinture au pistolet. Les opérations de préparation des tôles sont multiples : dégraissage, ponçage, décapage avant l'application de produit. Pour ce faire, il utilise des solvants ainsi que des meuleuses, ponceuses et disqueuses électriques.

1 Analyser les risques d'atteinte à la santé

- Définir les limites de la situation :
  - Qui est l'opérateur ?
  - Quelle est la tâche réalisée ?
  - Avec quels matériels et dans quel environnement ?
- Identifier deux dangers, les dommages potentiels, l'événement dangereux possible et décrire la situation professionnelle (tâche réalisée).
- Mettre en relation les éléments, pour un danger, à l'aide du schéma de principe d'apparition du dommage (PAD).

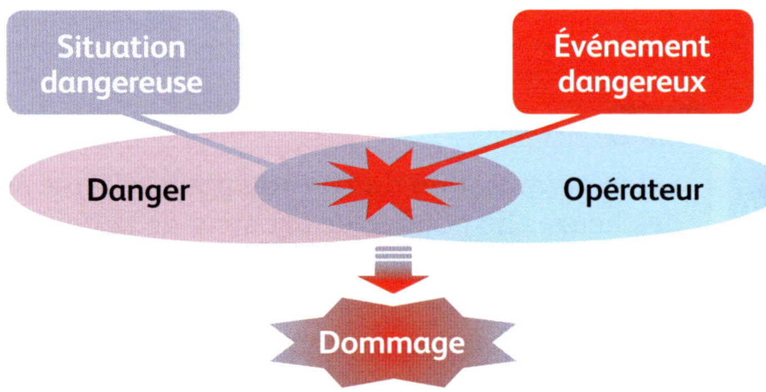

2 Évaluer les risques d'atteinte à la santé

- Estimer le risque en utilisant au besoin les critères d'estimation proposés (voir rabat n°2).
- Évaluer le risque à l'aide du graphique ci-dessous.

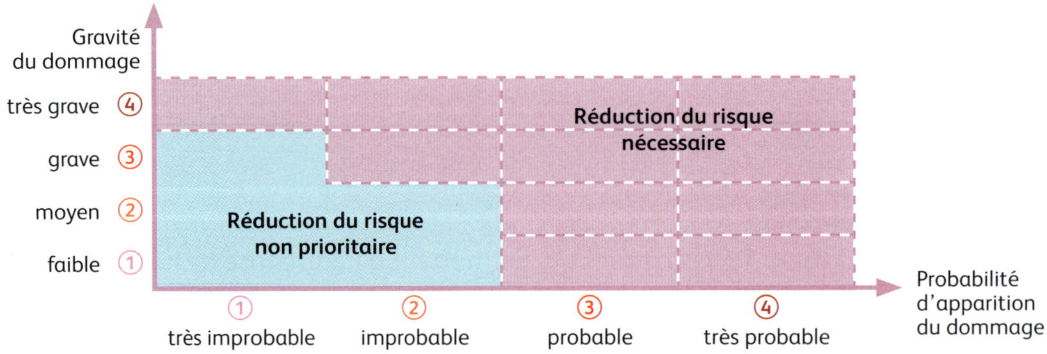

3 Proposer des mesures de prévention adaptées en les hiérarchisant selon les trois niveaux

Retenir l'essentiel

SCHÉMA-BILAN

L'approche par le risque : démarche et outils

Étape 1 ANALYSE des risques d'atteinte à la santé

- **Définition des limites de la situation de travail.**
- **Identification des dangers.**

- Définition des limites de la situation de travail
  – QUI est l'opérateur ? sexe, âge, etc.
  – QUOI ? tâche professionnelle effectuée
  – OÙ ? environnement professionnel
- Identification des éléments de la situation
  – Danger
  – Dommage
  – Situation dangereuse
  – Événement dangereux

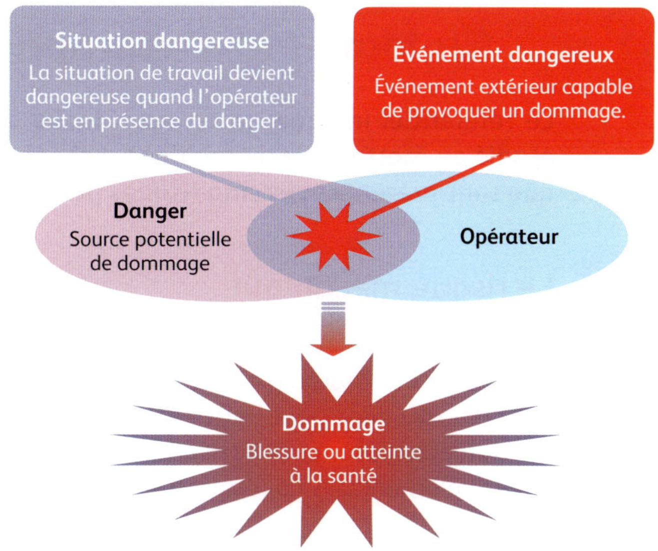

Étape 2 ÉVALUATION des risques d'atteinte à la santé

- **Estimation et évaluation des risques.**

- Estimation de la gravité du dommage et de la probabilité d'apparition du dommage.
- Évaluation des risques pour déterminer la zone de réduction du risque nécessaire.

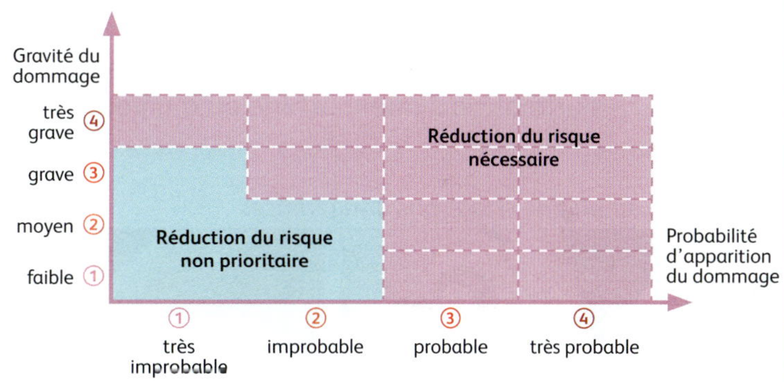

Étape 3 PROPOSITIONS de mesures de prévention

- Conformément aux principes généraux de prévention (loi du 31/12/1991).
- Selon une hiérarchisation définie.

1. Prévention intrinsèque
2. Protection collective et/ou individuelle
3. Instructions/formations pour l'opérateur

COMPLÉTER LA SYNTHÈSE
→ lienmini.fr/pse628-syn17

VÉRIFIER LES ACQUIS QCM
→ lienmini.fr/pse628-qcm17

APPROFONDIR VIDÉO
→ lienmini.fr/pse628-vid13

18 Appliquer l'approche par le risque à un risque spécifique du secteur professionnel

Objectif : repérer les dangers potentiels d'une situation de travail afin de proposer des mesures préventives pour éviter la survenue d'un dommage.

S'informer et s'approprier les connaissances utiles

Le référentiel indique qu'un seul risque spécifique du secteur professionnel doit être étudié en mettant en œuvre l'approche par le risque. C'est donc en suivant cette trame que sont présentés ces cinq risques professionnels.

1 Le risque mécanique

- On parle de risque mécanique lorsqu'un élément en mouvement peut entrer en contact avec le corps humain et provoquer une blessure. Inversement, une partie du corps humain en mouvement peut entrer en contact avec un élément matériel, par exemple lors d'une chute. La présence d'un risque mécanique peut donc être identifiée par la conjonction de trois éléments : un opérateur, un élément et l'énergie d'un mouvement.
- **Les dangers** sont souvent liés à des équipements ou des machines, mais peuvent également concerner des outils et notamment des outils tranchants, des pièces, des charges, des projections de matériaux ou des fluides.
- **L'événement dangereux** est lié à une défaillance humaine ou technique à l'occasion de l'utilisation d'une machine ou d'un outil.

DOC. 1 Exemples de situations dangereuses

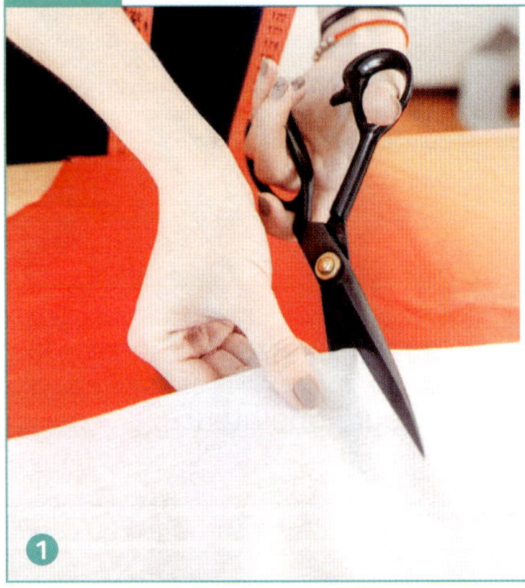
1

2

3

COMPRENDRE & ANALYSER

1. Indiquer, pour votre secteur professionnel, cinq dangers à l'origine du risque mécanique.
2. Retrouver, pour les trois situations présentées dans le doc. 1, le danger et l'événement dangereux possible.

- **Les dommages** : les accidents du travail provoqués par des machines ou des équipements de travail peuvent être de gravité variable. Les accidents par contact direct avec un organe en mouvement peuvent provoquer des dommages allant de la simple écorchure ou plaie bénigne à des lésions gravissimes (coupure ou plaie profonde, fracture, sectionnement de membre, écrasement…). Des projections de pièces sont à l'origine de contusions ou même de brûlures. Les vibrations provoquées par certaines machines peuvent être à l'origine de maladies professionnelles : « Tableau 69 - affections provoquées par les vibrations et chocs transmis par certaines machines-outils, outils et objets et par les chocs itératifs du talon de la main sur les éléments fixes. »
- Les statistiques montrent que les plaies et coupures constituent, par leur nombre, le troisième type de lésions pour les accidents de travail ayant entraîné un arrêt de travail.

DOC. 2 Dommages résultant du risque mécanique

Schéma de la peau saine

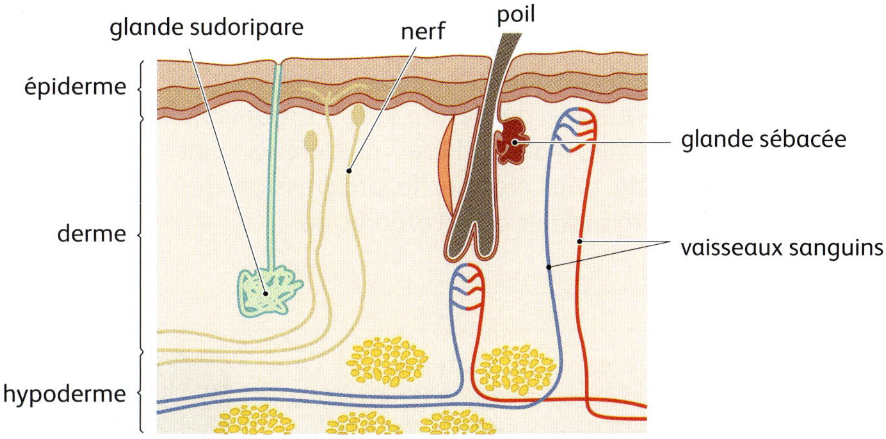

Dommages les plus courants

Écorchure

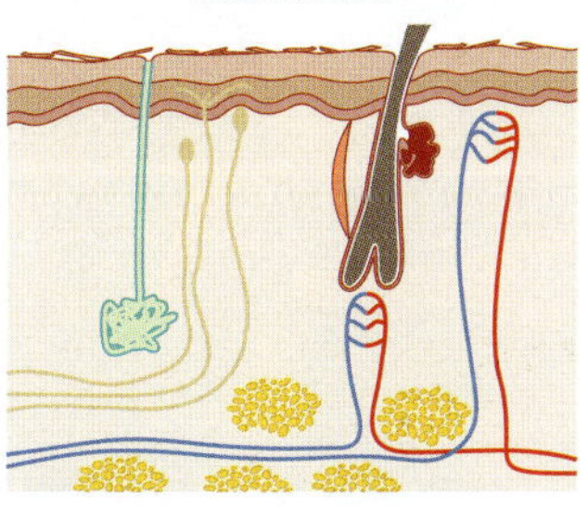

Contusion

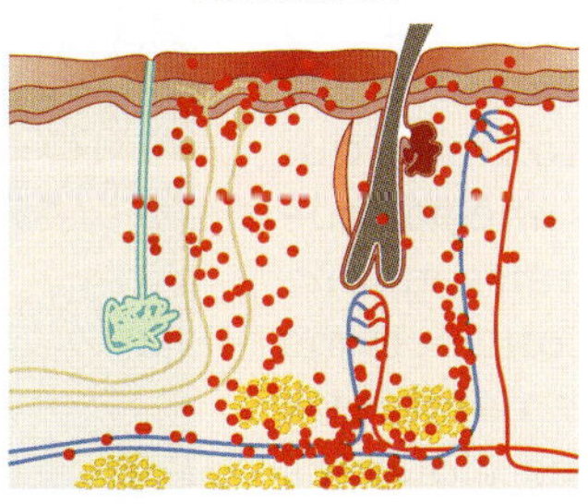

Coupure

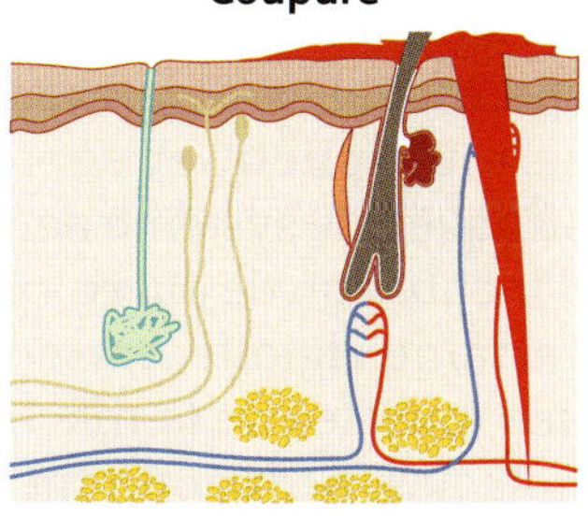

Écrasement
Aplatissement des tissus sous l'action d'un choc, d'une compression importante (engrenages, crémaillères, laminoirs…).

Sectionnement
Amputation ou arrachement d'un doigt, d'un membre (hachoir, scie à ruban, cisaille…).

Fracture
Rupture d'un os.

COMPRENDRE & ANALYSER

1. Indiquer, pour votre secteur professionnel, les dommages auxquels vous êtes plus particulièrement exposé(e).
2. Présenter, à l'aide du doc. 2, les éléments qui contribuent à la gravité d'une plaie.

- La peau et les muqueuses jouent un triple rôle dans la défense contre les micro-organismes en limitant leur pénétration dans le corps. La couche cornée, qui constitue la surface de la peau, a un rôle de **barrière mécanique**.
Le rôle de **barrière chimique** est assuré par le sébum, qui imperméabilise la peau, ce qui rend difficile la pénétration des micro-organismes, et par la transpiration, dont le pH leur est défavorable.
Les flores résidentes sont des micro-organismes non pathogènes qui colonisent peau et muqueuses. Elles jouent le rôle de **barrière biologique** en s'opposant à la pénétration de micro-organismes étrangers.

- Toutefois, ces barrières ont leurs limites ; une lésion de la peau constitue une porte d'entrée pour les micro-organismes. Parmi ceux-ci, le bacille tétanique, responsable du tétanos, est souvent introduit dans l'organisme par l'intermédiaire d'une plaie bénigne. C'est pourquoi **le risque mécanique ne peut être dissocié du risque infectieux**. Lorsque cette première ligne de défense de l'organisme est franchie, d'autres lignes de défense vont intervenir pour stopper la progression des micro-organismes dans l'organisme.

DOC. 3 Exposition au risque infectieux

DOC. 4 Le tétanos

Le bacille tétanique est une bactérie que l'on trouve dans la terre et, de ce fait, sur tout support ayant été à son contact (végétaux, épines de végétaux, métal rouillé ❶...). Sous forme de spores ❷, le bacille tétanique est particulièrement résistant. Une plaie même bénigne peut être une porte d'entrée pour ces spores. Celles-ci germent ; les bactéries formées se multiplient et sécrètent des toxines qui attaquent le système nerveux. Après une période d'incubation de durée variable apparaissent une certaine rigidité musculaire, des contractions des muscles de la mâchoire puis de nombreux muscles, occasionnant des crampes violentes et douloureuses qui peuvent être à l'origine de fractures. La maladie peut être mortelle lorsque les muscles respiratoires sont atteints.

1

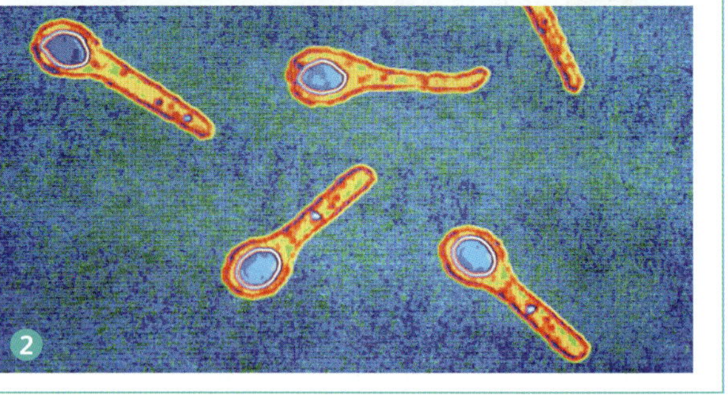
2

COMPRENDRE & ANALYSER

1. Expliquer pourquoi le risque mécanique ne peut pas être séparé du risque infectieux.
2. Justifier le titre du doc. 3.
3. Indiquer pourquoi toute lésion même bénigne doit être traitée par application d'un antiseptique ; s'aider du doc. 4.

■ **L'immunité** est un dispositif complexe qui fait intervenir divers leucocytes (globules blancs) et divers organes. Les micro-organismes qui pénètrent dans l'organisme se heurtent à trois lignes de défenses qui entrent successivement en action en cas d'échec de la précédente.

DOC. 5 **Les trois lignes de défense de l'organisme**

1 1re ligne de défense : la peau et les muqueuses

Si franchie

2 2e ligne de défense : la phagocytose

Lorsque la peau et les muqueuses sont franchies, il y a dilatation des capillaires pour apporter des polynucléaires (globules blancs) qui vont réaliser la **phagocytose** (destruction des micro-organismes par ingestion). Cette dilatation génère localement gonflement, rougeur, chaleur et douleur ; c'est la **réaction inflammatoire**.

Réaction inflammatoire

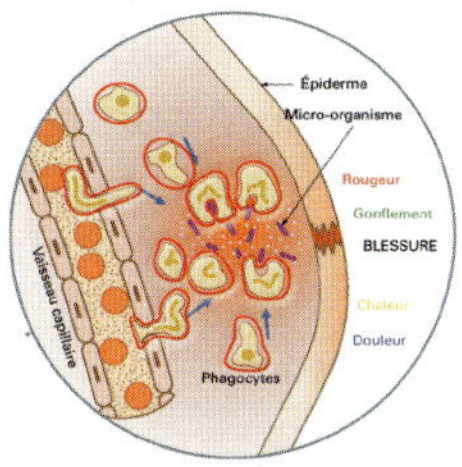

Détails de la phagocytose

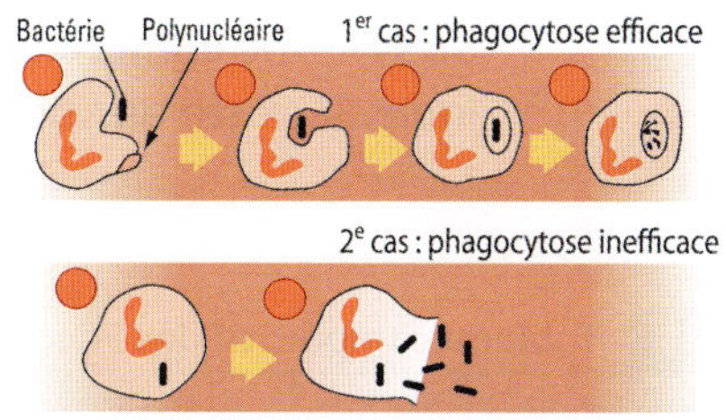

Peau, muqueuses et phagocytose sont des défenses non spécifiques qui agissent sur tous les micro-organismes.

Si franchie

3 3e ligne de défense : les anticorps

1er temps

1 Les bactéries sont reconnues par les lymphocytes B qui se multiplient et se transforment en plasmocytes.

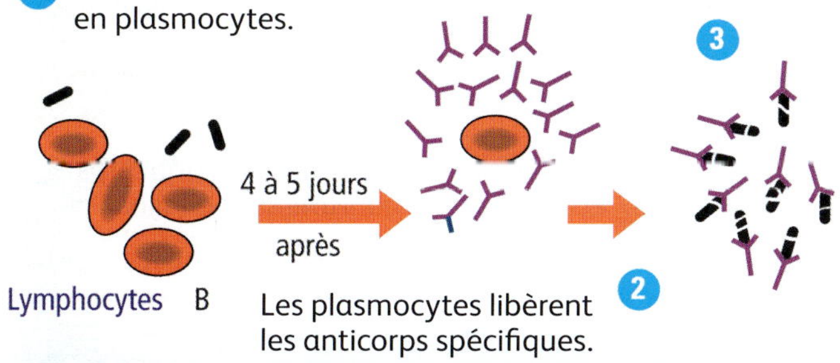

2 Les plasmocytes libèrent les anticorps spécifiques.

3 Les anticorps neutralisent et détruisent les bactéries.

2e temps

Certains lymphocytes gardent la mémoire de la bactérie et au contact suivant, sa neutralisation et sa destruction sont immédiates.

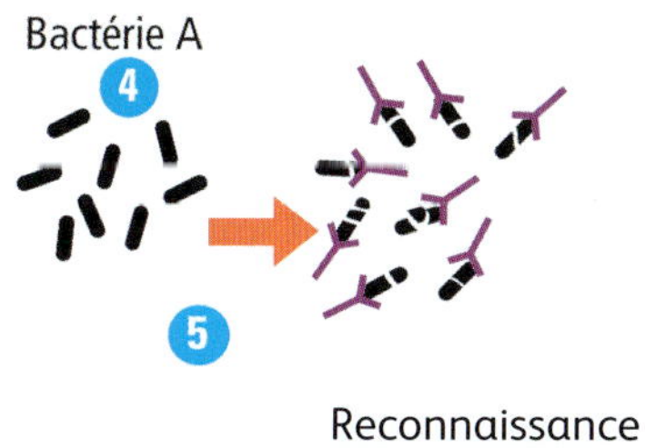

Les anticorps sont des défenses spécifiques qui n'agissent que sur un micro-organisme donné.

COMPRENDRE & ANALYSER

1. Nommer, à l'aide du doc. 5, les deux autres lignes de défense qui entrent en action lorsque les micro-organismes ont franchi la peau et les muqueuses.
2. Indiquer, à l'aide du doc. 5, les quatre signes de la réaction inflammatoire et préciser son intérêt pour l'organisme.
3. Expliquer pourquoi la peau et les muqueuses font partie des défenses non spécifiques.

- Des moyens existent pour aider le système immunitaire.

– L'**antisepsie** d'une plaie même bénigne doit être systématique. Les micro-organismes doivent être détruits ou inactivés avant qu'ils ne se propagent dans l'organisme. On utilise pour cela un antiseptique, produit qui tue ou inactive les micro-organismes sur la peau sans la léser. Il est souhaitable qu'il soit efficace sur le plus grand nombre de familles microbiennes et qu'il détruise les spores du bacille tétanique. Si la plaie est importante, elle doit être protégée par un pansement pour éviter toute nouvelle contamination.

– Les **vaccins** et **sérums** sont les principaux auxiliaires du système immunitaire pour prévenir ou traiter une maladie. Il existe un vaccin et un sérum contre le tétanos.

DOC. 6 Antiseptiques courants

DOC. 7 Tableau comparatif des vaccins et des sérums

	VACCINS	SÉRUMS
Rôle	Ils permettent d'éviter la maladie : leur rôle est préventif.	Ils soignent la maladie : leur rôle est curatif.
Composition	Ils sont constitués d'antigènes (micro-organismes morts ou affaiblis ou toxines ayant perdu leur pouvoir toxique).	Ils sont constitués d'anticorps.
Mode d'action	À leur contact, l'organisme fabrique des anticorps et forme sa mémoire immunitaire.	Ils neutralisent les micro-organismes et les toxines responsables de la maladie.
Caractère de l'immunité (ou protection) assurée	L'immunité qu'ils procurent est spécifique, elle ne concerne qu'un micro-organisme.	
	L'immunité assurée est active car l'organisme fabrique ses anticorps.	L'immunité assurée est passive car l'organisme reçoit des anticorps déjà prêts.
	L'immunité est retardée car les anticorps sont fabriqués au bout de 4 à 5 jours.	L'immunité est immédiate, les anticorps agissent dès l'injection.
	L'immunité est durable (plusieurs années).	L'immunité est passagère, les anticorps étrangers à l'organisme sont éliminés au bout d'un mois.

COMPRENDRE & ANALYSER

1. Justifier la nécessité de sauveteurs secouristes du travail dans les ateliers exposés au risque mécanique.
2. Nommer, à l'aide du doc. 6 et de ses connaissances, trois antiseptiques couramment utilisés pour les soins de plaies simples.
3. Expliquer, à l'aide du doc. 7, l'intérêt d'être vacciné contre le tétanos lorsqu'on est exposé au risque mécanique.

■ **Des mesures de prévention** adaptées au secteur professionnel existent et sont catégorisées par niveau. En voici des exemples.

		Mesures préventives contre le risque mécanique
NIVEAU 1 Prévention intrinsèque		• Remplacement par des machines ou des outils moins dangereux. • Automatisation des tâches ne demandant pas d'intervention humaine.
NIVEAU 2 Protection	**collective**	• Protecteurs sur les machines. • Dispositifs de détection des personnes. • Arrêt d'urgence.
	individuelle	• Tenue de travail avec chaussures de sécurité, gants, casque, lunettes et tout EPI adapté à la situation.
NIVEAU 3 Instructions (formation – information)		• Stages de formation. • Fiches de postes. • Affiches INRS.

COMPRENDRE & ANALYSER

• Indiquer pour votre secteur professionnel des mesures de prévention contre le risque mécanique. S'aider de ses connaissances et du site www.bossons-fute.fr (fiches de dangers liés au risque mécanique et fiche de métier concernant votre secteur professionnel).

Retenir l'essentiel

LE PAD

- **Danger** : énergie cinétique des machines, outils…
- **Situation dangereuse** : travailler avec ou sur une machine, travailler avec un outil…
- **Événement dangereux** : défaillance humaine ou technique lors de l'utilisation d'une machine ou d'un outil.
- **Dommages** : coupures, contusions, fractures, écrasement, amputation…

COMPLÉTER LA SYNTHÈSE
→ lienmini.fr/pse628-syn18

VÉRIFIER LES ACQUIS — QCM
→ lienmini.fr/pse628-qcm18

APPROFONDIR — VIDÉO
→ lienmini.fr/pse628-vid14

2 Le risque électrique

- **Le danger** est le courant électrique ; travailler avec du matériel électrique ou sur des installations électriques crée des situations dangereuses.
- **L'événement dangereux** est le contact avec le courant électrique. L'électricité ne pouvant circuler qu'en circuit fermé, il y a électrisation lorsque le corps sert de conducteur. L'électrisation peut se produire :
  – par **contact direct** : il y a contact de la personne avec une partie active du circuit électrique ;
  – par **contact indirect** : il y a contact d'une personne avec une masse (métallique) mise accidentellement sous tension à la suite d'un défaut d'isolement d'un fil électrique.
- Les accidents liés au risque électrique sont rares mais généralement d'une extrême gravité.

DOC. 8 Les triangles de sévérité

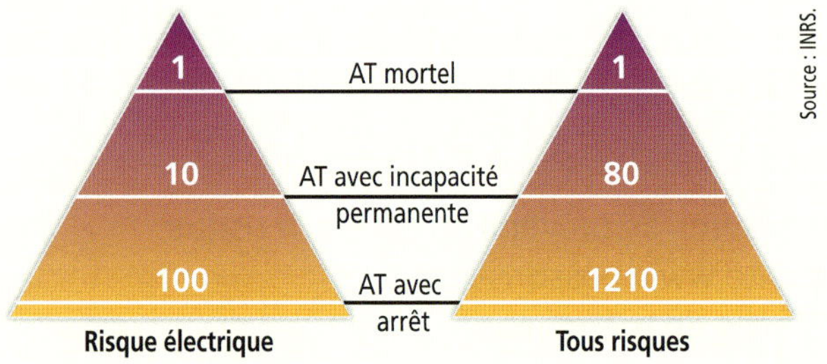

Les triangles de sévérité mettent en lumière la gravité particulière du risque électrique.

En 2015, 1 AT mortel pour 100 AT avec arrêt concerne le risque électrique contre 0,08 % pour tous les risques confondus.

Source : INRS

DOC. 9 Accidents d'origine électrique

Électrisations et électrocutions

Lors d'un accident d'origine électrique, il arrive qu'une personne soit électrisée, c'est-à-dire que le courant électrique lui traverse le corps. En milieu de travail, de tels accidents du travail sont rares mais souvent graves : chaque année une dizaine de travailleurs meurent électrocutés.

Incendies d'origine électrique

Un incendie sur cinq serait d'origine électrique. Pour que survienne un incendie d'origine électrique, il faut qu'il y ait simultanément une source de chaleur ou une étincelle, un comburant (l'oxygène de l'air) et un combustible.

DOC. 10 Les contacts électriques

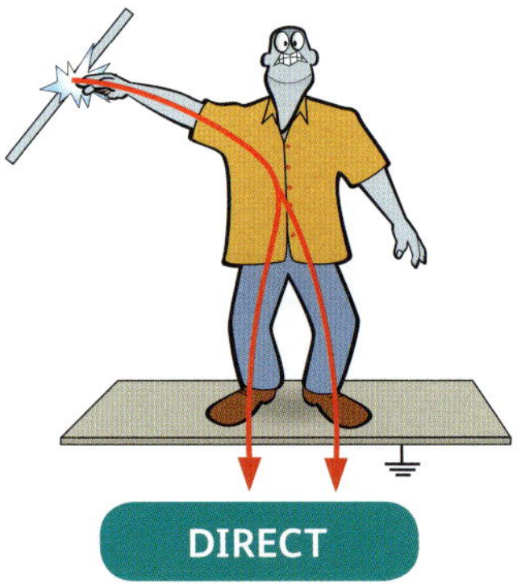

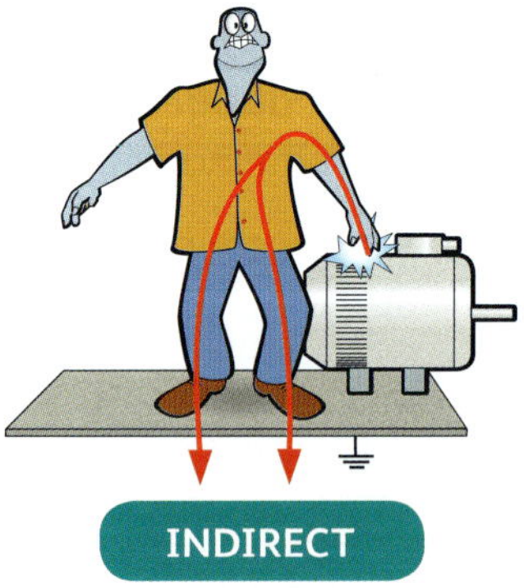

COMPRENDRE & ANALYSER

1. Expliquer, à l'aide des doc. 8 et 9, pourquoi le risque électrique est un risque particulièrement sévère.
2. Présenter, à l'aide du doc. 10, pour votre secteur professionnel, un exemple de situation pouvant vous exposer à l'électricité par contact direct et un exemple par contact indirect.

- **L'électrisation**, passage du courant à travers le corps, a des effets plus ou moins graves selon :
  – l'intensité du courant ;
  – le temps de passage dans le corps ;
  – le trajet dans le corps humain : le passage par le cœur ou les muscles respiratoires crée plus de dommages qu'au travers des muscles moteurs ;
  – l'état de la peau : la peau mouillée a une résistance plus faible que la peau sèche. De ce fait, de par la loi d'Ohm ($U = RI$), l'intensité qui traverse le corps est plus importante. C'est pourquoi il existe des normes électriques spécifiques pour les locaux exposés à l'humidité ;
  – la surface de la zone en contact ;
  – la nature du sol isolant ou conducteur : un sol conducteur facilite le passage du courant à travers le corps. Le port de chaussures de travail avec semelle isolante est recommandé dans les zones exposées.

DOC. 11 **Trajet et gravité**

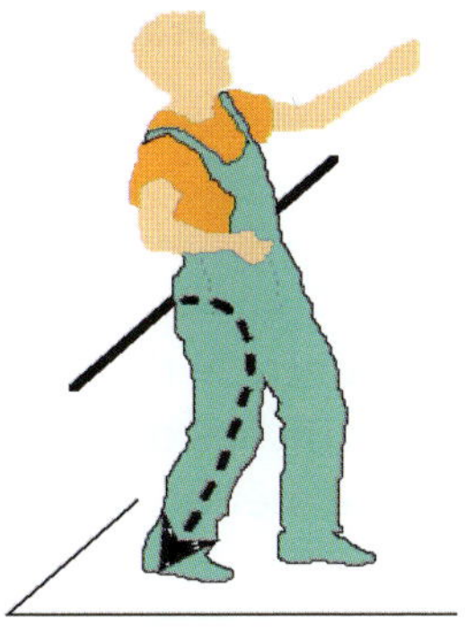

A. Atteinte musculaire

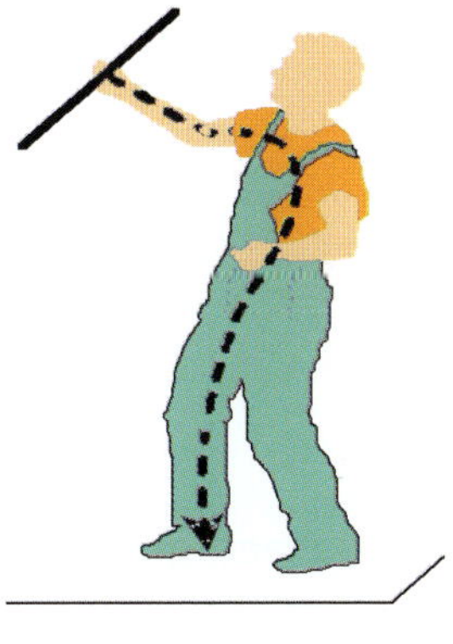

B. Atteinte du cœur et des poumons

DOC. 12 **Les dommages : effets physiques et physiologiques de l'électrisation**

Selon l'intensité du courant traversant le corps humain et la durée du passage, l'électrisation peut provoquer les effets suivants, du moins grave au plus dangereux :

- **Picotement** sans aucun danger.
- **Brûlures** : la production de chaleur par effet Joule provoque des brûlures externes au niveau de la zone de contact et de très graves brûlures internes au niveau des tissus situés sur le trajet du courant.
- **Tétanisation** : contraction des muscles.
- **Paralysie des muscles** qui assurent la respiration.
- **Fibrillation cardiaque** : contractions désordonnées et inefficaces du cœur ayant le même effet qu'un arrêt de celui-ci.
- **Électrocution** : mort de la victime.

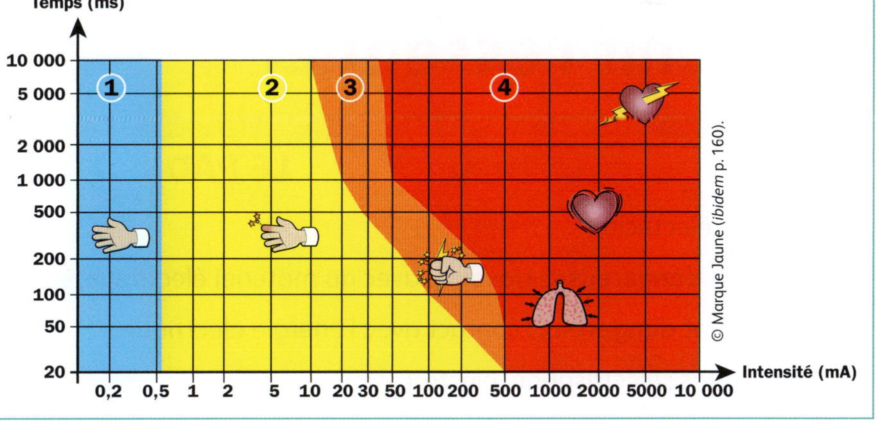

© Marque Jaune (*ibidem* p. 160).

COMPRENDRE & ANALYSER

1. Indiquer, à l'aide des doc. 11 et 12, les trois principaux paramètres qui conditionnent la gravité des dommages provoqués par l'électrisation.
2. Justifier pourquoi les dommages sont plus importants dans le circuit B du doc. 11.
3. Citer, à l'aide du doc. 12, cinq effets de l'électrisation.

■ **Des mesures de prévention** adaptées au secteur professionnel existent et sont catégorisées par niveau. En voici des exemples.

		Mesures préventives contre le risque électrique
NIVEAU 1 **Prévention intrinsèque**		• Mise à la terre, disjoncteur différentiel, liaison équipotentielle.
NIVEAU 2 **Protection**	**collective**	• Réalisation des travaux hors tension lorsque c'est possible. • Respect des normes techniques réglementaires. • Respect des modalités et de la périodicité des vérifications. • Limitation d'accès aux armoires électriques fermées à clef.
	individuelle	• Habilitation électrique correspondant au poste occupé. • Pour les personnels habilités à intervenir, EPI et tenue de travail de sécurité adaptée.
NIVEAU 3 **Instructions** **(formation – information)**		• Pas de manipulation d'appareil électrique sur sol humide, pas de prolongateur sous tension. • Identification des circuits, appareils et conducteurs. • Affichage des consignes des premiers secours, signalisation du danger électrique.

COMPRENDRE & ANALYSER

• Indiquer pour votre secteur professionnel des mesures de prévention contre le risque électrique. S'aider de ses connaissances et du site www.bossons-fute.fr (fiches de dangers liés au risque physique qui inclut le risque électrique et fiche de métier concernant votre secteur professionnel).

Retenir l'essentiel

LE PAD

■ **Danger** : électricité.

■ **Situation dangereuse** : travailler avec du matériel électrique, sur des installations électriques…

■ **Événement dangereux** : contact avec l'énergie électrique.

■ **Dommages** : électrisation, électrocution.

COMPLÉTER LA SYNTHÈSE

→ lienmini.fr/pse628-syn19

VÉRIFIER LES ACQUIS (QCM)

→ lienmini.fr/pse628-qcm19

APPROFONDIR (VIDÉO)

→ lienmini.fr/pse628-vid15

3 Le risque biologique

- **Les dangers** sont les agents biologiques. La plupart d'entre eux sont des êtres vivants microscopiques : bactéries, champignons, virus, etc. Ils sont présents chez les êtres vivants (humain, animaux, plantes), et dans l'environnement (eaux, sols), où ils jouent un rôle essentiel dans le recyclage de la matière (ex. : transformation des feuilles mortes en compost) ; ils sont indispensables à la vie. La plupart sont inoffensifs pour l'homme mais certains (pathogènes) peuvent être à l'origine de maladies. À l'inverse, d'autres présentent un intérêt et sont utilisés depuis des milliers d'années pour la transformation de produits alimentaires (pain, fromage, yaourts…) et, plus récemment, dans les biotechnologies (production de vaccins, d'antibiotiques…).

DOC. 13 Les différentes familles d'agents biologiques

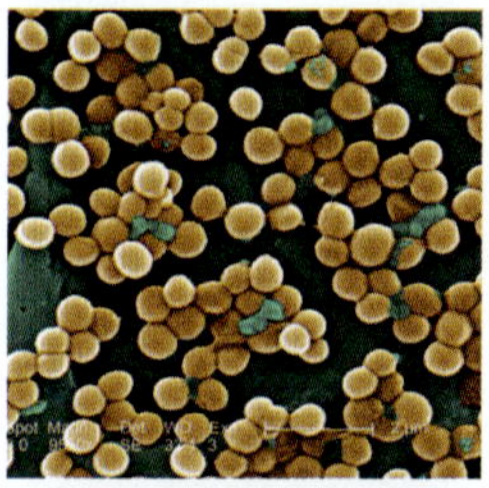

Les bactéries : unicellulaires, elles peuvent avoir différentes formes : rondes (coques), bâtonnets (bacilles), en spirale, etc. Ex. : staphylocoque doré.

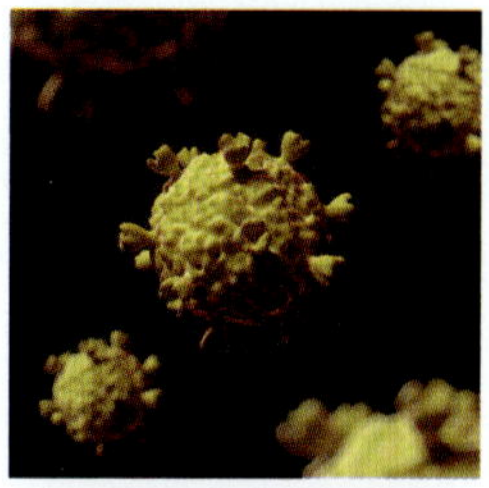

Les virus : n'ayant pas tout le matériel génétique nécessaire, ils parasitent une cellule animale, végétale ou bactérienne pour se reproduire. Ex. : VIH.

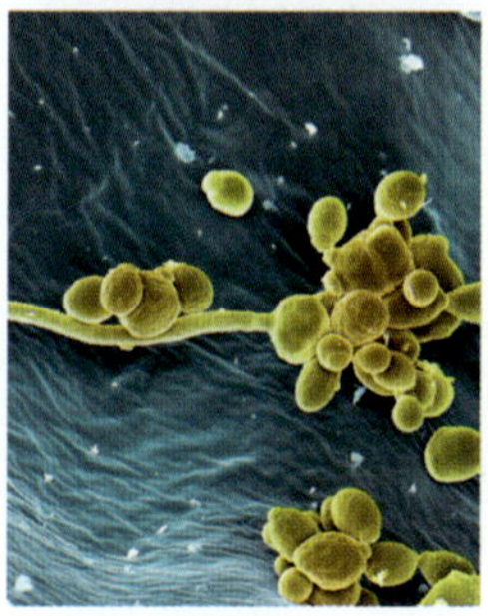

Les champignons microscopiques : les levures sont unicellulaires et les moisissures pluricellulaires. Ex. de levure : candida albicans.

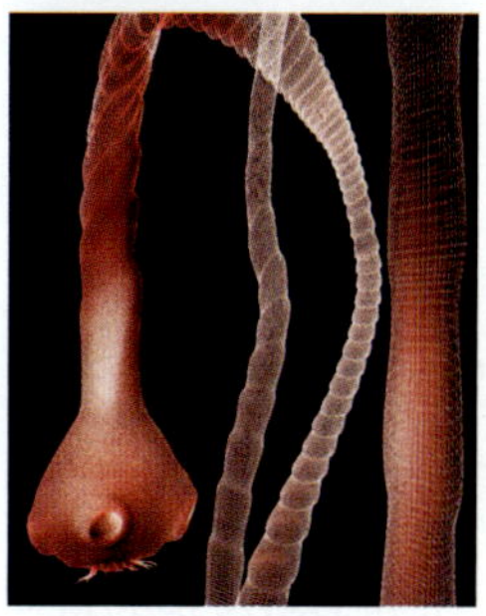

Les endoparasites : vivant aux dépens d'un autre organisme, ils peuvent être unicellulaires comme les protozoaires ou pluricellulaires comme les helminthes, vers intestinaux. Ex. : ténia.

Les prions ou agents transmissibles non conventionnels (ATNC) : ce sont des protéines responsables de maladies dégénératives du système nerveux central chez l'homme et les animaux.

DOC. 14 Définition officielle des agents biologiques

En santé au travail, la notion « d'agents biologiques » est définie réglementairement au niveau européen comme : les micro-organismes (bactéries, virus, champignons, protozoaires) y compris les micro-organismes génétiquement modifiés ; les prions ou agents transmissibles non conventionnels (ATNC) ; les endoparasites humains [amibes, vers intestinaux…] ; les cultures cellulaires ; susceptibles de provoquer une infection, une allergie ou une intoxication. […] Le potentiel cancérogène de certains agents biologiques est également pris en compte […].

© INRS, Brochure ED 6034 « Les risques biologiques en milieu professionnel », juin 2014.

COMPRENDRE & ANALYSER

1. Indiquer, à l'aide du doc. 13, la nature essentielle des agents biologiques et préciser s'ils sont toujours dangereux.
2. Relever, dans le doc. 14, quelles sont les catégories d'agents biologiques concernant la santé au travail.

- Tous les agents biologiques ne constituent pas un danger ; il existe une classification officielle qui définit le niveau de dangerosité pour chacun d'eux.
- Un certain nombre d'activités sont officiellement reconnues comme des **situations dangereuses** exposant au risque biologique. Elles sont généralement classées en quatre catégories :
  – travaux au contact d'humains ou de produits d'origine humaine ;
  – travaux au contact d'animaux ou de leurs produits ;
  – industries et laboratoire agroalimentaires ;
  – assainissement et maintenance.
- Le contact avec les micro-organismes peut résulter d'une **utilisation délibérée** ou d'une **exposition potentielle**.

DOC. 15 Classification des agents biologiques pour le risque infectieux

Groupes	1	2	3	4
Pathogénicité chez l'homme	Non	Oui	Oui	Oui
Danger pour les travailleurs		Oui	Oui	Oui
Propagation dans la collectivité		Peu probable	Possible	Risque élevé
Prophylaxie et/ou traitement efficace		Oui	Oui	Non
Exemples de micro-organismes appartenant à ces groupes	Vaccins	Bacille tétanique	Virus du sida Virus de la rage	Virus Ebola

© INRS, « Les risques biologiques en milieu professionnel », ED 6034, juin 2014.

DOC. 16 Utilisation délibérée et exposition potentielle

On parle d'utilisation délibérée (voulue) lorsque l'on utilise des agents biologiques dans un procédé industriel, par exemple dans les biotechnologies (fabrication de médicaments…).

Depuis quelques années, on utilise aussi, de manière délibérée, des agents biologiques pour assurer la dépollution (traitement des marées noires) ou pour le nettoyage industriel (fontaines de dégraissage).

On parle d'exposition potentielle (possible) lorsque les agents biologiques ne font pas partie du procédé industriel mais l'accompagnent, soit du fait de l'activité elle-même (métiers de santé, du traitement de l'eau ou des déchets…), soit du fait des caractéristiques de l'activité apportant chaleur, humidité et présence de nutriments qui favorisent l'installation et le développement d'agents biologiques (papeteries, industries du coton…).

© INRS, « Les risques biologiques en milieu professionnel », ED 6034, juin 2014.

COMPRENDRE & ANALYSER

1. Indiquer, à l'aide des informations de la page, dans quel secteur d'activité exposé se situe votre activité professionnelle.
2. Décrire une situation dangereuse de votre secteur professionnel vous exposant à des agents biologiques ; s'aider au besoin du doc. 15.
3. Indiquer, à l'aide du doc. 16, si le contact avec des agents biologiques au cours de votre activité professionnelle est dû à une utilisation délibérée ou à une exposition potentielle ; justifier la réponse donnée.

- Toute maladie infectieuse se propage selon le même schéma représenté par la chaîne de transmission constituée de cinq maillons :

  1. **Le réservoir** : personne malade (hépatite, SIDA...), animal malade (rage, grippe aviaire…), terre (tétanos), eau, etc.
  2. **Les portes de sortie** : pour qu'il y ait exposition, il faut que les agents biologiques puissent sortir du réservoir (toux, urine, sang…).
  3. **La transmission** : elle peut se faire par contact direct (morsure d'animal, par les mains…) ou par contact indirect (voie aérienne ou par l'eau, par exemple).
  4. **Les portes d'entrée ou voies de pénétration** : outre la voie respiratoire, il y a la voie sanguine (plaie), la voie cutanée (peau), la voie digestive (main non lavée portée à la bouche), etc.
  5. **L'hôte potentiel ou récepteur** : c'est l'individu (ici, le travailleur) qui se trouve au bout de la chaîne de transmission. Il va être contaminé et pourra développer la maladie si l'exposition est suffisamment importante et s'il n'est pas protégé.

  La mise en œuvre d'une prévention méthodique se fera en agissant au niveau des cinq maillons de la chaîne de transmission.

DOC. 17 **Chaîne épidémiologique de la leptospirose**

DOC. 18 **L'événement dangereux dans la chaîne épidémiologique**

La pénétration des micro-organismes dans l'organisme peut se faire par différentes voies.

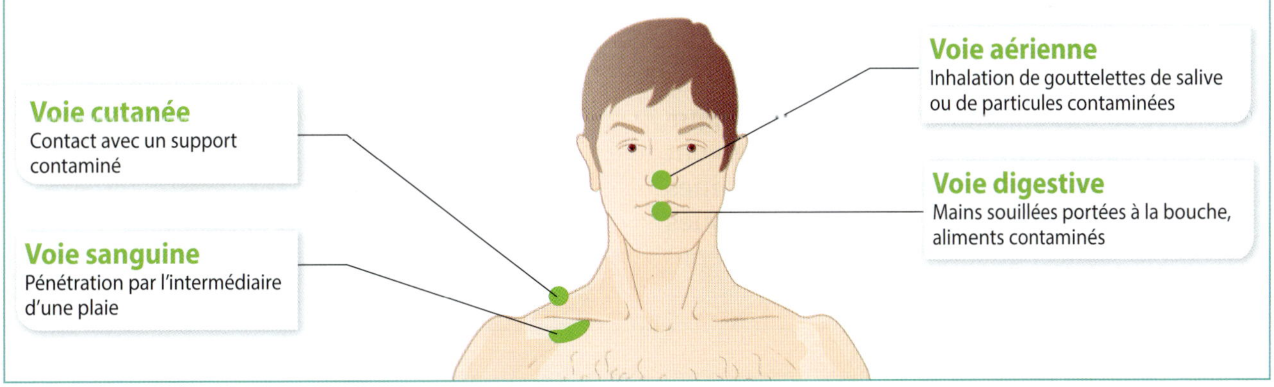

COMPRENDRE & ANALYSER

1. Retrouver, pour l'agent biologique auquel vous êtes particulièrement exposé(e) au cours de votre activité professionnelle, les différents maillons de la chaîne de transmission. S'aider des informations de la page et du doc. 17.
2. Indiquer, pour l'agent biologique auquel vous êtes particulièrement exposé(e), une possibilité d'événement dangereux. S'aider du doc. 18.

■ **Les dommages** : maladies infectieuses, intoxication, allergie ou cancer sont les principales pathologies résultant du risque infectieux. Ainsi vingt-quatre maladies professionnelles sont provoquées par des agents biologiques parmi lesquelles 21 résultent du risque infectieux (ex. : tétanos professionnel), 2 résultent du risque immuno-allergique (ex. : rhinites et asthmes) et 1 résulte du risque toxinique : affection respiratoire liée à l'inhalation de poussières textiles végétales.

DOC. 19 Les dommages causés par les agents biologiques

❶ **L'infection (ou maladie infectieuse)** : elle est due à la pénétration et à la multiplication de micro-organismes dans le corps. Sa gravité dépend de la nature de l'agent infectieux, des perturbations qu'il entraîne (fièvre, douleur…) ainsi que des organes qu'il atteint. Le système immunitaire est chargé de le neutraliser.

❷ **L'intoxication :** elle résulte de l'action dans l'organisme de toxines (ou poisons) sécrétées par des bactéries ou présentes dans le corps bactérien, ou bien encore sécrétées par des moisissures (mycotoxines).
On parle aussi d'intoxination.

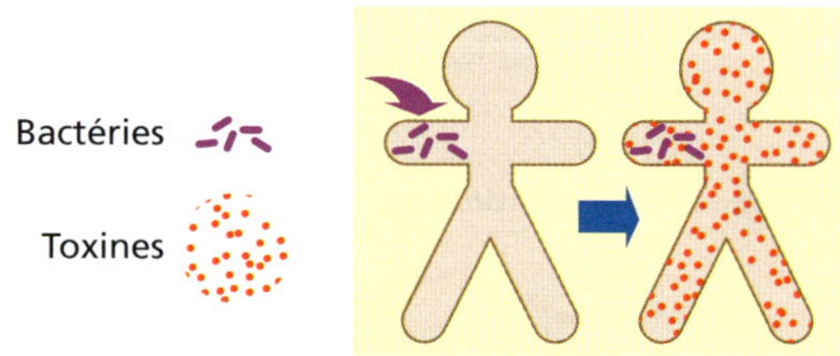

❸ **L'allergie :** les allergies ou réactions d'hypersensibilité sont dues à une réaction immunitaire excessive provoquée par un allergène pouvant provenir d'un agent biologique ; le seuil de déclenchement de ces effets est très variable d'un individu à l'autre. L'allergie ne se manifeste qu'au deuxième contact avec l'allergène.

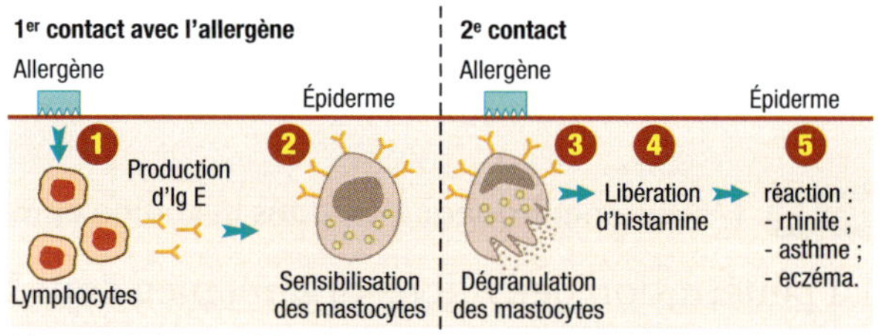

Légende : Ig E : immunoglobulines E ; lymphocytes et mastocytes : cellules sanguines.

❹ **Le cancer :** un cancer est une tumeur maligne formée par la multiplication anarchique de cellules. Certaines mycotoxines peuvent entraîner des cancers, de même que certaines infections lorsqu'elles deviennent chroniques (exemple : cancer du foie dans le cas de l'hépatite B ou C).

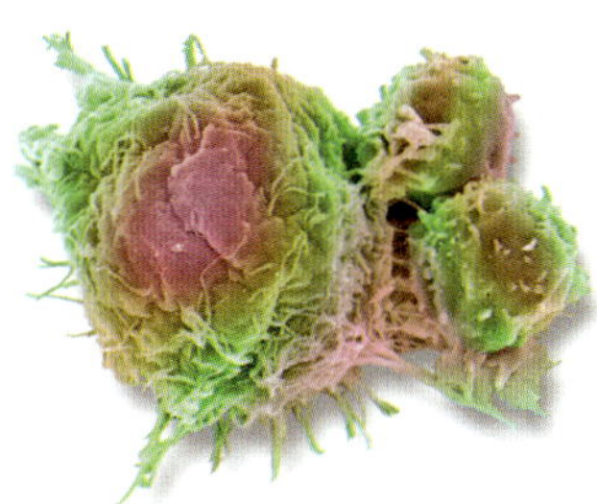

COMPRENDRE & ANALYSER

1. Citer, à l'aide du doc. 19, les quatre types de dommages pouvant être provoqués par les agents biologiques.
2. Expliquer pourquoi les micro-organismes restent le principal agent biologique constituant un danger ; donner deux raisons.
3. Indiquer, à l'aide de ses connaissances, les maladies professionnelles liées au risque biologique qui menacent particulièrement votre secteur professionnel.

■ **Des mesures de prévention** adaptées au secteur professionnel existent et sont catégorisées par niveau. En voici des exemples.

		Mesures préventives contre le risque biologique
NIVEAU 1 **Prévention intrinsèque** *Action sur les réservoirs, les portes de sortie*		• Substitution des agents biologiques dangereux. • Dépistage et traitement des malades et des porteurs sains. • Traitement des déjections animales.
NIVEAU 2 **Protection**	**collective** *Action sur la transmission*	• Traitement de l'air pour éviter l'aérocontamination. • Désinsectisation, dératisation.
	individuelle *Action sur la porte d'entrée*	• Tenue de travail protectrice : masque, gants. • Interdiction de manger sur les lieux de travail. • Désinfection des plaies, même bénignes. • Comportements : main non portée à la bouche, lavage des mains, solutions hydro-alcooliques.
NIVEAU 3 **Instructions** (formation – information) *Action sur l'hôte*		• Vaccins réglementaires. • Poste de travail avec la procédure à suivre : – en cas de manipulation d'agents biologiques dangereux ; – en cas de contamination ; – pour la collecte, le tri et l'évacuation des déchets biologiques.

COMPRENDRE & ANALYSER

• Indiquer pour votre secteur professionnel des mesures de prévention contre le risque biologique. S'aider de ses connaissances et du site www.bossons-fute.fr (fiches de dangers liés au risque biologique et fiche de métier concernant votre secteur professionnel).

Retenir l'essentiel

LE PAD

■ **Danger** : agents biologiques.

■ **Situation dangereuse** : travailler en présence d'agents biologiques dangereux.

■ **Événement dangereux** : pénétration dans l'organisme de l'agent biologique.

■ **Dommages** : dommages spécifiques selon l'agent biologique.

COMPLÉTER LA SYNTHÈSE

→ lienmini.fr/pse628-syn20

VÉRIFIER LES ACQUIS QCM

→ lienmini.fr/pse628-qcm20

APPROFONDIR VIDÉO

→ lienmini.fr/pse628-vid16

4 Le risque lié à l'ambiance thermique

- Le **confort thermique** résulte de plusieurs facteurs :
  - la **température de l'air** : plus l'activité physique est élevée, plus la température ambiante du local doit être basse. On recommande 21 à 23 °C pour un travail de bureau et 15 à 16 °C pour un travail physique intense.
  - l'**humidité** : pour ces températures, l'humidité relative de confort est de 40 à 60 %. Une humidité excessive empêche l'évaporation de la transpiration mais une humidité insuffisante est irritante pour les voies respiratoires.
  - la **température des parois** : leur rayonnement influe sur la température ressentie.
  - la **vitesse de l'air** : elle rafraîchit lorsque la température est élevée et elle refroidit lorsque la température est basse (courant d'air). La circulation de l'air favorise l'évaporation de la transpiration et l'élimination de la chaleur par convection. On préconise de 0,1 à 0,2 m/s pour le travail sédentaire et de 0,2 à 0,5 m/s pour le travail physique.
  - l'**habillement** : il permet de réguler le confort thermique de chacun.
  - le **métabolisme** : chacun a un ressenti différent de l'ambiance thermique.
- On est en état de confort thermique lorsqu'on ne perçoit ni sensation de froid ni sensation de chaud ; il s'agit donc d'une sensation subjective de bien-être.
- On peut considérer comme **situation dangereuse** le fait de travailler sans confort thermique. Le travail au chaud ou au froid n'a pas de définition réglementaire. Toutefois :
  - **le travail à des températures < 10 °C** peut être considéré comme du travail au froid, car il génère des risques de bilan thermique négatif pour l'organisme et de possibles dommages ;
  - **le travail à des températures > 30 °C** pour une activité sédentaire et 28 °C pour un travail nécessitant une activité physique peut être considéré comme du travail à la chaleur, car il génère des risques de bilan thermique positif pour l'organisme.

DOC. 20 Paramètres du confort thermique

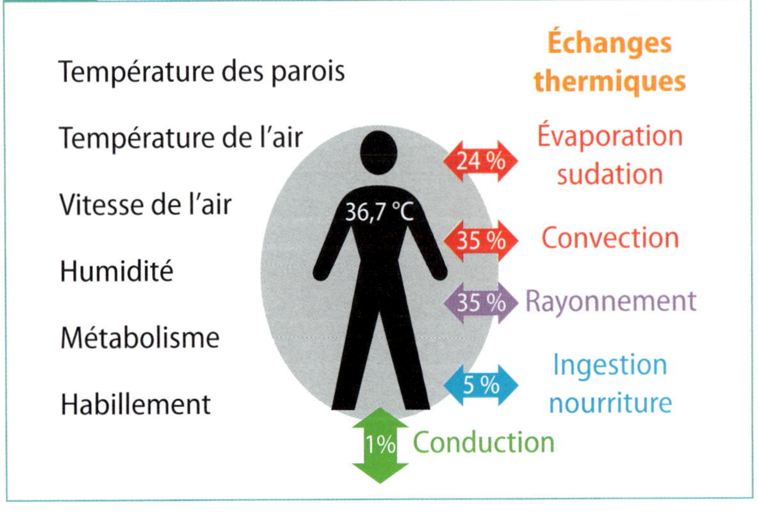

COMPRENDRE & ANALYSER

1. Indiquer, pour votre secteur d'activité, le danger et une situation dangereuse dans le cadre du risque thermique.
2. Définir le confort thermique.
3. Citer, à l'aide du doc. 20, les paramètres qui influent sur le confort thermique.
4. Justifier l'importance de la température des parois dans le confort thermique.

La **thermorégulation** est l'ensemble des processus qui permettent à l'homme de maintenir sa température corporelle centrale constante à 37 °C et ce, malgré les variations de la température extérieure. Les températures trop chaudes ou trop froides constituent un danger lorsque les capacités d'adaptation de l'organisme sont dépassées.

DOC. 21 **Mécanisme de la thermorégulation**

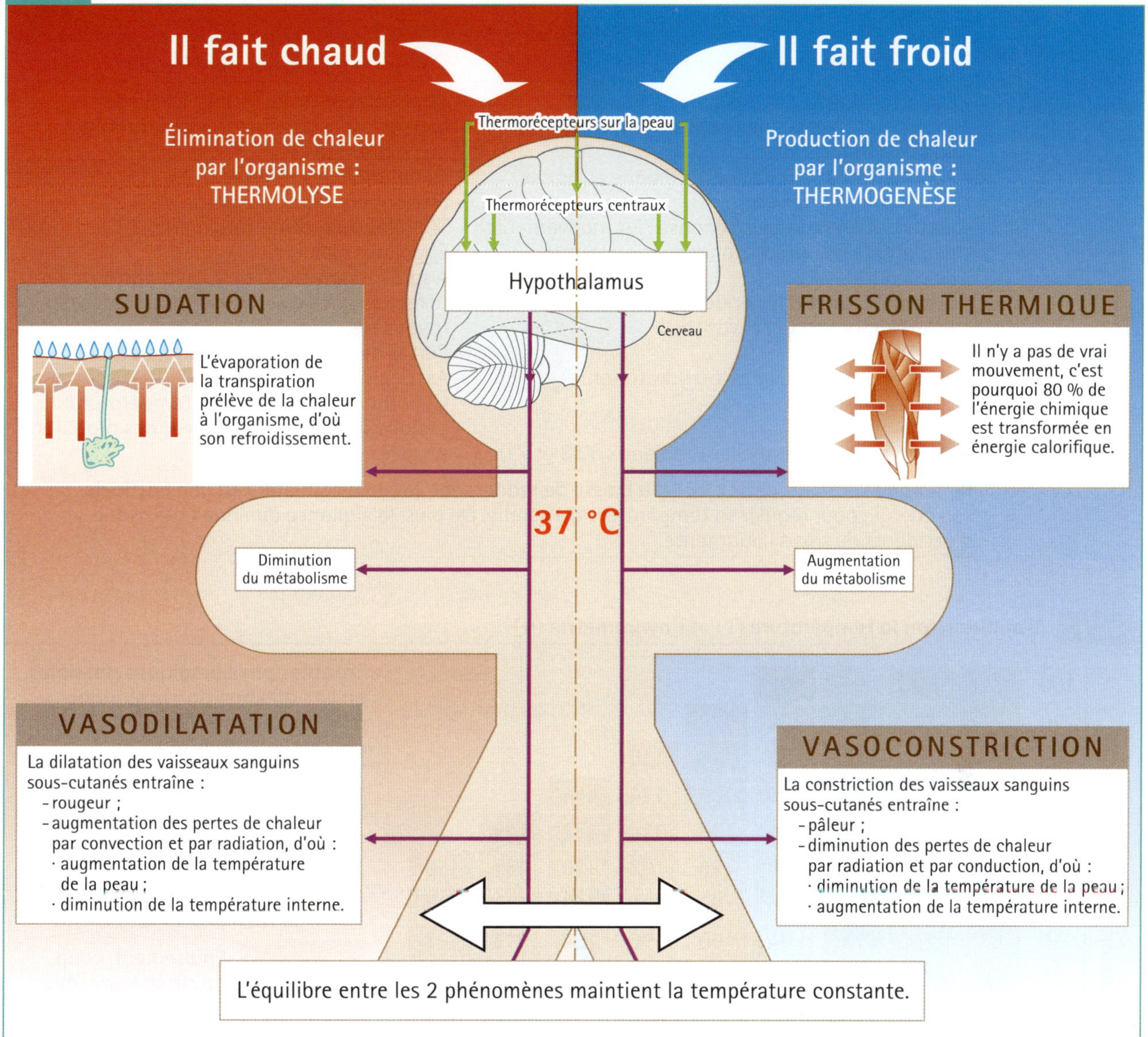

COMPRENDRE & ANALYSER

1. Indiquer la particularité de la température interne du corps.
2. Nommer, à l'aide du doc. 21, le mécanisme qui intervient dans cette régulation puis l'organe qui la commande.
3. Identifier, dans le doc. 21, deux réactions de l'organisme que vous pouvez observer lors de votre activité professionnelle et préciser leur effet sur l'organisme.
4. Préciser dans quelles circonstances l'ambiance thermique constitue un danger.

■ **L'événement dangereux** : outre l'inconfort qu'elle génère, l'exposition répétée et prolongée à des ambiances thermiques chaudes ou froides au travail peut provoquer des dysfonctionnements de l'organisme et des maladies ou l'aggravation des maladies existantes. Cela montre que la thermorégulation ne fonctionne pas correctement ou qu'elle est trop sollicitée. L'âge, l'obésité, certains traitements ou la consommation d'alcool augmentent la sensibilité aux atmosphères chaudes ou froides.

Dommages liés au travail :	
en atmosphère chaude	**en atmosphère froide**
– Élévation de la T superficielle de la peau. – Transpiration excessive pouvant entraîner une déshydratation. – Augmentation du rythme cardiaque et baisse de la tension artérielle. – Perturbations stimulus/réponse : les mouvements perdent de leur précision (risques en termes de sécurité). – Œdème des chevilles et des pieds. – Insuffisance veineuse (varices). – Coup de chaleur. – Accidents généraux de déshydratation. – État d'épuisement. – Syncope de chaleur. – Maladies professionnelles (Tableaux n°58 et 71).	– Abaissement de la T superficielle de la peau : sensation de froid, notamment aux extrémités. – Diminution des réflexes. – Frissons continus, crampes. – Troubles du rythme cardiaque. – Engelures, gelures. – Aggravation des affections rhumatismales. – Affections des voies respiratoires et TMS favorisées. – Pertes de mémoire, confusion mentale. – Assoupissement. – Hypothermie (baisse de la température). – Lésions si contact répété avec des produits surgelés.
Remarque : dans les deux cas, il y a baisse de rendement, le travailleur utilisant une partie de son énergie pour réguler sa température corporelle. De plus, la vigilance diminue et le risque d'accidents du travail augmente.	

DOC. 22 Troubles selon la température (T) et l'hygrométrie (φ)

Humidité relative de l'air (%) \ Température de l'air (°C, à l'ombre)	21	23,9	26,6	29,4	32,2	35	37,8	40,6	43,3
100	72	80	91	108					
90	71	79	88	102	122				
80	71	78	86	97	113	136			
70	70	77	85	93	106	124	144		
60	70	76	82	90	100	114	132	149	
50	69	75	81	88	96	107	120	135	150
40	68	74	79	86	93	101	110	123	137
30	67	73	78	84	90	96	104	113	123
20	66	72	77	82	87	93	99	105	112
10	65	70	75	80	85	90	95	100	105
0	64	69	73	78	83	87	91	95	99

Troubles physiologiques possibles en cas d'exposition prolongée à la chaleur avec/sans une activité physique.

80 à 90	Fatigue
90 à 104	Coup de soleil*, crampes musculaires et épuisement physique
105 à 129	Épuisement, coup de chaleur possible
130 et plus	Risque élevé de coup de chaleur/coup de soleil*

* Consécutif à une exposition au soleil (rayonnements ultraviolets).

COMPRENDRE & ANALYSER

1. Indiquer, à l'aide du doc. 22, les deux paramètres qui conditionnent la gravité des dommages liés à une atmosphère chaude.
2. Citer deux raisons pour lesquelles les risques d'accidents du travail augmentent en atmosphères chaude et froide.

■ **Des mesures de prévention** adaptées au secteur professionnel existent et sont catégorisées par niveau. En voici des exemples.

		Mesures préventives contre les ambiances	
		froide	**chaude**
NIVEAU 1 Prévention intrinsèque		• Limitation de la circulation extérieure en cas d'intempéries.	• Automatisation des tâches. • Climatisation.
NIVEAU 2 Protection	**collective**	• Chambres frigorifiques avec ouverture intérieure. • Suppression des courants d'air. • Pauses fréquentes en locaux tempérés et boissons chaudes.	• Isolation thermique des locaux. • Rafraîchissement d'ambiance. • Pauses en ambiance rafraîchie, aménagement d'horaires.
	individuelle	• Trois couches de vêtements dont vêtement isolant. • EPI isolants.	• Pauses, sieste, décalage des heures de travail. • Réhydratation avec prise de sel.
NIVEAU 3 Instructions (formation – information)		• Information sur les risques liés au froid, les signes d'alarme et les consignes de sécurité. • Surveillance technologique pour un salarié travaillant seul dans une enceinte froide.	• Information sur l'hygiène alimentaire, sur l'hygiène vestimentaire. • Aménagement d'horaires : commencer tôt, prévoir des pauses l'après-midi.

COMPRENDRE & ANALYSER

• Indiquer pour votre secteur professionnel des mesures de prévention contre le risque lié à l'ambiance thermique. S'aider de ses connaissances et du site www.bossons-fute.fr (fiches de dangers liés au risque physique qui inclut le risque températures extrêmes et fiche de métier concernant votre secteur professionnel).

Retenir l'essentiel

LE PAD

■ **Danger** : ambiance chaude, ambiance froide.

■ **Situation dangereuse** : travailler à la chaleur, travailler au froid.

■ **Événement dangereux** : exposition quotidienne aux ambiances thermiques extrêmes.

■ **Dommages** : dommages dus à la chaleur, dommages dus au froid.

COMPLÉTER LA SYNTHÈSE
→ lienmini.fr/pse628-syn21

QCM **VÉRIFIER LES ACQUIS**
→ lienmini.fr/pse628-qcm21

VIDÉO **APPROFONDIR**
→ lienmini.fr/pse628-vid17

5 Le risque lié à l'ambiance lumineuse

- Le rayonnement lumineux visible est un rayonnement électromagnétique dont la longueur d'onde est comprise entre celle des ultraviolets et des infrarouges.
Les rayons solaires produisent de la lumière naturelle. Différents types de lampes, fluo-compactes, halogènes ou à LED sont utilisées pour produire de la lumière dite artificielle.

- Diverses unités permettent de quantifier lumière et éclairage :

– le **flux lumineux**, la **luminance** et l'**éclairement** ;

– le **contraste** : c'est la façon dont l'objet est vu par rapport à la surface. S'il est trop faible, on ne voit pas bien la différence et s'il est trop élevé, l'œil peut se fatiguer ;

– l'**indice de rendu des couleurs** (IRC) : il est de 100 % (rendu idéal) lorsque l'objet est éclairé par une lumière semblable à celle du soleil qui est constituée des 7 couleurs. Lorsque la lumière est différente, le rendu des couleurs est mauvais et l'indice inférieur.

DOC. 23 Unités spécifiques à la lumière

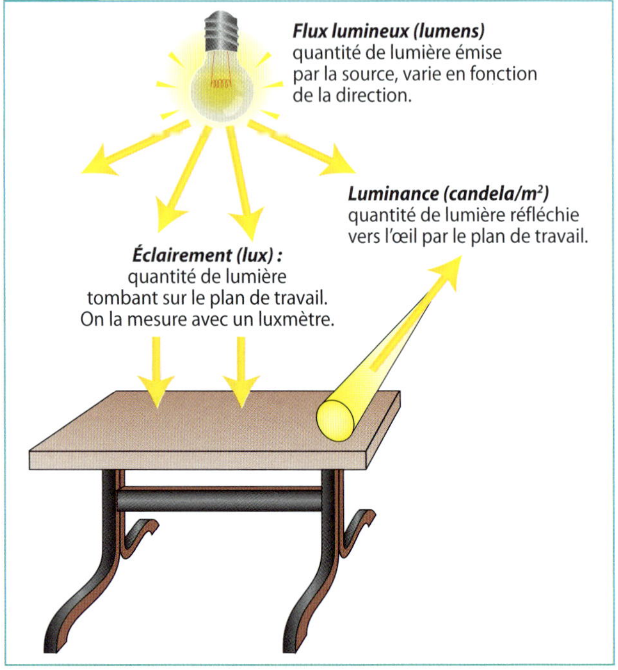

DOC. 24 Différents types d'éclairage

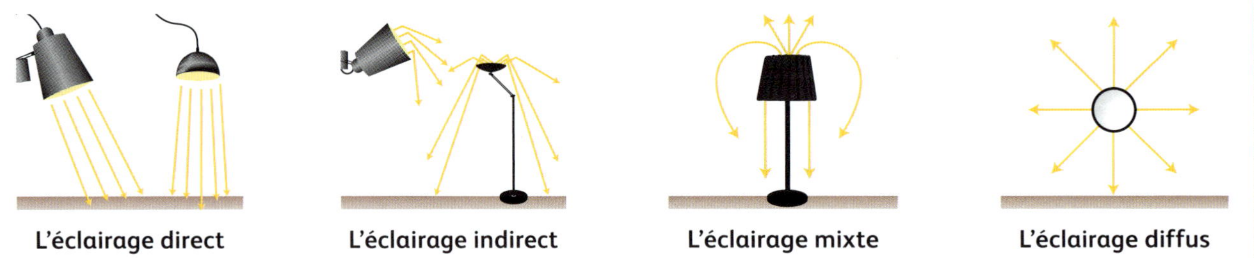

COMPRENDRE & ANALYSER

1. Définir, à l'aide de ses connaissances, la lumière naturelle et la lumière artificielle, l'éclairage naturel et l'éclairage artificiel.
2. Indiquer, à l'aide du doc. 23, l'importance, lors de l'achat d'une lampe, du nombre de lumens émis par celle-ci.
3. Citer, à l'aide du doc. 24, les quatre différents types d'éclairage.
4. Rechercher, à l'aide du site http://conseils-thermiques.org (lienmini.fr/pse628-18), pour une ampoule de 40 W, quel est le type d'ampoule qui a le rendement lumineux le plus élevé, quelle est l'ampoule la plus chère, quelle est l'ampoule qui a la plus longue durée de vie.

■ **Les dommages** résultant de mauvaises conditions d'éclairage varient selon la qualité et la quantité de lumière diffusée, la sensibilité de chaque travailleur et le type d'activité réalisée (travail minutieux, travail sur écran…).

■ Un **éclairage inadapté** génère dans un premier temps de la fatigue :
- **oculaire** : l'œil doit fournir des efforts, soit pour distinguer des détails, soit pour se protéger des éblouissements. Cette fatigue se traduit par des rougeurs, des picotements, des maux de tête ;
- **intellectuelle** : des efforts supplémentaires sont nécessaires pour comprendre et analyser les images moins précises reçues par le cerveau ;
- **physique** : les postures parfois nécessaires à la vision peuvent générer des contractures, des douleurs (nuque) et générer à long terme des TMS.

■ L'exposition régulière à un éclairage inadapté peut entraîner :
- une baisse de l'acuité visuelle (pouvoir de séparation des objets) ;
- une diminution du champ visuel (angle de vision) ;
- une baisse de la vision du relief et de la vision des couleurs.

■ De ce fait, les éclairages insuffisants, trop puissants ou éblouissants sont des sources potentielles d'accidents du travail ; des informations mal perçues peuvent être à l'origine d'erreurs, des obstacles non repérés peuvent provoquer des chutes.
Le travail sur écran génère de la fatigue visuelle et révèle et accentue des anomalies de la vision passées auparavant inaperçues.

DOC. 25 Description et fonctionnement de l'œil

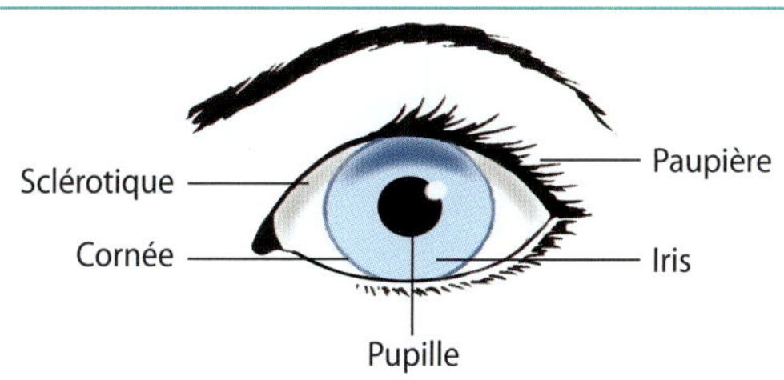

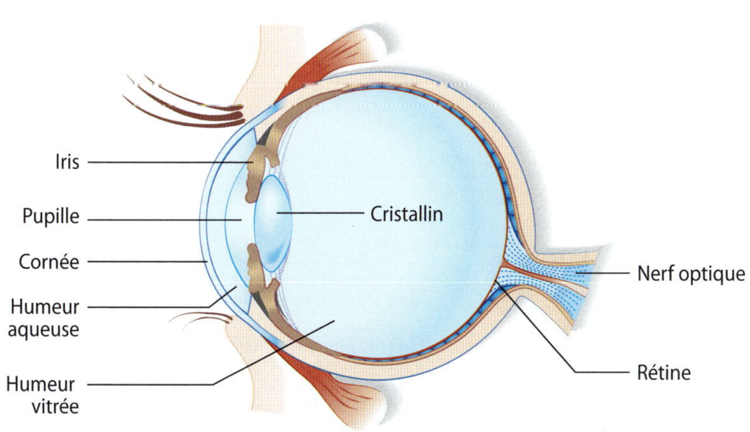

Au centre de l'iris, l'orifice de la pupille change de diamètre pour régler la quantité de lumière qui pénètre dans l'œil. Derrière la pupille, le cristallin, lentille biconvexe élastique et déformable, modifie sa courbure selon que l'objet est plus ou moins rapproché (accommodation), et renvoie l'image, à l'envers, sur la rétine au fond de l'œil. Celle-ci comporte les cellules visuelles contenant des pigments. Sous l'action de la lumière, des réactions chimiques les transforment en influx nerveux que le nerf optique, prolongement de ces cellules, transmet à l'aire visuelle du cerveau qui décrypte l'image reçue à l'envers.

COMPRENDRE & ANALYSER

1. Expliquer, à l'aide du doc. 25, le rôle de la rétine dans le mécanisme de la vision.
2. Indiquer les effets d'un éclairage inadapté sur la vision, à court terme et à long terme.

■ L'absence de confort visuel est la **situation dangereuse**. On peut définir le confort visuel comme un environnement qui permet d'accomplir sans gêne ni fatigue l'activité visuelle nécessaire à la réalisation d'une tâche (ex. : travail sur ordinateur).

■ Pour un **bon confort visuel**, il faut :
– **assurer un éclairement suffisant** : le niveau d'éclairement est fixé par le Code du travail en fonction du type de tâches à effectuer (par exemple, 200 lux pour un travail de bureau, 400 lux pour de la mécanique fine ou de la couture, 600 lux pour la mécanique de précision et l'électronique…) ;
– **éviter l'éblouissement direct** (source lumineuse dans le champ visuel) **ou indirect** (réflexion sur objets ou surfaces). Il résulte d'une luminance excessive ;
– **éviter des contrastes trop importants dans le champ visuel** : le contraste est le résultat d'une différence de luminance émise par deux surfaces ; un bon contraste est nécessaire entre ce qui est à percevoir et le fond. Toutefois, un contraste trop élevé diminue l'efficacité de la vision et provoque une fatigue ;
– **assurer un rendu des couleurs compatible avec la tâche à accomplir** : le rendu des couleurs varie en fonction des lampes choisies ; certains secteurs professionnels (peinture) nécessitent un éclairage assurant un excellent rendu des couleurs.

Remarque : quand la différence d'éclairement représente un contraste trop important, l'accommodation n'a pas le temps de se faire et l'on est soit ébloui, soit aveuglé ; ce phénomène est à l'origine de chutes, de collisions, etc.

DOC. 26 Le confort visuel

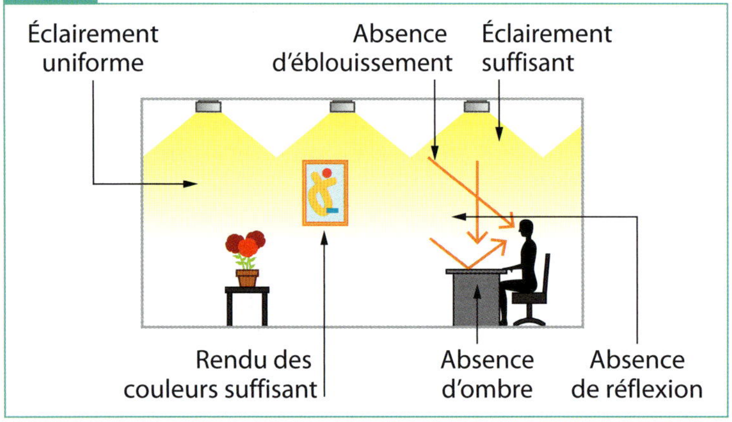

COMPRENDRE & ANALYSER

1. Indiquer, à l'aide du doc. 26, des situations d'éclairage qui constituent des situations dangereuses.
2. Expliquer pourquoi l'absence de confort visuel constitue une situation dangereuse.

DOC. 27 Éclairage fonctionnel du poste de travail sur écran

© Guide-vue.fr

■ **Des mesures de prévention** adaptées au secteur professionnel existent et sont catégorisées par niveau. En voici des exemples.

		Mesures préventives contre le risque lié à l'ambiance lumineuse
NIVEAU 1 **Prévention intrinsèque**		• Concevoir, dès l'aménagement de la pièce, des éclairages adaptés à la situation de travail. • Favoriser l'éclairage naturel.
NIVEAU 2 **Protection**	**collective**	• Intégrer l'éclairage et éclairer convenablement les équipements de travail chaque fois que possible. • Adapter l'éclairage à l'environnement de travail afin d'éviter la fatigue visuelle : – par une lumière naturelle suffisante ; – par un éclairage artificiel suffisant selon la tâche ; – par une protection contre le rayonnement solaire direct ; – par un éclairage adapté pour un bon rendu des couleurs, pour éviter les éblouissements. • Assurer l'entretien régulier du matériel d'éclairage.
	individuelle	• Écran adapté, bien orienté pour le travail administratif avec un niveau d'éclairement adapté à la tâche et à l'opérateur. • Équipement de protection individuelle adapté : lunettes pour le soudage par exemple, vêtements réfléchissants en cas de travail nocturne.
NIVEAU 3 **Instructions** (formation – information)		• Formation à la sécurité relative à l'exécution de la tâche.

COMPRENDRE & ANALYSER

• Indiquer pour votre secteur professionnel des mesures de prévention contre le risque lié à l'ambiance lumineuse. S'aider de ses connaissances, du doc. 27 et du site www.bossons-fute.fr (fiches de dangers liés au risque conditions de travail qui inclut le risque éclairage – ambiances lumineuses et fiche de métier concernant votre secteur professionnel).

Retenir l'essentiel

LE PAD

■ **Danger** : ambiance lumineuse inadaptée.

■ **Situation dangereuse** : travailler dans une ambiance lumineuse inadaptée.

■ **Événement dangereux** : exposition prolongée à une ambiance lumineuse inadaptée.

■ **Dommages** : fatigue visuelle, maux de tête, chutes…

COMPLÉTER LA SYNTHÈSE
→ lienmini.fr/pse628-syn22

VÉRIFIER LES ACQUIS QCM
→ lienmini.fr/pse628-qcm22

APPROFONDIR VIDÉO
→ lienmini.fr/pse628-vid18

S'entraîner
en mobilisant la démarche d'approche par le risque

SITUATION

Alexandre, 17 ans, élève en bac pro Commerce, effectue une période de formation en milieu professionnel dans un hypermarché. Sa journée de travail débute dans l'entrepôt du magasin par l'ouverture des cartons livrés à l'aide d'un cutter afin de vérifier la conformité des livraisons. Il faut travailler vite et il ne possède aucun équipement de protection individuelle.

1 Analyser la situation

1. Nommer le risque professionnel auquel est exposé l'opérateur dans cette situation.
2. Expliquer pourquoi Alexandre est aussi exposé au risque infectieux.
3. Justifier pourquoi il est souhaitable qu'Alexandre soit vacciné contre le tétanos.

2 Appliquer l'approche par le risque à la situation

Étape 1 : analyser les risques d'atteinte à la santé

- Définir les limites de la situation de travail :
  - Qui est l'opérateur ?
  - Quelle est la tâche réalisée ?
  - Quel est le lieu ?
- Identifier le danger, la situation dangereuse, l'événement dangereux, les dommages potentiels.
- Mettre en relation les éléments ci-dessus à l'aide du schéma de principe d'apparition du dommage (PAD). Reproduire et compléter celui-ci.

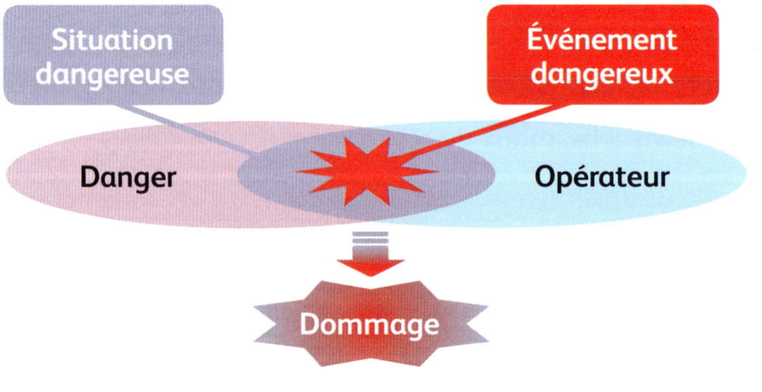

Étape 2 : Évaluer les risques d'atteinte à la santé

Indiquer à l'aide du graphique ci-dessous et en utilisant, au besoin, les critères d'estimation du **rabat n°3** de l'ouvrage :
– la gravité du dommage encouru ;
– la probabilité d'apparition du dommage ;
– le degré de nécessité de la réduction du risque.

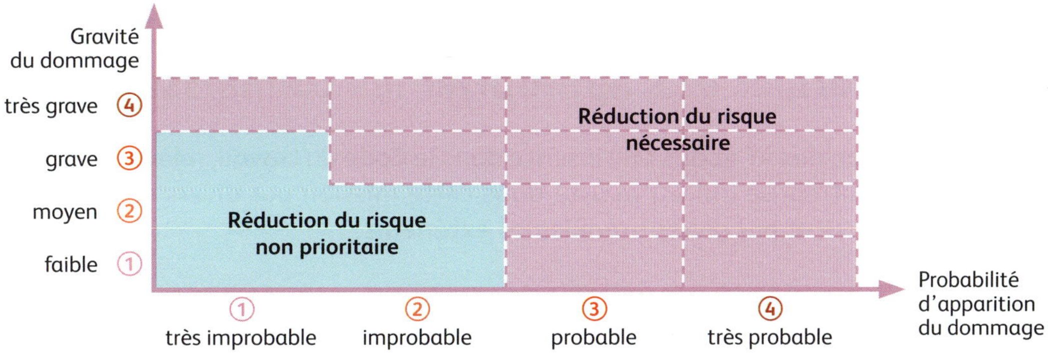

Étape 3 : proposer des mesures de prévention adaptées en les hiérarchisant selon les trois niveaux

Niveau 1 Prévention intrinsèque	**Niveau 2** Protection collective et/ou individuelle	**Niveau 3** Information et/ou formation du personnel

SITUATION

(suite) Au cours de son activité, Alexandre est amené à ranger des produits dans les chambres froides à + 3 °C, dans lesquelles il passe plus d'une heure chaque matin sans que l'entreprise lui ait fourni des EPI adaptés. Il doit ensuite faire de la saisie de stocks dans l'entrepôt et passe plus de deux heures à travailler sur ordinateur. De la lumière se reflète sur l'écran de celui-ci et la lecture est difficile, le bureau et le clavier sont mal éclairés. Il remarque de plus que le fil électrique de l'imprimante est dénudé et proche des pieds métalliques du bureau sur lequel est posé l'ordinateur.

1. Nommer les trois autres risques professionnels auxquels est exposé Alexandre.
2. Indiquer l'intérêt de la démarche d'approche par le risque qui pourrait être mobilisée pour chacun de ces trois risques.
3. Définir le confort visuel et citer trois éléments qui contribuent à celui-ci.
4. Proposer, pour chacun des trois risques identifiés, deux mesures de prévention adaptées.

19 La prévention dans l'entreprise

Objectif : expliquer l'organisation de la prévention au sein de l'entreprise et préciser ses droits et devoirs de salarié en matière de sécurité.

S'informer et s'approprier les connaissances utiles

La prévention des AT et des MP, inscrite dans le Code du travail, relève de la responsabilité du chef d'entreprise qui est assisté dans cette mission par divers interlocuteurs au sein de l'entreprise et par divers organismes extérieurs.

1 Organisation générale de la prévention

- La prévention des risques professionnels est un dispositif qui a pour finalité d'assurer la santé et la sécurité au travail. Il est régi par le Code du travail, qui précise le cadre juridique de la prévention au sein de l'entreprise. Celui-ci explicite notamment les principes généraux de la prévention d'où découle concrètement sa mise en œuvre. Il précise les missions de deux catégories d'acteurs : les organismes de prévention d'une part et les acteurs au sein même de l'entreprise d'autre part, qui œuvrent en étroite collaboration.
- Dans l'entreprise sont concernés en premier lieu l'employeur, mais aussi le salarié compétent, le CHSCT, les délégués du personnel et tout salarié. Les organismes impliqués sont l'inspection du travail, les services de santé au travail interentreprises ou SSTI, la CNAMTS, la CARSAT, des organisations professionnelles et des organismes techniques (INRS, ANACT…).

DOC. 1 Cadre juridique de la prévention et différents acteurs

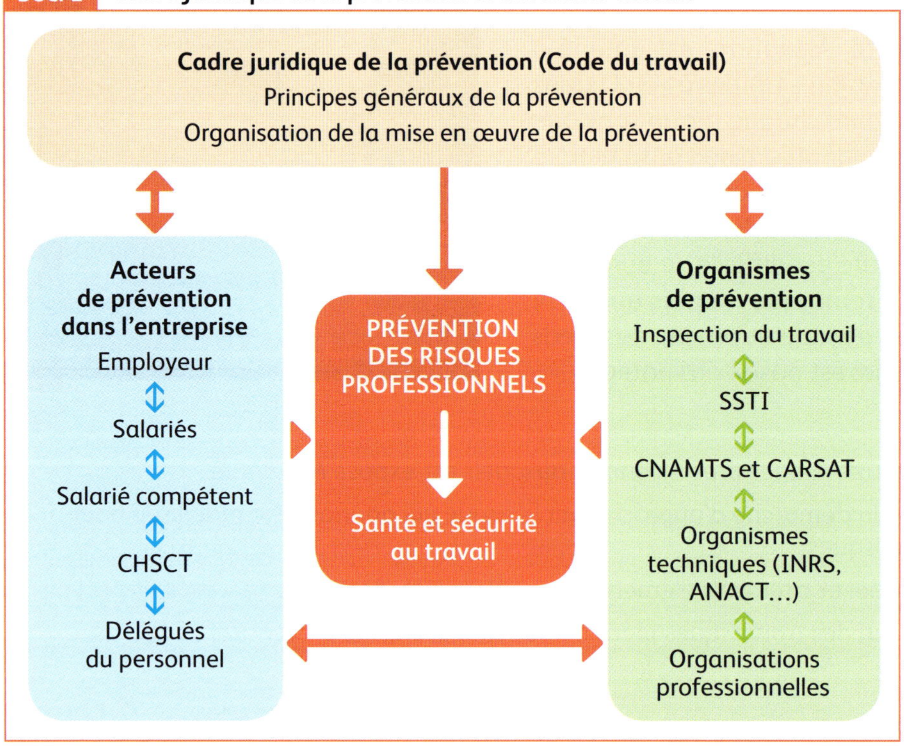

COMPRENDRE & ANALYSER

1. Indiquer la source des textes qui régissent la santé et la sécurité au travail.
2. Citer, à l'aide du doc. 1, les acteurs internes de la prévention dans l'entreprise.
3. Retrouver, à l'aide du doc. 1, les acteurs externes de la prévention.

2 Le cadre juridique de la prévention

- **L'obligation de sécurité pour l'employeur** : tout employeur doit mettre en place un véritable dispositif de management de la sécurité et de la santé au travail, en réponse à son obligation générale de sécurité et santé envers ses salariés imposée par le Code du travail (article L. 4121-1).
  L'employeur doit aussi informer les salariés sur les risques pour leur sécurité et leur santé puisque chaque salarié est acteur de sa propre sécurité (article R. 4141-2 du Code du travail).
  Il a l'obligation de prévenir la pénibilité, et de tracer les expositions professionnelles grâce à la réalisation de fiches d'exposition, ces éléments pouvant être pris en compte dans le cadre du compte personnel de prévention de la pénibilité dont peuvent bénéficier certains salariés.
- **La responsabilité de l'employeur** : la loi désigne donc l'employeur comme responsable de la sécurité dans l'entreprise.
- **Sanctions** : en cas d'accident de travail, l'employeur peut être condamné en justice à indemniser le salarié pour faute inexcusable. Le non-respect de ses obligations par l'employeur peut entraîner des sanctions pénales.
- **L'obligation de sécurité pour le salarié** : il est tenu de respecter les instructions de l'employeur, dans les conditions prévues au règlement intérieur. Ces instructions précisent, en particulier lorsque la nature des risques le justifie, les conditions d'utilisation des équipements de travail, des moyens de protection, des substances et préparations dangereuses. Elles sont adaptées à la nature des tâches à accomplir.
- **La responsabilité du salarié** : chaque salarié est tenu de prendre soin, en fonction de sa formation et selon ses possibilités, de sa santé et de sa sécurité, ainsi que de celles des autres personnes concernées par ses actes ou ses omissions au travail.
- **Sanctions** : en cas de non-respect des consignes, le salarié engage sa responsabilité et une faute grave peut être retenue contre lui.

DOC. 2 **Article L. 4121-1 du Code du travail**

L'employeur prend les mesures nécessaires pour assurer la sécurité et protéger la santé physique et mentale des travailleurs.

Ces mesures comprennent :

1. Des actions de prévention des risques professionnels ;
2. Des actions d'information et de formation ;
3. La mise en place d'une organisation et de moyens adaptés.

L'employeur veille à l'adaptation de ces mesures pour tenir compte du changement des circonstances et tendre à l'amélioration des situations existantes.

COMPRENDRE & ANALYSER

1. Indiquer une obligation de l'employeur et une obligation du salarié en matière de santé et de sécurité au travail. S'aider des informations de la page et du doc. 2.
2. Expliquer à quoi s'exposent un employeur et un salarié qui ne respectent pas l'obligation de sécurité.

■ **Autre droit et devoir** : le Code du travail définit le droit de retrait dont bénéficie chaque salarié en cas de danger grave et imminent ; il précise l'obligation de formation à la sécurité de tous les salariés et plus particulièrement de ceux qui sont vulnérables.

DOC. 3 Le droit de retrait

Article L. 4131-1 : le travailleur alerte immédiatement l'employeur de toute situation dont il a un motif raisonnable de penser qu'elle présente un danger grave et imminent pour sa vie ou sa santé ainsi que de toute défectuosité qu'il constate dans les systèmes de protection.
Il peut se retirer d'une telle situation.
L'employeur ne peut demander au travailleur qui fait usage de son droit de retrait de reprendre une activité dans une situation de travail où persiste un danger grave et imminent résultant notamment d'une défectuosité du système de protection.

© www.legifrance.gouv.fr

DOC. 4 Obligation de formation à la sécurité

Article L. 4141-2 du Code du travail (extrait) : L'employeur organise une formation pratique et appropriée à la sécurité au bénéfice :
1° des travailleurs qu'il embauche ;
2° des travailleurs qui changent de poste de travail ou de technique ;
3° des salariés temporaires [...].

Article L. 4141-3 du Code du travail : L'étendue de l'obligation d'information et de formation à la sécurité varie selon la taille de l'établissement, la nature de son activité, le caractère des risques qui y sont constatés et le type d'emploi des travailleurs.

Article L. 4154-2 du Code du travail (extrait) : Les salariés titulaires d'un contrat de travail à durée déterminée, les salariés temporaires et les stagiaires affectés à des postes de travail présentant des risques particuliers pour leur santé ou leur sécurité bénéficient d'une formation renforcée à la sécurité ainsi que d'un accueil et d'une information adaptés dans l'entreprise dans laquelle ils sont employés.

© www.legifrance.gouv.fr

COMPRENDRE & ANALYSER

1. Définir, à l'aide du doc. 3, le droit de retrait et indiquer dans quel cas le salarié peut en bénéficier.
2. Indiquer, à l'aide du doc. 4, quatre catégories de salariés qui doivent bénéficier d'une formation à la sécurité.
3. Construire un tableau récapitulatif indiquant les droits et devoirs de l'employeur et du salarié en matière de sécurité au travail (un droit et deux devoirs pour l'employeur, deux droits et un devoir pour le salarié). S'aider de la page précédente et des doc. 3 et 4.

■ **Les principes généraux de la prévention** : la prévention des risques professionnels repose sur neuf principes généraux inscrits dans le Code du travail (article L. 4121-2) pour évaluer, anticiper, protéger et informer. Ils guident l'employeur dans la mise en œuvre obligatoire de la prévention dans l'entreprise.

Les neuf principes généraux de la prévention et des exemples de mise en œuvre

1 Éviter les risques
Ex. : le travail de l'opérateur sur cette machine dangereuse a été supprimé ; l'opération de découpe a été entièrement robotisée et est pilotée par ordinateur.

2 Évaluer les risques
Ex. : la nature des risques et leur importance ont été estimées au niveau de chaque secteur pour envisager quelles actions de prévention doivent être prioritairement menées.

3 Combattre les risques à la source
Ex. : le dispositif de ventilation de l'atelier de peinture a été intégré dès la conception du local.

4 Adapter le travail à l'homme
Ex. : la hauteur des plans de travail s'adapte à la taille des salariés, limitant les postures contraignantes. Les postes sont conçus pour limiter les mouvements du dos. L'organisation vise à limiter les gestes répétitifs.

5 Tenir compte de l'évolution de la technique
Ex. : de nouvelles hottes de laboratoires plus performantes garantissent une totale asepsie et isolent totalement le personnel des cultures, ce qui n'est pas le cas des becs Bunsen.

6 Remplacer ce qui est dangereux par ce qui ne l'est pas ou qui l'est moins
Ex. : le solvant volatil hautement toxique utilisé pour dégraisser les pièces a été remplacé par un produit qui ne présente pas ces inconvénients.

7 Planifier la prévention
Ex. : l'entreprise a intégré la prévention dans les postes, dans l'organisation du travail et de l'environnement, sans oublier les prestations d'entreprises de services qu'elle sollicite.

8 Prendre des mesures de protection collective
Ex. : le dispositif de ventilation aspire les poussières de bois, assurant la protection collective des ouvriers menuisiers. Les masques (EPI) ne sont plus nécessaires.

9 Donner des instructions appropriées
Ex. : le personnel a été formé aux règles de sécurité concernant l'utilisation de cette nouvelle machine. Une fiche rappelant ces règles a été fixée dessus.

© Extrait de l'animation « Les 9 principes généraux de prévention », 2008, Réf. Anim-044, www.inrs.fr

COMPRENDRE & ANALYSER

1. Indiquer quatre mesures de prévention pour votre secteur professionnel.
2. Préciser, pour chacune de ces mesures, à quel principe de prévention elle correspond. S'aider des informations de la page et du site www.inrs.fr (lienmini.fr/pse628-19).

■ **Le document unique d'évaluation des risques ou DUER** : l'article R. 230-1 du Code du travail indique que les résultats de l'évaluation des risques pour la sécurité et la santé des travailleurs devront être transcrits dans un document unique. Cette évaluation doit conduire à faire un inventaire des dangers dans chaque unité de travail, à analyser les situations de travail à risques, à évaluer et hiérarchiser ces risques et à proposer des actions de prévention. Les résultats de l'évaluation des risques et le programme de prévention doivent être transcrits sur le document unique.

Ce document est révisable chaque année et/ou en cas d'information complémentaire notoire.

Tout établissement qui ne se soumet pas à cette réglementation est passible d'une amende de 1 500 euros (3 500 euros en cas de récidive).

De plus, depuis le 1er janvier 2015, la législation oblige le chef d'entreprise à noter, en annexe du document unique, des informations relatives à la pénibilité.

DOC. 5 Exemple de document unique d'évaluation des risques (extrait)

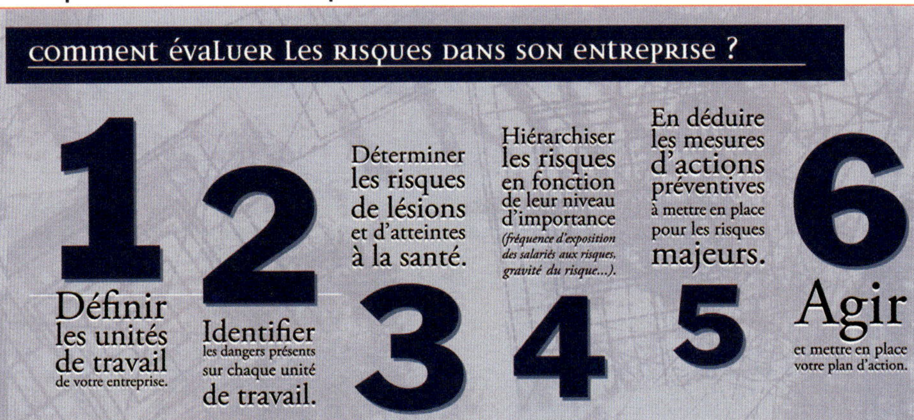

Il n'existe pas de modèle standard de DUER. L'exemple ci-dessous est préconisé par la chambre des métiers et de l'artisanat du Limousin pour les métiers du bois.

EXEMPLE

1. Définir les unités de travail	Administration.	Stockage.	Atelier.
2. Recenser les dangers associés	Disposition de l'ordinateur.	Manutention. Circulation.	Poussières.
3. Identifier les risques	Fatigue visuelle.	Douleurs dorsales. Accidents	Incendie, explosion, maladies.
4. Indiquer le niveau d'importance des risques	En fonction de : • fréquence de l'apparition ; • nombre de salariés concernés ; • gravité des conséquences, etc.		
5. Actions préventives à mettre en place	Écran anti-reflet. Éclairage individuel. Nouvelle orientation ordinateur...	Rétroviseur, avertisseur sonore. Baisse du poids de la charge, formation sur les postures…	Prévoir aspiration à la source. Changer régulièrement les filtres d'aspiration. Travaux d'aménagement…
6. Planification (délai de réalisation)	2 mois	12 mois	6 mois

COMPRENDRE & ANALYSER

1. Indiquer l'intérêt du DUER.
2. Identifier, à l'aide du doc. 5, la méthode d'analyse mobilisée.
3. Réaliser avec un camarade une partie du document unique, en se limitant à deux dangers pour un secteur de votre atelier pédagogique ou d'une entreprise où vous avez effectué une PFMP. S'aider de la trame présentée dans le doc. 5.

3 Les acteurs et instances de la prévention dans l'entreprise

- **L'employeur** : en tant que responsable de la sécurité au sein de son entreprise, il doit mettre en œuvre les mesures réglementaires concernant la prévention des risques professionnels. Il délègue cette mission au salarié compétent, expert en la matière.
- **Le salarié compétent** : le Code du travail (art. L. 4644-1) oblige l'employeur à désigner un ou plusieurs salariés compétents pour s'occuper des activités de protection et de prévention des risques professionnels de l'entreprise.
Si l'entreprise ne dispose pas d'un personnel ayant les compétences nécessaires pour assurer cette fonction, l'employeur, après avis du CHSCT (ou des délégués du personnel en son absence), peut faire appel aux intervenants en prévention des risques professionnels (**IPRP**) appartenant au service de santé au travail interentreprises auquel il adhère, ou dûment enregistrés auprès de l'autorité administrative compétente (**DIRECCTE**).
La personne nommée salarié compétent est un technicien ou un ingénieur-sécurité ; il peut aussi s'agir d'un salarié bénéficiant d'une délégation de pouvoir dans le domaine de la sécurité.

Le salarié compétent :
– dispose du temps et des moyens nécessaires pour exercer sa mission ;
– ne peut subir de discrimination en raison de son activité ;
– peut bénéficier d'une formation en matière de santé au travail.

Ses missions comportent :
– une démarche d'évaluation des risques par la réalisation de diagnostics ;
– une démarche d'élaboration et de planification d'actions s'inscrivant dans la démarche de prévention de l'employeur ;
– un suivi de la mise en œuvre de ses actions.

L'employeur reste le seul responsable de la sécurité au sein de l'entreprise, même s'il délègue sa fonction au salarié compétent.

© www.presanse.org

COMPRENDRE & ANALYSER

1. Indiquer les trois missions du salarié compétent.
2. Préciser quelles sont les spécificités du salarié compétent.
3. Expliquer quelles sont les possibilités de l'employeur lorsque l'entreprise ne dispose pas de personnel pouvant assurer la fonction de salarié compétent.
4. Justifier qui reste le responsable de la sécurité dans l'entreprise.

- **Les délégués du personnel** (DP) : ils sont présents dans l'entreprise à partir de 11 salariés ; leur nombre est variable en fonction de la taille de l'entreprise.
Ils sont élus tous les 4 ans. Pour être élu, il faut avoir au moins 18 ans, 1 an d'ancienneté dans l'entreprise et un casier judiciaire vierge.
Pour exercer ses fonctions, le DP dispose d'un crédit d'heures légal de 10 heures par mois, ou de 15 heures si l'entreprise atteint au moins 50 salariés. Ce temps est considéré et payé comme du temps de travail.
Durant ses heures de délégation, le DP peut circuler dans l'entreprise pour recueillir les informations nécessaires à l'accomplissement de sa mission.
Le DP bénéficie d'un local et de panneaux d'affichage mis à disposition par l'employeur.
L'employeur et la délégation du personnel se réunissent au moins 1 fois par mois. Le temps passé en réunion est rémunéré comme du temps de travail effectif, et n'est pas déduit du crédit d'heures de délégation.
Leurs demandes et les réponses de l'employeur sont inscrites sur un registre spécial, consultable par les salariés et l'inspection du travail.
Il exerce ses missions d'élu du personnel tout en continuant d'exercer son activité salariée dans les conditions habituelles.
Il bénéficie du statut de salarié protégé en matière de licenciement.

DOC. 6 **Les rôles des délégués du personnel**

- **Assumer les missions** dévolues au comité d'entreprise, au CHSCT lorsque ceux-ci n'ont pas été mis en place, aux délégués syndicaux lorsqu'il n'y en a pas.
- **Être l'interlocuteur** de l'inspection du travail qu'ils peuvent saisir pour tout problème d'application du droit du travail. Ils peuvent l'accompagner lors de ses visites dans l'entreprise.
- **Faire des suggestions** sur l'organisation générale de l'entreprise.

- **Représenter le personnel** auprès de l'employeur et lui fait part des réclamations individuelles ou collectives en matière de réglementation du travail.
- **Alerter l'employeur** en cas d'atteinte injustifiée aux droits du personnel (exemple : harcèlement) ou de mesure discriminatoire.

COMPRENDRE & ANALYSER

1. Indiquer à partir de combien de salariés la présence de DP est obligatoire.
2. Citer trois conditions requises pour pouvoir être élu DP.
3. Préciser trois éléments matériels qui facilitent la mission des DP.
4. Indiquer, à l'aide du doc. 6, quatre rôles des DP.

Les sauveteurs secouristes du travail (SST) : un sauveteur-secouriste du travail est un membre du personnel qui a été formé pour être, en cas d'accident, le premier maillon de la chaîne de secours et pour être un préventeur.

Pour être efficace, le SST doit connaître :
- les risques encourus dans les différents ateliers ;
- l'emplacement du matériel de secours (brancards, trousse de secours, extincteurs) et veiller à ce qu'il soit en état et facilement accessible ;
- les services de secours et savoir les alerter ;
- la procédure d'alerte en vigueur dans l'entreprise.

Le Code du travail rend obligatoire la présence de secouristes dans chaque atelier où sont effectués des travaux dangereux, dans chaque chantier occupant 20 personnes au moins pendant plus de 15 jours et où sont effectués des travaux dangereux.

Le SST connaît son atelier et les risques qui lui sont propres. Il a un rôle essentiel dans la prévention, notamment en faisant remonter des observations (état du matériel par exemple) à l'encadrement et aux instances chargées de la prévention.

Pour devenir SST, il faut suivre une formation pratique de 12 heures, réalisée par un moniteur habilité à jour de ses recyclages, qui sera validée à l'issue d'un test. Un recyclage suivi d'un nouveau test est réalisé tous les deux ans afin que le salarié actualise ses techniques. La formation est financée par l'entreprise, les formateurs peuvent être des moniteurs de la CARSAT ou des services de santé au travail.

Au cours de la session, le stagiaire apprend à protéger du sur-accident, examiner la victime, alerter et secourir et à s'approprier la méthodologie de l'approche par le risque nécessaire dans la mise en œuvre d'une démarche de prévention.

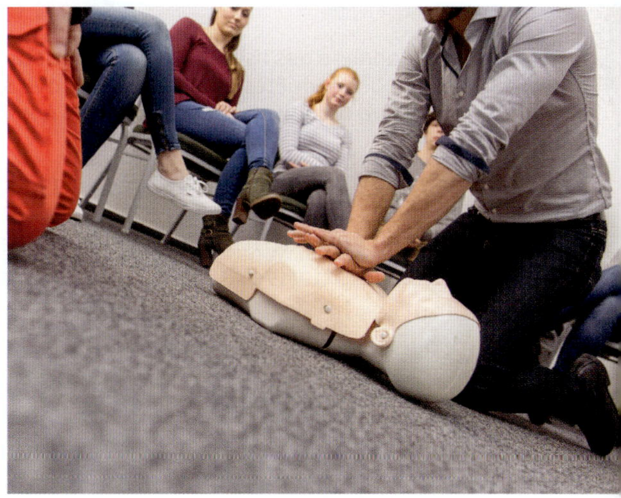

Le domaine d'intervention du SST est l'entreprise dans laquelle il travaille. Néanmoins, comme tout citoyen, il peut être amené à porter secours à toute personne en danger, sans mettre sa propre vie ni celle d'autrui en danger (article 223-6 du Code pénal.).

COMPRENDRE & ANALYSER

1. Citer les deux missions du SST dans l'entreprise.
2. Expliquer pourquoi le SST a un rôle essentiel dans la prévention.
3. Indiquer les recommandations du Code du travail concernant le nombre de secouristes présents dans une entreprise.

- **Le comite d'hygiène, de sécurité et des conditions de travail (CHSCT)** : il est présent dans toute entreprise ayant au moins 50 salariés. S'il y en a moins, ce sont les DP qui exercent les missions du CHSCT.
Le CHSCT a pour mission de contribuer à la protection de la santé physique et mentale des salariés, à leur sécurité, à l'amélioration des conditions de travail. Il veille à la bonne mise en œuvre des prescriptions réglementaires. Depuis sa création, son champ de compétences s'est élargi à la protection environnementale, la pénibilité, les risques chimiques et biologiques, la santé mentale et les problèmes de stress et de harcèlement.

DOC. 7 **Composition et missions du CHSCT**

Désignés pour 2 ans par les membres élus du CE et les DP. Nombre variable selon la taille de l'entreprise.

Obligatoire dans toute entreprise à partir de 50 salariés.

Missions : analyse des risques et des conditions de travail, participation à l'élaboration du document unique ; élaboration des enquêtes après AT et MP ; avis sur le règlement intérieur, avant nouvel aménagement ou changement d'organisation ; participation à la formation à la sécurité des salariés de l'établissement.

DOC. 8 **Moyens de fonctionnement du CHSCT**

Le CHSCT se réunit au moins tous les trimestres à l'initiative du chef d'établissement, pendant les heures de travail.
[Il] procède à des visites systématiques des locaux de travail, à intervalles réguliers, au moins une fois par trimestre, plus souvent si nécessaire. Ses membres effectuent des enquêtes après un accident du travail, une maladie professionnelle, lors d'un danger grave et imminent ou lorsque des incidents répétés sont signalés. Ces enquêtes sont menées par une délégation comprenant au moins le chef d'établissement ou un représentant désigné par lui, et un représentant du personnel.
Le CHSCT a accès à tous les documents relatifs à la prévention, l'hygiène et les conditions de travail : rapports techniques (concernant par exemple les machines, les installations électriques, d'aération), contrôles et vérifications, rapports médicaux annuels du médecin du travail… et peuvent consulter, à tout moment, les registres de sécurité et les données de sécurité des produits chimiques, ainsi que le document unique de l'évaluation des risques professionnels. Il peut participer à l'évaluation des risques.
[Il] peut en outre faire appel à un expert technique agréé lorsqu'un risque grave est constaté dans l'établissement ou lorsqu'un projet important modifie les conditions de santé, de sécurité ou les conditions de travail.

© INRS, brochure ED 6022 « Le CHSCT, acteur de la santé et de la sécurité des salariés ».

COMPRENDRE & ANALYSER

1. Préciser à partir de combien de salariés le CHSCT est obligatoire.
2. Citer, à l'aide du doc. 7, les membres du CHSCT ayant une voix délibérative.
3. Indiquer, à l'aide du doc. 8, les moyens mis à disposition du CHSCT.

4 Les organismes de prévention

- En France, la prévention des risques professionnels est placée sous la responsabilité de deux ministères.
  Tandis que la direction générale du travail mène une action qui s'exprime essentiellement par voie réglementaire, les actions initiées par la CNAMTS s'articulent autour de recommandations pratiques, d'incitations financières, de contrôles, d'assistance technique et de conseils aux entreprises pour la mise en œuvre de mesures de prévention adaptées, ou de promotion de la formation et de l'information en matière de santé et de sécurité au travail.
  Les missions de surveillance et de contrôle, ainsi que d'information et de conseil, pour tout ce qui concerne l'application des dispositions législatives et réglementaires relatives aux conditions de travail, à la santé et la sécurité en milieu de travail, sont principalement assurées par l'inspection du travail.

DOC. 9 **Liens entre les différentes instances de prévention**

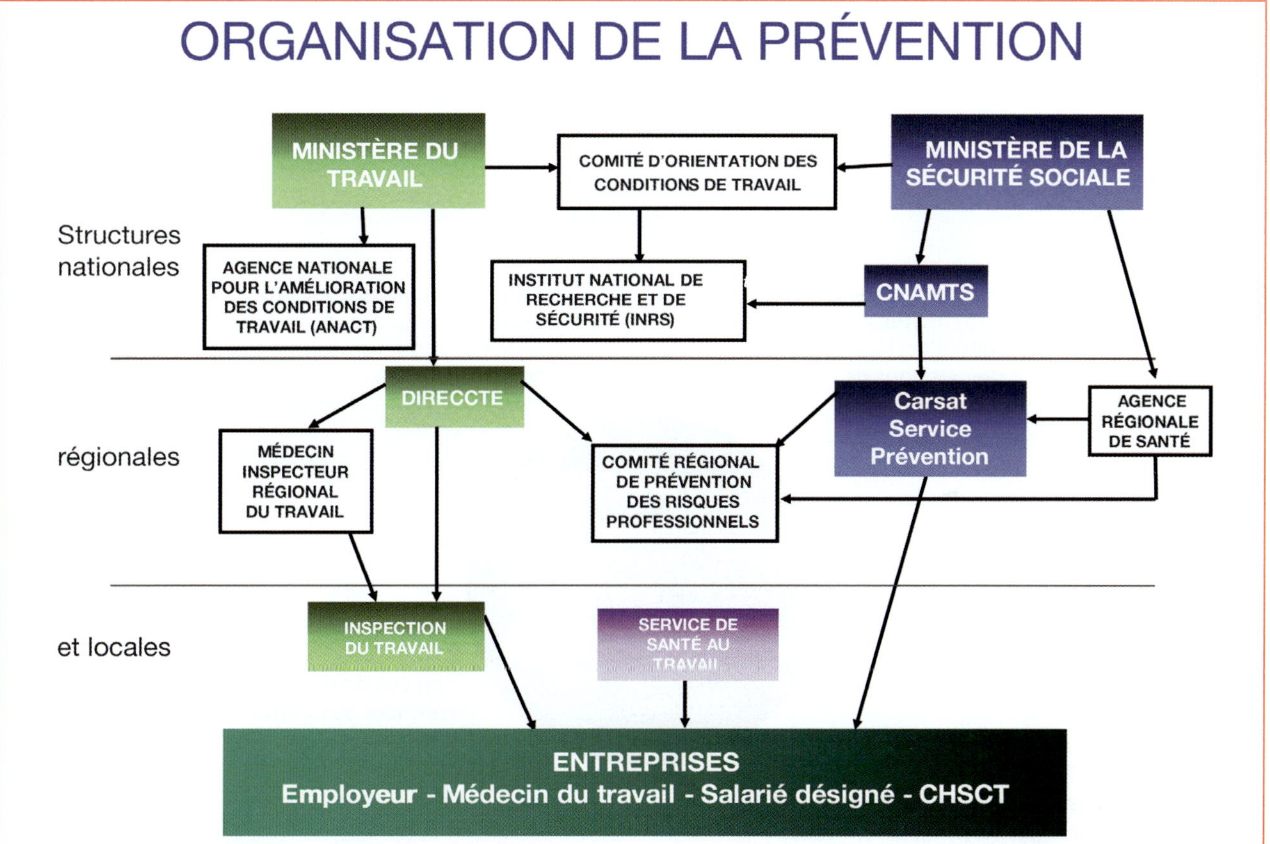

© www.carsat-alsacemoselle.fr

COMPRENDRE & ANALYSER

1. Nommer, à l'aide du doc. 9, les deux ministères dont relèvent les instances en charge de veiller à la prévention des risques professionnels.
2. Indiquer, à l'aide du doc. 9, le nom de l'organisme qui fait le lien entre les deux ministères.
3. Relever, sur le doc. 9, les trois niveaux où se situent les instances intervenant dans le contrôle et l'accompagnement de la prévention.
4. Citer, à l'aide du doc. 9, les deux instances en lien direct avec les entreprises.

■ **Organisme rattaché au ministère en charge de la Sécurité sociale : les caisses d'assurance retraite et de la santé au travail (CARSAT).** Pour les salariés du régime général de la sécurité sociale (80 % des salariés), la mission de prévention des AT et des MP relève de la caisse nationale de l'assurance maladie au niveau national et des CARSAT au niveau régional sous la responsabilité de la commission des AT et des MP.

Carsat Retraite & Santé au travail — Languedoc-Roussillon

Les CARSAT sont administrées par un conseil d'administration composé notamment de représentants en nombre égal des employeurs et des salariés.

Elles ont entre autres pour mission de :

– développer et coordonner la prévention des risques professionnels ;

– contribuer à l'amélioration des conditions de travail ;

– déterminer les taux de cotisation accident du travail et maladie professionnelle dans les entreprises relevant du régime général de la Sécurité sociale.

DOC. 10 Les moyens dont dispose la CARSAT pour remplir ses missions

Les CARSAT

– développent et coordonnent la politique de prévention des AT et des MP ;

– concourent à l'application des règles de tarification.

Moyens techniques

Ingénieurs-conseils et contrôleurs de sécurité ont le droit de pénétrer dans les établissements assujettis au régime général de Sécurité sociale. Ils sont invités aux réunions des CHSCT, effectuent des enquêtes à la suite d'accidents, des études techniques, des journées d'information et des sessions de formation destinées aux employeurs et aux salariés.

Moyens réglementaires

Les organismes de Sécurité sociale peuvent :

– inviter tout employeur à prendre des mesures de prévention ;

– adopter des dispositions générales applicables à l'ensemble des employeurs exerçant une même activité.

Moyens d'incitation

En cas de risques graves ou de carences des entreprises, les CARSAT peuvent augmenter les cotisations. À l'inverse, les entreprises ayant accompli un effort particulier en faveur de la prévention peuvent bénéficier d'une minoration de leur taux de cotisation.

COMPRENDRE & ANALYSER

1. Indiquer les trois missions de la CARSAT au niveau de la prévention des accidents du travail et des maladies professionnelles.
2. Expliquer, à l'aide du doc. 10, comment les CARSAT incitent les entreprises à garantir la sécurité de leurs travailleurs.

Organismes rattachés au Ministère en charge du travail : SSTI, inspection du travail, ANACT et ARACT.

- **Les services de santé au travail interentreprises (SSTI)** : leur agrément est délivré par la DIRECCTE ; les médecins du travail qui les coordonnent disposent de l'indépendance professionnelle dans l'exercice de leur activité.
L'arrêté du 2 mai 2012 précise que « désormais, les missions de prévention des risques professionnels et de suivi de la santé des salariés sont assurées notamment par les SSTI* et par leurs équipes pluridisciplinaires animées et coordonnées par le médecin du travail ». Celles-ci comportent épidémiologiste, psychologue, ergonome, toxicologue, médecin du travail, assistant technicien en hygiène et sécurité, infirmier, assistant de service social. Les SSTI doivent « éviter toute altération de la santé des travailleurs du fait de leur travail ».
Cette mission préventive nécessite :
– des actions en milieu de travail développées par l'équipe pluridisciplinaire ;
– le suivi médical des salariés qui relève essentiellement du médecin du travail. Celui-ci ne dispense pas de soins à l'exception des situations d'urgence.

DOC. 11 Missions de l'équipe pluridisciplinaire d'un SSTI

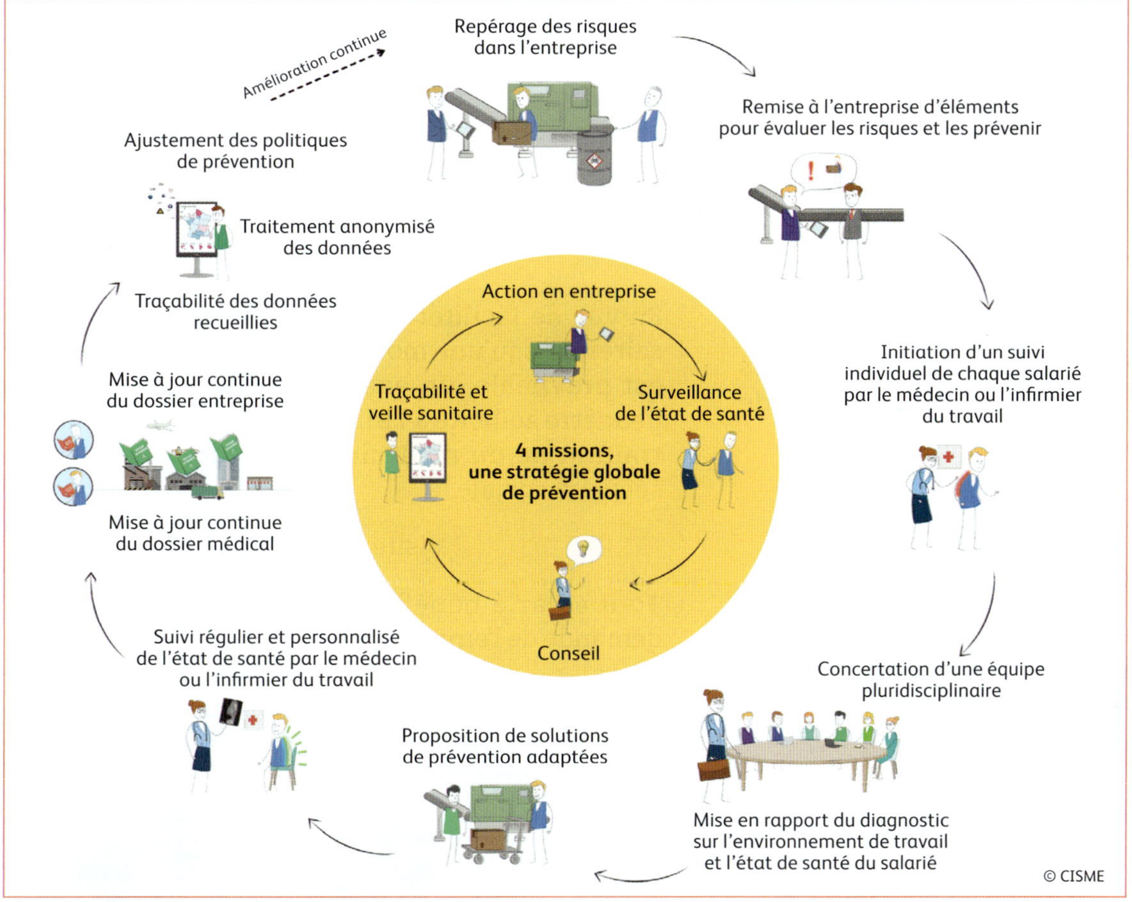

* Les entreprises de plus de 500 salariés peuvent avoir leur service propre.

COMPRENDRE & ANALYSER

1. Retrouver, à l'aide du doc. 11, les quatre grandes missions des services de santé au travail.
2. Nommer cinq professionnels présents dans l'équipe disciplinaire.
3. Indiquer qui coordonne l'équipe pluridisciplinaire.

Concernant le suivi médical des salariés, le médecin du travail, assisté par l'infirmier santé au travail, réalise les visites médicales obligatoires dans le cadre fixé par la loi.

Sous le sceau du secret médical :
- il échange avec le salarié sur son poste et son environnement de travail ;
- il évalue l'aptitude au poste de travail en réalisant si nécessaire des examens complémentaires ;
- il propose, si nécessaire, des aménagements adaptés au salarié et à son poste de travail.

En fonction de sa vulnérabilité et de la dangerosité du risque auquel il est exposé, chaque salarié relève d'un suivi médical classique ou du suivi individuel renforcé (SIR).
Les travailleurs qui relèvent d'un SIR sont exposés notamment :
- à l'amiante ;
- au plomb ;
- aux agents cancérogènes, mutagènes ou toxiques pour la reproduction ;
- aux rayonnements ionisants ;
- au risque hyperbare (pression) ;
- au risque de chute de hauteur lors des opérations de montage et de démontage d'échafaudages.

DOC. 12 **Les différentes visites médicales**

Visite d'information et de prévention (VIP)

La VIP est réalisée dans un délai n'excédant pas 3 mois à compter de la prise effective du poste de travail.
Elle a, entre autres, pour objet :
- d'interroger le salarié sur son état de santé ;
- de l'informer sur les risques et les moyens de prévention liés à sa future activité.

À l'issue de cette visite, un dossier médical en santé au travail sera établi.

Renouvellement de la VIP

Le renouvellement de la VIP est réalisée selon une périodicité qui ne peut excéder cinq ans au maximum.

Visite de reprise

Le salarié bénéficie d'une visite de reprise après :
- un congé de maternité ;
- une absence pour cause de maladie professionnelle ;
- une absence d'au moins 30 jours pour cause d'accident du travail, de maladie ou d'accident non professionnel.

Visite de pré-reprise

En vue de faciliter la recherche des mesures nécessaires, lorsqu'une modification de l'aptitude au travail est prévisible, un examen médical de pré-reprise peut être sollicité à l'initiative du salarié, du médecin traitant ou du médecin conseil des organismes de sécurité sociale.

Visite occasionnelle

Tout salarié bénéficie d'un examen médical à la demande de l'employeur ou à sa demande. La demande du salarié ne peut motiver aucune sanction. Il peut contacter et/ou rencontrer son médecin du travail de façon confidentielle. Cette visite ne fait pas l'objet d'une facturation.

COMPRENDRE & ANALYSER

1. Nommer, à l'aide du doc. 12, les cinq types de visites médicales pouvant être réalisées par le médecin du travail.
2. Préciser la finalité de ces visites médicales.
3. Indiquer quels sont les salariés relevant d'un suivi individuel renforcé (SIR).
4. Justifier ce suivi individuel renforcé.

- **L'inspection du travail** : pour accomplir ses missions, l'inspecteur du travail dispose :
  – D'un pouvoir décisionnel dans certaines situations prévues par le Code de travail. En effet, l'employeur est tenu d'avoir l'autorisation de celui-ci, notamment en cas de licenciement de salariés protégés (représentants du personnel), de travail des jeunes ou de modification du règlement intérieur.
  – D'un pouvoir d'investigation qui lui permet de de pénétrer dans l'entreprise sans avertissement préalable, d'enquêter, et de faire réaliser des vérifications par des organismes agréés.

  À la suite d'un contrôle, les constats de l'inspection du travail peuvent être à l'origine :
  – d'observations rappelant à l'ordre et mentionnant les règles en vigueur ;
  – de mises en demeure de se conformer à la réglementation ;
  – de procès-verbaux pour toute infraction pénale ;
  – d'une décision d'arrêt d'activité en cas de risques graves.

DOC. 13 **Extrait d'un dépliant présentant l'inspection du travail**

Les grandes **missions** de l'inspection du travail

L'inspection du travail est une institution généraliste, compétente dans de nombreux domaines. Pour garantir la protection des salariés et le respect du droit, l'inspection du travail assure trois missions indissociables.

1 **Le contrôle** de l'application de la législation dans tous ses aspects : santé et sécurité, durée du travail, travail illégal… L'inspection du travail participe à la prévention des risques professionnels et réalise des enquêtes sur certains accidents du travail et maladies professionnelles.

2 **Le conseil et l'information** des employeurs, des salariés et des représentants du personnel sur leurs droits et obligations.

3 **L'évolution de la réglementation** en signalant à la direction générale du travail les difficultés d'application ou les éventuelles insuffisances des textes légaux.

Les principes d'action des agents de contrôle

Probité et impartialité

Discrétion à l'égard de l'employeur, des salariés, des représentants du personnel et des organisations syndicales, salariales et patronales

Confidentialité des plaintes

Respect du secret professionnel

Motivation claire, précise et suffisante des décisions rendues

« Savez-vous ce que fait **l'inspection du travail ?** »

Liberté • Égalité • Fraternité
RÉPUBLIQUE FRANÇAISE
MINISTÈRE DU TRAVAIL, DES RELATIONS SOCIALES, DE LA FAMILLE, DE LA SOLIDARITÉ ET DE LA VILLE

L'inspection du travail.

Au service de tous, pour le respect du droit.

© direccte.gouv.fr

COMPRENDRE & ANALYSER

1. Nommer, à l'aide du doc. 13, les trois missions de l'inspection du travail.

2. Indiquer les deux pouvoirs dont dispose l'inspection du travail pour mener à bien ses missions.

3. Indiquer quelles peuvent être les mesures prises par l'inspection du travail en cas de non-respect du Code du travail.

L'Agence nationale pour l'amélioration des conditions de travail (ANACT) et les Agences régionales (ARACT)

Le décret du 31 juillet 2015 précise les missions du réseau Anact-Aract ; ses champs d'intervention couvrent :
- la promotion de la santé au travail et de la qualité de vie au travail ;
- la prévention des risques professionnels dans le cadre de l'organisation du travail ;
- l'amélioration de l'environnement de travail par l'adaptation des postes, des lieux et des situations de travail.

Agence Nationale pour l'Amélioration des Conditions de Travail

Ses activités se caractérisent entre autres par :
- des interventions à caractère expérimental dans les organisations ;
- la production et la diffusion d'outils et de méthodes pour les entreprises ;
- une activité de veille, étude et prospective sur les enjeux liés aux conditions de travail ;
- des partenariats avec des acteurs dans le domaine des conditions de travail.

Autres instances

L'Institut national de recherche et de sécurité (INRS)

Association loi 1901 à but non lucratif, l'INRS vise à développer et promouvoir une culture de prévention des AT et des MP. Sa mission répond à des exigences économiques, sociales et politiques et s'articule autour de trois axes majeurs :
- anticiper : il identifie à travers ses travaux les dangers et met ainsi en évidence les risques professionnels qu'ils pourraient représenter pour les salariés ;
- sensibiliser et informer : il conçoit de nombreux produits d'information afin de sensibiliser et d'informer les entreprises et tous ceux qui sont concernés par les problématiques de prévention ;
- accompagner : il aide les entreprises à résoudre les problèmes auxquels elles sont confrontées en matière de santé et de sécurité. Pour cela, il apporte aux acteurs de la prévention assistance, formation et information.

Ses actions sont destinées aux spécialistes de la prévention et aux entreprises et salariés du régime général de la Sécurité sociale.

COMPRENDRE & ANALYSER

1. Décoder les sigles INRS et ANACT.
2. Indiquer trois fonctions de l'INRS.
3. Citer deux missions communes à l'INRS et à l'ANACT.

Les organismes accrédités

Le recours à des organismes agréés par le ministère chargé du Travail résulte de dispositions réglementaires. Ce recours n'est pas obligatoire pour l'ensemble des vérifications périodiques réalisées dans les entreprises ; en revanche il sera prescrit en cas de contrôle effectué sur mise en demeure de l'inspection du travail, ou bien pour vérifier le respect des valeurs limites de concentration dans l'atmosphère de certaines substances.

Les organismes agréés sont peu à peu supprimés au profit d'organismes accrédités.

Des agréments concernent le contrôle des éléments suivants : aération et assainissement, benzène, éclairage, installations électriques, machines et appareils de levage, plomb, poussière de bois, silice, etc.

Remarque : APAVE et VERITAS sont des organismes connus ayant des agréments pour divers secteurs.

L'entreprise peut aussi solliciter des organismes agréés pour certaines actions de formation.

Les organisations professionnelles

Les organisations syndicales professionnelles ont pour mission de défendre et d'aider les entreprises exerçant un même métier ou appartenant à un même secteur d'activité. Elles sont regroupées en confédérations correspondant à trois grandes branches de métiers : alimentation, bâtiment, production et services.

Elles sont elles-mêmes réunies en organisations interprofessionnelles :

– l'**UPA** (Union professionnelle artisanale) ;
– la **FFB** (Fédération française du bâtiment) regroupe les métiers du bâtiment ;
– le **CIDUNATI** (Confédération intersyndicale de défense et d'union nationale d'action des travailleurs indépendants) ;

Chaque organisation professionnelle siège au sein de nombreux organismes publics où elle porte la voix des métiers qu'elle représente : conseil de prud'hommes, caisses d'assurance maladie, caisse d'assurance vieillesse des artisans, **CAF**, direction départementale du travail, de l'emploi et de la formation professionnelle, Éducation nationale, chambre de métiers et de l'artisanat, etc.

COMPRENDRE & ANALYSER

1. Indiquer la fonction des organismes agréés.
2. Citer deux exemples d'organismes agréés et deux exemples de contrôles relevant d'organismes agréés.
3. Expliquer la mission des organisations syndicales professionnelles.
4. Nommer trois organismes où peuvent siéger des représentants des organisations professionnelles.
5. Construire, à l'aide des pages 183 à 193, un tableau présentant les acteurs de prévention internes à l'entreprise (personnes et instances) et les acteurs de prévention externes (organismes de prévention). Préciser leur mission principale.

S'entraîner en mobilisant la démarche de résolution de problèmes

SITUATION

Titulaire du baccalauréat professionnel et de la certification SST, **Sonia**, 18 ans, vient d'être embauchée dans une entreprise de type industriel employant 60 salariés. Comme elle est impressionnée par les machines dangereuses qui occupent l'atelier, le chef d'équipe lui rappelle qu'un cadre réglementaire avec neuf principes généraux de prévention (1) à mettre en œuvre et le document unique (2) obligent à mettre en place les mesures de prévention adaptées. Il lui explique par ailleurs que certaines personnes et instances de l'entreprise telles que les DP (3), le salarié compétent (4), le SSTI (5), le CHSCT (6), les SST (7) œuvrent pour la sécurité dans l'entreprise. D'autre part, l'inspecteur du travail (8) et les experts de la CARSAT (9), partenaires extérieurs, veillent au respect de la réglementation et contribuent à la mise en place de toutes les mesures de prévention nécessaire. Il lui explique que ce dispositif garantit la sécurité des salariés (10).

1 Identifier le problème posé

2 Identifier les éléments de la situation

Quelle est l'origine du problème ?

Quels éléments ont favorisé l'apparition du problème ?

Qui est concerné ?

3 Mettre en relation les éléments de la situation

- Associer les numéros des éléments de la situation aux lettres correspondant aux axes du diagramme « causes-effet » (exemple : D (10)).

A. Acteurs internes → B. Cadre réglementaire → C. Acteurs externes →

D. EFFET
(10)
La sécurité des salariés est garantie.

4 Mobiliser des connaissances utiles

1. Préciser le rôle du document unique.
2. Justifier la présence d'un CHSCT.
3. Expliquer le rôle du service de santé au travail interentreprise.
4. Expliquer le rôle de l'inspecteur du travail au niveau de la sécurité.

5 Proposer des solutions

1. Indiquer un droit et un devoir de Sonia dans l'entreprise en matière de sécurité.
2. Expliquer les deux missions de Sonia qui détient son SST.
3. Indiquer comment Sonia peut participer à certaines instances internes à l'entreprise en charge de la sécurité.

Retenir l'essentiel

SCHÉMA-BILAN

La prévention des risques professionnels est réglementée par le Code du travail. Elle repose sur les 9 principes de la prévention.

POUR SA MISE EN ŒUVRE :

Des acteurs au sein de l'entreprise + **Des acteurs institutionnels**

Des acteurs au sein de l'entreprise

Sanction si non respect de cette obligation → **Employeur** Obligation globale de sécurité

Salariés
- Obligation de sécurité
- Droit de retrait en cas de danger grave et imminent

Salarié compétent

Comité d'hygiène, de sécurité et des conditions de travail (CHSCT)

Délégués du personnel (DP)

Sauveteurs secouristes du travail (SST)

Santé et sécurité au travail

Des acteurs institutionnels

Service de santé au travail interentreprises (SSTI) dont médecin du travail
- Suivi médical des salariés
- Expertise sur la sécurité

Inspecteur du travail

CNAMTS
CARSAT

Organisations professionnelles
UPA – Union Professionnelle Artisanale
FFB – Fédération Française du Bâtiment

Organismes techniques
- Organismes agréés : Bureau Veritas, apave
- INRS – Institut National de Recherche et de Sécurité
- ANACT – Agence Nationale pour l'Amélioration des Conditions de Travail

COMPLÉTER LA SYNTHÈSE
→ lienmini.fr/pse628-syn23

VÉRIFIER LES ACQUIS (QCM)
→ lienmini.fr/pse628-qcm23

APPROFONDIR (VIDÉO)
→ lienmini.fr/pse628-vid19

20 Distinguer accidents du travail et maladies professionnelles

Objectif : indiquer les conséquences des AT et MP et leur mode d'indemnisation ; prendre conscience de la contribution nécessaire de chacun à la collectivité.

S'informer et s'approprier les connaissances utiles

En 2015, 624 525 salariés ont été victimes d'un accident du travail (AT) et 545 en sont décédés ; les maladies professionnelles (MP) ont tué 381 personnes. AT et MP génèrent un coût humain et financier élevé. Il faut connaître leurs procédures de déclaration et d'indemnisation si l'on en est victime, sans oublier qu'il vaut mieux prévenir que guérir.

1 Les caractéristiques des AT et MP

- Le Code du travail définit les accidents du travail et les maladies professionnelles et précise les conditions pour qu'ils soient reconnus en tant que tels.
- Pour être reconnue comme professionnelle, une maladie doit correspondre aux caractéristiques énoncées par l'un des 114 tableaux des maladies professionnelles ; elle doit être contractée dans les conditions mentionnées dans le tableau correspondant.
- Chaque tableau comporte :
  - La désignation de la maladie ou les symptômes ou lésions que doit présenter le malade. Leur énumération est limitative et figure dans la colonne de gauche.
  - Le délai de prise en charge : c'est le délai après la fin de l'exposition pendant lequel on peut déclarer la maladie.
  - Les travaux susceptibles de provoquer l'affection en cause : la liste figure dans la colonne de droite. Cette liste est limitative et seuls les travailleurs affectés aux travaux énumérés ont droit à réparation au titre des MP.

DOC. 1 Exemple de tableau de MP : le tétanos professionnel

Tétanos professionnel

Date de création : décret du 12 juillet 1936

Dernière mise à jour : décret du 19 juin 1985

Désignation de la maladie	Délai de prise en charge	Travaux susceptibles de provoquer cette maladie
Tétanos en dehors des cas consécutifs à un accident du travail.	30 jours	Travaux effectués dans les égouts.

- Lorsqu'une maladie ne remplit pas toutes les conditions d'un tableau, elle peut également être reconnue d'origine professionnelle s'il est établi qu'elle est essentiellement et directement causée par le travail habituel de la victime.

COMPRENDRE & ANALYSER

1. Expliquer sous quelles conditions une maladie peut être reconnue comme maladie professionnelle.
2. Indiquer, à partir du doc. 1, quels types de travaux sont susceptibles de provoquer le tétanos professionnel ; préciser la durée du délai de prise en charge.

- Selon l'article L411-1 du Code de la Sécurité sociale, « est considéré comme accident du travail, quelle qu'en soit la cause, l'accident survenu par le fait ou à l'occasion du travail de toute personne salariée ou travaillant, à quelque titre ou en quelque lieu que ce soit, pour un ou plusieurs employeurs ou chefs d'entreprise. »
- Suite à des jugements de tribunaux (jurisprudence), trois conditions complètent les règles légales :
  – une action soudaine a provoqué une ou plusieurs lésions ;
  – l'accident est survenu au temps et au lieu de travail ;
  – un rapport de cause à effet existe entre l'accident et les lésions.
- Est également indemnisé comme un accident du travail l'accident appelé accident du trajet survenu à un travailleur pendant le trajet d'aller et de retour, entre :
  – sa résidence, ou tout autre lieu où il se rend de façon habituelle pour des motifs d'ordre familial, et le lieu du travail. Ce trajet peut ne pas être le plus direct lorsque le détour effectué est rendu nécessaire dans le cadre d'un covoiturage régulier ;
  – le lieu du travail et le restaurant, la cantine ou, d'une manière plus générale, le lieu où le travailleur prend habituellement ses repas, et dans la mesure où le parcours n'a pas été interrompu ou détourné pour un motif dicté par l'intérêt personnel et étranger aux nécessités essentielles de la vie courante ou indépendant de l'emploi.
- L'accident de mission concerne un accident survenu entre l'entreprise et un chantier ; il bénéficie de la même couverture que les accidents du travail.

DOC. 2 **Zone de l'accident de trajet et de l'accident de mission**

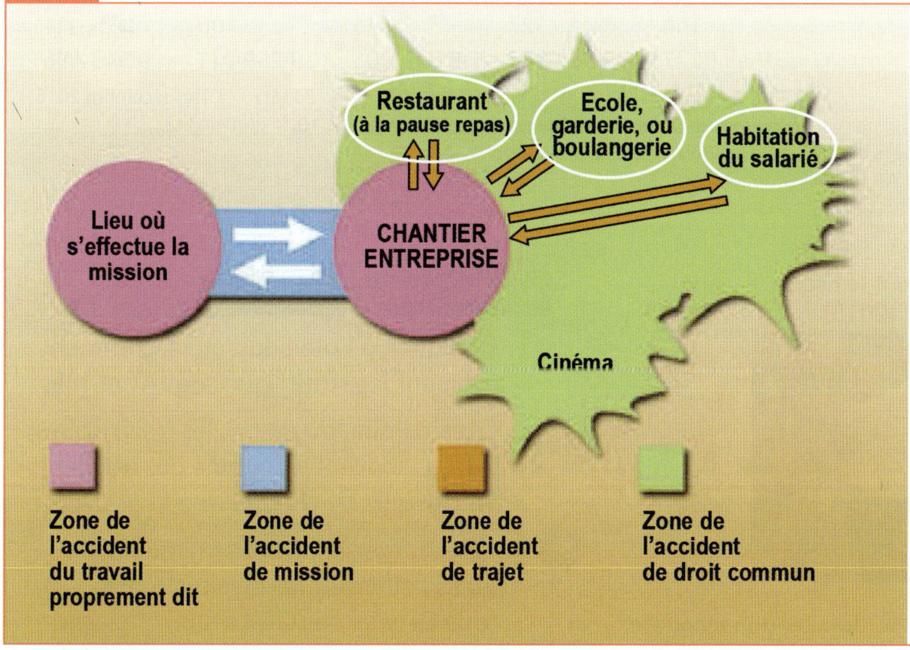

Parmi les accidents de la route au travail, les accidents de mission et les accidents de trajet sont pris en charge au titre de la cotisation des accidents du travail et des maladies professionnelles (ATMP).

© CARSAT Aquitaine.

COMPRENDRE & ANALYSER

1. Indiquer trois conditions pour qu'un accident du travail soit reconnu en tant que tel.
2. Citer, à l'aide du doc. 2, deux types d'accident qui bénéficient du même type d'indemnisation qu'un accident du travail.
3. Définir, à l'aide du doc. 2, l'accident de mission.

2 Le coût humain des AT et MP

Chaque année, la CNAMTS présente les statistiques nationales des accidents du travail et des maladies professionnelles. L'analyse des statistiques de la sinistralité permet de voir les effets de la politique de prévention mise en œuvre.
Des statistiques sont aussi présentées par secteur professionnel, par une instance appelée comité technique national ou CTN.

DOC. 3 Statistiques AT et MP (2015)

Accidents de travail	2011	2012	2013	2014	2015
Nombre AT de trajet en 1er règl.	670 719	641 655	618 274	621 124	624 525
Nombre de salariés	18 536 653	18 339 619	18 319 440	18 286 989	18 449 720
Nombre de nouvelles IP (1)	41 040	40 180	39 084	36 904	36 046
Nombre de décès	553	562	542	530	545
Nombre de journées perdues (2)	38 369 050	37 868 324	37 496 492	38 561 861	39 617 316
Indice de fréquence (3)	36,2	35,0	33,7	34,0	33,9
Accidents de trajet					
Nombre Acc. de trajet en 1er règl.	97 668	88 114	91 234	84 965	86 229
Nombre de nouvelles IP	8 173	7 828	7 567	7 033	6 868
Nombre de décès	383	318	295	273	269
Nombre de journées perdues	6 385 043	5 935 909	6 033 136	5 855 415	5 924 645
Maladies professionnelles					
Nombre de MP en 1er règl.	46 315	44 633	43 095	44 099	43 476
Nombre de nouvelles IP	20 722	22 560	21 150	20 152	20 220
Nombre de décès	144	127	118	106	111
Nombre de journées perdues	9 497 227	9 287 967	8 838 005	9 259 011	9 543 496

© CNAMTS, *étude 2016-137-CTN*, décembre 2016.

(1) Nombre de nouvelles IP ou incapacité permanente : correspondent à des taux supérieurs ou égaux à 10 % d'invalidité.
(2) Nombre de journées perdues : journées d'arrêt de travail (incapacité temporaire).
(3) Indice de fréquence (IF) : nombre d'AT par millier de salariés.

DOC. 4 Répartition des AT suivant le risque à l'origine de l'accident (2015)

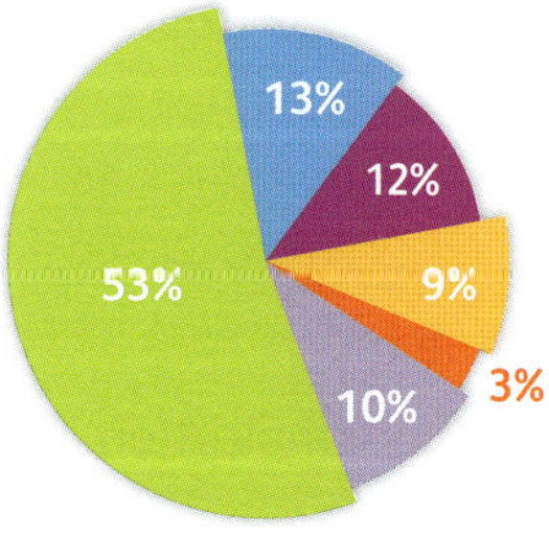

© CNAMTS, *étude 2016-137-CTN*, décembre 2016.

COMPRENDRE & ANALYSER

1. Expliquer, à l'aide du doc. 3, comment évoluent les statistiques des AT et MP.
2. Citer, à l'aide du doc. 4, les trois risques les plus souvent à l'origine des accidents du travail.
3. Télécharger le dossier « risque AT 2015 : statistiques de sinistralité tous CTN et par CTN » sur www.risquesprofessionnels.ameli.fr (lienmini.fr/pse628-20). Identifier (page 12) à quel CTN est rattaché votre secteur professionnel puis rechercher le nombre de salariés concernés, le nombre de journées perdues, le nombre de décès, les deux principales natures des lésions et les deux principaux sièges.

- Les statistiques présentent aussi la répartition des lésions et leur nature. Ces informations permettent d'identifier vers quelle direction il faut orienter la politique de prévention. Les statistiques concernant les maladies professionnelles montrent qu'en 2015, 87 % d'entre elles sont des **TMS** et 7 % sont liées à l'amiante.

- Le coût humain représente les dommages physiques, mais aussi toutes les conséquences générées au niveau de la vie personnelle, familiale, sociale et professionnelle.

Conséquences possibles des AT et MP	
Sur le psychisme	– Sentiment de perte de l'intégrité physique en cas d'AT ou de MP. – Souffrance physique et morale liée au traumatisme. – Repli sur soi, dépression.
Sur la vie familiale	– Diminution des revenus lors de l'arrêt de travail (prestations en espèces inférieures au salaire). – Difficultés relationnelles consécutives à l'état de déprime.
Sur la vie sociale	– Impossibilité de pratiquer certains sports à cause du handicap. – Perte d'intérêt pour toute activité sociale.
Sur la vie professionnelle	– Difficultés dans la réalisation du travail. – Changement de poste en cas d'incapacité permanente. – Arrêt de toute activité professionnelle.

DOC. 5 AT suivant le siège des lésions (2015)

Tête et cou, y compris yeux	7 %
Membres supérieurs, y compris doigts et mains	33 %
Torse et organes	3 %
Dos	21 %
Membres inférieurs	24 %
Multiples endroits du corps affectés	5 %
Inconnue ou non précisée	6 %

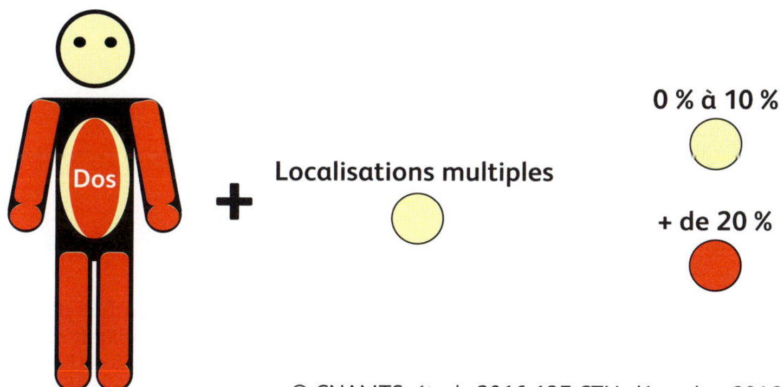

© CNAMTS, *étude 2016-137-CTN*, décembre 2016.

DOC. 6 Répartition des AT selon la nature de lésion (2015)

Traumatismes internes	22 %
Entorses et foulures	12 %
Chocs traumatiques	12 %
Commotions et traumatismes internes	11 %
Plaies ouvertes	10 %
Autres	32 %

© CNAMTS, *étude 2016-137-CTN*, décembre 2016.

COMPRENDRE & ANALYSER

1. Identifier, sur le doc. 5, les trois zones où les lésions sont les plus fréquentes. Justifier à partir de ces éléments les mesures de prévention qui en découlent.
2. Repérer, sur le doc. 6, la principale nature des lésions ; faire le lien avec le doc. 4 (p. 198).
3. Indiquer quelles sont les principales maladies professionnelles déclarées en 2015.
4. Citer trois autres conséquences des AT et MP pour ceux qui en sont victimes.

3 Le coût financier des AT et MP

- Les AT et MP présentent un coût direct correspondant aux prestations en nature et en espèces versées par la CPAM. S'y ajoutent des coûts indirects au niveau de l'entreprise qui doit faire face aux conséquences de l'accident.

Remplacement du salarié, arrêt de production, diminution du rendement, matériels et produits détériorés, retard de livraison, insatisfaction du client, perte de marchés, temps passé à gérer l'accident, etc.

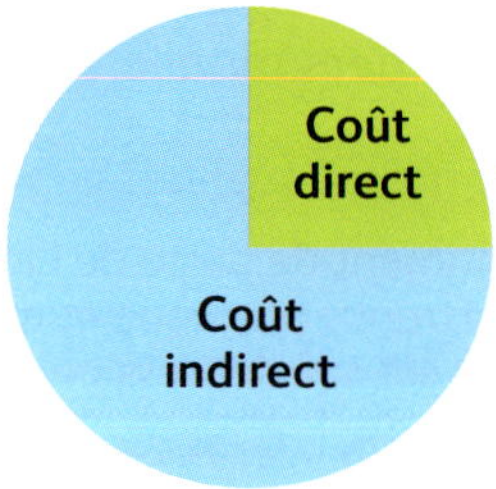

Frais de médecin, d'hôpital, de médicaments, de radiologie, de rééducation, etc.
Indemnités journalières
Pension, rente
Fond de prévention

- Les entreprises paient dans les charges salariales la cotisation AT/MP qui fait l'objet d'une réglementation propre distincte des cotisations dues au titre de l'assurance maladie. Ce taux de cotisation est calculé chaque année et notifié aux entreprises.
En fonction de leur résultat en matière de sécurité, elles peuvent bénéficier de bonifications ou de majorations.

DOC. 7 **Répartition des cotisations versées par la CPAM**

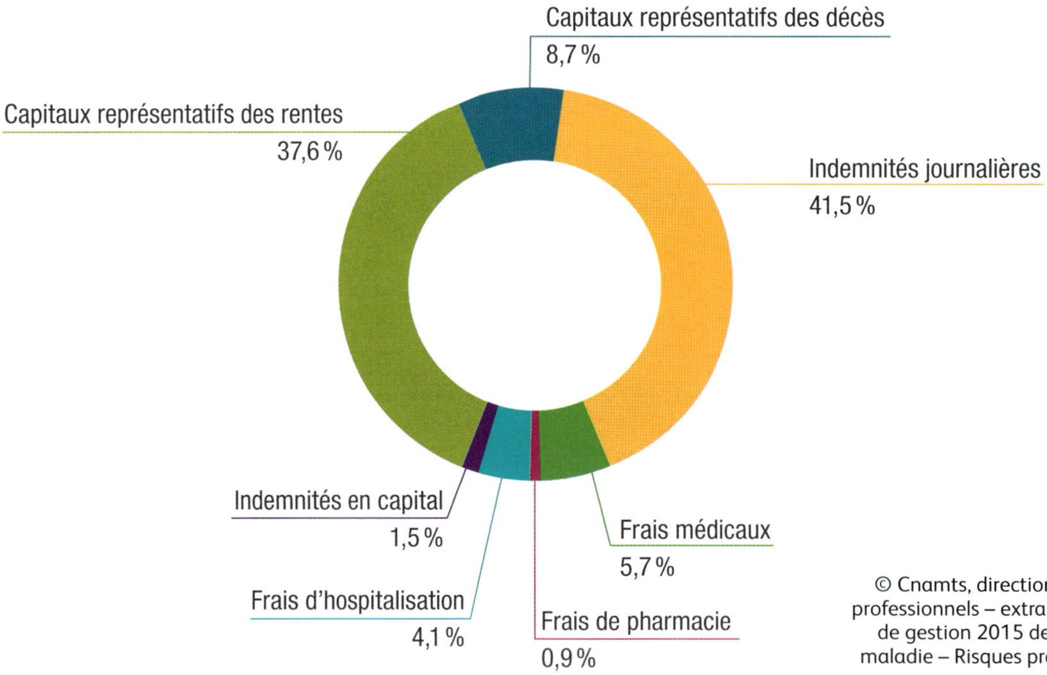

© Cnamts, direction des risques professionnels – extrait du rapport de gestion 2015 de l'Assurance maladie – Risques professionnels.

COMPRENDRE & ANALYSER

1. Proposer une définition simple du coût direct et du coût indirect des AT et MP.
2. Indiquer comment est financé le coût direct des AT et MP.
3. Expliquer pourquoi de bons résultats en matière de sécurité constituent aussi un enjeu financier important pour l'entreprise.
4. Retrouver, à l'aide du doc. 7, les deux principales utilisations des cotisations AT/MP.

4 Les procédures de déclaration et d'indemnisation d'un AT

- **L'indemnisation d'un accident du travail** nécessite un certain nombre de formalités tant de la part du salarié victime de cet accident que de la part de son employeur.
  La victime doit en premier lieu rencontrer son médecin qui lui remettra le certificat médical initial, document nécessaire pour la suite des formalités.

- **La reconnaissance de l'accident du travail** permettra d'obtenir une indemnisation sous forme de prestations en nature et de prestations en espèces.

  Les prestations en nature constituent la prise en charge des dépenses de santé ; celle-ci est totale dans le cas d'un AT ou d'une MP.

  Les prestations en espèces correspondent aux indemnités journalières, aux rentes d'incapacité en cas d'infirmité, aux rentes aux ayants droits (veuve, enfants ou parents), en cas de décès de la victime.

DOC. 8 Le certificat médical initial

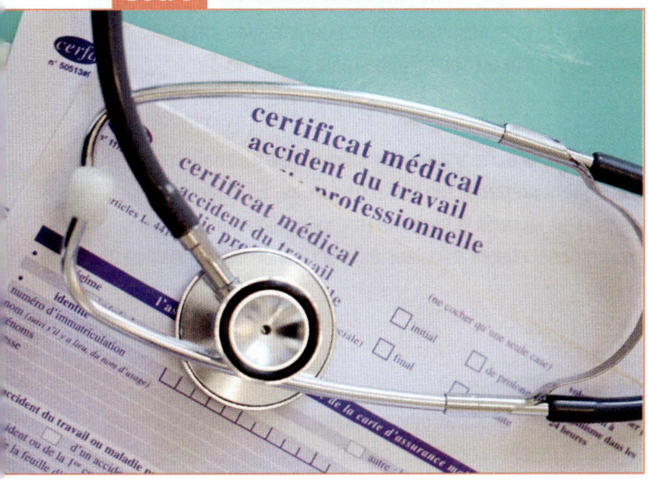

DOC. 9 Déclaration d'un AT

Ce que je fais en tant qu'assuré

Je retrouve ci-après les démarches que je dois effectuer pour bénéficier de mes prestations.

JE DÉCLARE MON ACCIDENT

24h — Je préviens rapidement mon employeur de mon accident, en précisant les circonstances et l'identité du ou des témoin(s) éventuel(s).

J'envoie le « certificat médical initial » remis par mon médecin après mon accident à ma caisse d'assurance maladie.

JE M'ASSURE QUE MON EMPLOYEUR A FAIT LES DÉMARCHES DE SON CÔTÉ

Une fois informé de mon accident, mon employeur doit remplir plusieurs obligations :

- sous 48h — déclarer à ma caisse d'assurance maladie, l'accident que j'ai eu sur mon lieu de travail ou sur le trajet, en renvoyant la « déclaration d'accident du travail »,
- me remettre une « feuille d'accident du travail » dès que possible,
- en cas d'arrêt de travail, il doit remplir une attestation de salaire et l'envoyer au plus tôt à ma caisse d'assurance maladie, qui calculera ainsi le montant de mes indemnités journalières.

J'UTILISE MA FEUILLE D'ACCIDENT DU TRAVAIL

- Je la présente aux professionnels de santé que je consulte. Elle me dispense de l'avance des frais.
- À la fin de mon traitement ou dès qu'elle est entièrement remplie, je la renvoie à ma caisse d'assurance maladie.

Source : Cnamts, 2012 – © Agence Australie / Cristof Echard.

COMPRENDRE & ANALYSER

1. Indiquer quand est établi le certificat présenté en doc. 8 et quelle est sa finalité.
2. Expliquer, à l'aide du doc. 9, quelles sont les formalités à accomplir par la victime d'un AT pour qu'il soit reconnu et indemnisé.
3. Préciser, à l'aide du doc. 9, quelles sont les formalités qui relèvent de l'employeur.
4. Justifier l'intérêt de la feuille d'accident du travail.

5 Les procédures de déclaration et d'indemnisation d'une MP

- Dès réception de la déclaration et du certificat médical initial, la caisse primaire d'assurance maladie (CPAM) envoie la feuille de maladie professionnelle. Il faut la conserver pour la prise en charge des soins et médicaments.
Elle dispose d'un délai de 3 mois après avoir reçu les pièces pour instruire le dossier et se prononcer sur sa recevabilité.

- Des investigations supplémentaires sont parfois nécessaires pour confirmer le caractère professionnel ou non de la maladie. Le dossier peut par exemple être soumis au comité régional de reconnaissance des maladies professionnelles (**CRRMP**). Celui-ci établit s'il existe un lien entre la maladie et le travail habituel puis rend un avis motivé à la CPAM.

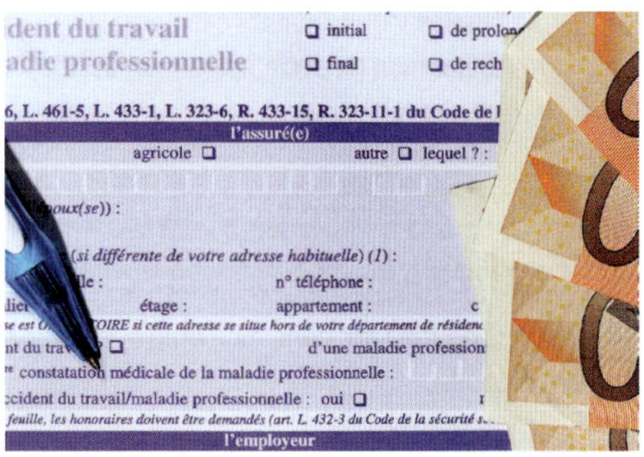

COMPRENDRE & ANALYSER

1. Indiquer, à l'aide du **doc. 10**, les documents à produire pour déclarer une maladie professionnelle.
2. Indiquer, à l'aide du **doc. 10**, comment sont calculées les indemnités journalières lorsque l'arrêt de travail dépasse 29 jours.
3. Préciser, à l'aide du **doc. 10**, dans quel cas la victime d'une MP peut prétendre à une rente.

DOC. 10 Déclaration et indemnisation des MP

JE DÉCLARE MA MALADIE PROFESSIONNELLE

J'envoie à ma caisse d'assurance maladie :

- **ma déclaration de maladie professionnelle** (disponible sur www.ameli.fr rubrique « formulaires » ou auprès de ma caisse d'assurance maladie),
- **le certificat médical initial remis par mon médecin.** Il précise la nature de ma maladie et montre le lien, qui existe entre ma maladie et mon travail,
- **mon attestation de salaire,** remplie par mon employeur.

PRISE EN CHARGE DES SOINS*

Si je suis atteint(e) d'une maladie professionnelle, tous les soins qui y sont liés, sont pris en charge à 100 %* par l'Assurance Maladie. Je ne fais pas l'avance des frais et ne paye pas le forfait journalier si je suis hospitalisé(e). La participation forfaitaire de 1 € pour chaque acte ou consultation reste à ma charge.

LE PAIEMENT D'INDEMNITÉS JOURNALIÈRES*

Si je suis en arrêt de travail, les indemnités journalières compensent en partie ma perte de salaire. Elles me sont dues pour tous les jours de la semaine (samedis, dimanches et jours fériés compris) et sont calculées à partir de mon dernier salaire brut :

JOUR 1 – JOUR 2 – … – JOUR 28 : 60 % du dernier salaire brut
JOUR 29 – … : 80 % du dernier salaire brut

Leur montant ne peut pas être supérieur à mon salaire journalier net (salaire mensuel net divisé par 30).

LE VERSEMENT D'UNE INDEMNITÉ OU D'UNE RENTE EN CAS D'INCAPACITÉ*

À l'issue de mon traitement, si des séquelles affectent ma capacité de travail, je peux également bénéficier :

- **d'une indemnité en capital forfaitaire** (somme d'argent versée en une seule fois), **si mon taux d'incapacité est inférieur à 10 %,**
- **d'une rente, si mon taux d'incapacité permanente est supérieur ou égal à 10 %.** Le montant de cette rente dépend de mon taux d'incapacité et des salaires que j'ai perçus au cours des 12 mois précédant mon arrêt de travail. Elle m'est versée tout au long de ma vie tant que mon état de santé le justifie.

Source : Cnamts, 2012 – © Agence Australie / Cristof Echard.

* **Remarque :** le versement des prestations en nature et en espèces se fait selon les mêmes modalités pour les AT et accidents du trajet.

6 Les responsabilités civiles et pénales de l'employeur

■ **La responsabilité pénale est un dispositif visant à punir l'auteur d'une infraction.**
Le code pénal définit les infractions et les sanctions correspondantes. Le Code du travail précise les infractions spécifiques du milieu professionnel comme l'absence de formation à la sécurité que l'employeur doit dispenser à tout salarié. Selon l'article 222-19 du Code pénal : « Le fait de causer à autrui, dans les conditions et selon les distinctions prévues à l'article 121-3, par maladresse, imprudence, inattention, négligence ou manquement à une obligation de prudence ou de sécurité imposée par la loi ou le règlement, une incapacité totale de travail pendant plus de trois mois est puni de deux ans d'emprisonnement et de 30 000 euros d'amende. »

■ **La responsabilité civile est un mécanisme de réparation qui permet l'indemnisation de la victime d'un dommage.** Tout salarié victime d'un AT ou d'une MP bénéficie automatiquement d'une indemnisation forfaitaire qui lui est directement versée par sa caisse primaire d'assurance maladie (cotisations AT/MP acquittées par l'employeur). Celle-ci est versée sans que la faute responsable du dommage soit recherchée, qu'elle soit du fait de l'employeur ou du salarié.
Cependant, en cas de faute inexcusable de l'employeur (absence de mesures de prévention pour un danger connu), dans le cas d'un accident du travail, la victime peut obtenir une majoration de sa rente d'incapacité permanente partielle (**IPP**) et une réparation complémentaire du préjudice subi. Il incombe à la victime ou à ses ayants droit de prouver la faute inexcusable.
La caisse primaire d'assurance maladie récupère auprès de l'employeur la majoration de la rente d'IPP.

DOC. 11 Faute inexcusable et responsabilité pénale

Selon le Procureur de la République, l'entreprise n'avait pas souhaité investir dans ces protections pour des raisons de coût. Les doigts du salarié sont donc entrés en contact avec les pales, et la gravité des blessures a été telle qu'il a dû être amputé de l'index. L'amende peut paraître peu élevée, eu égard à la taille de l'entreprise. C'est malheureusement un montant conforme à ce qui est généralement fixé en la matière par les tribunaux. Quant à la faute inexcusable de l'employeur, avec une condamnation pénale, les chances de succès devant le Tribunal des affaires de sécurité sociale sont élevées. La loi prévoit en effet qu'un équipement de travail comportant des parties mobiles doit impérativement être sécurisé. Tel n'était évidemment par le cas en l'espèce.

© www.juritravail.com

COMPRENDRE & ANALYSER

1. Définir la responsabilité civile et la responsabilité pénale.
2. Indiquer l'intérêt, en cas d'AT ou MP, de faire reconnaître la faute inexcusable de l'employeur.
3. Justifier, pour la situation présentée dans le doc. 11, pourquoi la responsabilité pénale a été mise en cause.

S'entraîner
en mobilisant la démarche de résolution de problèmes

SITUATION

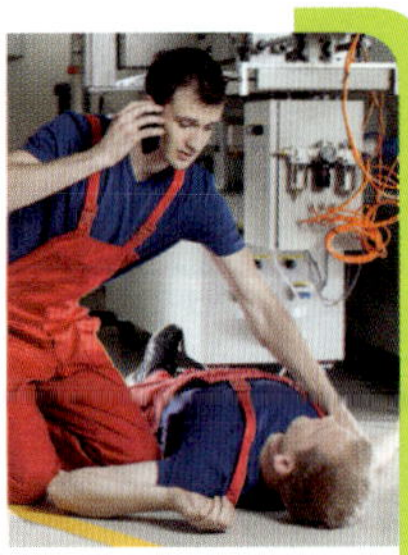

Adrien vient de glisser sur de la graisse dans l'atelier de mécanique (1) où il est en train de travailler. Il est tombé sur son avant-bras qu'il ne peut plus bouger et qui a doublé de volume (2). Un SST s'occupe de lui en attendant les secours. Malgré sa douleur, Adrien est inquiet ; la gravité de sa blessure va entraîner un long arrêt de travail avec perte de revenus (3) et par conséquent engendrer des difficultés pour rembourser le crédit (4) de sa voiture. Il y aura des dépenses de santé conséquentes : médecin (5), chirurgien (6), radiologue (7), pharmacie (8), kinésithérapeute (9), etc. De plus, il ne pourra plus pratiquer le football (10) et devra se faire aider pour se laver ou pour s'habiller (11). Adrien doit faire les démarches appropriées pour obtenir l'indemnisation de son accident du travail (12).

1 Identifier le problème posé

2 Identifier les éléments de la situation

3 Mettre en relation les éléments de la situation

- Associer les numéros des éléments de la situation aux lettres correspondant aux axes du diagramme « causes-effet » (exemple : E (12)).

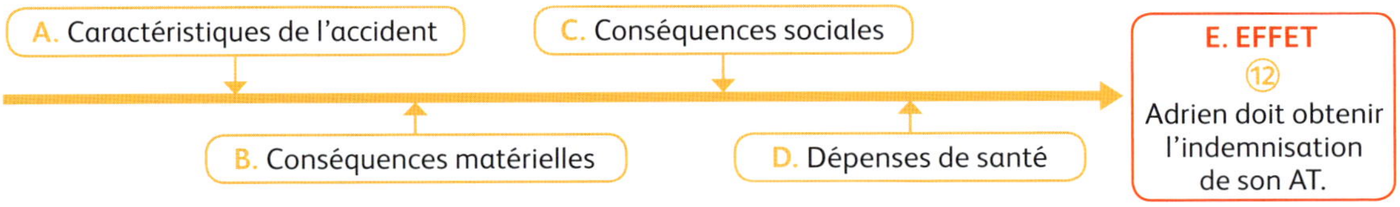

4 Mobiliser des connaissances utiles

1. Justifier pourquoi l'accident d'Adrien est un accident de travail.
2. Indiquer, pour l'accident de travail d'Adrien, à quoi correspondent le coût direct, le coût indirect et le coût humain de cet accident.

5 Proposer des solutions

1. Indiquer les démarches que doit faire Adrien pour être indemnisé de son accident du travail.
2. Préciser par quoi sera remplacé son salaires, sachant qu'il a 3 mois d'arrêt de travail (90 jours).
3. Expliquer quelle action il peut intenter contre son employeur, sachant que le sol de l'atelier n'était pas conforme aux normes de sécurité malgré les injonctions de l'inspection du travail.

Retenir l'essentiel

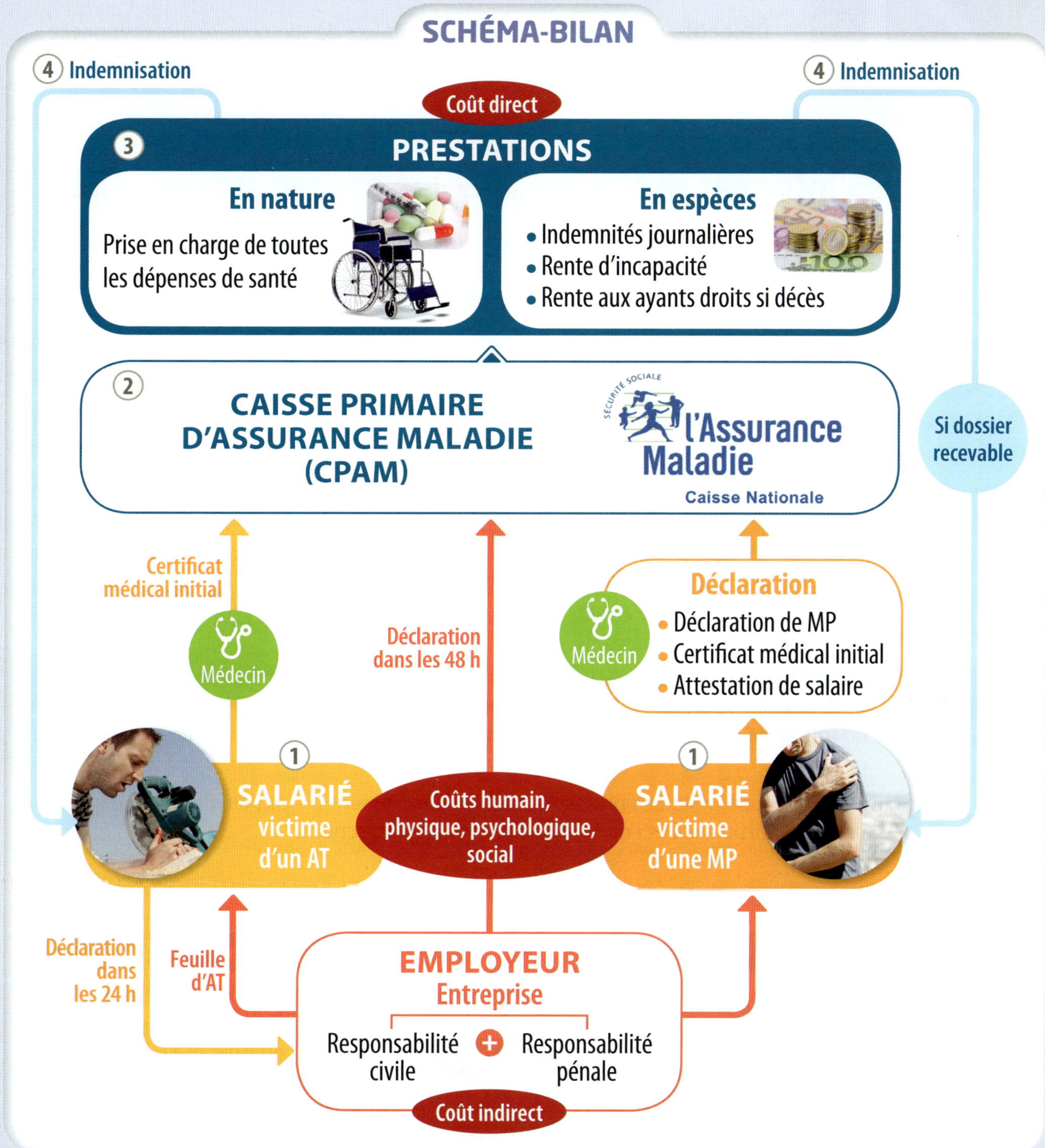

COMPLÉTER LA SYNTHÈSE

→ lienmini.fr/pse628-syn24

VÉRIFIER LES ACQUIS

QCM

→ lienmini.fr/pse628-qcm24

APPROFONDIR

VIDÉO

→ lienmini.fr/pse628-vid20

21 Prévenir le risque chimique

Objectif : repérer les risques chimiques lors de son activité professionnelle et adopter un comportement responsable en respectant les règles de sécurité.

S'informer et s'approprier les connaissances utiles

Dans les entreprises, de nombreux produits (peintures, solvants, carburants…) peuvent nuire à la santé des opérateurs, provoquer AT ou MP, incendies, explosions ou pollutions. Des mesures de prévention sont indispensables.

1 Le danger

- Les produits chimiques, qu'ils soient d'origine naturelle ou de synthèse, sont présents dans notre vie quotidienne (cosmétiques, produits ménagers…), mais aussi dans notre vie professionnelle, sans représenter forcément un danger pour autant.
- On considère comme agents chimiques dangereux ou **ACD** :
  - Les substances qui font l'objet d'une classification européenne harmonisée, en application du règlement **CLP** (*classification, labelling, packaging*).
  - Les substances non classées au niveau européen, mais reconnues comme pouvant représenter un danger pour la santé et la sécurité des personnes.
  - Certains agents émis lors de l'activité professionnelle (fumées de soudage, poussières de bois, brouillards d'huiles, gaz d'échappement, vapeurs organiques…), qui, notamment en raison de leur forme facilement respirable, présentent un danger pour la santé des personnes.
- Des tableaux de maladies professionnelles reconnaissent un lien direct entre l'exposition à des ACD particuliers et l'apparition de certaines affections.

DOC. 1 État physique des produits chimiques

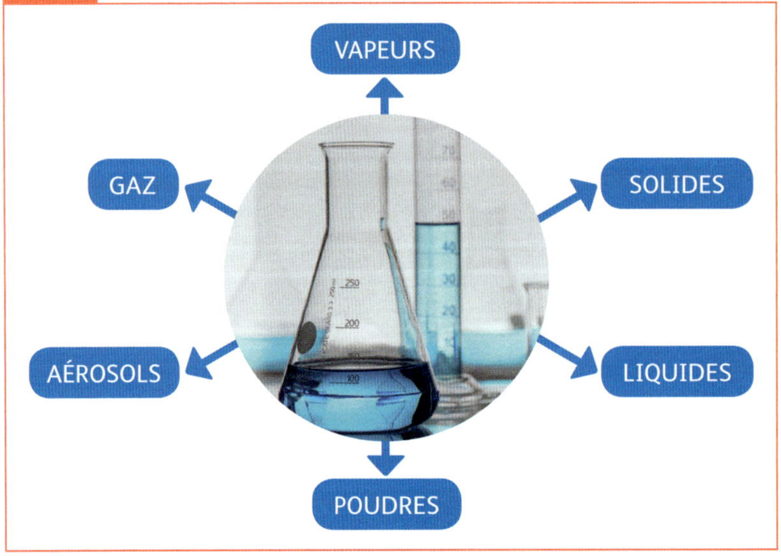

COMPRENDRE & ANALYSER

1. Indiquer, à l'aide du doc. 1, la signification du sigle ACD.
2. Expliquer pourquoi tous les produits chimiques ne sont pas des ACD.
3. Rechercher, à l'aide du doc. 1 et de ses connaissances, à quels ACD vous êtes exposé(e) dans votre secteur professionnel.

- Dans les secteurs du travail et de la consommation, le règlement CLP définit les règles européennes de classification, d'étiquetage et d'emballage des produits chimiques. Il s'agit de l'application, au sein de l'Union européenne du système général harmonisé de classification et d'étiquetage des produits chimiques (**SGH**), élaboré au niveau international.
- Cette réglementation précise quelles sont les informations qui doivent obligatoirement figurer sur l'étiquetage des produits. Parmi ces informations :
  - la mention d'avertissement « attention » ou « danger », selon le degré de dangerosité croissant du produit ;
  - des mentions de danger codifiées H : elles précisent les risques en fonction des dangers physiques, des dangers pour la santé ou pour l'environnement. Elles complètent les informations apportées par le pictogramme de danger ;
  - des conseils de prudence codifiés P : ils informent sur le stockage, la manipulation et les mesures à mettre en œuvre en cas d'accident.

DOC. 2 **Exemple de contenu d'une étiquette de produit chimique**

1. Mention d'avertissement : spécifie le degré relatif d'un danger. Deux mentions d'avertissement sont possibles : « Danger » (utilisée pour les catégories de danger les plus sévères) et « Attention ».

2. Identité du fournisseur : nom, adresse et numéro de téléphone du (des) responsable(s) de la mise sur le marché du produit.

3. Pictogrammes de danger : symbolise le(s) danger(s) que représente un produit chimique.

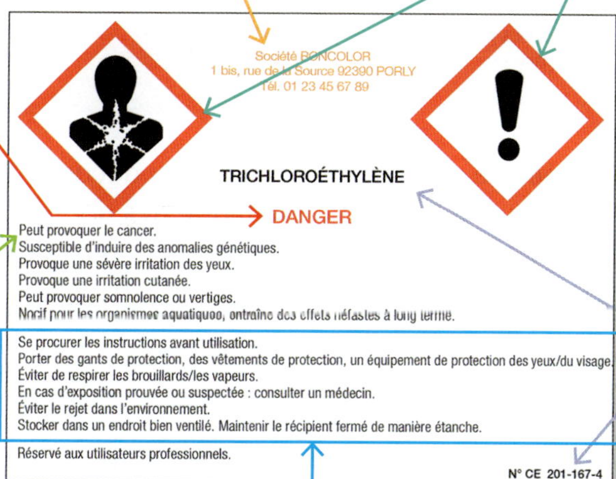

4. Mentions de danger (H pour *hazard*) : phrase qui décrit la nature du danger que constitue un produit chimique et, lorsqu'il y a lieu, le degré de ce danger.

5. Identification du produit : nom chimique et, lorsqu'il existe, numéro d'identification.

6. Conseils de prudence (P) : précautions à respecter et protections à utiliser lors de l'utilisation du produit chimique.

COMPRENDRE & ANALYSER

1. Relever, sur le doc. 2, les informations qui doivent figurer sur une étiquette de produit chimique.

2. Indiquer à quel type d'informations correspondent celles qui sont précédées de la lettre P.

3. Expliquer l'intérêt de l'étiquetage des produits chimiques selon le règlement CLP.

Le pictogramme présent sur l'étiquette, conforme à la réglementation CLP, est le premier élément visible qui va éclairer l'utilisateur sur la nature du danger. Il est important de connaître ces pictogrammes qui informent des dangers physiques, des dangers pour la santé et des dangers pour l'environnement.

DOC. 3 Les neuf pictogrammes de danger

DANGERS PHYSIQUES

Produits pouvant exploser si source de chaleur, étincelle, choc ...

Produits pouvant s'enflammer au contact d'une source de chaleur, de choc, de l'air, de l'eau ...

Produits comburants : ils peuvent provoquer ou aggraver des incendies

Gaz comprimés liquéfiés ou dissous

Produits corrosifs pouvant attaquer les métaux
Produits corrosifs pouvant attaquer la peau et/ou les yeux

DANGERS POUR LA SANTÉ

Produits pouvant entraîner des effets graves sur la santé à moyen terme : cancérogènes, mutagènes, reprotoxiques, allergiques respiratoires, effets graves sur certains organes...

Produits pouvant empoisonner rapidement même à faible dose

Produits irritants, pouvant provoquer des allergies cutanées, des somnolences ou empoisonner à fortes doses
Produits dangereux pour la couche d'ozone

DANGERS POUR L'ENVIRONNEMENT

Produits ayant des effets néfastes sur le milieu aquatique

La fiche de données de sécurité, ou **FDS**, est un document informant l'utilisateur d'un produit chimique des dangers liés à son utilisation.

La FDS contient notamment des informations concernant :
– les dangers pour la santé et l'environnement ;
– les moyens de protection ;
– les mesures à prendre en cas d'urgence.
Elle doit être transmise par le fournisseur. L'employeur doit en prendre connaissance et s'y référer pour mettre en place les mesures de prévention nécessaires.

COMPRENDRE & ANALYSER

1. Citer, à l'aide du doc. 3, les trois catégories de dangers signalés par les pictogrammes présents sur les étiquettes d'ACD.
2. Indiquer l'intérêt des pictogrammes pour les utilisateurs d'ACD.
3. Décrire deux pictogrammes présentant deux catégories de dangers.
4. Nommer le document qui vient compléter l'étiquette des ACD et l'usage que doit en faire l'employeur en matière de sécurité.

2 La situation dangereuse

Il y a situation dangereuse lorsque l'opérateur est exposé à un ACD.

- On distingue deux types d'expositions :
  – Des produits sont utilisés de façon délibérée, sous leur état liquide, solide ou gazeux, pour leurs propriétés (diluant, dégraissant…) ou associés à d'autres produits pour fabriquer un matériau ou une autre substance. Des applications au rouleau, au chiffon, par pulvérisation ou sous pression favorisent l'exposition.
  – Un procédé ou une activité peuvent émettre poussières, vapeurs, gaz, fumées ou brouillards. Il y a dans ce cas pollution du poste de travail et de son environnement, et une exposition probable de l'opérateur.
- L'exposition peut être due à une situation ou à un fonctionnement ordinaire et habituel, si les mesures de prévention sont insuffisantes ou inappliquées. L'exposition peut aussi être accidentelle : rupture, fuite, procédé mal maîtrisé, déversement accidentel, etc.

DOC. 4 Exemples de situations d'expositions aux substances chimiques

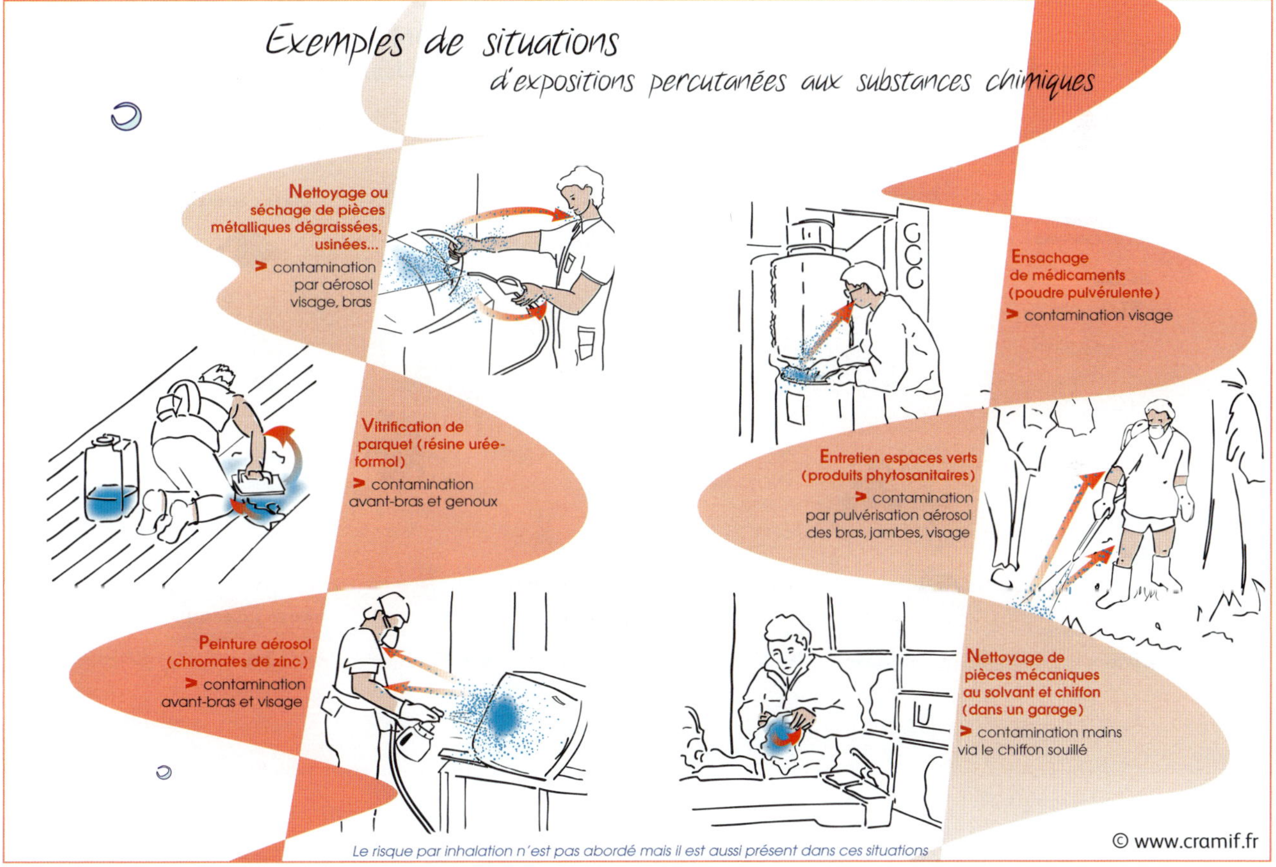

© www.cramif.fr

COMPRENDRE & ANALYSER

1. Expliquer pourquoi toutes les situations présentées dans le doc. 4 sont des situations dangereuses.
2. Présenter pour votre secteur professionnel un exemple de situation dangereuse résultant d'une exposition à des ACD. Préciser si elle résulte d'une utilisation délibérée de produits ou non.

- Dix facteurs de pénibilité sont reconnus en tant que tels lorsque certains seuils sont dépassés, parmi lesquels le risque chimique. Lorsqu'un salarié (non fonctionnaire) est exposé à des facteurs de pénibilité au-delà des seuils reconnus, l'employeur doit établir une déclaration et mettre en place un compte personnel de prévention de la pénibilité (**CPPP**) qui permet l'acquisition par le salarié exposé de points cumulés sur le compte.
- Ce dispositif doit permettre de diminuer les risques et de les compenser pour les salariés par l'acquisition de points sur l'ensemble d'une carrière. Ces points, calculés depuis 2015, pourront être utilisés pour :
  – partir plus tôt à la retraite ;
  – bénéficier d'un temps partiel sans diminution de salaire ;
  – obtenir une formation professionnelle dans la perspective d'accéder à un poste moins ou non exposé à des facteurs de risques.

DOC. 5 **Pourcentage d'entreprises qui s'estiment exposées au risque, au-delà du seuil de pénibilité**

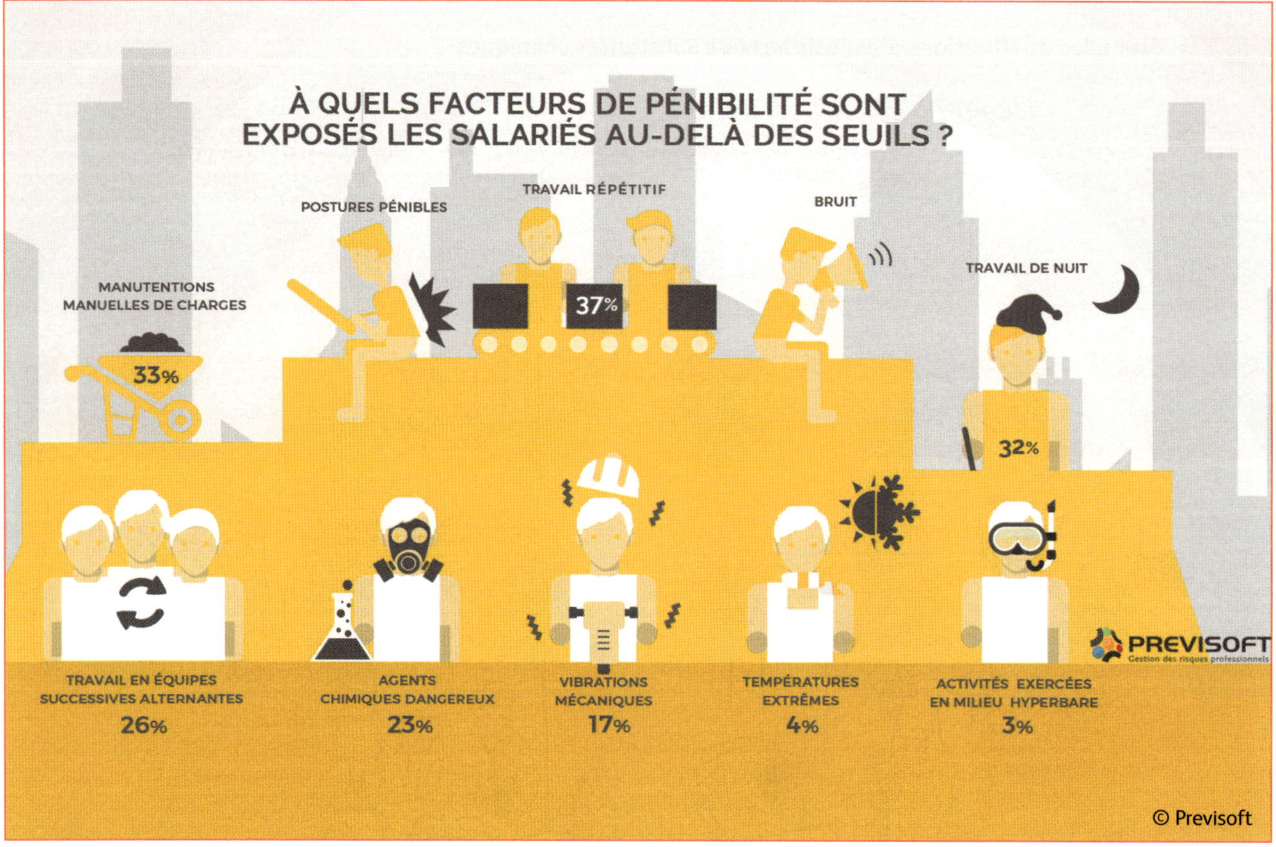

© Previsoft

COMPRENDRE & ANALYSER

1. Décoder le sigle CPPP puis expliquer l'intérêt de ce dispositif.

2. Justifier le fait que le risque chimique figure dans les dix facteurs de pénibilité avec des seuils spécifiques à chaque produit.

3. Rechercher, dans le doc. 5, le pourcentage d'entreprises dont les salariés sont exposés aux agents chimiques comme facteur de pénibilité ; indiquer la remarque que l'on peut faire.

3 L'événement dangereux

- L'événement dangereux est la pénétration de l'agent chimique dangereux dans l'organisme qui se fait par voie respiratoire ou inhalation, par voie cutanée et par voie digestive.

DOC. 6 Les voies de pénétration des produits chimiques dans l'organisme

La voie respiratoire : c'est la porte d'entrée la plus fréquente des ACD sous forme de gaz, fumées, particules, vapeurs ou aérosols. Les produits sont inhalés et arrivent dans les alvéoles pulmonaires avec l'air inspiré. L'importante surface d'échange que constituent les alvéoles (1 800 millions, soit 80 m²) et l'abondante vascularisation des poumons favorisent une diffusion rapide de ces substances dans le sang.

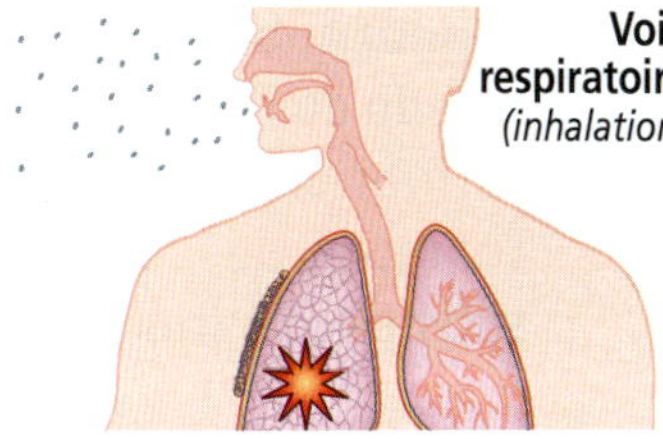

La voie cutanée : la peau représente une barrière mais elle a des limites, notamment lorsqu'elle est fragilisée par le contact avec les produits. Ainsi certaines substances la franchissent facilement (exposition percutanée) puis diffusent dans le sang. Ces substances peuvent de plus provoquer localement irritations, nécroses ou réactions de sensibilisation. Il faut souligner que le contact avec les muqueuses (œil par exemple) peut occasionner des dommages importants.

La voie digestive : il ne s'agit pas de la voie habituelle de pénétration des ACD, excepté lors de la déglutition de particules ayant pénétré par le nez et se mélangeant à la salive ou encore lors d'absorption accidentelle ou même suicidaire. L'absorption par cette voie est le plus souvent due aux dépôts de produits sur les mains qui vont arriver dans la bouche en fumant ou en mangeant.

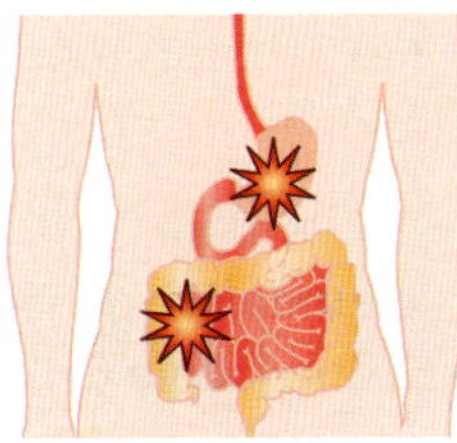

DOC. 7 Exemples d'événements dangereux

A

B

C

COMPRENDRE & ANALYSER

1. Indiquer, à l'aide du doc. 6, les trois voies de pénétration des ACD dans l'organisme.
2. Classer, à l'aide du doc. 6, ces trois voies de la moins fréquente à la plus fréquente.
3. Expliquer, pour les trois visuels du doc. 7, pourquoi il y a événement dangereux.

4 Les dommages

- L'ACD est véhiculé par le sang et peut se fixer sur différents tissus ou organes cibles (système nerveux, reins, foie, poumons, cellules sanguines, peau, yeux).
- Il peut subir des modifications au niveau du foie qui pourront le transformer en produits non toxiques, toxiques ou plus toxiques que la substance initiale.
- L'ACD ou ses produits de transformation peuvent être éliminés par l'urine, l'air expiré, la sueur et les phanères (ongles, cheveux) ainsi que les sécrétions digestives (salive, bile).

DOC. 8 Circuit des ACD dans l'organisme

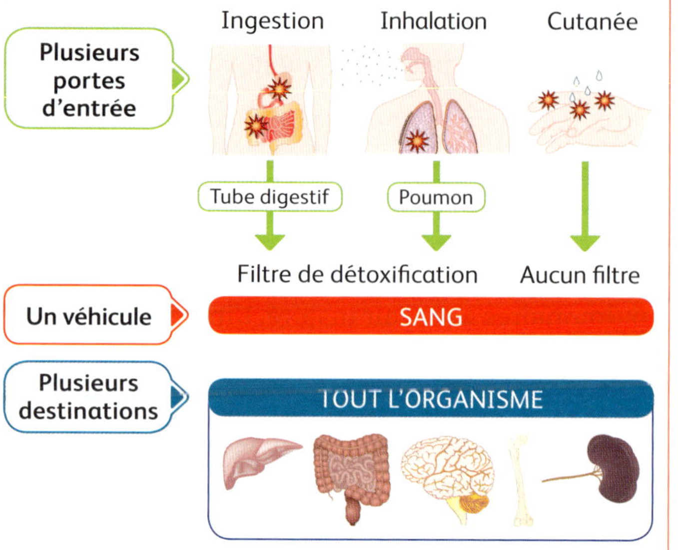

Source : www.aist84.fr

- On distingue deux types de toxicité :

  – La **toxicité immédiate :** c'est une intoxication aiguë résultant de l'absorption, du contact ou de l'inhalation accidentelle ou volontaire de substances nocives en une seule fois (temps de contact court, concentration élevée). Les dommages sont assimilés à un AT.

  – La **toxicité à plus ou moins long terme :** il s'agit d'une intoxication chronique qui résulte de l'exposition répétée par contact ou par inhalation à de petites doses de substances chimiques qui s'accumulent dans l'organisme (temps long, faible concentration). Elle génère des dommages pouvant être reconnus comme MP.
- D'une manière générale, les dommages générés sont spécifiques à chaque ACD. La toxicité peut être locale (à l'endroit du contact : peau, yeux, muqueuses respiratoires par exemple) ou générale (à distance du lieu de contact).

DOC. 9 Mécanisme de l'intoxication aiguë et de l'intoxication chronique

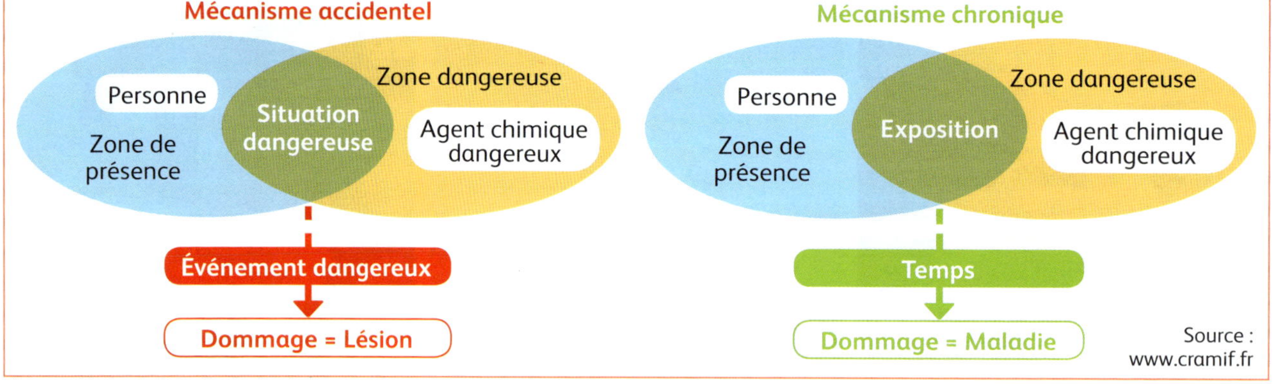

Source : www.cramif.fr

COMPRENDRE & ANALYSER

1. Indiquer, à l'aide du doc. 8, pourquoi la pénétration par voie cutanée est particulièrement dangereuse.
2. Définir la toxicité aiguë et la toxicité chronique.
3. Expliquer, à l'aide du doc. 9, pourquoi les ACD peuvent générer AT ou MP.

- Certaines toxicités sont spécifiques ; c'est le cas de produits qui peuvent générer des réactions de type allergique pouvant dans certains cas être reconnues comme maladies professionnelles (exemple : Tableau n°65). Les **CMR** peuvent quant à eux générer des dommages spécifiques.
- Certains produits sont explosifs et/ou inflammables et peuvent être à l'origine d'explosions ou d'incendies. Ils peuvent trouver leur place dans le triangle du feu ou l'hexagone de l'explosion, schématisation de l'ensemble des paramètres qui doivent se trouver réunis pour que survienne l'accident.

DOC. 10 Extrait d'un dépliant informatif sur les CMR

© Carsat Auvergne (www.carsat-auvergne.fr).

DOC. 11 Extrait de tableau de maladie professionnelle

Régime général Tableau 65

Lésions eczématiformes de mécanisme allergique

Date de création : décret du 2 juin 1977 — Dernière mise à jour : décret du 11 février 2003

Désignation de la maladie	Délai de prise en charge	Liste indicative des principaux travaux susceptibles de provoquer ces maladies
Lésions eczématiformes récidivant en cas de nouvelle exposition au risque ou confirmées par un test épicutané positif au produit manipulé.	15 jours	Préparation, emploi, manipulation des agents nocifs limitativement énumérés ci-après **A. – Agents chimiques :** Acide chloroplatinique ; Chloroplatinates alcalins ; Cobalt et ses dérivés ;

© INRS, extrait du site www.inrs.fr.

DOC. 12 Mécanisme de l'incendie et de l'explosion

Triangle du feu

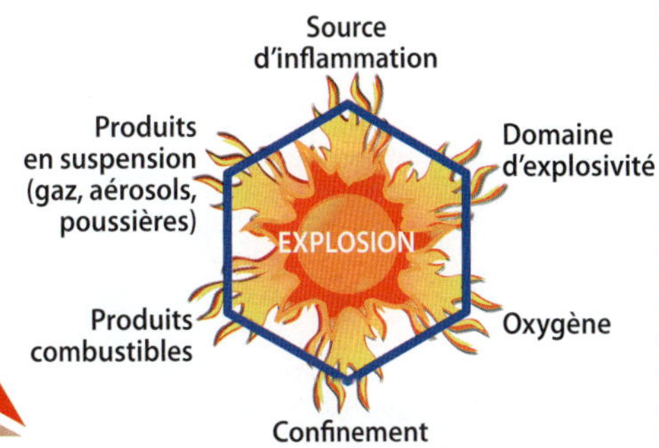

Hexagone de l'explosion

Source : INRS

COMPRENDRE & ANALYSER

1. Justifier, à l'aide du doc. 10, pourquoi les salariés exposés à des CMR bénéficient d'un suivi individuel renforcé (SIR).
2. Nommer, à l'aide du doc. 11, une MP de type allergique provoquée par des ACD ; préciser le délai de prise en charge.
3. Situer, sur le doc. 12, la place des produits chimiques dans le triangle du feu ou l'hexagone de l'explosion.
4. Télécharger, pour un produit utilisé lors des activités professionnelles, la fiche toxicologique correspondante sur www.inrs.fr (lienmini.fr/pse628-21) ; rechercher les dommages que peut occasionner ce produit.

5 La prévention du risque chimique

Le tableau ci-dessous présente quelques exemples de mesures de prévention ; celles-ci dépendent de nombreux paramètres comme la nature des produits, la structure des postes de travail, etc.

		Mesures préventives contre le risque chimique
NIVEAU 1 Prévention intrinsèque	**Suppression du risque**	• Supprimer le produit dangereux. • Le remplacer par un autre moins dangereux. • Automatiser les opérations exposant le personnel au risque chimique.
	Réduction du risque	• Diminuer les durées d'exposition des salariés. • Faire des roulements sur les postes exposés. • Varier les activités des salariés exposés. • Stocker les produits à l'écart des locaux de travail.
NIVEAU 2 Protection	**collective**	• Ventilation générale. • Hotte aspirante. • Captage des polluants à la source. • Installation de douches. • Surveillance des VLEP (valeurs limites d'exposition professionnelle).
	individuelle	• Utilisation d'EPI : gants, masques, lunettes, combinaisons, bottes.
NIVEAU 3 Instructions (formation – information)		• Stage de formation du personnel. • Mise à disposition de fiches de poste, de FDS. • Signalisation des zones à risques. • Affichage des règles de sécurité (affiches INRS). • Surveillance médicale renforcée des salariés exposés par les SSTI.

DOC. 13 Quelques moyens de prévention contre le risque chimique

Exemples de panneaux rappelant l'obligation de porter des EPI, bonne protection contre le risque chimique.

COMPRENDRE & ANALYSER

1. Indiquer, pour votre secteur professionnel, les mesures de prévention mises en place contre le risque chimique.
2. Indiquer, à l'aide du doc. 13, les EPI que vous êtes amené(e) à utiliser lors de votre activité pour vous protéger du risque chimique.

■ La surveillance des VLEP est une mesure de prévention collective importante. L'employeur doit faire vérifier la concentration des agents chimiques (ACD et CMR) dans l'air, dans la zone de travail et de respiration des salariés, afin de s'assurer de l'efficacité des mesures de prévention mises en place.

■ Les valeurs limites d'exposition professionnelle fixent les niveaux de concentration dans l'atmosphère à ne pas dépasser. On distingue :
- Les **VLEP dites contraignantes** : elles concernent des substances telles que poussières, amiante, benzène, chlorure de vinyle, plomb, quartz, etc. Elles ne doivent pas être dépassées.
- Les **VLEP indicatives** : elles concernent environ 400 produits chimiques et doivent être considérées comme des objectifs minimaux pour la prévention.

DOC. 14 **Extrait de dépliant informatif**

© Eyrein Industrie (www.eyrein-industrie.com).

DOC. 15 **Relevé de mesure de la VLEP pour du styrène**

VLEP	Moyenne pondérée sur 8 H		Court terme	
Indicative réglementaire	ppm	mg/m³	ppm	mg/m³
Styrène	100	23,23	200	46,46

Source : www.carsat-pl.fr

■ Pour chaque type de VLEP, on effectue deux types de mesures :
- la **VLEP CT** : la VLEP à court terme est mesurée sur une période de référence de 15 minutes. Elle vise à éviter les effets toxiques dus à des pics d'exposition ;
- La **VLEP 8 h** : mesurée sur une durée de travail de 8 heures, elle est destinée à protéger les salariés des effets différés des polluants.

■ Pour les agents chimiques classés CMR présentant une valeur limite contraignante, il est obligatoire de faire appel, au moins une fois par an, à un organisme agréé par le ministère chargé du Travail.
Ce recours peut aussi être prescrit par l'inspection du travail pour toutes les VLEP contraignantes ; en cas d'exposition dépassant la valeur indiquée, l'inspecteur peut déclencher la procédure d'arrêt temporaire de l'activité.

COMPRENDRE & ANALYSER

1. Indiquer, à l'aide du doc. 14, l'intérêt de surveiller la VLEP des ateliers exposés au risque chimique.
2. Expliquer ce qui distingue les VLEP contraignantes des VLEP indicatives ; justifier cette différence.
3. Préciser, à l'aide du doc. 15 et de ses connaissances, pour un local technique dont la VLEP 8 h mesurée pour le styrène est de 150 ppm, si cette valeur est conforme à la réglementation.
4. Justifier à quoi s'expose une entreprise dont la concentration en ACD dans l'atmosphère serait supérieure à une VLEP contraignante.

S'entraîner
en mobilisant la démarche d'approche par le risque

SITUATION

Karène, 18 ans, coiffeuse nouvellement diplômée (1), est embauchée dans un salon de coiffure où chaque salarié est chargé d'une technique. Son travail consiste chaque jour à réaliser des permanentes (2). Les préparations de produits sont réalisées dans un local peu ventilé et elle n'aime pas utiliser des gants. En consultant une brochure distribuée par le service de santé au travail, elle découvre que les produits pour permanente (3) constituent un danger. Ils contiennent des substances qui, par contact ou inhalation (4), peuvent s'avérer allergisantes pour la peau, les yeux et les voies respiratoires. Les dommages provoqués sont des rougeurs, de l'eczéma de contact (mains), des picotements du nez et de la gorge, de la gêne respiratoire et de l'asthme (5).

1 Analyser la situation

1. Nommer le risque auquel est exposée Karène.
2. Définir l'intoxication aiguë et l'intoxication chronique et préciser à laquelle s'expose Karène.

2 Appliquer l'approche par le risque à la situation

Étape 1 : analyser les risques d'atteinte à la santé

- Définir les limites de la situation de travail :
  – Qui est l'opérateur ?
  – Quelle est la tâche réalisée ?
  – Quel est le lieu ?
- Identifier le danger, la situation dangereuse, l'événement dangereux et le(s) dommage(s).
- Reproduire et compléter le schéma PAD avec les numéros indiqués dans la situation.

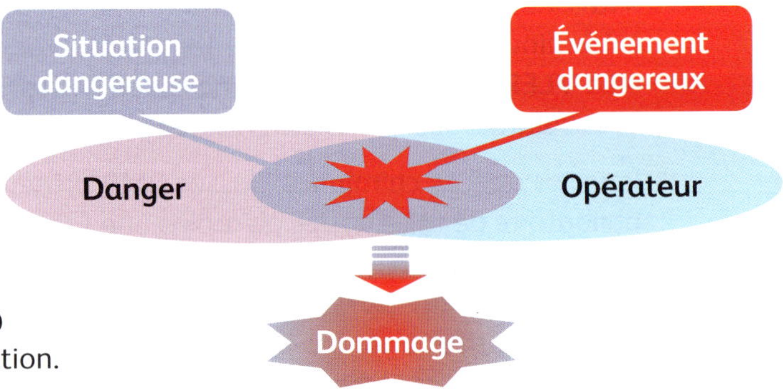

Étape 2 : évaluer les risques d'atteinte à la santé

Repérer, à l'aide du **rabat n°3**, le niveau de gravité du dommage et sa probabilité d'apparition. En déduire, à l'aide du schéma de représentation de l'évaluation des risques (**rabat n°2**), si la réduction du risque est nécessaire ou non prioritaire.

Étape 3 : proposer des mesures de prévention adaptées en les hiérarchisant selon les trois niveaux

S'aider de la fiche pratique « Vous travaillez dans un salon de coiffure ? protégez vous… des risques professionnels » téléchargeable sur www.sante-securite-paca.org (lienmini.fr/pse628-22).

Niveau 1 Prévention intrinsèque	Niveau 2 Protection collective et/ou individuelle	Niveau 3 Instructions/Formations

Retenir l'essentiel

SCHÉMA-BILAN

PRODUITS CHIMIQUES

DANGER

ACD (agents chimiques dangereux)

- Ils comprennent les CMR (cancérigènes, mutagènes, toxiques pour la reproduction).
- Ils se présentent sous forme de : produits, gaz, fumées, etc.
- Pour identifier le danger, lire l'étiquette des produits et les pictogrammes de danger.

! Attention ! Tous les produits chimiques ne sont pas dangereux.

SITUATION DANGEREUSE

- Utiliser des ACD, des CMR.
- Travailler dans une atmosphère contenant des ACD, des CMR.

ÉVÉNEMENT DANGEREUX

La pénétration dans l'organisme

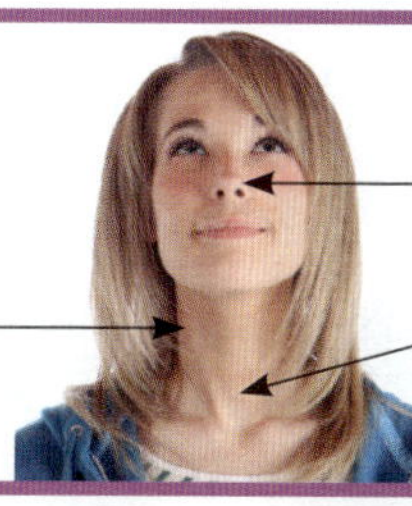

DOMMAGES

Dommages variables selon la nature du produit, la quantité absorbée, la durée d'exposition.

- ↓ Intoxication aiguë si absorption massive
- ↓ Intoxication chronique → ↓ Maladies professionnelles

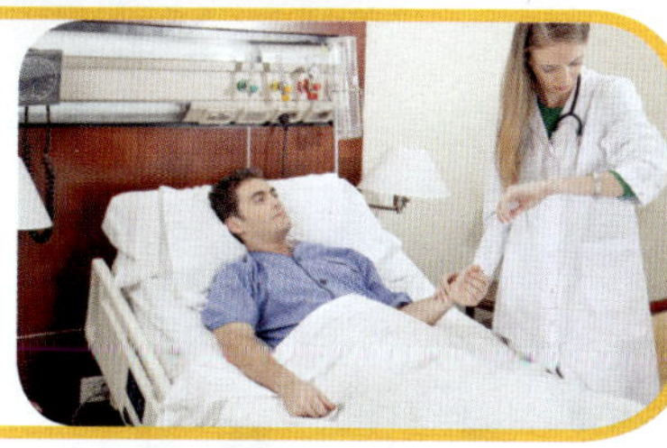

PRÉVENTION

Niveau 1 **Suppression du danger**	Niveau 2 **Protection collective et / ou individuelle**	Niveau 3 **Formation / Information**
• Remplacer les ACD par un produit non dangereux.	• Aspiration du produit • Port d'EPI 	• Formation du personnel • Signalisation

COMPLÉTER LA SYNTHÈSE
→ lienmini.fr/pse628-syn25

QCM — VÉRIFIER LES ACQUIS
→ lienmini.fr/pse628-qcm25

VIDÉO — APPROFONDIR
→ lienmini.fr/pse628-vid21

22 Prévenir les risques liés à l'activité physique

Objectif : respecter les règles de sécurité lors de l'activité physique de manière raisonnée ; avoir un comportement responsable vis-à-vis de sa santé.

S'informer et s'approprier les connaissances utiles

L'activité professionnelle nécessite des gestes, des postures, des déplacements, des manutentions ; le travail musculaire est, selon les cas, statique ou dynamique, et peut générer des dommages. Il est nécessaire de mettre en œuvre une prévention raisonnée.

1 Activité physique statique et dynamique

- L'**activité physique statique** est un état prolongé de contractions musculaires, généralement dans le but de maintenir une posture parfois contraignante. Ainsi, dans la position debout, divers muscles des jambes, des hanches, du dos et du cou sont contractés durant de longs moments.

DOC. 1 Exemples de situations d'activité physique statique contraignante

DOC. 2 Exemple de situation d'activité dynamique

- L'**activité physique dynamique** se caractérise par une succession de contractions et de relâchements musculaires pour réaliser l'activité professionnelle. Elle combine des gestes, des déplacements, parfois de la manutention qui mettent un grand nombre de muscles en activité. L'appareil locomoteur est fortement mobilisé ainsi que les appareils circulatoire et respiratoire.
- Une posture est dite contraignante lorsque les articulations sont sollicitées au-delà de l'amplitude raisonnable. Le danger dépend de la posture et de sa fréquence.

COMPRENDRE & ANALYSER

1. Indiquer, à l'aide des doc. 1 et 2, pour votre secteur professionnel, des exemples d'activités correspondant à des activités dynamiques et des exemples correspondant à des activités statiques.
2. Préciser si ces activités comportent des postures contraignantes.

- Le type d'activité, statique ou dynamique, a une incidence sur le rythme cardiaque, le rythme respiratoire et l'élimination des déchets.

DOC. 3 Comparaison des effets du travail statique et dynamique

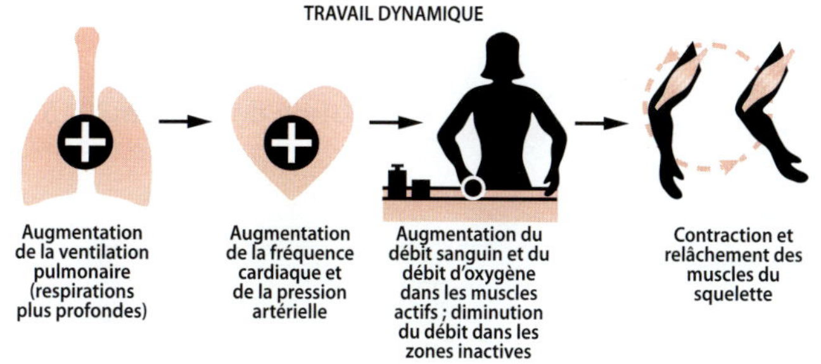

Le rythme cardio-respiratoire s'accélère pour apporter O_2 et glucose, nécessaires aux contractions musculaires. Celles-ci agissent comme une pompe favorisant la circulation du sang, et de ce fait, l'élimination des divers déchets du muscle. La fatigue apparaît moins rapidement.

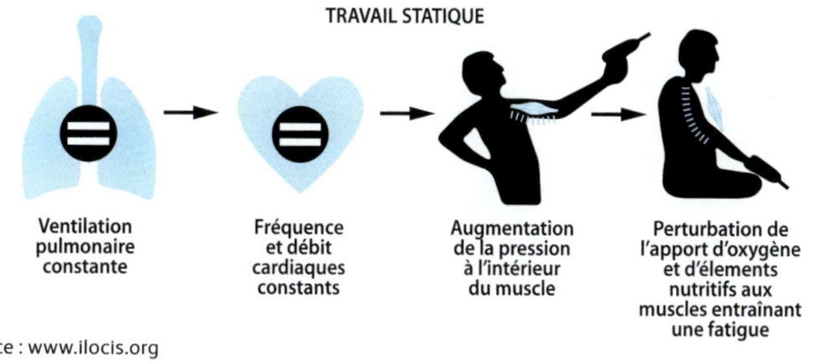

L'apport en O_2 et glucose est stable. L'absence de contractions freine la circulation et, de ce fait, les déchets des muscles sont évacués moins rapidement. Ils s'accumulent et provoquent douleur et sensation de fatigue.

Source : www.ilocis.org

- Statique ou dynamique, l'activité physique génère de la fatigue et parfois des courbatures.
  - **La fatigue musculaire** est définie comme l'état d'un muscle, auparavant trop sollicité, qui n'a plus la capacité de répondre correctement à un ordre. Elle résulte d'un ensemble de facteurs tels que l'accumulation de déchets comme l'acide lactique, la saturation des mécanismes de transport d'O_2 ou l'insuffisance respiratoire, ou encore, dernière théorie en date, la perturbation de la physiologie du calcium (des échanges d'ions s'effectuent lors de l'activité cellulaire et notamment musculaire), etc.
  - **La contracture** est la tétanisation douloureuse d'un muscle ou d'une partie d'un muscle. Elle se déclenche au cours d'un exercice physique prolongé ou d'un mouvement contrarié sur un muscle fatigué où s'accumulent de l'acide lactique et autres déchets métaboliques.

DOC. 4 Membres inférieurs et activité statique ou dynamique

Dans les veines se trouvent des valvules qui favorisent le retour veineux. L'activité musculaire influe sur leur fonctionnement.

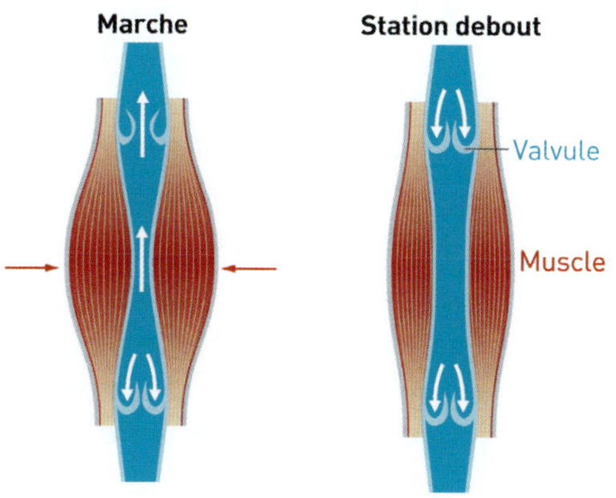

COMPRENDRE & ANALYSER

1. Expliquer, à l'aide du doc. 3, pourquoi la fatigue apparaît plus rapidement dans le cas d'une activité statique.
2. Justifier, à l'aide du doc. 3, la nécessité de pauses pour marcher lorsque son activité professionnelle est essentiellement statique.
3. Relever les trois principales causes de la fatigue.
4. Expliquer, à l'aide du doc. 4, pourquoi le travail effectué debout favorise l'apparition de varices.

2 Les troubles musculo-squelettiques ou TMS

- Les **TMS** se manifestent par des douleurs au niveau des articulations, des raideurs, une perte de force. Elles provoquent des difficultés dans les mouvements pouvant entraîner un handicap dans la vie personnelle et professionnelle.

- La caisse nationale d'assurance maladie reconnaît et indemnise cinq catégories de TMS, qui figurent dans les tableaux n° 57, 69, 79, 97 et 98 du Code de la sécurité sociale. Le tableau n°57 (« Affections péri-articulaires provoquées par certains gestes et postures ») représente actuellement à lui seul les 3/4 des maladies professionnelles reconnues. Les TMS sont la première cause de journées de travail perdues du fait des arrêts de travail, et se situent au 2e rang des causes médicales de mise en invalidité.

DOC. 5 Répartition des MP en 2015

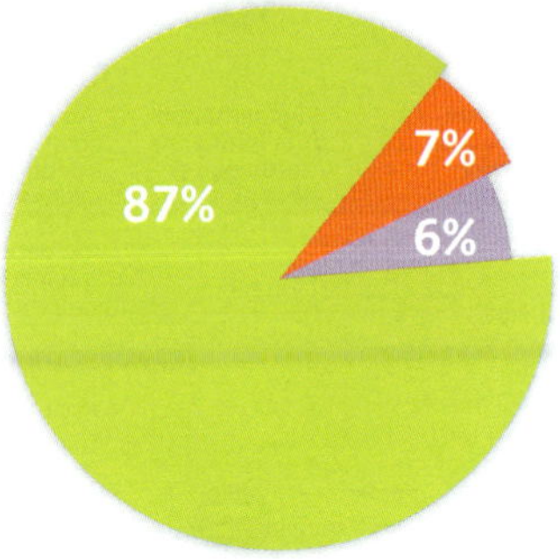

Source : www.ameli.fr

- Les TMS englobent un grand nombre de pathologies touchant les tissus mous à la périphérie des articulations. Ils affectent les muscles, les tendons et les nerfs qui permettent le mouvement des os des membres supérieurs, du dos et des membres inférieurs. Ils résultent d'un déséquilibre entre les capacités physiques des personnes et les sollicitations qui apparaissent au travail, notamment lorsque les possibilités de récupération sont insuffisantes. Ce sont des pathologies d'hypersollicitation.

DOC. 6 Les principaux TMS

- Tendinite de la coiffe des rotateurs
- Syndrome du canal carpien
- Bursite ou hygroma, épicondylite (tennis elbow), épitrochléite
- Bursite ou hygroma, compression du nerf sciatique
- Sciatique, hernie discale, cruralgie
- Tendinite du tendon d'Achille

COMPRENDRE & ANALYSER

1. Proposer une définition simple des TMS.
2. Nommer les tissus qui sont atteints par les TMS.
3. Expliquer, à l'aide du doc. 5, pourquoi les TMS constituent un réel problème pour les travailleurs, pour l'entreprise et pour la société.
4. Indiquer, à l'aide du doc. 6, à quel type de TMS vous êtes éventuellement exposé(e) dans votre secteur professionnel.

- Les TMS résultent de plusieurs facteurs liés à l'environnement professionnel :
  - les **sollicitations biomécaniques** (gestes répétitifs, postures contraignantes…) qui restent la principale cause de TMS ;
  - les **facteurs psychosociaux** tels que des situations de travail génératrices de stress, un manque d'autonomie, un sentiment d'insatisfaction ;
  - des **facteurs personnels** tels que l'âge, l'état de santé ;
  - des **facteurs environnementaux** tels que le bruit, le froid ou un éclairage insuffisant.

DOC. 7 **Les TMS, une pathologie multifactorielle**

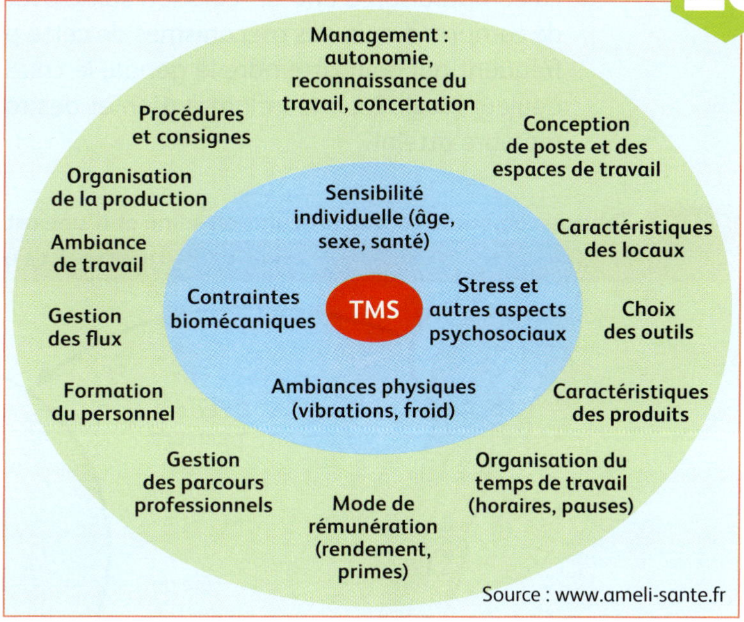

Source : www.ameli-sante.fr

S'y ajoutent des **facteurs organisationnels** : une mauvaise organisation du travail impacte les sollicitations biomécaniques et peut générer du stress.
Les risques sont aggravés par la durée de l'activité, la répétitivité et l'absence de temps de pause.

DOC. 8 **Les facteurs biomécaniques à l'origine des TMS**

Exemples de facteurs biomécaniques directs

Posture défavorable

Application de forces de grande intensité

Charges s'exerçant pendant une durée prolongée

Inactivité musculaire

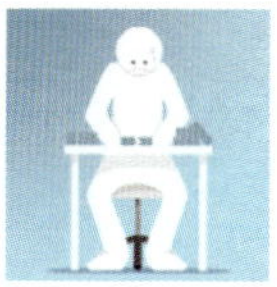
Manipulation d'objets fréquemment répétée

Exemples de facteurs biomécaniques indirects

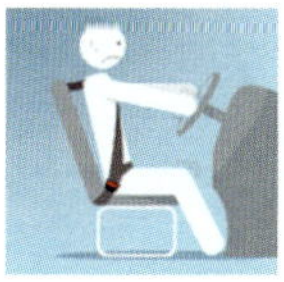
Vibrations

Ambiance thermique

Ambiance lumineuse

Les facteurs de risques biomécaniques sont les positions angulaires articulaires extrêmes, les efforts excessifs, la répétitivité des gestes, le travail en position statique maintenue.
Un temps de récupération insuffisant augmente significativement l'effet de ces facteurs biomécaniques.

© www.123-tms.fr, site Internet de prévention des TMS, édité par la Mutuelle Nationale Territoriale (MNT).

COMPRENDRE & ANALYSER

1. Citer, à l'aide du doc. 7, les quatre principaux facteurs à l'origine des TMS.
2. Indiquer, pour votre secteur professionnel, deux situations dangereuses pouvant occasionner des TMS.
3. Préciser pour ces deux situations, à l'aide du doc. 8, les facteurs biomécaniques mis en cause.
4. Justifier pourquoi le stress et une mauvaise organisation aggravent les risques de TMS.

■ La comparaison d'une articulation saine avec une articulation souffrant de TMS permet de comprendre un des mécanismes de cette pathologie. L'hygroma ou bursite est un TMS fréquent qui peut atteindre le genou, le coude ou l'épaule. Il se manifeste par une forte douleur localisée, une inflammation et des rougeurs ainsi que des difficultés à bouger le membre atteint.

DOC. 9 **Tableau comparatif d'une articulation saine et d'une articulation malade**

ARTICULATION SAINE

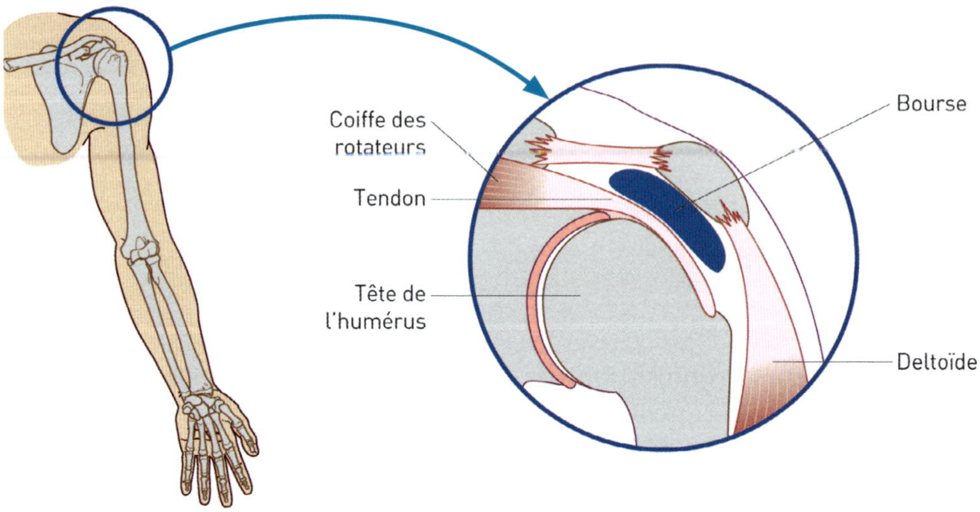

Au-dessus de la tête de l'humérus (os du bras) se trouve un tendon qui fixe les muscles sur l'os. Entre le tendon et l'os se trouve la bourse séreuse, qui agit comme un coussin lubrifiant permettant au tendon de glisser sur l'os sans les dommages des frottements dus au mouvement de l'os.

ARTICULATION ATTEINTE DE TMS

1re phase : la tendinite

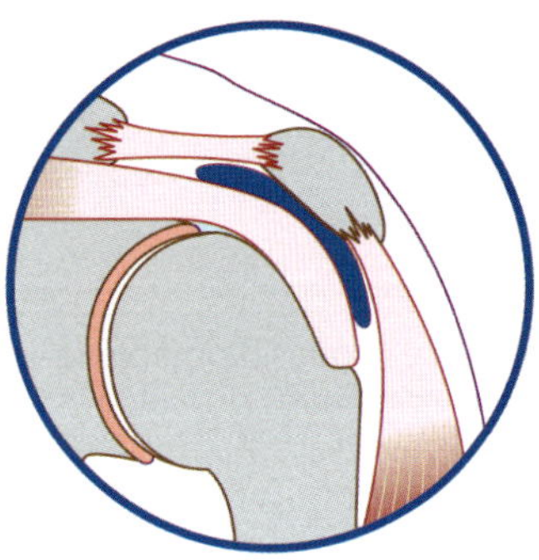

Le tendon enflammé a augmenté de volume ; c'est la tendinite.
La bourse est aplatie car elle est comprimée par le tendon enflammé.

2e phase possible : la bursite ou hygroma

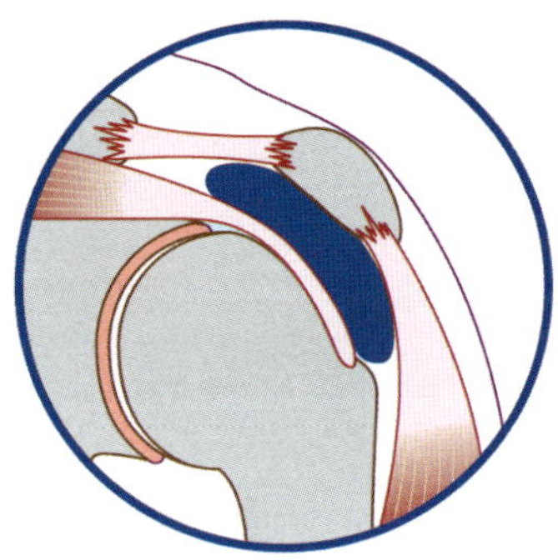

Le tendon a retrouvé sa taille normale mais le volume de la bourse a augmenté et comprime la zone.
La bursite est une inflammation de la bourse séreuse.

COMPRENDRE & ANALYSER

1. Nommer le TMS présenté dans le doc. 9. Préciser quelles articulations il peut atteindre.
2. Décrire la tendinite à l'aide du doc. 9.
3. Expliquer ce qui différencie une articulation atteinte d'une bursite d'une articulation normale.
4. Justifier la gêne occasionnée par la bursite.

■ **La prévention des TMS** est spécifique à chaque activité et nécessite une analyse du poste de travail et de la tâche. Les mesures de prévention s'appliquent en agissant sur les différents facteurs mis en cause dans l'apparition des TMS.

DOC. 10 **Exemples de mesures de prévention contre les TMS**

Sur l'environnement de travail
- Réduire le bruit et les vibrations.
- Homogénéiser l'éclairage.
- Diminuer les écarts thermiques.
- Limiter l'encombrement, permettre l'accessibilité, etc.

Sur l'organisation du travail
Éviter :
- les accélérations de cadences ;
- la dépendance organisationnelle ;
- l'absence de stocks intermédiaires ;
- le travail isolé, etc.

Sur les facteurs physiques
- Diminuer les efforts, la répétitivité des gestes.
- Ne pas rester en posture statique.
- Limiter les flexions/extensions extrêmes, les torsions forcées, etc.

Sur les facteurs psychosociaux
Favoriser :
- le soutien social ;
- les entraides ;
- les marges de manœuvre ;
- la communication, etc.

Source : www.ast25-sante-travail.fr

DOC. 11 **Extrait de plaquette informative destinée au personnel de pharmacie**

Gestes répétitifs et postures contraignantes

▷▷▷ **Le saviez-vous ?**
La répétition de certains gestes et de mauvaises postures peut générer des troubles musculo-squelettiques.

PRÉCAUTIONS À PRENDRE

LES RECOMMANDATIONS EMPLOYEURS
- ▸ Privilégiez le rangement des objets lourds à la hauteur des salariés (facilité de préhension).
- ▸ Alternez les tâches sur la semaine pour varier les sollicitations.
- ▸ Rangez à proximité des comptoirs de vente les médicaments à plus forte rotation, et veillez à ce qu'ils soient placés à des hauteurs facilement accessibles.
- ▸ Réfléchissez à l'installation d'un automate qui permet de réduire fortement le risque lié à la manipulation des médicaments (pensez à l'évaluation des risques spécifiques du poste lié à la gestion de l'automate).
- ▸ Veillez à l'entretien des tiroirs pour qu'ils coulissent bien. Envisagez leur remplacement par des tiroirs autorétractants.
- ▸ Assurez-vous que les comptoirs et les autres postes de travail soient à la bonne hauteur pour vos salariés.
- ▸ Mettez en place des formations sur la prévention des risques liés à l'activité physique sur le lieu de travail et adaptées à l'activité.
- ▸ Prévoyez un renfort en personnel au comptoir en cas de forte affluence.

PRÉCAUTIONS À PRENDRE

LES RECOMMANDATIONS SALARIÉS
- ▸ Rationalisez vos déplacements.
- ▸ Mettez à hauteur les cartons lors du décartonnage pour éviter de vous pencher.
- ▸ Utilisez les aides à la manutention (diable, chariot à roulettes…).
- ▸ Portez les cartons lourds ou encombrants à deux.

© DIRECCTE PACA.

COMPRENDRE & ANALYSER

1. Relever, dans le **doc. 10**, les mesures relevant de la prévention intrinsèque, les mesures de prévention collective et individuelle, la formation et l'information.

2. Proposer, à l'aide des **doc. 10 et 11**, des mesures de prévention contre les TMS adaptées à votre principale activité professionnelle.

3. Rechercher, à partir du site www.123-tms.fr (lienmini.fr/pse628-23), deux mesures de prévention pour chaque facteur de TMS de type biomécanique.

3 Les affections de la colonne vertébrale liées à l'activité physique

Pour comprendre la nature des affections de la colonne vertébrale et les prévenir de manière raisonnée, il est nécessaire de connaître son anatomie. Gestes et postures de travail nécessitent un mouvement du tronc possible par l'anatomie de la colonne vertébrale. De cette anatomie résultent ses différentes fonctions.

- **Posture** : elle soutient la tête et le tronc et permet la position debout. C'est un axe avec deux cambrures comportant 33 vertèbres :
  - 7 cervicales au niveau du cou ;
  - 12 dorsales sur lesquelles sont fixées les côtes ;
  - 5 lombaires au niveau des reins ;
  - 5 vertèbres sacrées soudées sur lesquelles s'appuie le bassin ;
  - 4 vertèbres soudées et atrophiées qui constituent le coccyx.
- **Protection** : elle protège la moelle épinière qui se loge dans la colonne vertébrale et passe dans le canal vertébral de chaque vertèbre. Les nerfs rachidiens sortent au niveau de chaque vertèbre par les trous de conjugaison pour innerver des parties déterminées de notre corps. Ainsi les deux nerfs qui sortent au niveau de la 4e lombaire descendent au niveau des jambes, ce sont les nerfs sciatiques.
- **Mouvement** : elle amortit et répartit les pressions qui s'exercent sur elle et permet le mouvement grâce au disque intervertébral qui sépare chaque vertèbre (c'est une articulation semi-mobile). Ce disque est un anneau fibreux constitué de lamelles avec au centre un noyau gélatineux d'où partent des nerfs sensitifs. Lorsqu'on se penche (flexion), le noyau gélatineux est repoussé vers l'arrière ; lorsqu'on se met en arrière (extension), le noyau gélatineux est repoussé vers l'avant. Au repos, le noyau revient au centre du disque.

DOC. 12 Vue de profil de la colonne vertébrale

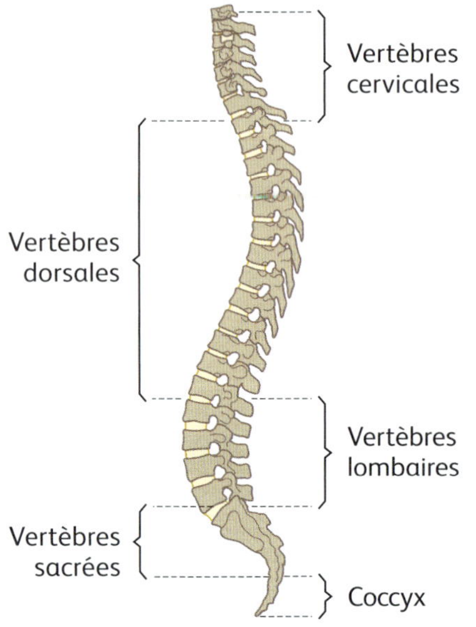

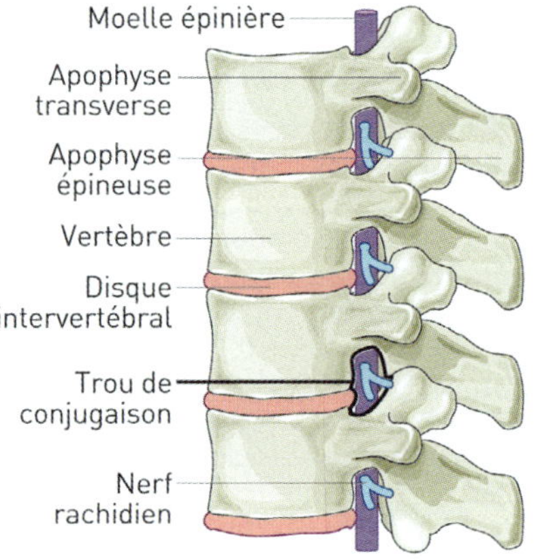

DOC. 13 Déformations du disque

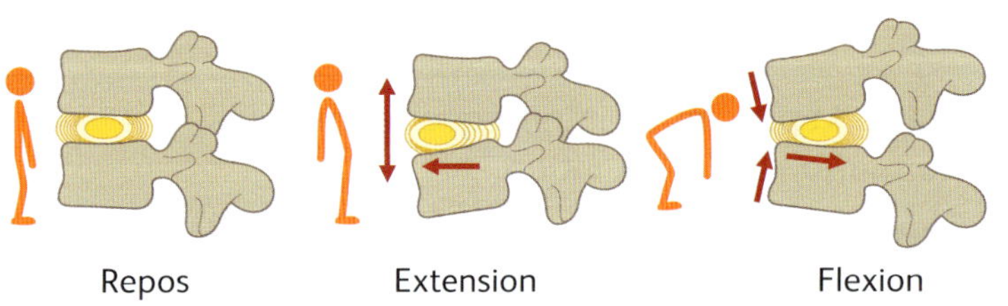

COMPRENDRE & ANALYSER

1. Nommer, à l'aide du doc. 12, les cinq zones de la colonne vertébrale.
2. Indiquer les trois fonctions de la colonne vertébrale.
3. Expliquer, à l'aide du doc. 13, pourquoi la colonne vertébrale est une articulation semi-mobile.

- Les affections de la colonne vertébrale liées à l'activité physique sont de différents types. Une activité physique importante et/ou réalisée dans de mauvaises conditions peut entraîner des douleurs au niveau de la colonne vertébrale. Selon leur emplacement, on les appelle des cervicalgies, des dorsalgies ou encore des lombalgies, qui sont les plus fréquentes. Elles sont favorisées par le stress chronique, l'insuffisance musculaire, l'obésité, des déformations de la colonne vertébrale.
- **La douleur peut être d'origine musculaire** : de mauvaises postures créent des déséquilibres musculaires avec l'apparition de tensions et de raideurs réactionnelles entraînant des douleurs plus ou moins importantes.
- **La douleur peut être d'origine discale** : les pathologies les plus courantes sont le lumbago aigu, la sciatique, la hernie discale ou le tassement discal. Ces affections peuvent être reconnues comme maladies professionnelles ; citons par exemple le tableau n°98 du régime général (« Affections chroniques du rachis lombaire provoquées par la manutention manuelle de charges lourdes »).

DOC. 14 Atteintes de la colonne vertébrale au niveau du disque intervertébral

<table>
<tr><td>Disque intervertébral sain</td><td>Articulation entre deux vertèbres
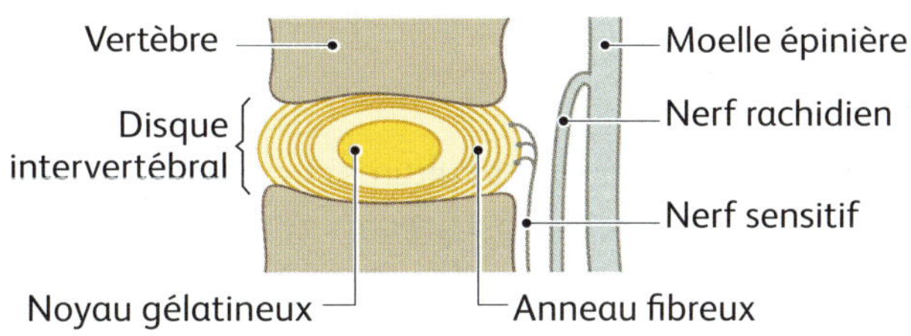
</td></tr>
<tr><td>Lumbago aigu</td><td>Lors d'un mouvement, le noyau ne revient pas au centre de l'anneau, car il est coincé dans des lamelles abîmées. Il touche les nerfs sensitifs et une violente douleur apparaît, provoquant un blocage musculaire en position semi-fléchie. 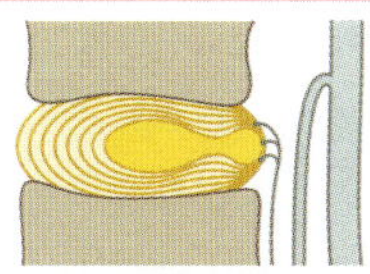</td></tr>
<tr><td>Sciatique</td><td>La déformation créée par le noyau gélatineux vient toucher le nerf sciatique, provoquant une vive douleur qui descend dans la jambe. 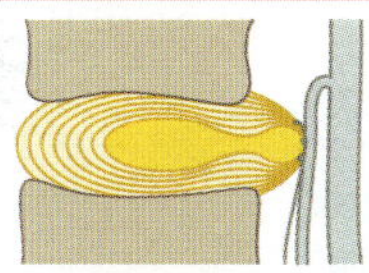</td></tr>
<tr><td>Hernie discale</td><td>L'enveloppe du disque est étirée, parfois déchirée ;
le nerf rachidien et parfois la moelle épinière sont atteints. 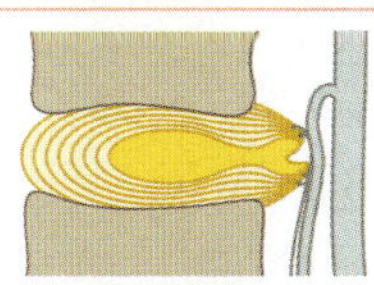</td></tr>
<tr><td>Tassement discal</td><td>Le noyau disparaît dans les lamelles du disque abîmé. 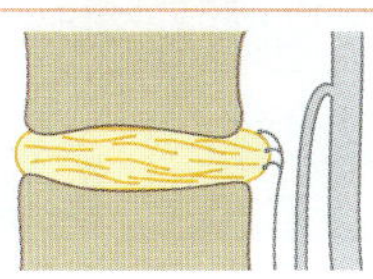</td></tr>
</table>

COMPRENDRE & ANALYSER

1. Indiquer à quel niveau de la colonne vertébrale (zone de vertèbres) se situent les cervicalgies, dorsalgies et lombalgies.
2. Citer, à l'aide du doc. 14, quatre atteintes au niveau du disque intervertébral.
3. Expliquer pourquoi la hernie discale est une pathologie grave.

Les atteintes de la colonne vertébrale résultent d'efforts physiques au cours de l'activité professionnelle, principalement lors de manutention.

- **Les principales situations dangereuses rencontrées sont la manutention et le port de charges lourdes.** Il s'agit de :
  – manutention manuelle : opération nécessitant l'effort physique d'une ou plusieurs personnes ;
  – manutention manuelle au poste de travail : il s'agit de manutention au poste de travail sans déplacement de l'opérateur avec la charge, ou déplacement sur moins de deux mètres ;
  – transport manuel : portage sur une certaine distance d'une charge importante par un ou plusieurs opérateurs.
- **Les facteurs aggravants sont liés à divers facteurs :**
  – liés à la charge : masse, taille, forme, volume de la charge, charge à prendre ou à déposer en hauteur ;
  – liés aux locaux de travail : espace de travail restreint, sol encombré, glissant ;
  – liés au temps d'exposition ;
  – liés aux contraintes posturales et articulaires : position à genoux, posture accroupie, posture en torsion, maintien des bras en l'air.

DOC. 15 Affiche de prévention

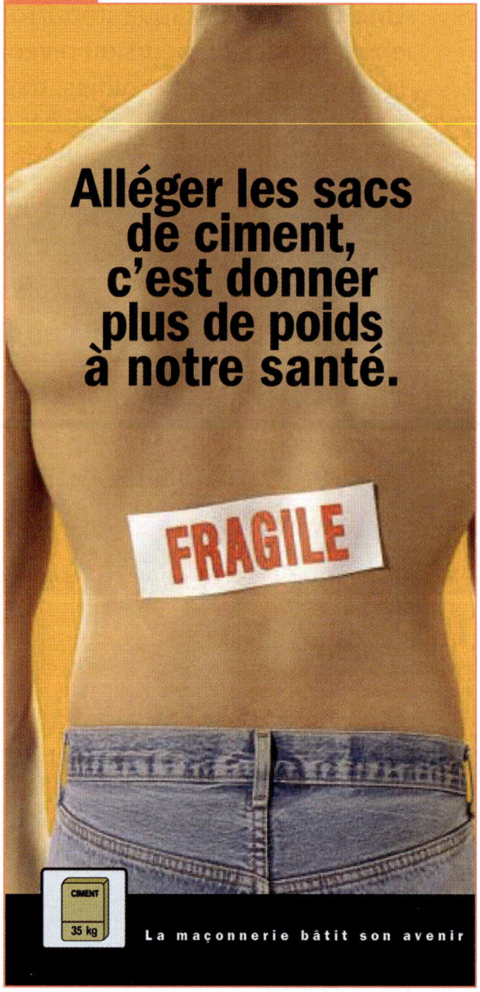

© Cimbéton – www.infociments.fr

DOC. 16 Exemples de situations dangereuses avec facteurs aggravants

A B C

COMPRENDRE & ANALYSER

1. Expliquer l'affiche présentée dans le doc. 15.
2. Retrouver, pour chacun des trois exemples présentés dans le doc. 16, la situation dangereuse et le facteur aggravant.
3. Décrire, concernant la manutention dans votre secteur professionnel, une situation dangereuse et les facteurs aggravants éventuels.

■ **Les facteurs aggravants peuvent aussi être liés à la personne.** Outre les conditions de manutention, des facteurs liés à la personne augmentent le risque de pathologies au niveau de la colonne vertébrale :

– L'âge de la personne : au niveau des disques, le noyau gélatineux devient granuleux et l'anneau fibreux moins élastique ; le risque de lésion est accru.

– Les déformations de la colonne vertébrale telles que la scoliose (la colonne vertébrale n'est pas rectiligne mais en S) ; la cyphose (accentuation de la courbure du dos qui est rond) ; la lordose (accentuation de la courbure lombaire : reins cambrés).

DOC. 17 **Déformations de la colonne vertébrale**

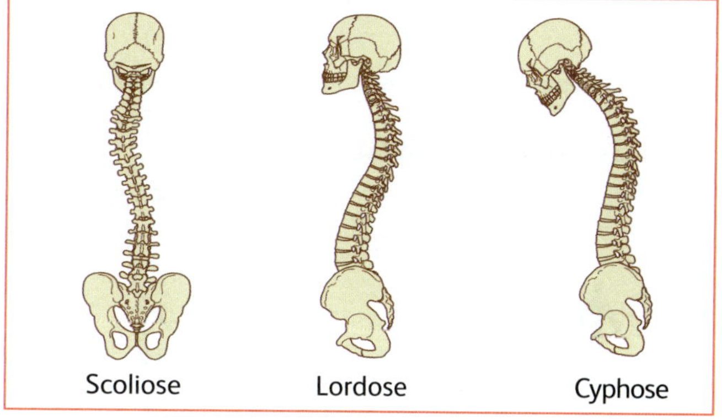

■ **La posture de manutention a des effets sur la colonne vertébrale.**

Cas de la mauvaise posture : lorsque la posture mise en œuvre pour soulever une charge est mauvaise (éloignement trop important de la charge, dos rond) :
– la charge est soulevée avec un effort plus important ;
– la pression qui s'exerce sur les disques intervertébraux est cinq fois plus importante et est de plus inégalement répartie, d'où les risques de lumbago et de hernie discale.

Cas de la bonne posture : lorsque la colonne vertébrale reste droite quand on soulève un poids, la pression qui s'exerce sur les disques intervertébraux est également répartie dans toutes les directions ; la charge est soulevée avec un effort minimum.

DOC. 18 **Effets de la manutention sur le disque intervertébral.**

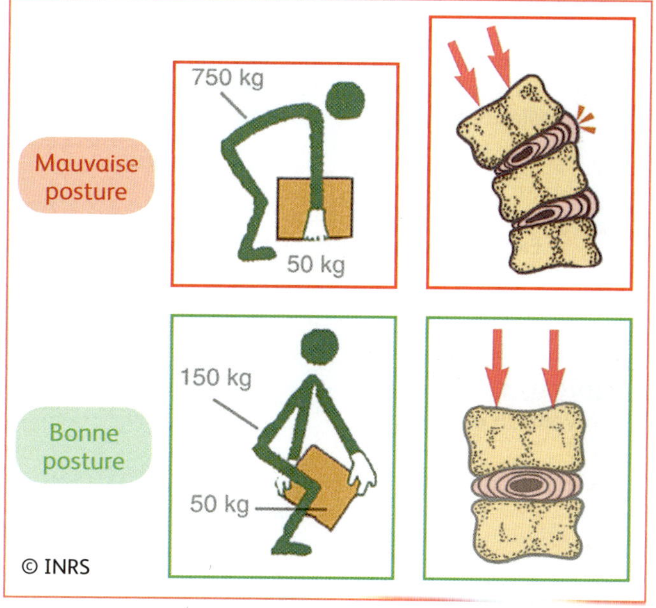

DOC. 19 **Comment soulever un poids en préservant sa colonne vertébrale**

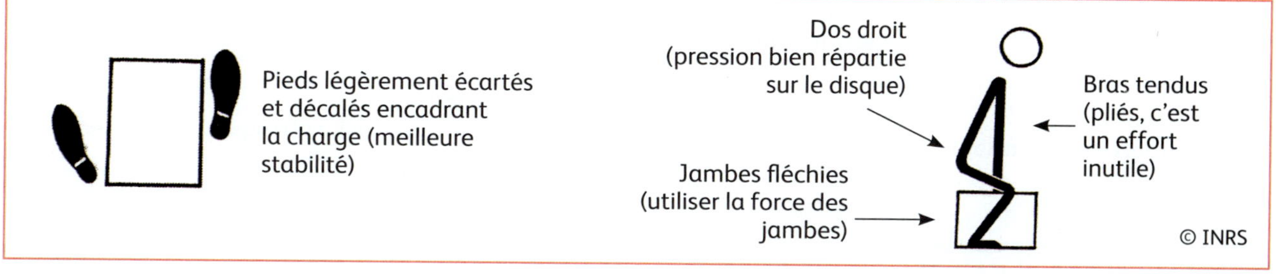

COMPRENDRE & ANALYSER

1. Citer, à l'aide du doc. 17, trois facteurs aggravant les risques liés à la manutention.
2. Justifier l'intérêt d'une bonne technique pour soulever une charge à l'aide des doc. 18 et 19.

■ **La prévention des affections de la colonne vertébrale nécessite un certain nombre de mesures spécifiques au poste de travail.** La mise en place de ces mesures de prévention passe par une analyse de la tâche et une évaluation du risque pour mettre en place des mesures adaptées.

DOC. 20 Évaluation du risque lié à l'activité physique

Évaluer le risque

Chacun est acteur de la prévention !

L'employeur
a l'obligation de réaliser l'évaluation des risques (poids des charges, moyens d'aide à la manutention, facteurs aggravants…). Il participe à donner au SST les moyens d'évaluation et de surveillance médicale.

Le salarié
alerte l'employeur et/ou le médecin du travail s'il juge que les manutentions lui sont pénibles, dangereuses ou que les aides sont inadaptées. Il respecte les mesures de prévention mises en place.

Le médecin du travail
conseille l'employeur et les salariés pour éviter les altérations de la santé. Lors des consultations, il dépiste les signes précoces d'atteinte à la santé du salarié. Il alerte l'employeur et le CHSCT sur les situations à risque.

Le pôle technique (SST)
évalue l'exposition sur le lieu de travail : poids des charges, fréquence, organisation…
Il analyse l'activité.

DOC. 21 Exemples de mesures de prévention contre le risque lié à la manutention

		Mesures préventives contre le risque mécanique
NIVEAU 1 Prévention intrinsèque		• Agir sur les objets : contenants de 25 kg plutôt que de 50 kg.
NIVEAU 2 Protection	collective	• Prévoir des installations de levage, de manutention lors de la conception des locaux. • Faciliter les déplacements horizontaux et verticaux : chariots, transpalettes, convoyeurs, rouleaux. • Aménager les lieux de stockage : rayonnages, stockage dynamique. • Mettre en place des aides au soulèvement des charges. • Améliorer l'organisation du travail : alternance des tâches, pauses de récupération, effectifs suffisants.
	individuelle	• Gants de manutention. • Chaussures de sécurité.
NIVEAU 3 Instructions (formation – information)		• Formation pratique aux manutentions manuelles. • Formation PRAP (prévention des risques liés à l'activité physique).

COMPRENDRE & ANALYSER

1. Citer, à l'aide du doc. 20, quelles sont les personnes qui vont être mobilisées dans l'évaluation des risques liés à la manutention manuelle.
2. Indiquer, à l'aide du doc. 21, pour une activité de manutention réalisée en PFMP, quelles sont les mesures de préventions mises en œuvre.

■ **La réglementation comporte un certain nombre de mesures pour protéger le salarié des risques liés à la manutention manuelle.**
Ainsi le Code du travail précise qu'il faut privilégier la manutention mécanique et définit la limite des charges pouvant être soulevées en fonction de l'âge et du sexe.
De plus, un certain nombre de recommandations sont données concernant la hauteur des postes de travail et l'organisation des surfaces de travail.
Enfin, la manutention manuelle de charges lourdes, ou des postures particulièrement contraignantes pour les articulations sont reconnues sous certaines conditions comme facteurs de pénibilité et donnent droit à l'ouverture d'un CPPP.

DOC. 22 **Charges maximales pouvant être portées (Code du travail)**

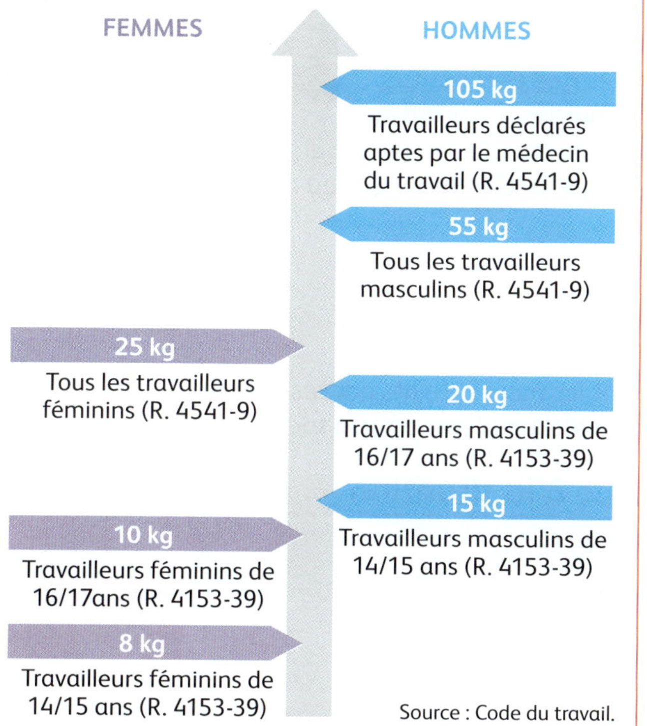

Source : Code du travail.

DOC. 23 **Évaluation de la pénibilité dans la manutention**

Peut être considéré comme pénible (Afnor, norme NF X 35-109, octobre 2011) :
– charge unitaire dépassant 15 kg tant pour les hommes que pour les femmes et quel que soit l'âge ;
– hauteur de prise et dépose inférieure à 0,75 m et supérieure à 1,10 m ;
– distance de déplacement supérieure à 2 m lors de transport manuel et 10 m lors d'action de pousser-tirer ;
– difficultés de préhension (absence de poignées, charge instable...) ;
– conditions d'environnement (présence d'obstacles, espace insuffisant, présence de poussières...) ;
– conditions d'organisation (contraintes de temps, cadence imposée, planification rigide...).

Source : www.cist47.fr

DOC. 24 **Dimensionnement du poste de travail (cotes en mm)**

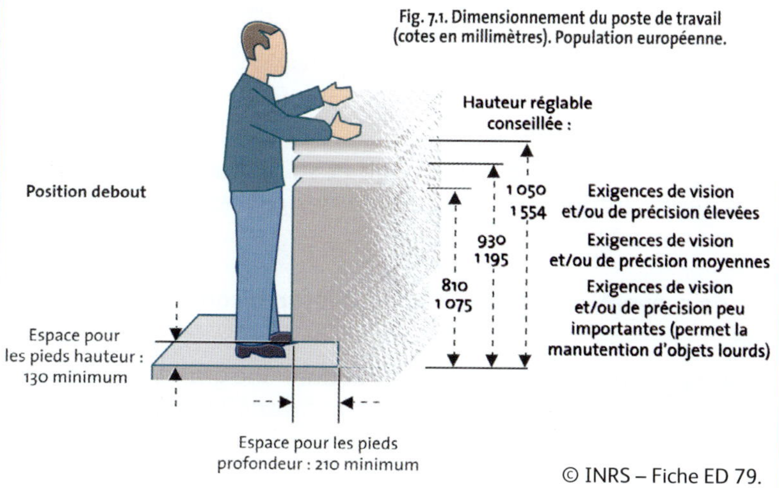

© INRS – Fiche ED 79.

COMPRENDRE & ANALYSER

1. Indiquer l'intérêt de la réglementation présentée dans le doc. 22.
2. Justifier, à l'aide du doc. 23, pourquoi la manutention peut donner accès à l'ouverture d'un CPPP.
3. Expliquer, à l'aide du doc. 24, l'intérêt de hauteurs de postes de travail normalisées pour prévenir les atteintes de la colonne vertébrale.

S'entraîner
en mobilisant la démarche d'approche par le risque

SITUATION

Anaïs, 18 ans, élève en bac pro Commerce ①, travaille dans une grande surface durant les vacances scolaires. Tous les matins, elle effectue de la mise en rayon, souvent accroupie, à genoux ou les bras au-dessus de la tête pour accéder aux rayonnages les plus hauts ; elle soulève aussi des charges lourdes des palettes aux rayonnages ②. En consultant une brochure distribuée par le SSTI, elle découvre que les gestes répétitifs, les postures contraignantes et le port de charges lourdes ③ sont des facteurs aggravant le risque de TMS. Elle réalise qu'elle effectue tous les jours durant 4 heures et pendant les vacances ④ des tâches qui l'exposent aux TMS notamment au niveau des épaules, poignets, dos et genoux ⑤.

1 Analyser la situation

1. Décoder le sigle TMS et préciser quels sont les tissus atteints par ces lésions.
2. Expliquer pourquoi les TMS constituent un réel problème pour la société.

2 Appliquer l'approche par le risque à la situation

Étape ❶ : analyse des risques d'atteinte à la santé

- Définir les limites de la situation de travail :
  – Qui est l'opérateur ?
  – Quelle est la tâche réalisée ?
  – Quel est le lieu ?
- Identifier le danger, la situation dangereuse, l'événement dangereux et le(s) dommage(s).
- Reproduire et compléter le schéma PAD avec les numéros indiqués dans la situation.

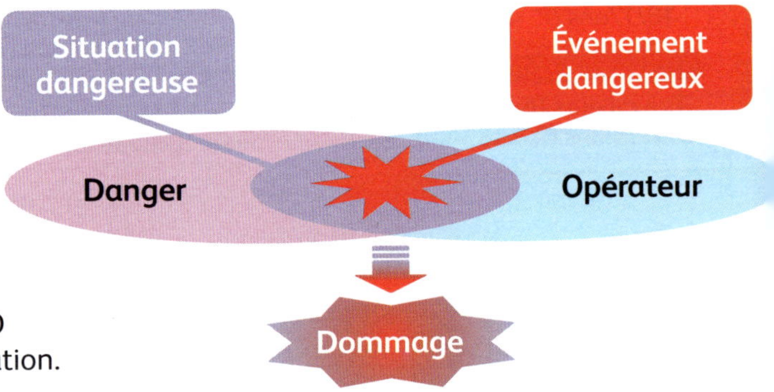

Étape ❷ : Évaluer les risques d'atteinte à la santé

Repérer, à l'aide du **rabat n°3**, le niveau de gravité du dommage et sa probabilité d'apparition. En déduire, à l'aide du schéma de représentation de l'évaluation des risques (**rabat n°2**), si la réduction du risque est nécessaire ou non prioritaire.

Étape ❸ : proposer des mesures de prévention adaptées en les hiérarchisant selon les trois niveaux

S'aider de la fiche pratique « Vous occupez un poste de mise en rayon dans une grande ou moyenne surface ? » téléchargeable sur www.sante-securite-paca.org (lienmini.fr/pse628-24).

Niveau 1 Prévention intrinsèque	Niveau 2 Protection collective et/ou individuelle	Niveau 3 Instructions/Formations

Retenir l'essentiel

SCHÉMA-BILAN

ACTIVITÉ PHYSIQUE STATIQUE

- Inactivité musculaire
- Posture contraignante

ACTIVITÉ PHYSIQUE DYNAMIQUE

- Gestes contraignants
- Gestes répétitifs
- Port de charges lourdes

Facteurs de risques

TMS
(Troubles musculo-squelettiques)

Atteinte des tissus mous (tendons, nerfs, muscles) au niveau des articulations

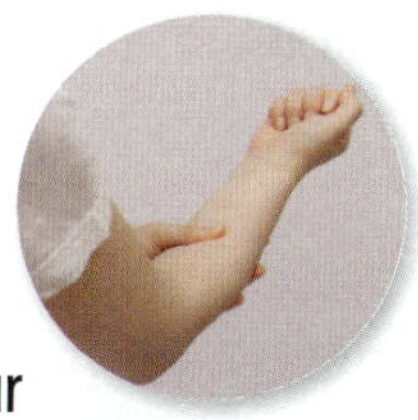

- Douleur
- Gêne au travail, dans la vie quotidienne

Lorsque les TMS touchent la colonne vertébrale :

- Hernie discale
- Sciatique
- Lumbago

Les douleurs associées sont les cervicalgies, lombalgies, dorsalgies.

Certains TMS sont reconnus comme MP.
Ils constituent 87 % des MP reconnues et indemnisées par la CPAM.

AUTRES FACTEURS

- Stress
- Organisation du travail
- Facteurs psychosociaux

AUTRES FACTEURS

- Mauvaise technique de manutention
- Facteurs personnels

PRÉVENTION

Niveau 1 Suppression du risque	Niveau 2 Protection collective et / ou individuelle	Niveau 3 Formation / Information
• Automatisation de certaines tâches	• Matériel de manutention et de transfert des charges • Port d'EPI	• Formation PRAP • Organisation rationnelle du travail • Alternance des tâches

COMPLÉTER LA SYNTHÈSE

→ lienmini.fr/pse628-syn26

VÉRIFIER LES ACQUIS (QCM)

→ lienmini.fr/pse628-qcm26

APPROFONDIR (VIDÉO)

→ lienmini.fr/pse628-vid22

23 Déterminer les effets physiopathologiques de la charge mentale

Objectif : être capable d'expliquer la place de la charge mentale dans le coût du travail et le mécanisme d'apparition du stress pour mieux le maîtriser.

S'informer et s'approprier les connaissances utiles

Une charge mentale excessive s'inscrit dans les risques psychosociaux ou RPS qui génèrent le stress. Connaître le mécanisme de celui-ci permet une meilleure prévention.

1 La charge mentale

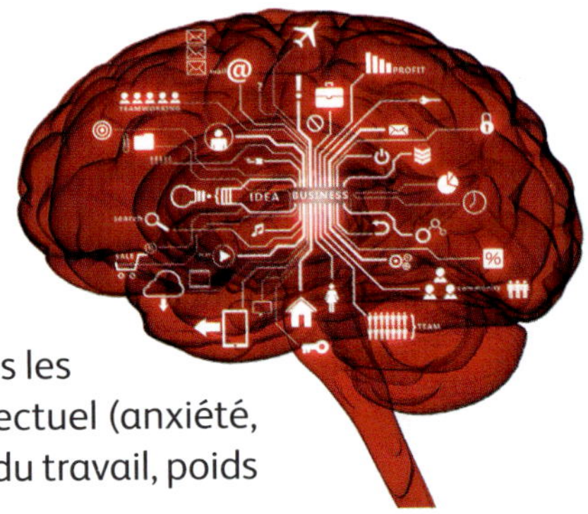

- La charge mentale comprend :
  - la charge mentale psychologique ou cognitive : elle correspond au niveau d'effort mental (traitement de l'information, analyse, mémorisation, contraintes de temps…) nécessaire pour accomplir une tâche ;
  - la charge affective ou psychique : elle correspond à toutes les pollutions affectives qui peuvent affecter le travail intellectuel (anxiété, angoisse, répétition et monotonie du travail, interruption du travail, poids de la hiérarchie, etc.).

DOC. 1 La mesure de la charge mentale au travail

La méthode de Karasek comporte trois axes d'analyse dont les croisements permettent d'évaluer le niveau de charge mentale auquel est exposé le travailleur.

1. Les exigences de travail
- Niveau de demande psychologique (quantité, complexité, durée, contraintes intellectuelles) ; peuvent s'ajouter :
  - des tâches imprévues et/ou morcelées ;
  - des ordres contradictoires ;
  - des interruptions de tâches pour en effectuer d'autres plus urgentes ;
  - une dépendance vis-à-vis des autres, etc.

2. Le degré d'autonomie
- Possibilité de choisir les modes opératoires.
- Liberté d'organisation.
- Capacité à peser sur les décisions (latitude décisionnelle).
- Marge de manœuvre.

3. Le soutien social
- Soutien dont dispose le travailleur, de la part des collègues et de la hiérarchie, pouvant concerner :
  - des aspects techniques comme la mise en œuvre d'une procédure ;
  - des aspects d'aide morale et de reconnaissance des efforts et des résultats.

COMPRENDRE & ANALYSER

1. Relever, dans le doc. 1, les éléments qui relèvent de la charge mentale psychologique et les éléments qui relèvent de la charge mentale affective.
2. Indiquer, à partir du vécu d'une PFMP, des exemples de charge mentale psychologique et des exemples de charge affective.

2 Les risques psychosociaux ou RPS

- L'appellation risques psychosociaux, ou **RPS**, regroupe les éléments contribuant à une charge mentale élevée, les violences internes à l'entreprise telles que le harcèlement et les violences externes (agressivité des usagers, par exemple).
- Il faut souligner le caractère subjectif de ce risque qui relève de la perception propre à chaque individu. Moins visible que d'autres risques, il est néanmoins possible de l'évaluer et de le mesurer.
- Certains auteurs définissent les RPS, comme tous les éléments pouvant générer le stress professionnel.
- Le stress est parfois classé dans les RPS, mais il n'en est que la manifestation.

DOC. 2 Schéma d'apparition des RPS

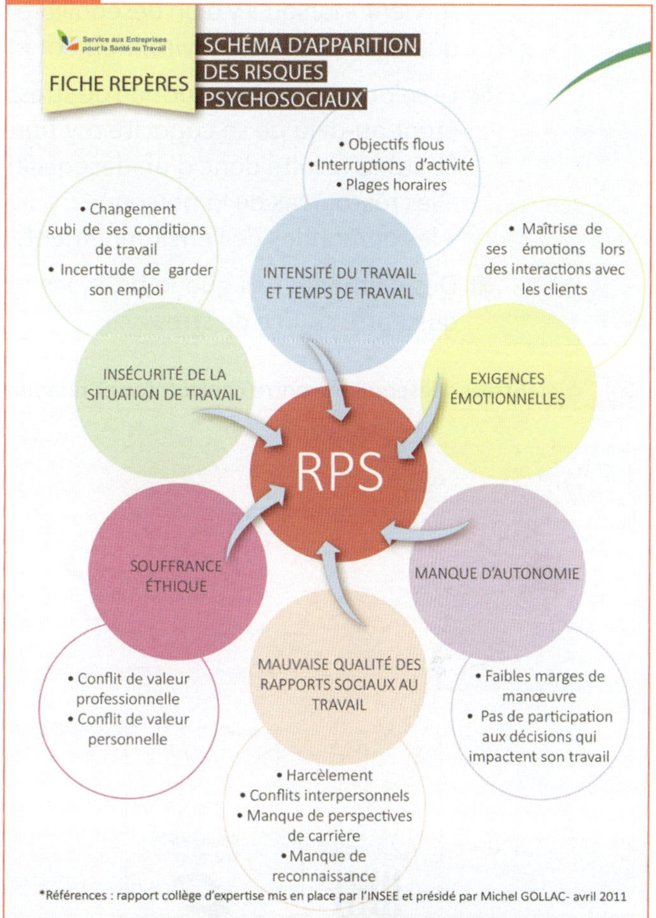

© SEST – Service aux entreprises pour la santé au travail – www.sestidf.fr

- La prévention des risques au sein de l'entreprise doit prendre en compte les RPS.
Le personnel d'encadrement est sensibilisé à ce type de risques moins visibles que d'autres et les salariés, de plus en plus formés, sont à même d'exprimer leur souffrance au travail.

DOC. 3 Prévention des RPS

© Graphisme Zaoum.

COMPRENDRE & ANALYSER

1. Définir les risques psychosociaux.
2. Préciser le lien entre charge mentale, RPS et stress.
3. Relever, dans le doc. 2, les facteurs contribuant aux RPS.
4. Indiquer à qui est destinée l'affiche INRS, présentée dans le doc. 3, et quelle est sa finalité.

3 Le stress et ses effets sur l'organisme

- Selon l'agence européenne pour la sécurité et la santé au travail, le stress professionnel survient « lorsqu'il y a un déséquilibre entre la perception qu'une personne a des contraintes que lui impose son environnement et ses propres ressources pour y faire face ».
- Le salarié se sent en situation de stress lorsqu'il perçoit les exigences professionnelles comme étant au-delà de sa capacité à y faire face.
  Le stress résulte donc d'un déséquilibre entre :
  – les ressources de la personne ;
  – les demandes de l'environnement.
- Des éléments tels que le bruit, les transports collectifs, les problèmes familiaux peuvent aussi être source de stress.

DOC. 4 Stress : déséquilibre entre contraintes et ressources

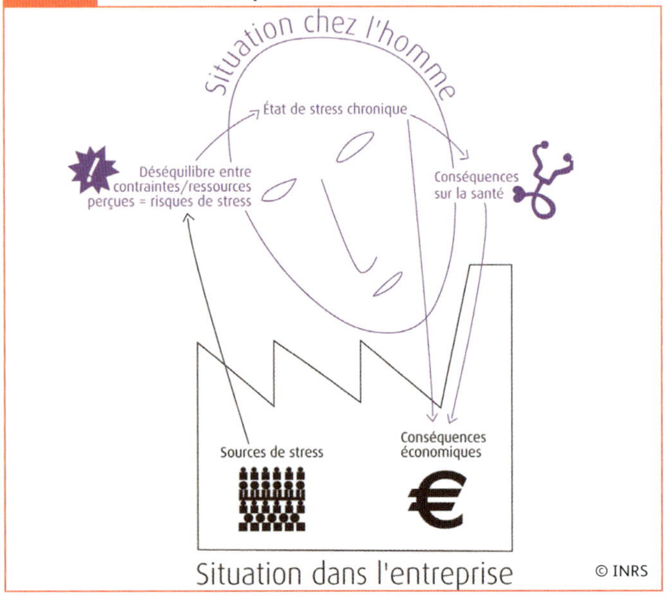

© INRS

DOC. 5 Niveau de stress (selon Karasek)

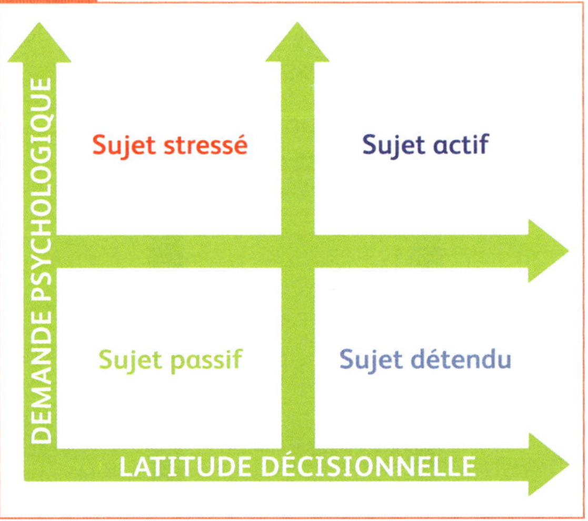

- Ce déséquilibre perçu par l'organisme comme une agression déclenche une série de réactions physiologiques visant à l'aider à y faire face ; on parle alors de stress physiologique. Ces réactions en cascade (production d'hormones, accélération des rythmes cardiaque et respiratoire) augmentent la force musculaire, le niveau de vigilance et la vision. Cet ensemble de réactions, sur le court terme, parfois appelé phase d'alarme, génère un stress aigu dit parfois stress positif, car il peut s'avérer utile.
- Toutefois, lorsque ces réactions perdurent, les appareils hyper-sollicités se fatiguent et des pathologies apparaissent. Ce stress chronique est aussi appelé stress négatif.

COMPRENDRE & ANALYSER

1. Indiquer, à l'aide du doc. 4, comment apparaît le stress professionnel.
2. Préciser, à partir du doc. 5, dans quel cas le sujet apparaît en situation de stress.
3. Citer, à partir du doc. 6 (p. 235), quels sont les appareils mobilisés par le stress physiologique.
4. Définir, à l'aide du doc. 6, le stress aigu et le stress chronique.
5. Expliquer, à l'aide du doc. 6, pourquoi le stress aigu peut être bénéfique pour l'organisme et pourquoi le stress chronique est nocif pour l'organisme.

DOC. 6 Les mécanismes physiologiques mis en œuvre dans le stress

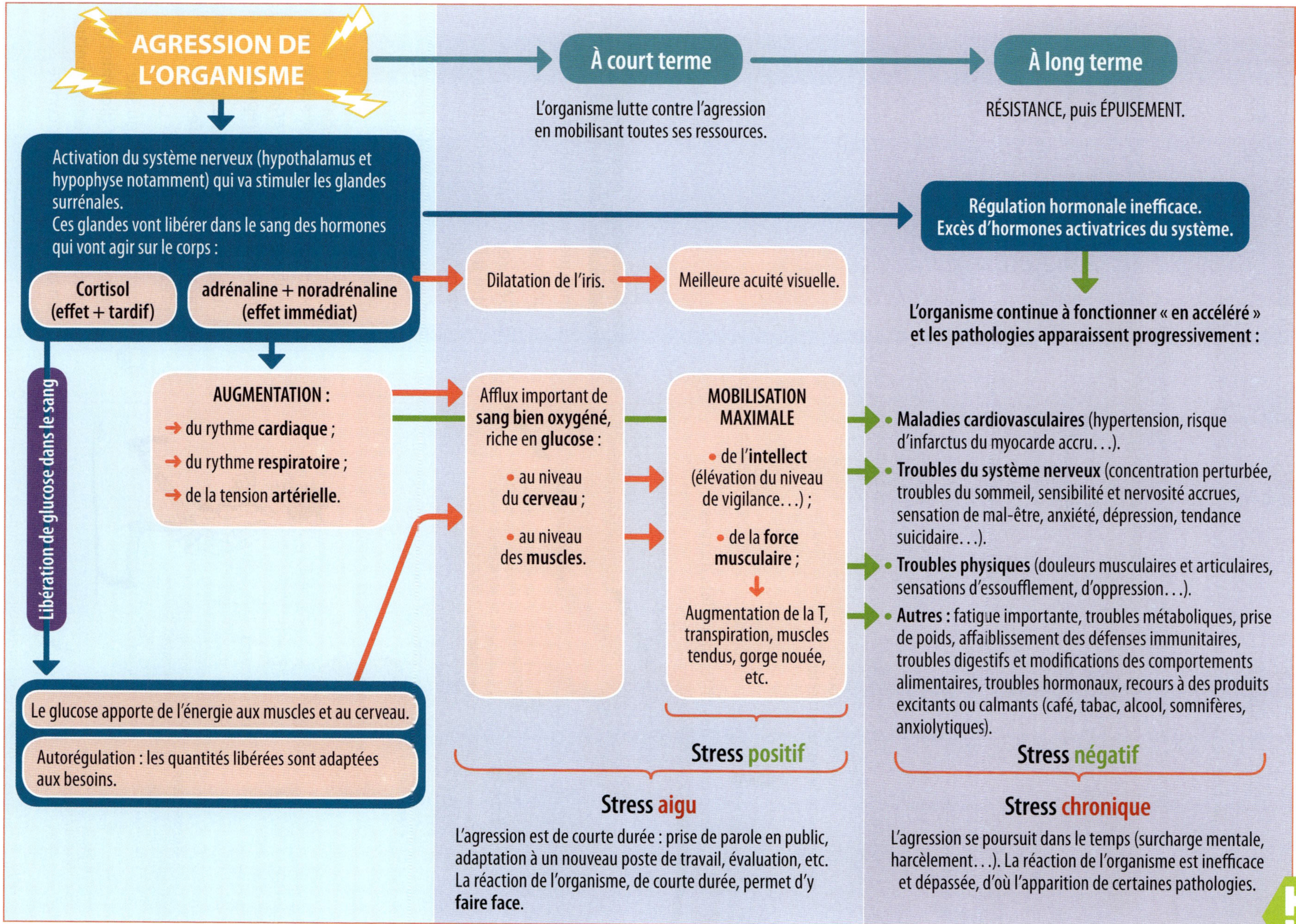

- Les effets du stress chronique ne se limitent pas aux effets sur la santé de l'individu. L'entreprise est directement et indirectement impactée par le stress professionnel que peuvent subir les salariés.
- Elle se doit de mettre en place les mesures de prévention adaptées.

DOC. 7 **Exemples de mesures de prévention contre le stress professionnel**

Prévention primaire	Prévention secondaire	Prévention tertiaire
Agir sur les causes du stress pour éviter son apparition.	**Faire face à un stress déjà installé.**	**Réparer les effets du stress chez les salariés atteints.**
• Adapter l'espace de travail à l'activité, utiliser les compétences des salariés. • Donner les marges de manœuvre suffisante. • Développer l'entraide entre salariés. • Favoriser l'accès à la formation professionnelle. • Impliquer la hiérarchie pour reconnaître le travail effectué. • …	• Former les managers. • Sensibiliser les salariés aux manifestations du stress professionnel. • Proposer des formations sur la gestion du temps, la gestion du stress, la relaxation… • Accorder des primes pour forte charge de travail. • …	• Permettre une prise en charge thérapeutique, psychologique, individuelle ou collective. • Mettre en place des numéros verts. • …

DOC. 8 **Récapitulatif des différents effets du stress**

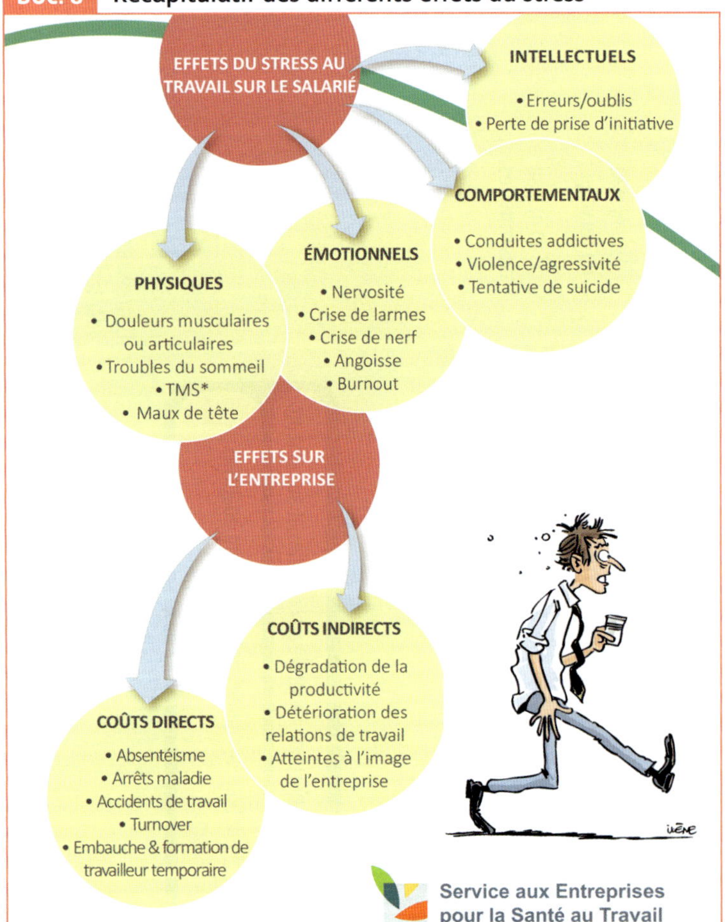

© SEST – Service aux entreprises pour la santé au travail – www.sestidf.fr

COMPRENDRE & ANALYSER

1. Indiquer pourquoi le stress peut générer des conduites addictives.
2. Décrire pourquoi le stress peut être à l'origine de troubles du sommeil.
3. Expliquer, à l'aide du doc. 8, pourquoi le stress peut être à l'origine d'AT.
4. Préciser, à l'aide du doc. 8, pourquoi la lutte contre le stress professionnel est un enjeu important pour l'entreprise.
5. Justifier les mesures de prévention secondaire présentées dans le doc. 7.
6. Rechercher, à l'aide du site www.atousante.com (lienmini.fr/pse628-25), des actions à mettre en œuvre pour lutter contre le stress individuel.

4 Du stress au burn out

- Le burn out, ou syndrome de l'épuisement professionnel, menace les travailleurs soumis à une pression importante et à un stress permanent. Le travail gagne peu à peu l'ensemble de leur vie personnelle, sociale et affective ; il n'y a plus de place pour autre chose. Face à ce surmenage, divers troubles apparaissent progressivement : fatigue chronique, troubles du sommeil, irritabilité, migraines, maux de dos, perte de mémoire, symptômes d'angoisse ou de panique et enfin état dépressif pouvant conduire au suicide.
- Pour lutter contre l'épuisement, le sujet utilise des substances addictives telles qu'anxiolytiques et antidépresseurs, somnifères, alcool ou tabac.
- Le burn out toucherait essentiellement les travailleurs ayant des métiers relationnels, mais il gagne peu à peu tous les secteurs.
- Les médecins du travail recommandent d'être conscient de ses limites, de consulter et de s'arrêter dès les premiers signes d'alerte. En effet, lorsque l'épuisement est trop important, il faut plusieurs mois, voire plusieurs années pour guérir.

DOC. 9 Procédure de reconnaissance du burn out comme MP

Le décret 2016-756 du 7 juin 2016 met en place des modalités spécifiques de traitement des dossiers de reconnaissance des pathologies psychiques (épuisement professionnel, « burn out »…) comme maladies professionnelles. La reconnaissance de la maladie professionnelle est soumise à l'avis du comité régional de reconnaissance des maladies professionnelles (CRRMP) lorsque la maladie figure dans un tableau mais n'a pas été contractée dans les conditions précisées à ce tableau, ou lorsque la maladie ne figure pas dans un tableau des maladies professionnelles, mais qu'il est établi qu'elle est essentiellement et directement causée par le travail et qu'elle a entraîné une incapacité permanente d'au moins 25 %.

© www.village-justice.com

DOC. 10 Population française exposée au burn out

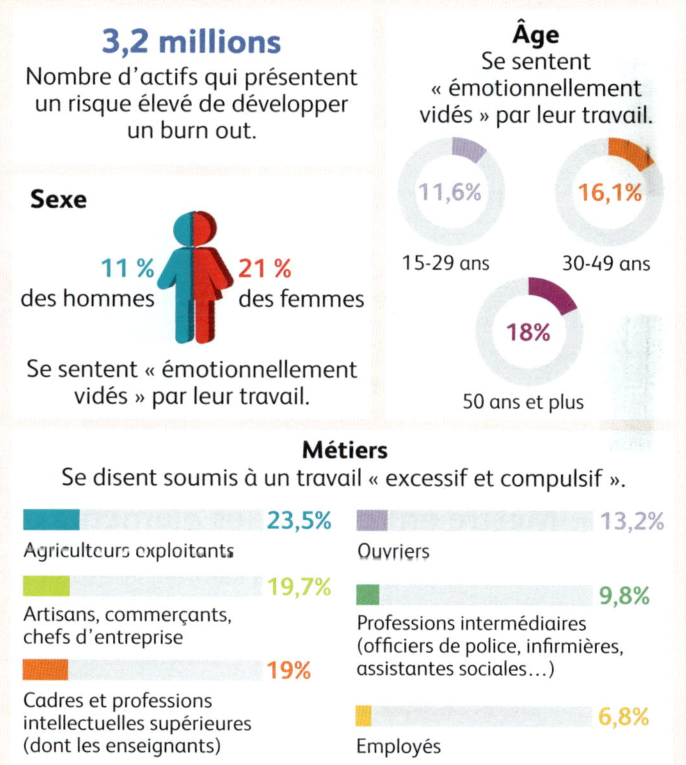

Source : www.francetvinfo.fr (2014).

COMPRENDRE & ANALYSER

1. Citer les signes du burn out et préciser pourquoi il constitue une maladie très grave.
2. Expliquer par quel processus apparaît le burn out.
3. Indiquer, à l'aide du doc. 9, quelle est la procédure de reconnaissance du burn out comme maladie professionnelle.
4. Présenter, à l'aide du doc. 10, le type de personnes le plus exposé à un burn out.

S'entraîner
en mobilisant la démarche de résolution de problèmes

SITUATION

Titulaire d'un bac pro ASSP, option domicile, **Sophie** gère une petite équipe d'aides à domicile qui interviennent au domicile des personnes âgées du quartier. Ces personnes doivent effectuer leur mission en un temps restreint (1), réaliser pour chaque bénéficiaire des tâches ménagères multiples (2), s'adapter aux ressources matérielles du domicile elles-mêmes variées (3), se conformer aux exigences d'organisation des bénéficiaires (4), tout en échangeant avec ces personnes (5) parfois exigeantes, voire agressives (6). Leur emploi du temps est imposé (7), ainsi que l'ordre de leur tournée (8). Leur salaire est à peine supérieur au SMIC (9) et les perspectives d'évolution de carrière faibles (10). En lisant une brochure sur les RPS remise par le SSTI, Sophie en arrive à la conclusion que les aides à domicile sont soumises à une charge mentale élevée pouvant générer un stress professionnel (11).

1 Identifier le problème posé

2 Identifier les éléments de la situation

Quelle est la conséquence du problème posé ?

Quelle est l'origine du problème ?

Quels éléments ont favorisé la prise de conscience ?

Qui est concerné ?

3 Mettre en relation les éléments de la situation

- Associer les numéros des éléments de la situation aux lettres correspondant aux axes du diagramme « causes-effet » (exemple : D(11)).

A. Exigences de travail

B. Degré d'autonomie

C. Éléments d'ordre social et financier

D. EFFET
(11)
Les aides à domicile sont soumises à une charge mentale élevée (stress).

4 Mobiliser des connaissances utiles

1. Expliquer les notions de charge mentale et de RPS.
2. Définir le stress professionnel et justifier le fait que les aides à domicile y soient exposées.
3. Décrire simplement le mécanisme du stress physiologique et expliquer sa finalité.

5 Proposer des solutions

- Proposer, pour chaque niveau de prévention, une mesure que Sophie peut mettre en place pour protéger son équipe d'aides à domicile.

Retenir l'essentiel

SCHÉMA-BILAN

CHARGE MENTALE

CHARGE PSYCHOLOGIQUE
effort mental

+

CHARGE AFFECTIVE
ressenti, émotions

Si trop importante

Risques psychosociaux
Pressions, tensions, harcèlement, etc.

STRESS

Autres agressions
bruits, transports (métro, avion…), tensions familiales, etc.

ALARME

Ensemble de réactions neurologiques et hormonales augmentant les rythmes cardiaque et respiratoire, la glycémie, etc.
Muscles tendus, gorge nouée, transpiration, etc.
Stress aigu (stress qui peut être positif)

Mobilisation maximale de l'intellect et de la force musculaire pour réagir à l'agression.

RÉSISTANCE PUIS ÉPUISEMENT

Si la réaction se poursuit dans le temps
Apparition progressive de pathologies :
troubles du système nerveux,
maladies cardiovasculaires, etc.
Stress chronique (stress négatif)

ÉPUISEMENT PROFESSIONNEL OU BURN OUT

COMPLÉTER LA SYNTHÈSE
→ lienmini.fr/pse628-syn27

QCM
VÉRIFIER LES ACQUIS
→ lienmini.fr/pse628-qcm27

VIDÉO
APPROFONDIR
→ lienmini.fr/pse628-vid23

24 Prévenir les risques liés à la charge mentale : approche par le travail

Objectif : identifier un problème ergonomique et proposer des mesures préventives.

S'informer et s'approprier les connaissances utiles

Dans l'entreprise, un problème lié à la charge mentale au travail est détectable par l'observation de plusieurs indicateurs : absentéisme, plaintes des opérateurs, maladies professionnelles. L'employeur peut mener, avec les partenaires de la prévention, une analyse approfondie des situations de travail appelée « approche par le travail ».

1 L'approche par le travail

- L'approche par le travail vient renforcer l'approche par les risques pour prévenir des risques d'atteinte à la santé sur le long terme, pour rechercher et prévenir des risques cachés. Pour ce faire, elle utilise les principes de l'ergonomie.
  Elle n'est toutefois pas spécifique au risque lié à la charge mentale.
- Elle consiste en une prise en compte globale du contexte professionnel.
  Il s'agit de réaliser une « photographie » de la situation de travail dans son ensemble, à partir de l'identification des paramètres ci-contre.

Un **I**ndividu effectuant une **T**âche avec un **Ma**tériel dans un **Mi**lieu

QUOI ? Tâches réalisées

AVEC QUOI ? Matériel utilisé

Une situation professionnelle

QUI ? Individu

OÙ ? Milieu (= environnement)

DOC. 1 Définitions de l'ergonomie

- **Société d'Ergonomie de Langue Française :** l'ergonomie est la mise en œuvre de connaissances scientifiques relatives à l'homme et nécessaires pour concevoir des outils, des machines et des dispositifs qui puissent être utilisés par le plus grand nombre avec le maximum de sécurité.
- **F. Daniellou :** l'ergonomie étudie l'activité de travail afin de mieux contribuer à la conception des moyens de travail adaptés aux caractéristiques physiologiques et psychologiques de l'être humain, avec des critères de santé et d'efficacité économique.

COMPRENDRE & ANALYSER

1. Illustrer les quatre composantes d'une situation de travail empruntée à votre section (TP, atelier, PFMP…) en répondant aux questions Qui ? Quoi ? Où ? Avec quoi ?
2. Définir le terme « ergonomie » à l'aide du doc. 1 et de la vidéo (lienmini.fr/pse628-26).
3. Donner la signification de I T Ma Mi.

2 Méthodologie de l'approche par le travail

La démarche de l'approche par le travail comprend cinq étapes :

Étape 1 : Identifier le problème ergonomique

Le problème est à l'origine de la démarche d'analyse ergonomique : observer une activité doit avoir du sens. Le problème ergonomique décrit une situation dont on estime qu'elle devrait être transformée. Il s'agit de l'expression d'effets négatifs sur la santé des salariés ou sur la productivité de l'entreprise.

L'identification des problèmes peut se faire par compilation de données existantes dans l'entreprise (statistiques d'accidents de travail, des lésions observées, données sur les bris de matériel…), à partir des différents registres de l'entreprise. Elle est souvent complétée par l'expression directe des salariés sur des problèmes potentiels avant l'apparition des troubles ou lésions.

DOC. 2 Quelques indicateurs statistiques des conditions de travail

• **Trois indicateurs globaux portent sur la santé des travailleurs :**
– taux de fréquence des accidents ;
– taux ou indice de gravité des accidents ;
– nombre de maladies professionnelles déclarées.
Des valeurs élevées dans ces domaines sont le plus souvent la conséquence de mauvaises conditions de travail.

• **Taux d'absentéisme et taux de rotation du personnel (« turnover »)**
Même s'ils ne constituent pas à eux seuls des indicateurs fiables, ils peuvent refléter une certaine insatisfaction des travailleurs par rapport à leurs conditions de travail ou des problèmes de santé.

• **Taux de panne, d'incidents et de rebuts (ou défauts)**
Ces indicateurs reflètent l'infiabilité de l'installation, facteur augmentant la difficulté du travail et pouvant créer une insécurité pour les travailleurs.

Source : INRS.

DOC. 3 Exemples de situations professionnelles

Situation 1

L'usine Toutbois fabrique des meubles en pin et en médium. Depuis 6 mois, le médecin du travail observe une fréquence élevée de lésions musculo-squelettiques.

Situation 2

La société IMA a été restructurée il y a 6 mois. Les tâches ont été redistribuées mais la direction doit faire face à une conséquence qu'elle n'avait pas prévue : des arrêts de travail répétés, en particulier à la chaîne de montage.

Situation 3

Le groupe COSMETICS est spécialisé dans le conditionnement de produits cosmétiques. La qualité étant une de ses priorités, elle fixe à un maximum de 3 % les rebuts. Depuis plusieurs mois, les rebuts atteignent plus de 4 %.

COMPRENDRE & ANALYSER

1. Définir ce qu'est le problème ergonomique.
2. Démontrer, à l'aide du doc. 2, quelle indication le taux de fréquence des accidents peut révéler.
3. Citer, à l'aide du doc. 2, deux autres indicateurs liés au personnel et deux liés à l'entreprise.
4. Relever, à l'aide du doc. 3, trois exemples de problèmes ergonomiques et préciser s'ils concernent les salariés ou l'entreprise.

Étape 2 : Décrire et analyser la situation

Elle a pour objectif d'analyser la situation de travail dans sa globalité.
Elle se déroule en deux temps :
– le recueil des données ;
– le classement des résultats obtenus ou mise en relation des données.

1. Le recueil de données : il s'agit d'observer le travail réalisé par un (des) opérateur(s) dans le contexte professionnel. L'observation ne saisit que les conséquences motrices ou matérielles. Mais tout n'est pas observable : « décision », « anticipation », « motivation » ne peuvent être identifiés sans verbalisation. Dans l'entreprise, chacun a un point de vue particulier sur un même travail dépendant en grande partie de la fonction occupée. Des entretiens seront menés avant, pendant ou après le travail. Les informations visent à prendre en compte la globalité de la situation de travail (I T Ma Mi) et peuvent être confrontées aux observations effectuées.

DOC. 4 Comprendre ce que l'on observe

Aurélie est hôtesse de caisse. Son travail consiste principalement à encaisser les achats des clients. Elle saisit les articles sur le comptoir d'arrivée des articles, les passe au scanner, les fait passer sur le comptoir d'emballage et encaisse les achats. Elle est assise sur un siège confortable, pourtant invariablement, vers 12 h 00, à l'heure de pointe, elle se lève et accomplit toutes les tâches précédentes debout.

DOC. 5 Exemple de guide d'entretien

- **Définition du poste**
  - Titre, lieu, service, organisme
  - Rôle, fonctions
  - Expérience professionnelle
- **Description des tâches**
  - Déroulement de la journée, description des tâches
  - Tâches les plus fréquentes, certaines tâches occasionnelles
  - Travail seul ou en équipe
    - > Moyens à disposition
    - > Sont-ils suffisants ?
  - Sont-ils adéquats ?
  - Temps passé sur chacune des tâches
  - Impressions sur les temps relatifs des tâches
  - Difficultés rencontrées dans le travail
    - > Détermination des causes
    - > Solutions envisagées
- **Intérêt des questions relatives aux incidents critiques**
  - Ce qu'il y a de plus difficile dans votre travail
  - De plus délicat
  - De plus dangereux
  - De plus pénible
  - Difficile à apprendre pour un débutant
  - De plus important par rapport aux buts de l'entreprise
  - Les erreurs typiques
- **Exigences du travail**
  - Prises d'informations
  - Traitement de l'information
  - Poste de travail et environnement
  - Relations avec les chefs hiérarchiques, collègues, subalternes
  - Responsabilités
  - Satisfactions et insatisfactions par rapport au travail
  - Évolution du poste
  - Attentes par rapport à l'entreprise
- **Compétences nécessaires pour tenir le poste (formation, aptitudes, savoir-faire)**

COMPRENDRE & ANALYSER

1. Préciser, à l'aide du doc. 4, quelle est la tâche principale d'Aurélie.
2. Proposer, à l'aide du doc. 5, une ou plusieurs questions à poser à Aurélie pour comprendre l'activité observée en lien avec le changement de posture.

2. La mise en relation des données : les données recueillies nécessitent un traitement. Plusieurs outils facilitent leur classement, dont le schéma de compréhension de l'activité qui est à privilégier.

DOC. 6 Schéma de compréhension de l'activité d'Aurélie

déterminants « OPÉRATEUR »
- Femme, 26 ans, CAP ECMS
- CDI temps partiel
- Domicile à 1 heure (transports en commun)
- Tenue professionnelle imposée

déterminants « ENTREPRISE »
- Horaires et pauses variables
- Rythme de 3 minutes par client
- Charges de 8 kg maxi, 250 kg/heure maximum
- Chaleur, froid, intensité sonore élevée, éclairage éblouissant
- Poste de caisse exigu

TRAVAIL PRESCRIT
- Saisie et encaissement des produits présentés par les clients

TRAVAIL RÉEL

TÂCHES RÉELLES
- Accueillir le client.
- Enregistrer les articles et les déposer en bout de caisse.
- Contrôler les produits présentés par le client.
- Encaisser le montant des achats.
- Saisir la carte de fidélité.
- Établir la comptabilité de la caisse en début et en fin de journée.
- Maintenir son espace de travail propre.
- Gérer les imprévus.

ACTIVITÉS RÉELLES
- Rythme de travail très soutenu.
- Saisit un article (un toutes les 3 secondes) par rotation droite du tronc.
- Passe l'article au scanner en le maintenant en l'air.
- Écoute le bip sonore.
- Vérifie visuellement que l'article est scanné.
- Évacue les articles par rotation gauche du tronc.

Effets sur l'OPÉRATEUR
- Stress et fatigue
- Relations clientèle et collègues insatisfaisantes
- Difficulté d'organisation de la vie familiale
- Douleur à l'épaule droite
- Manque de reconnaissance de la hiérarchie

Effets sur l'ENTREPRISE
- Arrêt de travail 7 jours
- Flexibilité des horaires
- Ambiance de travail dégradée
- Conflit entre les salariés

DOC. 7 Définitions

- **Travail prescrit** : c'est le travail défini par l'entreprise et donné à l'opérateur.
- **Travail réel** : c'est le travail mis en œuvre concrètement. Il se décompose en tâches et activités :
  - **Tâche réelle** (ce que l'opérateur fait) : tâche réalisée par l'opérateur en fonction des exigences de chaque situation, elle se décrit en termes d'actions sur les objets et l'environnement.
  - **Activité réelle** (comment l'opérateur le fait) : description des actions physiques, mentales et sensorielles développées pour accomplir la tâche.

COMPRENDRE & ANALYSER

1. Définir, à l'aide du doc. 6, les termes « déterminant opérateur », « déterminant entreprise », « effets sur l'opérateur », « effets sur l'entreprise ».
2. Différencier et illustrer, à l'aide des doc. 6 et 7, les notions de « travail prescrit » et « travail réel ».
3. Mettre en évidence, à l'aide des doc. 6 et 7, la complémentarité entre les termes « tâches réelles » et « activités réelles » à partir de la tâche « enregistrer les articles et les déposer en bout de caisse ».

Étape 3 : Formuler des hypothèses

Il s'agit de répertorier les causes possibles d'effets négatifs. Les liens de causalité entre les différents éléments du schéma de compréhension sont recherchés afin de formuler une ou plusieurs hypothèses : « tel effet » a-t-il un lien avec le travail réel ? « le travail réel » a-t-il un lien avec « tel déterminant » ? Les éléments du schéma de compréhension viennent alimenter l'hypothèse.

À partir du cas d'Aurélie, caissière d'hypermarché (doc. 6), intéressons-nous aux effets négatifs « stress et fatigue » et « arrêts de travail ».
Il est possible de formuler l'hypothèse suivante :

- **Il semble que le fait que** :
  – les cadences soient élevées (3 minutes par client)
- **conduise l'opérateur** :
  – à adopter un rythme de travail très soutenu ;
- **ce qui entraîne** :
  – stress et fatigue en fin de journée ;
  – des arrêts de travail.

Les termes en **gras** sont identiques, quelle que soit la situation. Ils seront complétés par les éléments issus du schéma de compréhension relatifs aux « déterminants homme et entreprise », « activités », « effets ». Plusieurs hypothèses peuvent être émises à partir du même effet.

DOC. 8 Illustration des liens de causalité (méthode prospective)

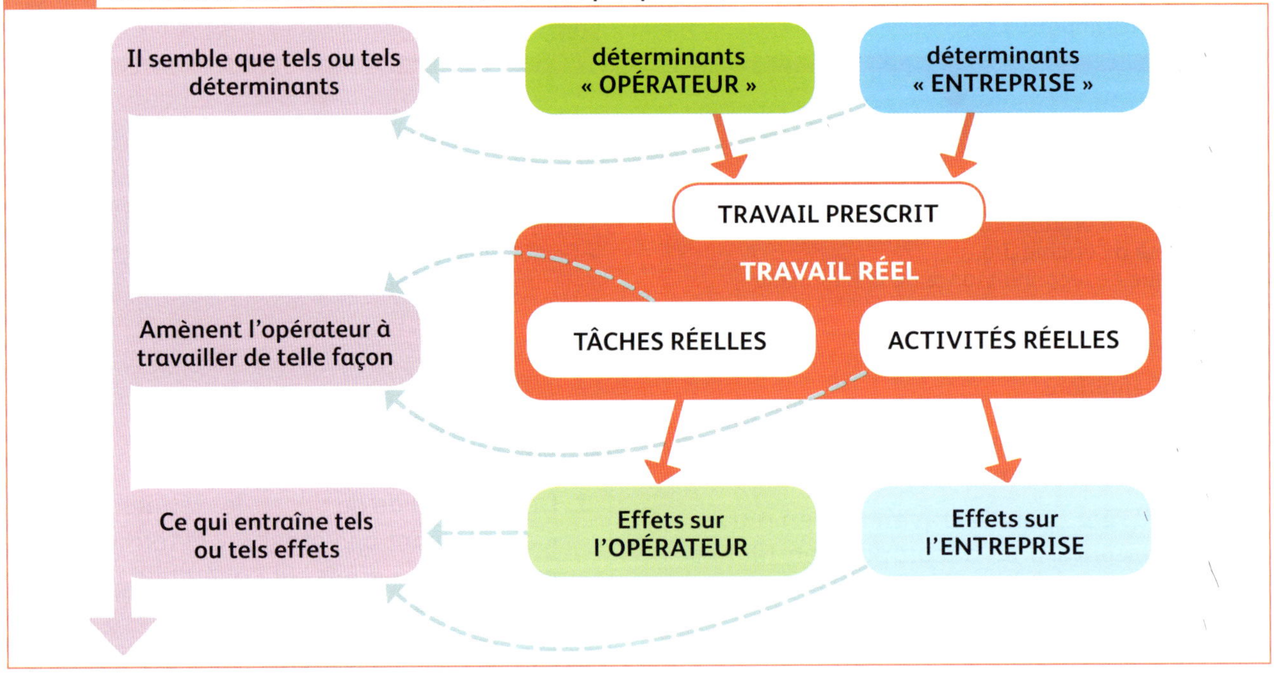

COMPRENDRE & ANALYSER

1. Définir le terme hypothèse lorsqu'il est utilisé dans le langage courant.
2. Donner le rôle de l'étape de formulation des hypothèses dans le cadre de l'analyse par le travail.
3. Formuler, à l'aide des doc. 6 (p. 243) et 8, au moins une hypothèse à partir de la situation d'Aurélie, caissière d'hypermarché. L'effet retenu sera « douleur à l'épaule droite».

Étape 4 : Valider les hypothèses

L'hypothèse, bien que nourrie par les caractéristiques objectives de la situation de travail, nécessite une confirmation ou une infirmation. Cette étape, dite de validation, débouche sur la conduite d'observations complémentaires. Les outils sont choisis en fonction de la nature des causes hypothétiques : mesures de bruit si un niveau sonore trop élevé est attribué à un effet négatif, chronogramme de postures et déplacements en cas de lombalgies, questionnaire adapté pour évaluer la charge mentale, etc.

Étape 5 : Proposer des solutions

Des solutions correctives sont proposées selon la hiérarchie des niveaux de prévention (niveau 1 : prévention intrinsèque, niveau 2 : protections individuelle et collective, niveau 3 : information et formation du personnel) et seront choisies par l'entreprise en fonction de leur pertinence, de leur coût et de l'objectif initialement fixé.

DOC. 9 Quelle organisation pour les pauses ?

Selon l'INRS, il est recommandé (en plus de la pause déjeuner) de prévoir au moins une pause le matin et une l'après-midi, chacune d'une durée de l'ordre de dix à quinze minutes.

Si l'organisation du travail le permet, il est préférable que le moment de prise de ces pauses soit choisi par le travailleur lui-même.

DOC. 10 Exemples de mesures de prévention du stress au travail

- Former l'encadrement aux méthodes de management participatif permettant d'associer les salariés aux décisions les concernant.
- Améliorer la communication concernant les objectifs de l'entreprise.
- Donner la possibilité aux salariés de s'exprimer sur les dysfonctionnements qu'ils repèrent.
- Adapter la charge de travail en fonction des éléments à la disposition des salariés pour effectuer leur tâche.
- Donner la possibilité aux salariés d'utiliser leurs compétences.
- Former le personnel à l'introduction de nouveaux outils dans le processus de travail.

© Dossier web INRS « Stress au travail », 2017.

DOC. 11 Quelques pistes d'amélioration des conditions de travail

- Faire choisir les horaires par les caissières, en conciliant la grille horaire personnelle et le plan de charge de l'hypermarché.
- Aménager des temps de pauses suffisants et judicieusement répartis, afin de permettre de récupérer de la fatigue physique et mentale accumulée au cours du travail.
- Privilégier la mise en place d'une polyvalence volontaire et planifiée, afin d'alterner les tâches ne présentant pas les mêmes contraintes gestuelles et posturales.
- Instaurer une rotation du personnel sur les différentes caisses, afin d'équilibrer les charges physiques et psychiques.

COMPRENDRE & ANALYSER

- Proposer et hiérarchiser (niveau 1, 2 ou 3) des mesures de prévention adaptées à la situation de travail d'Aurélie. S'aider des doc. 9, 10 et 11.

S'entraîner
en mobilisant la démarche d'approche par le travail

SITUATION

Pauline, 23 ans, est chargée de faire de la téléprospection dans un centre d'appel. Étudiante, elle travaille à temps partiel. Pour déclencher un appel, Pauline clique avec la souris sur la consigne « appel ». Ensuite, elle mène un entretien selon une procédure écrite qu'elle suit des yeux. Cela laisse peu d'autonomie dans la gestion de l'appel. Elle recueille des données qu'elle saisit avec le clavier de l'ordinateur et met fin à la conversation par sélection sur l'écran de l'option adaptée (le client n'est pas dans la cible, rappeler plus tard, client pas intéressé). Pauline aimerait pouvoir faire quelques pas pour évacuer la tension, mais ce n'est pas possible car elle est soumise à des normes de rendement (au moins 110 appels par jour). La hiérarchie est très présente par sa surveillance permanente. Elle a peu de relations avec ses collègues en raison de la prise de pauses décalées et très courtes. En fin de journée, elle a mal au dos et il lui faut au moins deux heures pour évacuer le stress. C'est un métier qui use vite, il y a beaucoup de turnover* et de nombreux arrêts maladie.

* Changement de personnel

1 Identifier le problème ergonomique

2 Mettre les éléments soulignés de la situation en relation à partir du schéma de compréhension

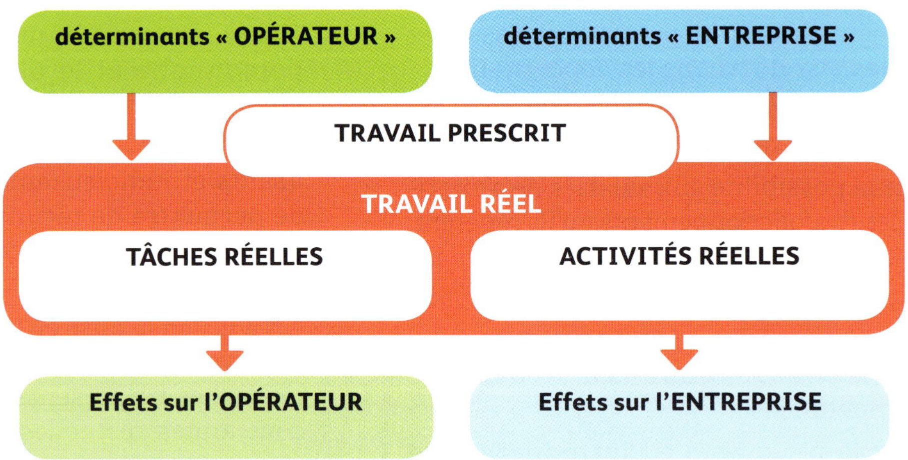

3 Formuler une hypothèse relative à la situation de travail de Pauline

L'effet retenu sera le **stress**.

4 Hiérarchiser les mesures de prévention suivantes :

Pauses régulières (toutes les 5 minutes) / Formation à la gestion des situations d'agressions verbales / Poste de travail permettant le changement de posture / Formation à la gestion du stress / Diminution du nombre d'appels attendus

Retenir l'essentiel

MODULE 11

SCHÉMA-BILAN

L'approche par le travail : démarche et outils

Étape 1 Identifier le problème ergonomique

- Origine de la démarche d'analyse.
- Ce sont des effets négatifs.

- **Analyse d'indicateurs** : taux d'absentéisme, turnover, arrêts de travail, difficulté de recrutement sur un poste, déclaration de maladies professionnelles, plaintes des salariés, etc.

Étape 2 Décrire et analyser la situation

- Phase de recueil de données puis de mise en relation de ces données dans le schéma de compréhension de l'activité.

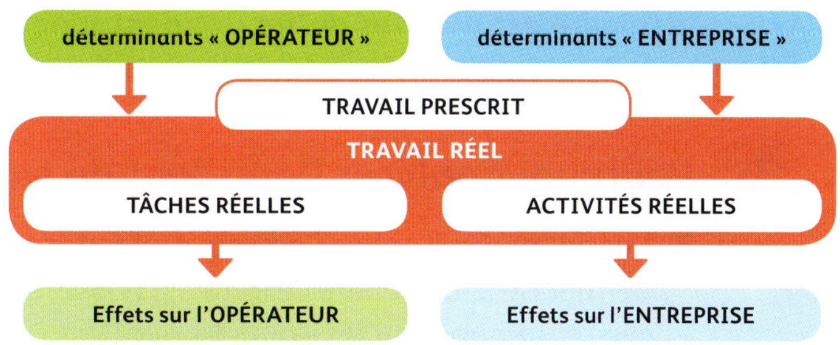

Étape 3 Formuler des hypothèses

- Identification de liens de causalité entre les différents éléments de la situation professionnelle pour expliquer un effet négatif.

Liens de causalité (méthode prospective)

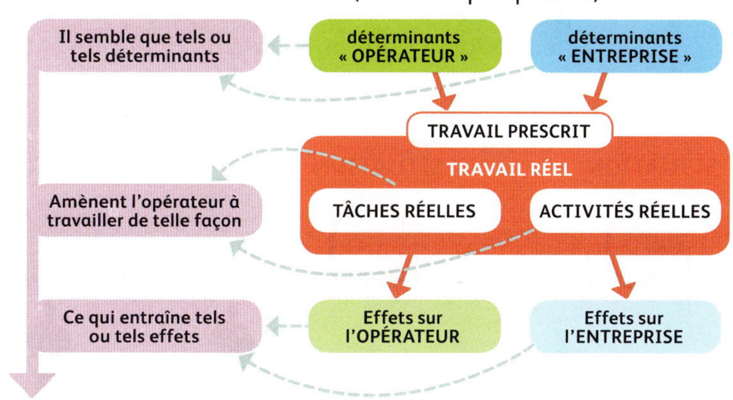

Étape 4 Valider les hypothèses

- Mise en œuvre d'observations complémentaires pour confirmer ou infirmer l'hypothèse.

Observations complémentaires : mesures de bruit, d'éclairement, observation des flux des matières premières, des déplacements de l'opérateur, etc.

Ex. : analyse de la posture

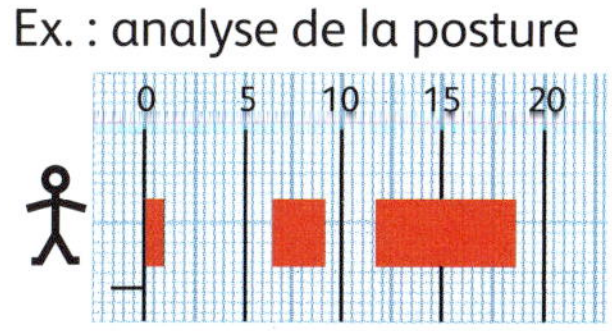

Étape 5 Proposer des solutions

- Proposition de solutions de prévention pour supprimer ou limiter les effets néfastes.

Principes généraux de prévention (loi du 31/12/1991)

1. Prévention intrinsèque
2. Protection collective et individuelle
3. Instructions/formations pour l'opérateur

COMPLÉTER LA SYNTHÈSE

→ lienmini.fr/pse628-syn28

VÉRIFIER LES ACQUIS — QCM

→ lienmini.fr/pse628-qcm28

APPROFONDIR — VIDÉO

→ lienmini.fr/pse628-vid24

25 Utiliser l'analyse d'un accident de travail dans une démarche de prévention

Objectif : appréhender la démarche d'analyse de l'accident pour en faire un outil de prévention.

S'informer et s'approprier les connaissances utiles

L'analyse de l'accident de travail s'intègre dans une démarche de prévention. Le but à atteindre est d'éviter qu'un accident identique ou connexe ne se reproduise. L'analyse se fait suivant la méthode de l'arbre des causes.

1 Pourquoi analyser l'accident de travail ?

- L'accident résultant de l'activité professionnelle est un événement non souhaité. Son analyse permet de comprendre ce qui s'est passé, d'en rechercher les causes multiples en recueillant systématiquement les données relatives à l'accident. Elle aboutit à la proposition d'actions correctives et de mesures de prévention à mettre en place afin d'éviter que l'accident ne se reproduise. Il ne s'agit pas de rechercher les responsables, mais bien d'identifier les causes de l'accident dans un but correctif et préventif.

DOC. 1 Représentation des incidents, presque accident et accident

SITUATION 1	SITUATION 2	SITUATION 3
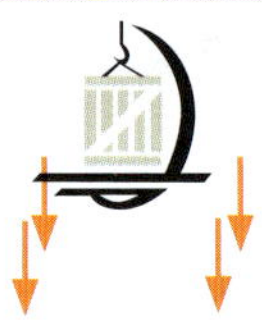		
Une charge tombe, il n'y a personne.	Une charge tombe à quelques mètres d'un opérateur. Un éclat de bois l'égratigne légèrement.	Une charge tombe et touche un opérateur à l'épaule. Il subit un arrêt de travail de 3 semaines.
INCIDENT	PRESQUE ACCIDENT	ACCIDENT

DOC. 2 La pyramide de Bird

Les incidents ne sont pas toujours signalés, pourtant ils sont autant de signaux d'alarme qui nous disent que des risques sont présents dans le milieu de travail. Risques qui pourraient, une prochaine fois, entraîner des blessures graves.

Plus le nombre d'incidents est élevé, plus la probabilité d'avoir un accident est élevée.

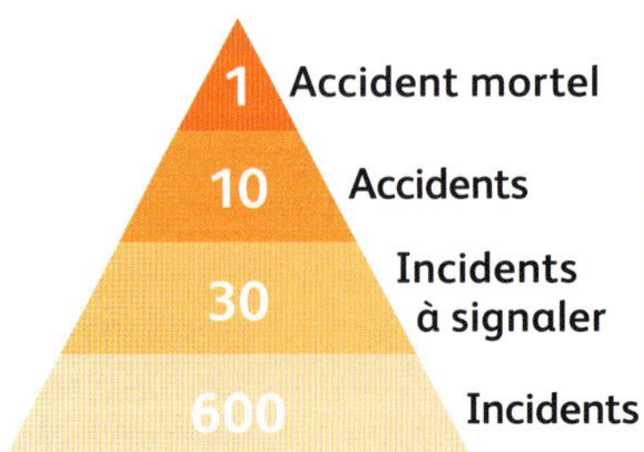

COMPRENDRE & ANALYSER

1. Indiquer, à l'aide de la vidéo (lienmini.fr/pse628-27), pourquoi et comment analyser les accidents de travail.
2. Différencier, à l'aide du doc. 1, incident, presque accident et accident en faisant ressortir les conséquences pour l'opérateur et pour l'entreprise.
3. Expliquer, à l'aide du doc. 2, en quoi il est primordial de prendre en compte les incidents.

2 Méthodologie de l'approche par l'accident

- C'est la troisième démarche d'analyse visant à proposer des mesures de prévention. Les accidents du travail ne résultent jamais d'une cause unique : ils sont la conséquence d'une combinaison de facteurs. Toute la difficulté consiste à identifier les différents éléments qui y ont contribué. Pour y parvenir, l'**INRS** a mis au point une méthode pratique de recherche de facteurs d'accidents dont les résultats sont présentés sous la forme d'une arborescence graphique dénommée « arbre des causes ».

  La méthodologie se compose de trois étapes principales et d'une étape complémentaire.

Étape 1 : recueillir les faits

- Cette phase a pour objectif de reconstituer de façon logique et chronologique l'histoire de l'accident. Deux grandes sources d'informations sont à considérer : les informations obtenues dans le cadre d'observations sur l'environnement de travail (machine, outil, contexte…) et celles obtenues dans le cadre d'entretiens auprès de la victime, des témoins, de l'encadrement, des collègues, etc. Elles sont collectées le plus tôt possible après la survenue de l'accident et, si possible, sur le lieu de l'accident.
  Le cadre de l'observation est le même que pour les deux autres démarches, à savoir « un Individu effectue une Tâche avec un Matériel dans un Milieu ».
- Lors de la formulation des faits, il est important de savoir différencier les interprétations (= opinions) des faits.

DOC. 3 Les caractéristiques d'un fait

Un fait est une information, un état, une action exprimée de façon concise et à la forme affirmative. Il est observable et/ou vérifiable, quantifiable et/ou qualifiable. Ce n'est ni une interprétation, ni une opinion, ni un jugement de valeur, ni un « fait négatif » (absence de…, manque de…).

COMPRENDRE & ANALYSER

1. Citer l'objectif de l'étape de recueil des faits et préciser comment et à quel moment elle se réalise.
2. Définir, à l'aide du doc. 3, ce qu'est un fait (trois caractéristiques principales).
3. Relever et classer, dans le doc. 4, les faits du récit de l'accident de Mattéo selon les composantes du contexte professionnel (I T Ma Mi).

DOC. 4 Compte-rendu de l'accident de Mattéo

Mattéo, ouvrier de maintenance, doit réaliser une opération toute simple : remplacer un tube fluorescent défectueux dans le bureau de M. A. Cela fait plusieurs jours que ce dernier attend qu'on lui répare cet éclairage. Ce n'est pas étonnant : les agents sont toujours débordés et ils ne travaillent pas assez vite. Le plafond étant haut, Mattéo est obligé d'aller chercher une échelle double. Il ne la trouve pas à sa place habituelle et, par négligence, décide de se contenter de celle qu'il trouve. Elle a un barreau cassé. Pour aller plus vite, il ne dégage pas le sol très encombré. En redescendant, il regarde où il pourra poser les pieds sur le sol et, oubliant le barreau cassé, est déséquilibré. Il tombe lourdement et se fait une entorse.

■ Parmi l'ensemble des faits retenus, il faut distinguer les faits habituels des faits inhabituels. Les premiers contribuent à la réalisation de l'accident sans pour autant déclencher le processus conduisant à la blessure. Les seconds constituent l'information essentielle nécessaire à la dynamique du processus accidentel. Ainsi, l'accident peut se produire lors de la réalisation d'actions inhabituelles ou par une combinaison inhabituelle d'actions habituelles. C'est ce caractère de « changement » qui va guider l'analyse. Lors de l'enquête, il est utile de ne pas s'arrêter trop vite à un petit nombre de variations (= faits inhabituels) mais de s'efforcer d'en réunir le plus possible pour un cas particulier d'accident.

DOC. 5 **Faits habituels et faits inhabituels**

M. [B.], ouvrier mécanicien dans une carrière d'extraction et de production de roches, surveillait le tapis convoyeur qui achemine les pierres extraites vers un concasseur. Constatant un engorgement, survenu dans la trémie d'alimentation, il s'est rendu directement dans le tunnel abritant cette trémie. Contrairement à l'habitude, il n'a pas utilisé la passerelle [...] spécialement prévue pour une intervention de ce type. Laissant le convoyeur en marche, il a tenté de débloquer manuellement les pierres dans la trémie en se servant d'une tige métallique. En exerçant un effort pour débloquer les pierres avec la tige métallique, l'ouvrier s'est trouvé [...] debout devant la trémie sur un sol glissant [...]. Soudain son pied a glissé, provoquant sa chute au cours de laquelle sa jambe a été happée par le tambour de retour, en mouvement [...]. Grièvement blessée, la victime a dû être amputée.

© Extrait de la brochure INRS, ED 6163.

DOC. 6 **L'accident du chauffeur de poids lourd**

Un chauffeur de poids lourd de 60 ans travaille dans une société qui collecte des déchets. C'est en période hivernale, il est 18 heures et le chauffeur a terminé sa journée. Il gare son camion sur le parking bas de la plate-forme de collecte des déchets. Il rejoint les bureaux en traversant le parking bas puis le parking haut. Il est à pied et téléphone à un collègue. Des travaux sont en cours dans l'enceinte de l'entreprise au niveau du parking haut. En effectuant une manœuvre avec son camion, un collègue percute et renverse le chauffeur à pied. Le choc a entraîné le décès de ce dernier.

© Hygiène et sécurité du travail, n°243, EC 15, juin 2016.

COMPRENDRE & ANALYSER

1. Relever dans le doc. 6, à l'aide du doc. 5, les faits inhabituels relatifs à l'accident du chauffeur de poids lourd.
2. Compléter cette liste par les faits habituels.

Étape 2 : construire l'arbre des causes

- Son objectif est de mettre en évidence les liens de causalité entre les différents faits.
- L'arbre des causes est une représentation graphique de l'enchaînement logique des faits qui ont conduit à la blessure.
- Sa construction s'appuie sur plusieurs règles :
  – L'arbre se construit à partir d'un questionnement et s'organise de façon rétrospective.
  – Le cadre logique auquel se réfère cette méthode oblige à procéder de la droite vers la gauche, avec pour point de départ le dommage (= fait ultime).
  – On remonte l'histoire de l'accident en se posant 3 questions :
    > « qu'a-t-il fallu pour que ce fait se produise ? »
    > « est-ce nécessaire ? »
    > « est-ce suffisant ? »
  – On procède en associant ces questions jusqu'à ce que l'on ne puisse plus apporter de réponses ou bien que les réponses ne fassent plus progresser.

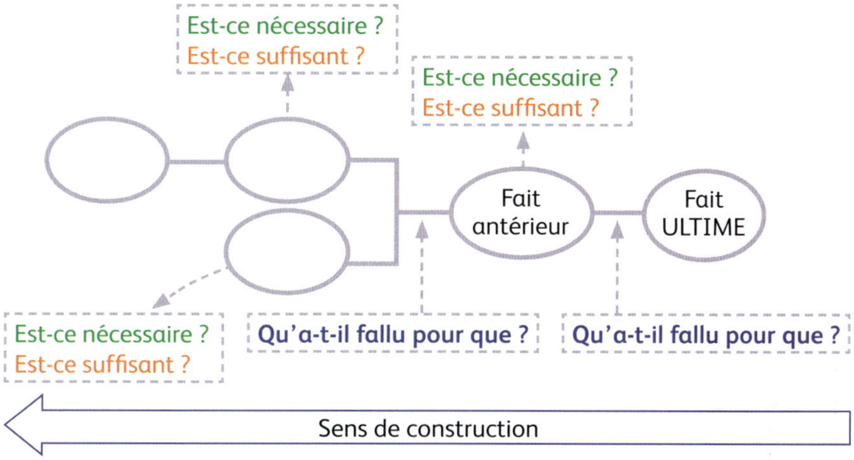

– Les faits sont reliés entre eux par trois types de liens logiques.

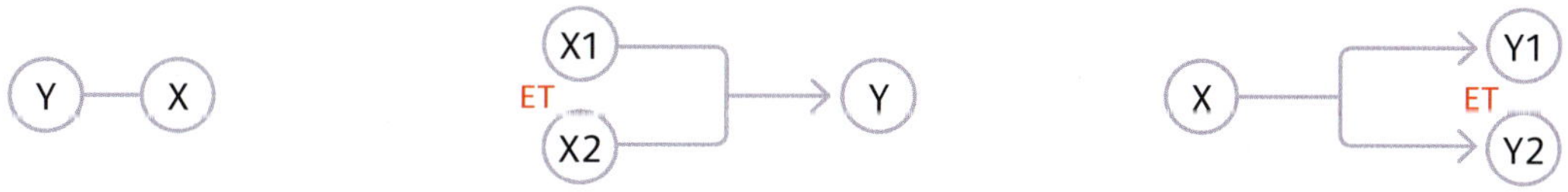

① **Enchaînement** 1 fait – 1 antécédent
② **Conjonction** 1 fait – plusieurs antécédents
③ **Disjonction** Plusieurs faits – 1 antécédent

Remarque : conventionnellement, un fait permanent est représenté par un rectangle, un fait inhabituel (variation) par un cercle. Dans un souci de simplification, nous matérialisons tous les faits par un cercle.

COMPRENDRE & ANALYSER

1. Citer l'objectif de la construction de l'arbre des causes.
2. Préciser le rôle des questions à poser lors de l'élaboration de l'arbre des causes, puis indiquer le sens de construction de ce dernier.

■ Exemple de construction de l'arbre des causes (les faits sont soulignés)
En <u>essuyant avec un chiffon les cylindres</u> de sa <u>machine en marche</u>, Thibault s'est fait <u>coincer l'index droit dans les cylindres</u>. Son <u>index droit est fracturé</u>. Thibault, pressé par <u>l'urgence de la commande</u>, <u>travaillait à mains nues</u>.

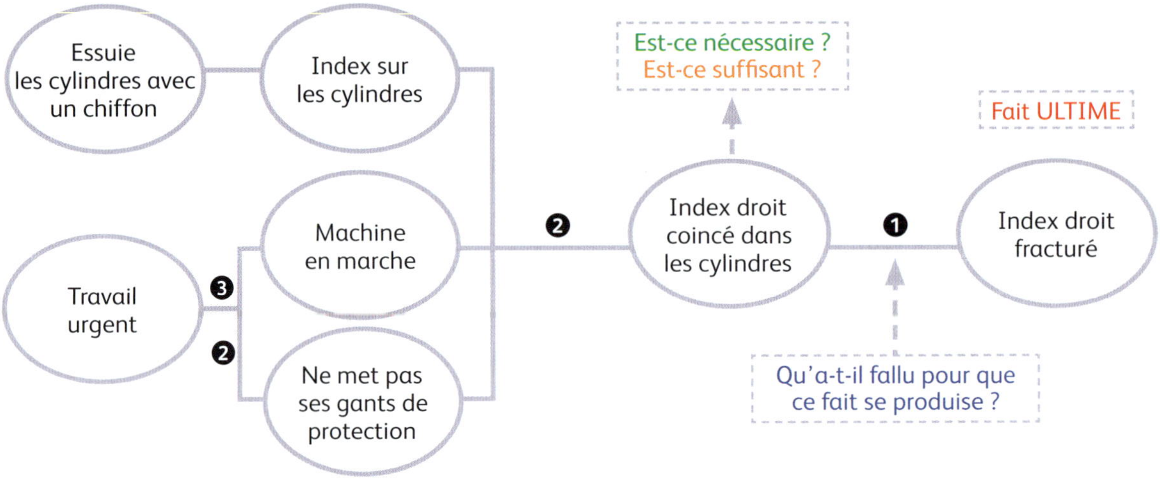

DOC. 7 **Liste des faits de l'accident de Mattéo**

- Tube fluorescent défectueux
- Travail urgent
- Change un tube sur plafond haut
- Entorse
- Ne dégage pas le sol
- Échelle double pas à sa place
- Utilise une échelle à barreau cassé
- Sol encombré
- Regarde le sol en descendant
- Tombe

DOC. 8 **Architecture de l'arbre des causes de l'accident de Mattéo**

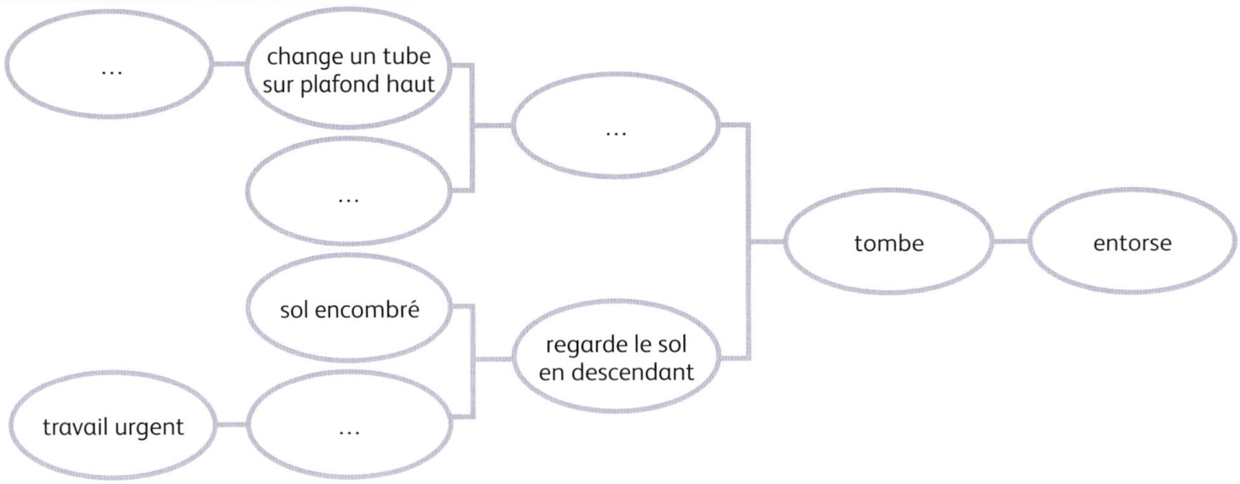

COMPRENDRE & ANALYSER

1. Distinguer, à partir du doc. 7, les faits habituels des faits inhabituels.
2. Construire sur une feuille, à l'aide du doc. 7, l'arbre des causes de l'accident de travail de Mattéo en utilisant la schématisation du doc. 8.
3. Indiquer sur les branches de l'arbre des causes construit le type de liaison dont il s'agit.

Étape 3 : proposer des mesures de prévention

- Dans l'entreprise, la recherche de mesures de prévention possibles se fait en groupe réunissant des personnes avec des compétences techniques diverses. Ce groupe pluridisciplinaire propose des solutions qui portent sur chacun des faits. Il convient de prendre en considération non seulement les faits les plus proches de la blessure, mais également ceux situés les plus en amont. Pour chaque fait, il est recherché les moyens de le supprimer. Étant donné la structure logique de l'arbre, il suffit de supprimer un seul fait pour que l'accident ne se produise pas.

DOC. 9 **Actions à mener suite à l'accident du chauffeur de poids lourd**

Facteurs d'accident	Mesures préventives et correctives possibles
Le camion percute le chauffeur.	• Réaliser une évaluation a priori des risques professionnels avant le démarrage des travaux. • Organiser en amont les déplacements et les circulations en vue de limiter les croisements engins-piétons. • Privilégier des véhicules munis d'un système de détection des personnes avec une cabine de conduite offrant une surface vitrée importante. • Aménager la zone pendant les travaux. • Élaborer un plan de circulation (véhicules, engins et piétons).
Le chauffeur traverse le parking haut.	• Fournir aux salariés des équipements réfléchissants (vestes…). • Informer et former les salariés à l'utilisation des EPI et aux consignes de sécurité.
Des travaux d'aménagement sont en cours au niveau du parking haut.	• Délimiter et matérialiser le chemin réservé aux piétons par un marquage au sol ou par des barrières physiques. • Organiser les circulations sur les différentes plates-formes.

Source : Hygiène et sécurité du travail, n°243, EC 15, juin 2016.

Étape complémentaire 4 : élargir la prévention aux accidents connexes (FPA)

- Dans l'analyse de chaque accident, certains faits (ou ensemble de faits) peuvent être observés dans des situations de travail autres que celles ayant donné lieu à l'accident. Ces faits, exprimés de manière générale, sont appelés « facteurs potentiels d'accidents » (FPA). Formuler un FPA, c'est préciser en quelques mots la famille de facteurs de risques à laquelle appartiennent un fait ou un ensemble de faits apparus lors de l'analyse. Les FPA alimentent l'approche par les risques (démarche a priori).

DOC. 10 **Liste non exhaustive de FPA**

Individu (I)	• Inexpérience (débutant, remplaçant, nouveau dans la fonction…)
Tâche/Activité (T/A)	• Tâche inhabituelle, récupération d'incident, arrêt inhabituel du processus de travail
Matériel (Ma)	• Utilisation d'un outil en dehors de son usage • Fonctionnement dégradé, panne partielle ou totale • Matériel modifié ou inhabituel pour l'individu qui l'utilise
Milieu (Mi)	• Encombrement, état des sols défectueux, poussières, gaz • Lieu inhabituel pour l'individu • Manque d'informations utiles sur l'état d'un système

Source : Brochure INRS ED 6163 « L'analyse de l'accident du travail : la méthode de l'arbre des causes ».

COMPRENDRE & ANALYSER

1. Relever, dans le doc. 9, une illustration de chaque niveau de prévention.
2. Identifier, dans le doc. 10, les catégories auxquelles peuvent appartenir les FPA.

S'entraîner
en mobilisant la démarche d'approche par l'accident

SITUATION

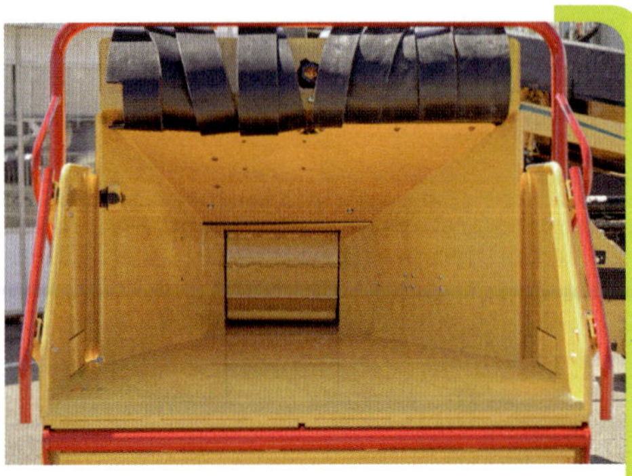

Le jour de l'accident, la victime, **Bilal**, conducteur de poids lourd de 26 ans, a pour tâche de remplir l'alimentateur d'un broyeur mobile installé dans une carrière à l'aide d'une pelle équipée d'un godet d'un mètre. Un rocher déposé dans l'alimentateur est trop gros et bloque l'entrée du broyeur. Pour le décoincer, le salarié se tient debout devant l'entrée du broyeur, il utilise une barre à mine pour bouger le bloc et le faire descendre. Le broyeur est en rotation. La barre à mine échappe des mains de la victime, vient en contact avec un battoir en rotation. Elle transperce le corps de la victime avant d'être projetée comme un javelot pour atteindre un point situé à 30 m du lieu de l'accident. La victime est décédée.

1 Recueillir les faits

- Relever les faits relatifs à l'accident de Bilal en distinguant les faits habituels et les variations.

2 Construire l'arbre des causes

- Reproduire et compléter l'arbre des causes ci-dessous en débutant par le fait ultime.

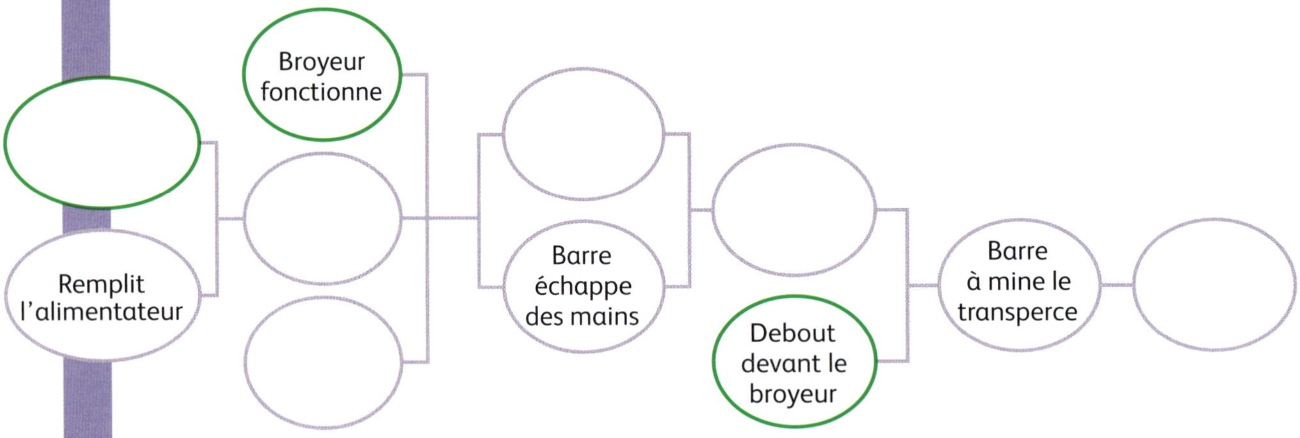

3 Proposer et hiérarchiser des mesures de prévention

- Proposer des mesures de prévention pour les faits repérés par un cercle vert. Préciser le niveau de prévention envisagé.

4 Définir les facteurs potentiels d'accident (FPA)

- Identifier à quelle famille de FPA appartiennent ces faits.

Retenir l'essentiel

MODULE 12

SCHÉMA-BILAN

L'approche par l'accident : démarche et outils

Étape 3 Recueillir les faits

- Reconstitution logique et chronologique de l'histoire de l'accident.

- Les faits sont recherchés parmi toutes les composantes du contexte professionnel :
  > Individu
  > Tâche
  > Matériel
  > Milieu

Étape 2 Construire l'arbre des causes

- Mise en évidence des liens de causalité entre les différents faits à partir de l'arbre des causes.

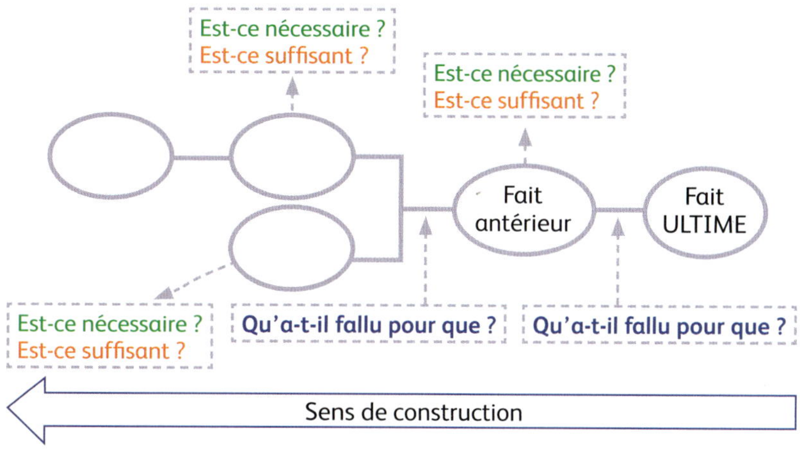

Étape 3 Proposer des mesures de prévention

- Proposition de solutions de prévention pour supprimer ou limiter les effets néfastes à partir de chaque fait de l'arbre des causes.

Principes généraux de prévention (loi du 31/12/1991)

1. Prévention intrinsèque
2. Protection collective et/ou individuelle
3. Instructions/formations pour l'opérateur

Une étape complémentaire

Étape 4 Élargir la prévention aux accidents connexes (FPA)

- Généralisation des mesures de prévention à d'autres situations de travail.

- L'émergence des FPA (ou familles de risque) débouche sur la mise en œuvre d'une approche par les risques.

COMPLÉTER LA SYNTHÈSE

→ lienmini.fr/pse628-syn29

QCM **VÉRIFIER LES ACQUIS**

→ lienmini.fr/pse628-qcm29

VIDÉO **APPROFONDIR**

→ lienmini.fr/pse628-vid25

Annexes

Fiches de secourisme pour gérer les situations d'urgence

Préparation à la certification

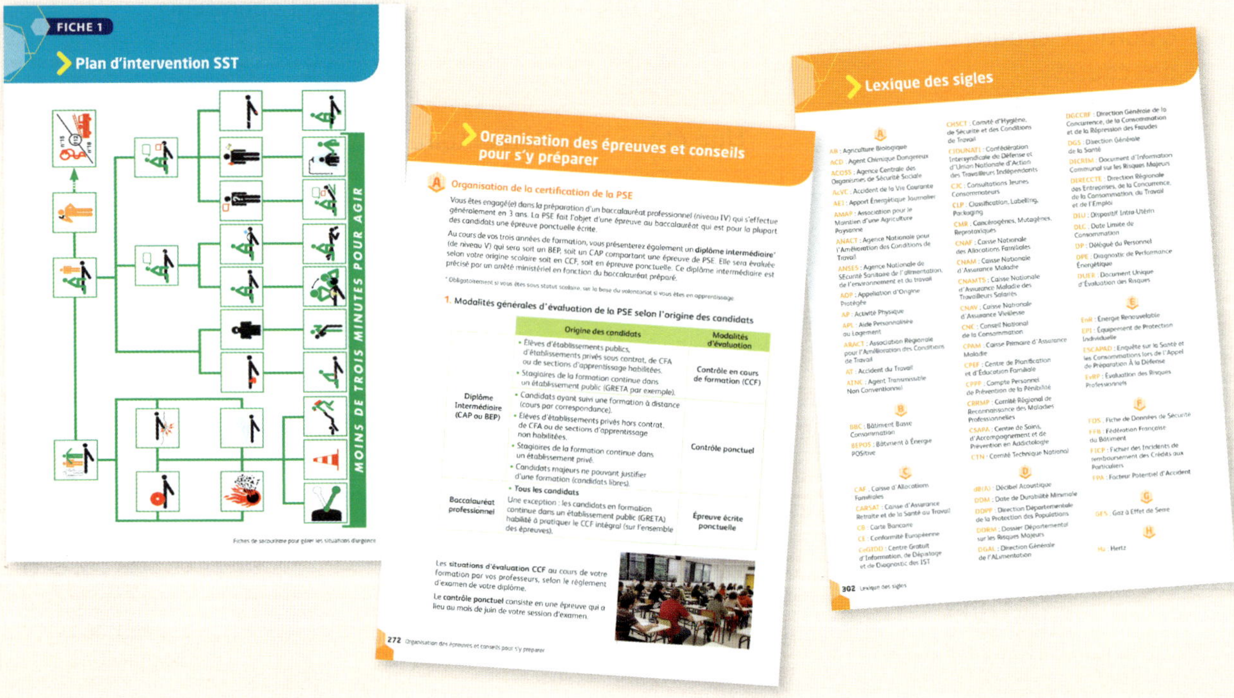

FICHE 1

Plan d'intervention SST

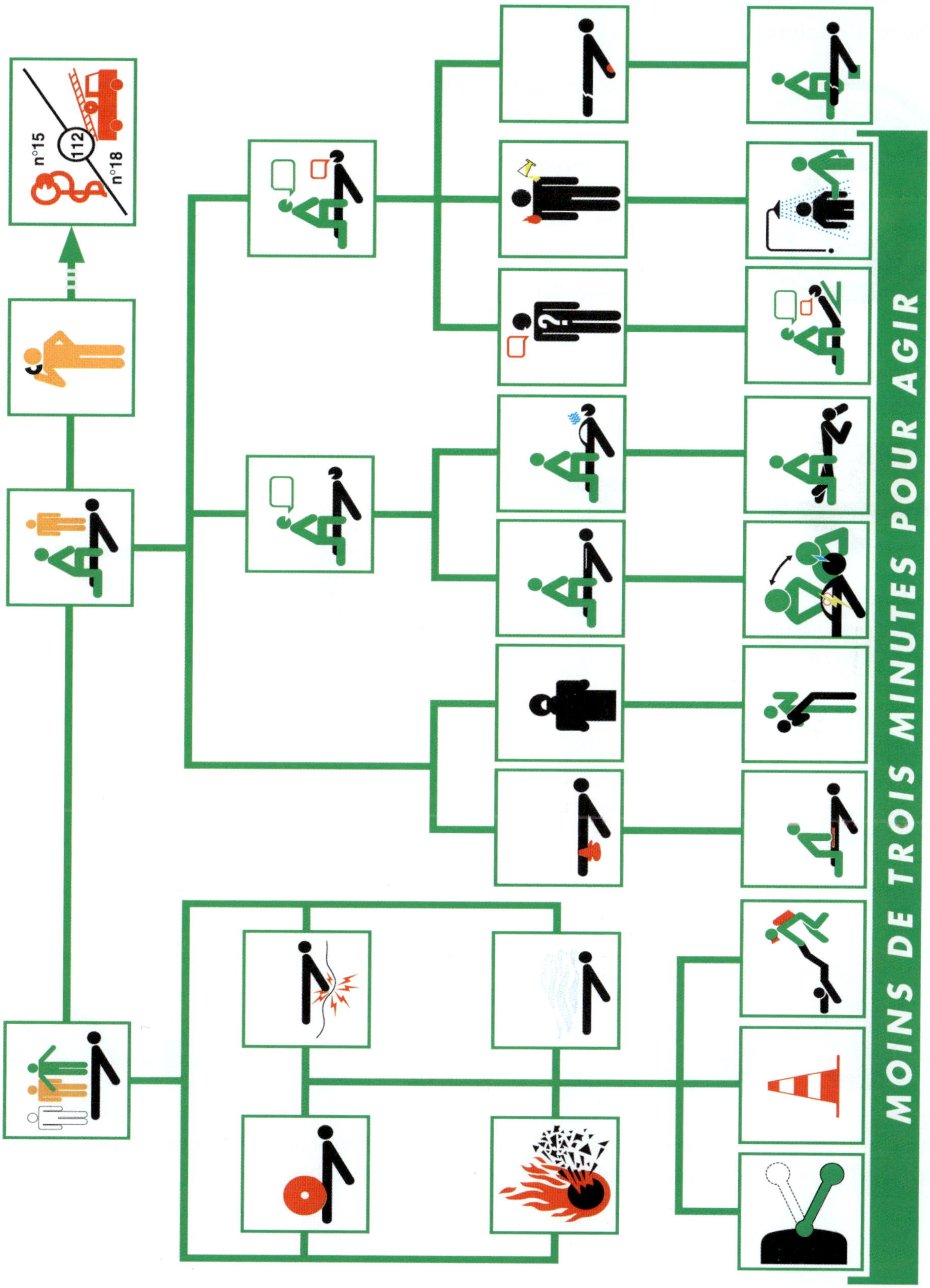

FICHE 2

Protéger

> Phase d'analyse

Avant d'accéder à la victime, le SST, en effectuant une approche prudente de la zone d'intervention, doit se poser les questions suivantes :

Que s'est-il passé ?

> Interroger les témoins, la victime si possible.
> Rechercher les éléments matériels significatifs.

Persiste-t-il un (ou des) danger(s) ?

> Observer l'environnement pour identifier les dangers persistants.

- **Danger d'origine mécanique**

- **Danger d'origine électrique**

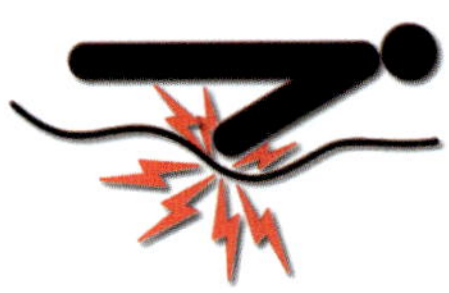

- **Danger d'origine thermique ou pouvant provoquer un incendie ou une explosion**

- **Danger dû à une atmosphère toxique ou irrespirable**

> Phase d'action

Sans risque pour soi-même ou pour les tiers, sans aggraver l'état de la victime.

- **Supprimer le danger, c'est :**
> couper le gaz ;
> enlever un objet ;
> couper le courant.

- **Isoler la zone dangereuse, c'est :**
> fermer une porte à clé ;
> mettre des chaises autour de la zone dangereuse.

- **Soustraire la victime au danger, c'est :**
> la tirer par les poignets ;
> la tirer par les chevilles.

Devant une attaque terroriste ou une situation de violence, le sauveteur devra, dans la mesure du possible, s'échapper et/ou se cacher, puis alerter les forces de l'ordre et leur obéir.

FICHE 3

Examiner

> Pourquoi ?

Pour apprécier l'état des fonctions vitales de la victime et ensuite réaliser les gestes de secours appropriés.

> Comment ?

- **La victime saigne-t-elle ?**
  > Repérer toute trace de sang.
- **La victime s'étouffe-t-elle ?**
  > Observer le visage et le comportement.
- **La victime répond-elle ?**
  > Poser des questions.
  > Donner un ordre simple.
- **La victime respire-t-elle ?**
  > Libérer les voies aériennes.
  > Repérer les signes de respiration.

Cas particulier : la victime est sur le ventre.

Si la victime est sur le ventre, la mettre sur le dos pour libérer les voies aériennes et vérifier la respiration.

Alerter, faire alerter

Qui ?

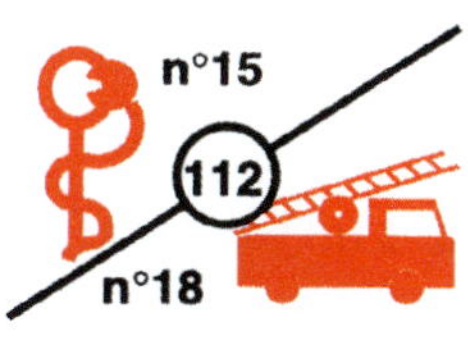

> SAMU : 15
> Pompiers : 18
> N° unique européen : 112
> Infirmerie ou personne prévue dans l'entreprise

Que dire ?

> Nom, prénom et numéro de téléphone.
> Le lieu de l'accident.
> La nature de l'accident et les risques éventuels.
> Le nombre de victimes et leur état.
> Le (ou les) geste(s) d'urgence entrepris.

- **Répondre aux questions posées par les secours, appliquer les consignes données et ne jamais raccrocher le premier.**
- **Demander à la personne qui alerte de revenir pour faire le compte rendu de l'appel.**
- **Envoyer une personne au-devant des secours.**

FICHE 4

La victime saigne abondamment

Exemple

>> Danielle est auxiliaire de vie sociale à domicile. Elle se coupe au poignet et présente une plaie qui saigne abondamment.

> Que faire ? Comprimer la plaie pour arrêter le sang qui coule.

> Comment ?

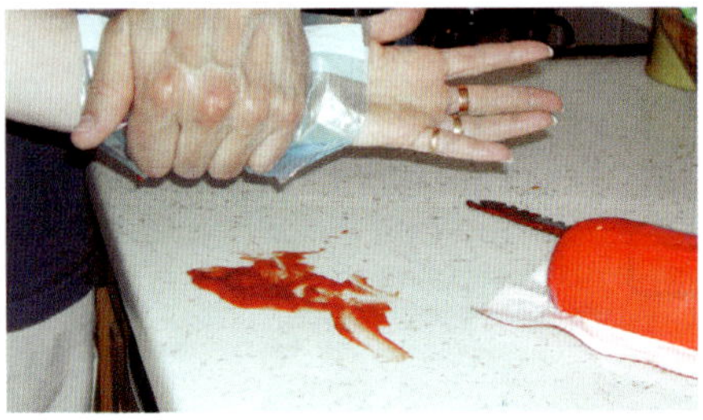

> Demander à la victime de comprimer l'endroit qui saigne ou, à défaut, le faire à sa place.
> Allonger confortablement la victime.
> Alerter ou faire alerter.
> Rassurer la victime, la couvrir et la surveiller.

Si le sauveteur doit se libérer :

> Remplacer la compression manuelle par un pansement compressif (épaisseur de tissu propre fixée par un lien large et assez long).

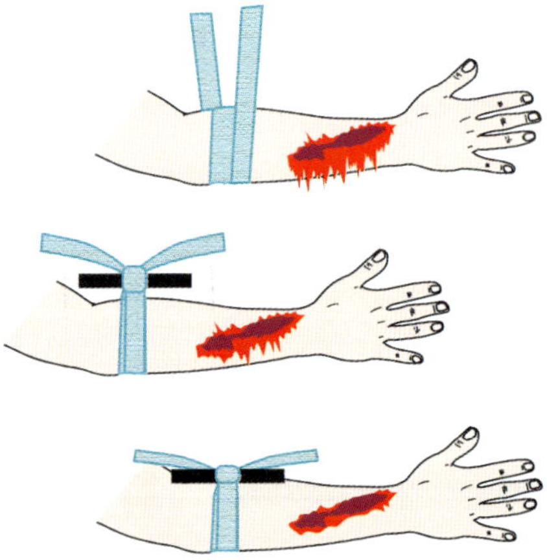

Si la compression directe est inefficace ou impossible (nombreuses victimes, situation de violence collective, corps étranger…), mettre en place un garrot au-dessus de la plaie.

> Faire deux tours autour du membre avec un lien large et terminer par un nœud.
> Placer sur le nœud une barre de 10 cm environ et faire deux nœuds dessus pour la maintenir.
> Tourner la barre de façon à serrer le garrot jusqu'à arrêt du saignement et maintenir le serrage.

En l'absence de barre, faire le garrot uniquement avec le lien large.
Le garrot doit être visible et ne jamais être retiré sans avis médical.

Des maladies peuvent être transmises par le sang.

Il convient de :

- se protéger par le port de gants, par un morceau de plastique ou en glissant sa main dans un sac imperméable ;
- toujours se laver les mains et les désinfecter (solution hydroalcoolique ; Dakin) ;
- retirer les vêtements souillés de sang le plus tôt possible après l'action de secours ;
- consulter immédiatement un service d'urgence en cas de contact avec le sang de la victime.

Cas particuliers de saignements abondants.

- **La victime saigne du nez :**
> faire asseoir la victime, la tête légèrement penchée en avant ;
> lui demander de se moucher ;
> lui demander de comprimer ses narines avec deux doigts pendant au moins dix minutes.

- **La victime vomit ou crache du sang :**
> faire alerter ou alerter les secours ;
> installer la victime dans la position où elle se sent le mieux ;
> surveiller et rassurer la victime.

- **Autres saignements :**
> allonger la victime ;
> faire alerter ou alerter les secours et appliquer les consignes.

FICHE 5

La victime s'étouffe

Exemple

>> Estelle déjeune au restaurant de son entreprise. Soudain, elle avale de travers et s'étouffe. Elle ne peut plus parler ni respirer.

> Que faire en cas d'obstruction totale ?

Désobstruer les voies aériennes pour rétablir la respiration.

> Comment ?

Chez l'adulte ou l'enfant

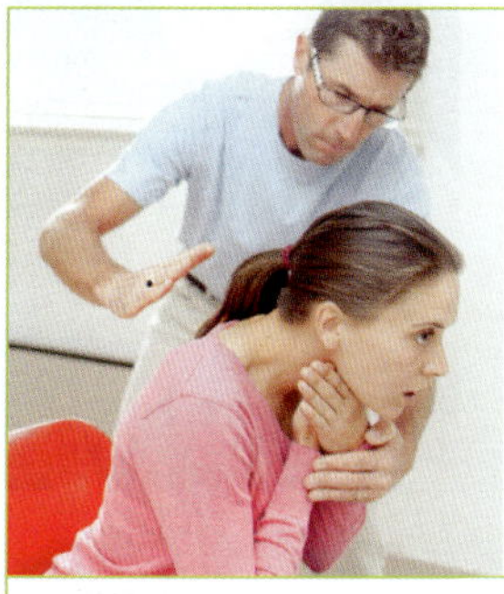

Si échec

Je passe à l'**étape 2**

Si échec

Retour à l'**étape 1**

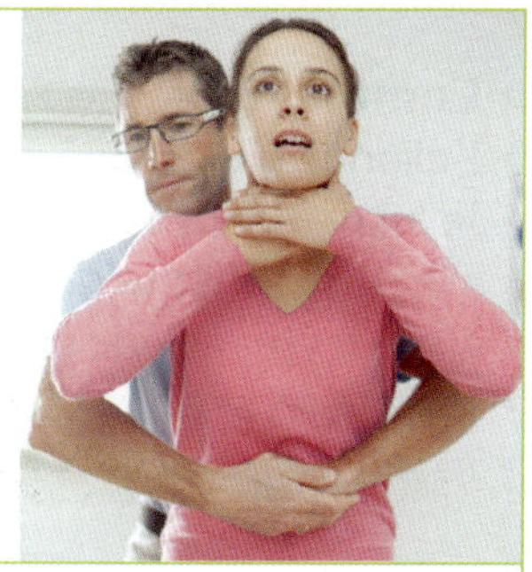

Étape 1 : tapes dans le dos

> Je me place sur le côté et je maintiens la victime avec une main.
> Je donne jusqu'à 5 tapes vigoureuses entre ses omoplates avec le talon de l'autre main.

Étape 2 : compressions abdominales (méthode de Heimlich)

> Je me place derrière la victime.
> Je place mon poing au-dessus de son nombril avec l'autre main à plat sur la première.
> Je tire jusqu'à 5 fois vers l'arrière et vers le haut.
> Je relâche bien entre chaque compression abdominale.

> J'alerte et je surveille la victime en attendant les secours.
> En cas d'inefficacité, pratiquer la RCP

Chez le nourrisson

Pour désobstruer un nourrisson, il convient de l'installer à califourchon sur son avant-bras de façon à ce que sa tête soit plus basse que le thorax, ce qui facilite la sortie du corps étranger.

> On réalise jusqu'à 5 tapes dans le dos et si le corps étranger n'est pas rejeté, on effectue jusqu'à 5 compressions thoraciques avec 2 doigts au milieu de la poitrine, sur la moitié inférieure du sternum.

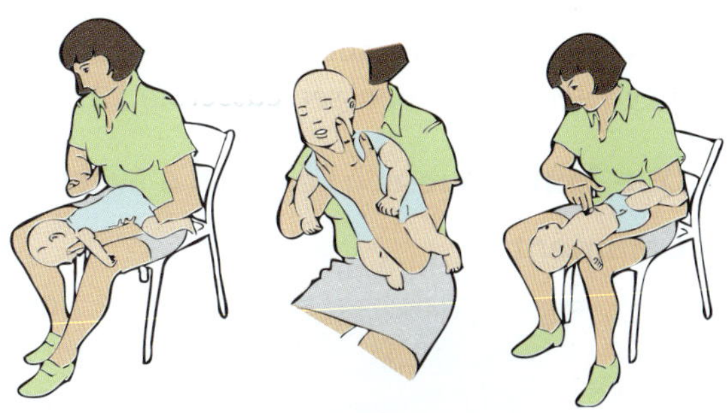

Chez la femme enceinte ou la personne obèse

Après la série de 5 tapes :

> Se placer derrière la victime debout ou assise.
> Passer ses avant-bras sous ceux de la victime.
> Placer le poing fermé au milieu du sternum.
> Placer I' autre main à plat sur la première.
> Tirer fortement vers l'arrière.
> Réaliser de 1 à 5 compressions.

Cas d'obstruction partielle : la victime fait des efforts de toux, émet des sifflements.

> Ne jamais réaliser ces techniques.
> Inciter la victime à tousser pour rejeter le corps étranger.
> Demander un avis médical et appliquer les consignes.

FICHE 6

La victime se plaint d'un malaise

Exemple
>> Ce matin, à l'atelier, Valérie dit qu'elle ressent une douleur intense au niveau de la poitrine.

Autres signes possibles de malaise : mal au ventre, mal de tête sévère, faiblesse ou paralysie d'une partie du corps ; difficultés à parler ou à respirer, troubles de l'équilibre, perte de vision, sensation de froid ou pâleur intense, etc.

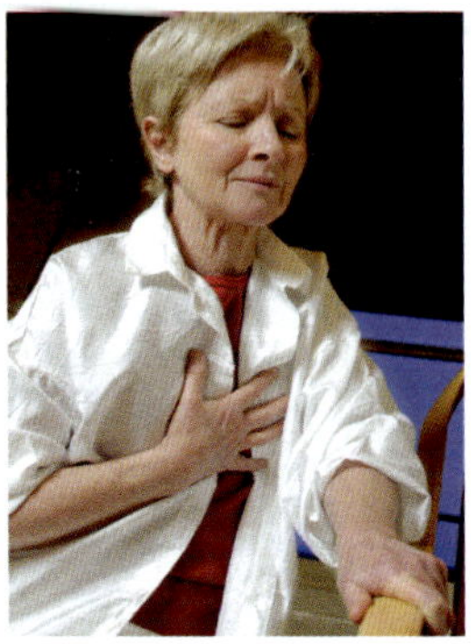

> Que faire ?

> Mettre la victime au repos, l'observer et lui poser des questions.
> Alerter et appliquer les consignes données par les secours.

> Comment ?

> J'allonge (lit, canapé, sol) ou j'assois confortablement la victime.
> Je lui demande son âge, où elle a mal et comment, depuis combien de temps elle ne se sent pas bien, si c'est la première fois, si elle prend des médicaments, si elle a été malade ou hospitalisée récemment.
> J'alerte les secours et je leur passe la victime si elle peut répondre.
> Je surveille la victime en attendant les secours.

La victime se plaint de brûlures

Exemple
>> Lilou travaille à la cuisine d'un restaurant scolaire. Au cours d'une préparation, elle se brûle.

Après observation, il faut différencier les brûlures en déterminant leur origine et leur gravité.

Origine des brûlures	
• Les brûlures **thermiques** sont provoquées par la chaleur (fer à repasser, casserole…).	• Les brûlures **chimiques** ont pour origine le contact avec un produit corrosif ou irritant (acides, bases…).

> Que faire ?

Arroser à l'eau afin d'éviter l'aggravation de l'état de la victime et alerter.

> Comment ?

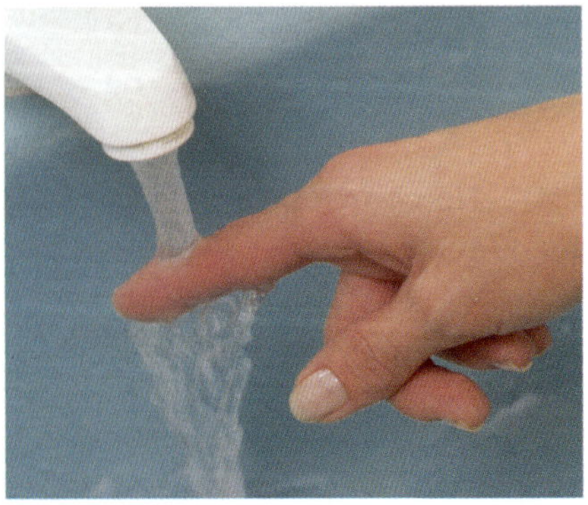

> J'arrose immédiatement la partie brûlée à l'eau tempérée à faible pression jusqu'à l'arrivée des secours :
– pour refroidir (si brûlure thermique) ;
– pour diluer le produit (si brûlure chimique).
> De plus, je demande à la victime de se déshabiller si les vêtements ne collent pas à la peau afin d'évaluer la gravité de la brûlure.

1er cas particulier : brûlure par ingestion ou par inhalation
> Placer la victime en position semi-assise et appeler les secours.

2e cas particulier : brûlure électrique
> Même procédure que pour brûlure thermique.

FICHE 7

La victime se plaint d'une plaie qui ne saigne pas abondamment

Exemple
>> Florian est manutentionnaire. Pour changer de bâtiment, il emprunte son vélo, tombe et se blesse au genou.

> Que faire en cas de plaie simple ? Nettoyer la plaie pour éviter une aggravation.

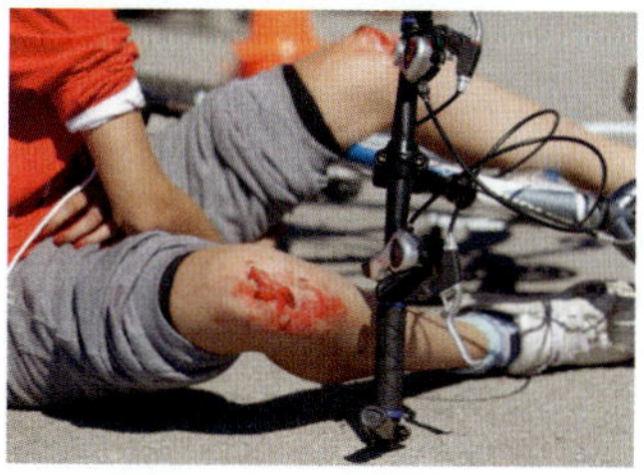

> Comment ?
> Je me lave les mains et je mets des gants.
> Je nettoie la plaie à l'eau courante avec ou sans savon ou avec un antiseptique à l'aide d'une compresse.
> Je protège avec un pansement.
> Je conseille de consulter un médecin pour vérifier la vaccination antitétanique et/ou si la plaie change d'aspect (rougeur, gonflement et douleur).

> Que faire en cas de plaie grave ?
Dans le cas de plaies graves, le secouriste propose à la victime une position adaptée en attendant l'arrivée des secours et n'enlève jamais le corps étranger éventuel.

- **Plaie au thorax**

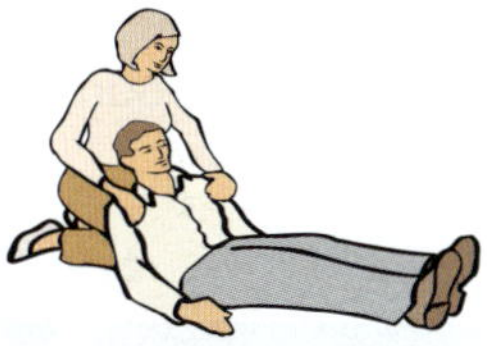

Position semi-assise

- **Plaie à l'abdomen**

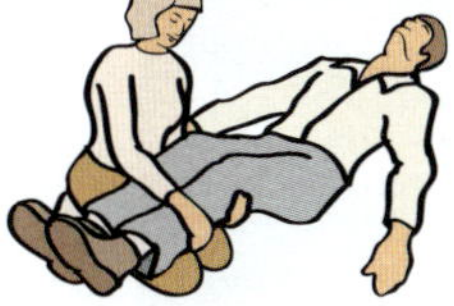

Position allongée, jambes fléchies

- **Plaie à l'œil**

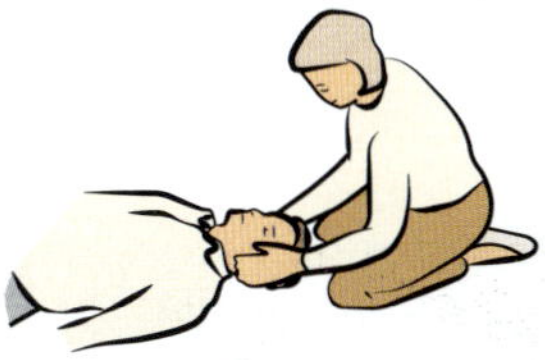

Position allongée, yeux fermés en maintenant la tête de la victime à deux mains.

- **Membre sectionné**
  > Allonger la victime et alerter.
  > Protéger le moignon.
  > Conditionner le segment de membre en l'enveloppant dans un linge propre puis un sac étanche et mettre le tout dans de la glace ou de l'eau glacée.

La victime se plaint de douleurs empêchant certains mouvements

Exemple
>> Julie est tombée sur le bras ; celui-ci enfle et est très douloureux.

> Que faire ? Interdire tout mouvement pour éviter des complications.
> Comment ?
> Je laisse la victime dans la position où elle se sent le mieux.
> Je lui demande de ne pas bouger.
> J'alerte et je surveille la victime en attendant les secours.
> Si la victime se plaint d'une douleur au niveau du cou à la suite d'un traumatisme, je lui demande de ne pas bouger, j'alerte et, si possible, je maintiens sa tête à deux mains.

FICHE 8

La victime est inconsciente et respire

Exemple
>> Lilou est allongée sur le dos, inconsciente, sur le sol.

> Que faire ? Assurer la libération des voies aériennes et mettre en position latérale de sécurité (PLS) pour éviter les difficultés respiratoires.

> Comment ?

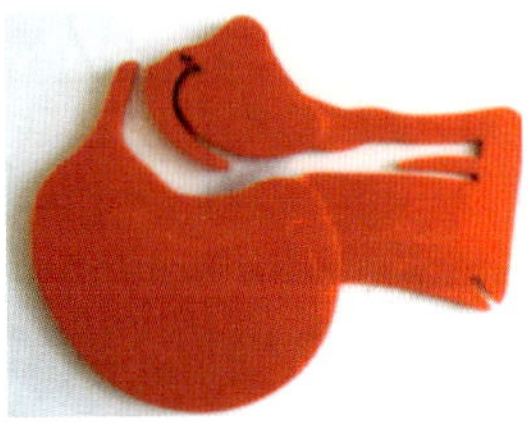

Libération des voies aériennes
- > Je bascule sa tête en arrière.
- > Je contrôle la respiration de la victime et je la place en position latérale de sécurité.
- > J'alerte ou je fais alerter.
- > Je surveille sa respiration jusqu'à l'arrivée des secours.

Mise en position latérale de sécurité (PLS)

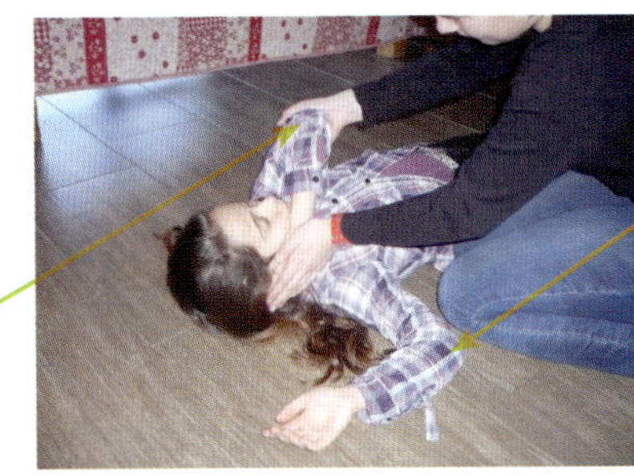

1. Je mets le bras le plus proche de moi en angle droit et je plie légèrement le coude, la paume de sa main est vers le ciel.

2. Je place le dos de sa main contre son oreille.

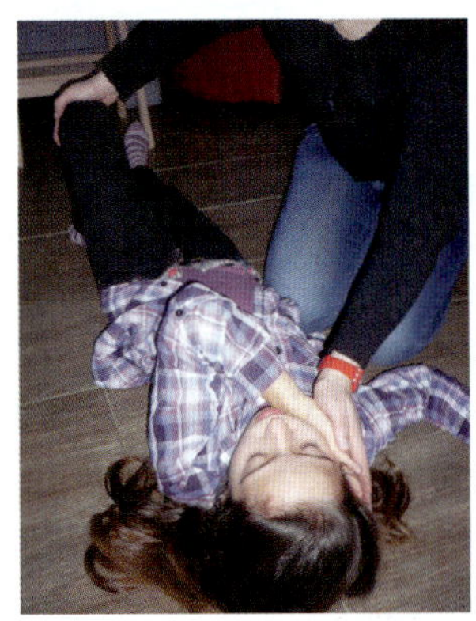

3. Je plie sa jambe, je me recule et j'appuie sur le genou pour tourner la victime.

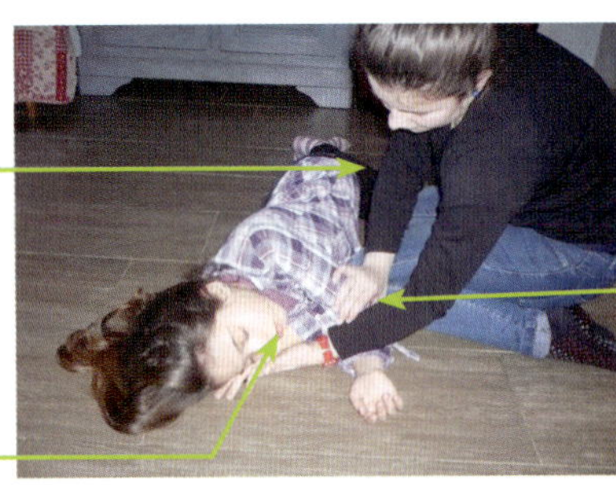

4. Je stabilise la victime en remontant sa jambe en angle droit.

5. Je retire doucement ma main en maintenant son coude.

6. J'ouvre sa bouche, je la couvre et la surveille.

Chez le nourrisson
- > Il est placé sur le côté dans les bras du secouriste, son dos contre le SST.

FICHE 9

La victime est inconsciente et ne respire pas

Exemple

>> Kevin est ouvrier dans une entreprise d'électricité. Il intervient sur un circuit électrique et s'écroule tout à coup.

> Que faire ?

Mettre en œuvre une réanimation cardio-pulmonaire (RCP) associée à une défibrillation pour assurer la survie de la victime.

> Comment ?

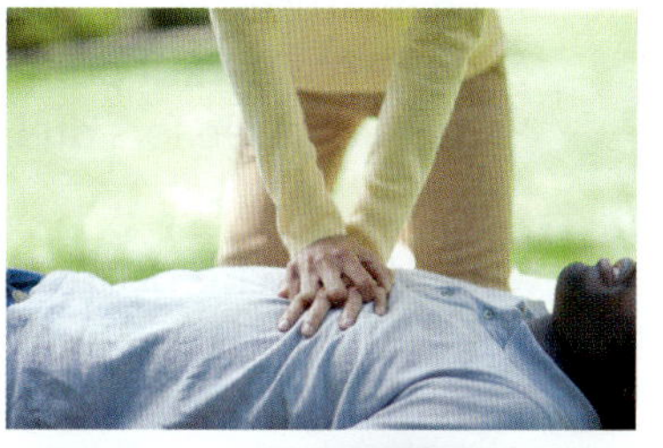

> J'alerte en commençant la RCP ou je fais alerter et je demande un défibrillateur.
> Je fais 30 compressions thoraciques en appuyant avec mes mains, bras tendus, au centre de la poitrine de la victime (enfoncement de 5 cm)* puis 2 insufflations.

* Fréquence : 100 compressions/min.

> Je recommence les compressions suivies des insufflations et ainsi de suite.

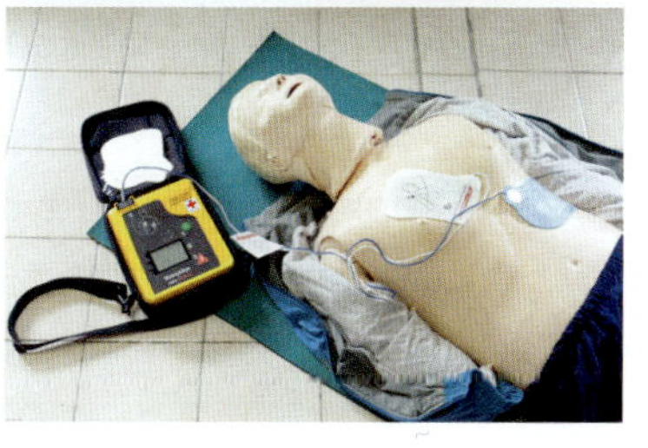

> **Dans tous les cas, je place le défibrillateur dès que je l'ai.**
> Je mets en place un défibrillateur dès que je l'ai.
> Je suis les consignes du défibrillateur jusqu'à l'arrivée des secours.

> **Si je n'ai pas de défibrillateur, je continue la RCP jusqu'à l'arrivée des secours.**

Cas particulier : la victime est un enfant ou un nourrisson.

> J'alerte en commençant la RCP ou je fais alerter et je demande un défibrillateur.
> Je fais 30 compressions puis 2 insufflations et ainsi de suite.
> Je suis les consignes du défibrillateur jusqu'à l'arrivée des secours.
> **Si je n'ai pas de défibrillateur, je continue la RCP jusqu'à l'arrivée des secours.**

Compressions thoraciques chez le nourrisson

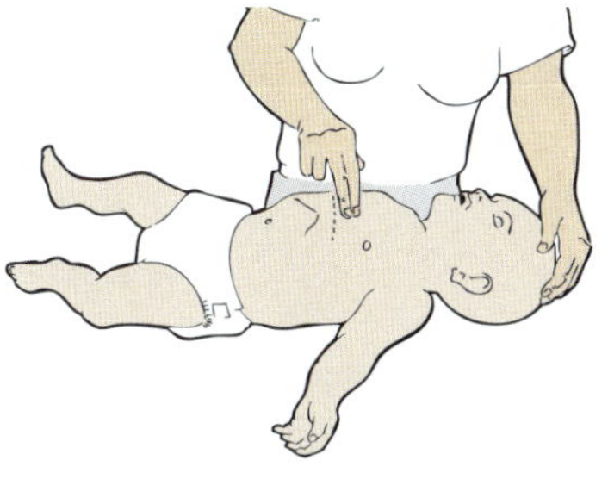

Compressions thoraciques chez l'enfant

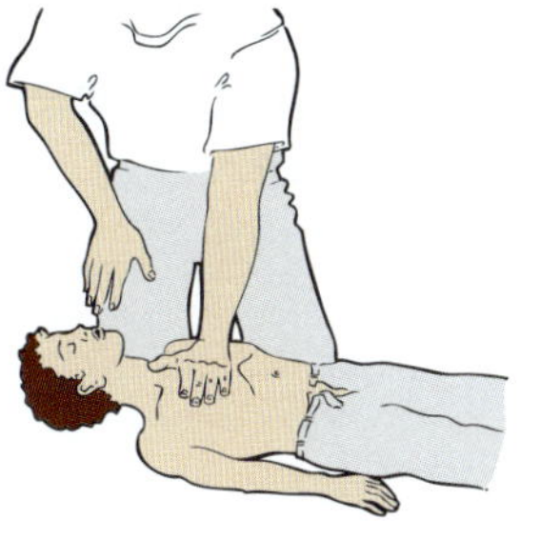

Les démarches d'analyse mobilisées en PSE

1 Présentation des quatre démarches

- Parmi les capacités à développer en prévention santé environnement figure la capacité « conduire une démarche d'analyse » (voir page 9).
  Ces démarches sont :
  1. Appliquer une démarche de résolution de problèmes ;
  2. Mettre en œuvre une approche par le risque ;
  3. Mettre en œuvre une approche par le travail ;
  4. Mettre en œuvre une approche par l'accident.

- La maîtrise des trois premières démarches est obligatoirement évaluée lors de l'épreuve ponctuelle du baccalauréat professionnel ; quant à la démarche de résolution de problèmes, sa maîtrise est aussi évaluée lors du CCF pour le diplôme intermédiaire.

- La démarche de résolution de problèmes est mobilisée sur plus de la moitie des modules du référentiel (19 séquences sur 26 dans cet ouvrage), c'est dire son importance. Les trois autres démarches sont plus particulièrement mobilisées lors de l'étude d'un module et toujours dans le cadre d'une situation professionnelle. Le choix de la méthode dépend de la finalité de l'analyse conduite.

Méthode ou démarche	But recherché
Démarche de résolution de problèmes	• Permettre l'analyse méthodique d'une situation pour y apporter des solutions adaptées.
Approche par le risque	• Repérer les dangers potentiels pour une situation professionnelle afin de proposer des mesures de prévention adaptées.
Approche par le travail	• Prévenir des atteintes à la santé sur le long terme ; rechercher et prévenir les risques cachés.
Approche par l'accident	• Construire une démarche de prévention pour éviter qu'un accident identique ou connexe ne se reproduise.

- Les rabats de l'ouvrage présentent des fiches méthode auxquelles il faut se référer lorsque les différentes méthodes sont mobilisées dans les séquences au sein de la rubrique « S'entraîner en mobilisant la démarche *d'analyse* » :
  – fiche méthode 1 : la démarche de résolution de problèmes ;
  – fiche méthode 2 : l'approche par le risque ;
  – fiche méthode 3 : l'approche par le travail ;
  – fiche méthode 4 : l'approche par l'accident.

Les pages qui suivent complètent l'étude de la démarche de résolution de problèmes plus particulièrement mobilisée.

2 La démarche de résolution de problèmes

Les étapes

SITUATION DE LA VIE QUOTIDIENNE OU SITUATION PROFESSIONNELLE

↓

1 Identifier le problème posé.

↓

2 Identifier les éléments de la situation.

↓

3 Mettre en relation les éléments de la situation.

↓

4 Mobiliser des connaissances nécessaires au traitement du problème, de la situation.

↓

5 Proposer des solutions au problème, à la situation.

Remarques

– La méthodologie comporte des étapes supplémentaires :
6 Planifier l'action.
7 Mettre en œuvre la solution retenue.
8 Réaliser l'action.
9 Évaluer l'action en vérifiant qu'elle a répondu au problème posé.

– Mobilisée dans le cadre de la PSE, la mise en œuvre de la démarche s'arrête généralement à l'étape 5.

La mise en œuvre des différentes étapes

1 Identifier le problème posé.

C'est reconnaître le problème général qui se dégage à la lecture de la situation.

2 Identifier les éléments de la situation.

C'est repérer les éléments qui constituent la situation problème. Il est utile de les retrouver car c'est à leurs niveaux que l'on pourra éventuellement agir pour apporter des solutions. Ils ne sont pas toujours clairement indiqués dans la situation décrite. L'utilisation de l'outil QQOQCP permet de les répertorier.

3 Mettre en relation les éléments de la situation.

Il s'agit de retrouver les liens et interactions entre les éléments que l'on a repérés en 2, toujours dans le but de voir à quel niveau il faut agir. L'utilisation du diagramme « causes-effet » est généralement utilisé pour schématiser cette mise en relation.

4 Mobiliser des connaissances nécessaires au traitement du problème, de la situation.
C'est acquérir des connaissances scientifiques et techniques nécessaires pour traiter le problème avec un « œil expert ».

5 Proposer des solutions au problème, à la situation.
C'est indiquer les solutions possibles pour résoudre le problème en utilisant les connaissances acquises lors de l'étape 4 et en les appliquant :
– soit aux éléments de la situation identifiés dans l'étape 2 ;
– soit aux causes du problème identifiées dans l'étape 3.

Quelques outils pouvant être mobilisés dans le cadre de la démarche de résolution de problèmes

• Le remue-méninges ou *brainstorming*

Il permet de faire émerger en très peu de temps un maximum d'idées au sein d'un groupe. Les idées de chacun, sur un sujet donné, sont prises en compte et notées au tableau. Le professeur peut l'utiliser pour identifier le problème, rechercher les causes, proposer des pistes de solutions.

• Le QQOQCP (Qui, Quoi, Où, Quand, Comment, Pourquoi)

Cet outil permet d'éviter des oublis ; il a deux types d'utilisations présentées ci-dessous.

Utilisation	Recherche d'informations sur un problème	Recherche de solutions
Questions*	On peut aussi se demander…	On peut aussi se demander…
Quoi ?	Quelle est la nature du problème ? Quelles en sont les conséquences ? Quels sont les éléments en relation ?	Sur quels éléments agir ? Quelles sont les démarches à faire, les actions à réaliser ?
Qui ?	Qui sont les personnes concernées par ce problème, cette situation ?	Qui est concerné par la solution retenue ? Qui va agir ?
Où ?	En quel lieu le problème apparaît-il ? Quelle est son origine ?	En quel lieu l'action va-t-elle être menée ?
Quand ?	À quel moment ? Quelle est la fréquence d'apparition ? (Tous les combien ?)	À quel moment la solution va-t-elle être mise en place ?
Comment ?	De quelle façon arrive le problème ?	Comment faire pour être efficace ?
Pourquoi ?	Quelles sont les causes du problème ?	La solution proposée est-elle réaliste ?

* Selon les situations, il n'est pas toujours possible de répondre à toutes les questions.

Dans « S'entraîner en mobilisant la démarche *d'analyse* » : les questions sont déjà posées, il s'agit d'y répondre à partir des données de la situation.

• Le diagramme « causes-effet » (appelé aussi méthode des familles)

Ce diagramme en forme d'arête de poisson permet :
– de visualiser les causes du problème posé ;
– d'en déduire les effets ;
– de repérer à quels niveaux il sera possible d'agir.
Les causes sont regroupées par famille au niveau de chaque arête et les effets (ou problèmes) sont inscrits dans « la tête » du poisson.

Ces causes sont généralement classées :
– soit en 5 familles appelées les 5M : Main d'œuvre, Matériel, Matière, Méthode, Milieu ;
– soit en d'autres familles de causes plus adaptées au problème traité ; leur nombre dépend du problème.
Des flèches secondaires sont reliées aux flèches principales pour inscrire chaque cause recensée.

Parfois, les éléments peuvent être classés selon leurs effets positifs ou négatifs sur la situation.

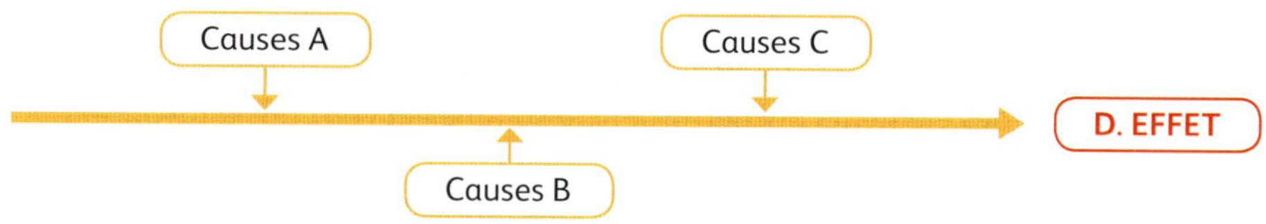

→ Dans « S'entraîner en mobilisant la démarche *d'analyse* » : dans la situation, les différents facteurs et l'effet sont identifiés avec un numéro associé. Il est demandé d'associer les numéros des éléments de la situation aux lettres correspondant aux axes du diagramme « causes-effet ».

Un exemple d'utilisation de la démarche de résolution de problèmes

SITUATION **Xavier**, élève de seconde professionnelle est demi-pensionnaire. Chaque jour, dès qu'il rentre chez lui, il fait immédiatement son travail scolaire et il prend un bain avant de dîner très copieusement avec sa famille. Puis, il regagne sa chambre, très bien chauffée, et s'installe dans son lit équipé d'une literie confortable. Il regarde la télévision ou lit en buvant du café. Même s'il sent le sommeil le gagner, trop absorbé par le film ou la lecture, il n'éteint jamais sa lampe avant minuit. Il a ensuite des difficultés à s'endormir, augmentées par le bruit de la rue. Lorsque le réveil sonne à 6 h, il dort profondément mais il doit se lever car le bus scolaire passe à 7 h. Chaque samedi soir, il sort en discothèque jusqu'à 3 h du matin ; souvent, le dimanche matin, il a un match de football et il doit se lever tôt. Xavier ressent le manque de sommeil ; il s'endort parfois en classe.

1 Identifier le problème posé	Xavier manque de sommeil.
2 Identifier les éléments de la situation	Quoi ? Xavier manque de sommeil, ce qui a des conséquences en classe. Qui ? Xavier, élève de seconde professionnelle. Où ? Au lycée. Quand ? Certains jours. Comment ? Manque de sommeil (ne dort que 5 à 6 heures par nuit). Pourquoi ? Comportements, environnement et contraintes horaires de Xavier.

3 Mettre en relation les éléments de la situation

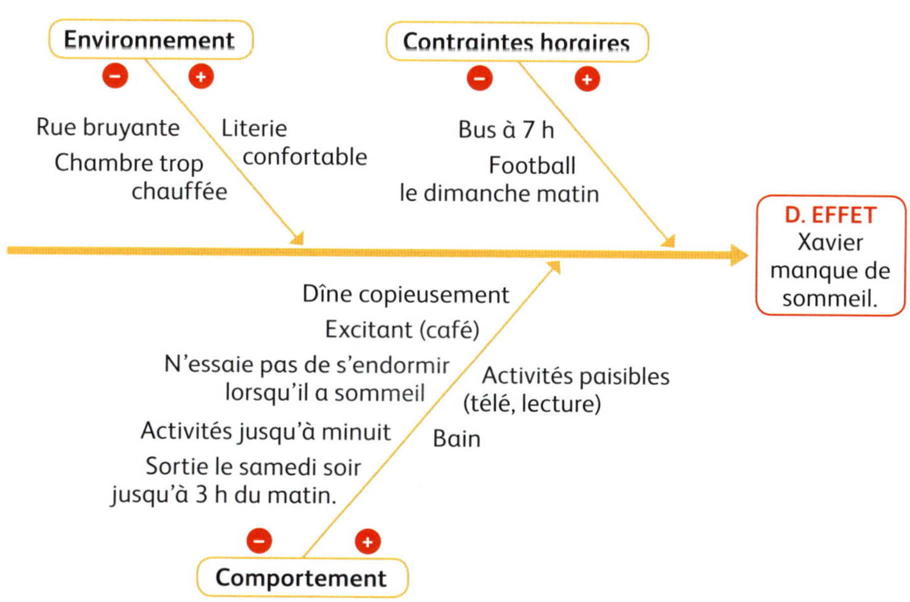

4 **Mobiliser des connaissances**	Les connaissances scientifiques nécessaires pour bien comprendre la situation et pour y apporter des solutions pertinentes sont : – le rôle du sommeil ; – les besoins en sommeil ; – les conséquences du manque de sommeil ; – les éléments qui perturbent le sommeil et ceux qui le favorisent.
5 **Proposer des solutions**	Pour préserver sa santé, ce jeune a besoin d'au moins 8 h de sommeil par nuit. Sachant qu'il se lève à 6 h chaque matin, il doit dormir à 22 h. Pour s'endormir facilement, il doit : – essayer de dormir dès qu'il en éprouve le besoin (respect des cycles du sommeil) ; – dîner léger (goûter au retour du lycée pour avoir moins faim au dîner) ; – limiter la consommation d'excitants ; – réduire le chauffage dans sa chambre. De plus, lorsqu'un match est prévu le dimanche, il est préférable d'écourter ou d'annuler la sortie du samedi soir. Une isolation phonique (contre le bruit) de la chambre peut être réalisée.

3 Comparaison des méthodes d'analyse utilisées dans l'étude de situations professionnelles

DÉMARCHE A PRIORI

Deux approches

- PAR LES RISQUES
- PAR LE TRAVAIL

DÉMARCHE A POSTERIORI

- APPROCHE PAR L'ACCIDENT

Méthode	Avec quoi ?	Pourquoi ?
Approche par le risque Repérage des dangers potentiels	**Schéma de principe d'apparition du dommage (PAD)** 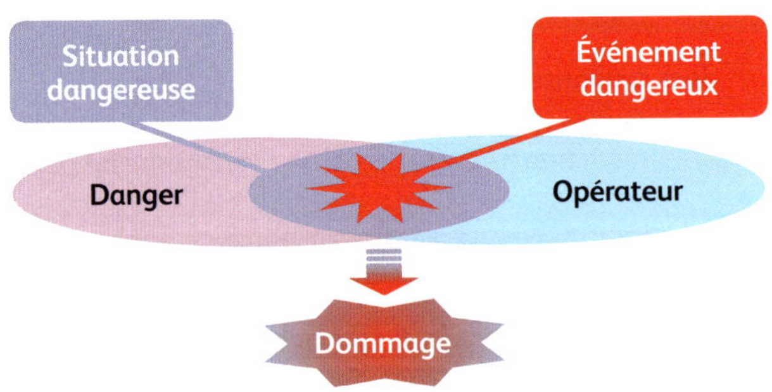	**Suppression, réduction ou maîtrise des risques.**

<table>
<tr><th>Méthode</th><th>Avec quoi ?</th><th>Pourquoi ?</th></tr>
<tr>
<td>Approche par le travail
Analyse de l'homme au travail</td>
<td>Schéma de compréhension de l'activité
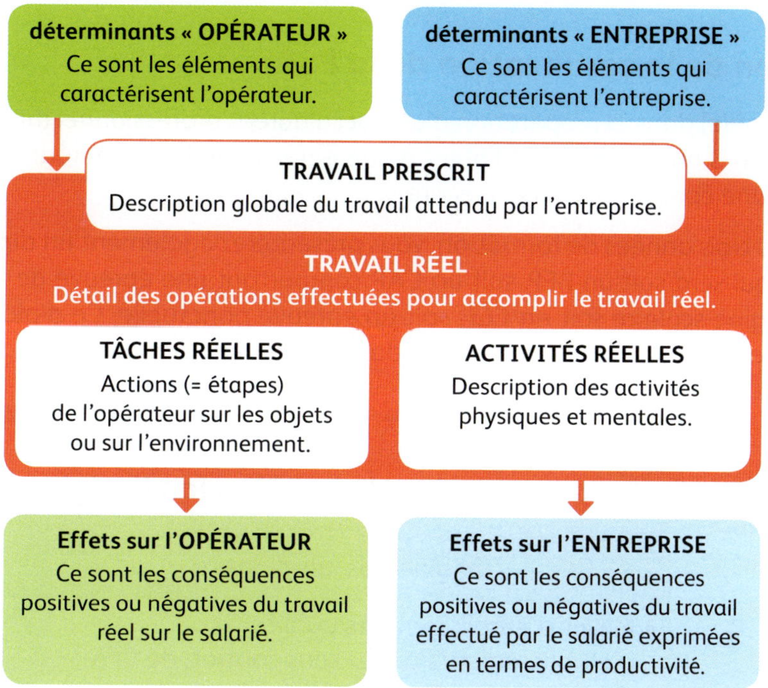
</td>
<td>Prévention des atteintes à la santé.</td>
</tr>
<tr>
<td>Approche par l'accident
Démarche post-accident</td>
<td>Arbre des causes
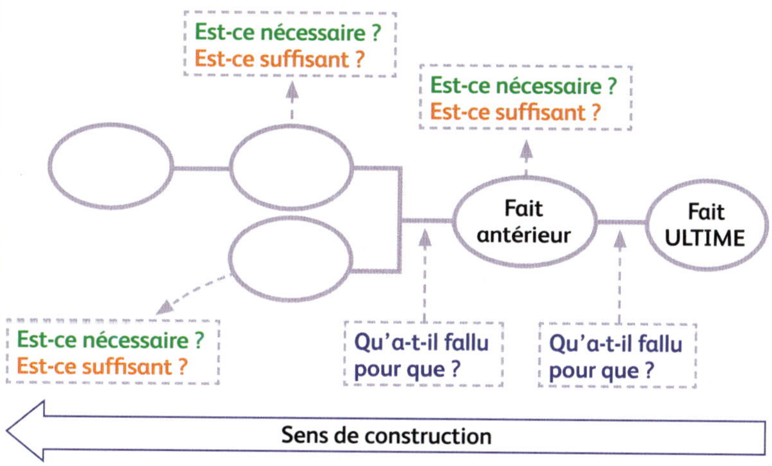
</td>
<td>Non reproduction d'un accident.</td>
</tr>
</table>

Organisation des épreuves et conseils pour s'y préparer

A Organisation de la certification de la PSE

Vous êtes engagé(e) dans la préparation d'un baccalauréat professionnel (niveau IV) qui s'effectue généralement en 3 ans. La PSE fait l'objet d'une épreuve au baccalauréat qui est pour la plupart des candidats une épreuve ponctuelle écrite.

Au cours de vos trois années de formation, vous présenterez également un **diplôme intermédiaire*** (de niveau V) qui sera soit un BEP, soit un CAP comportant une épreuve de PSE. Elle sera évaluée selon votre origine scolaire soit en CCF, soit en épreuve ponctuelle. Ce diplôme intermédiaire est précisé par un arrêté ministériel en fonction du baccalauréat préparé.

* Obligatoirement si vous êtes sous statut scolaire, sur la base du volontariat si vous êtes en apprentissage.

1. Modalités générales d'évaluation de la PSE selon l'origine des candidats

	Origine des candidats	Modalités d'évaluation
Diplôme intermédiaire (CAP ou BEP)	• Élèves d'établissements publics, d'établissements privés sous contrat, de CFA ou de sections d'apprentissage habilitées. • Stagiaires de la formation continue dans un établissement public (GRETA par exemple).	**Contrôle en cours de formation (CCF)**
	• Candidats ayant suivi une formation à distance (cours par correspondance). • Élèves d'établissements privés hors contrat, de CFA ou de sections d'apprentissage non habilitées. • Stagiaires de la formation continue dans un établissement privé. • Candidats majeurs ne pouvant justifier d'une formation (candidats libres).	**Contrôle ponctuel**
Baccalauréat professionnel	• **Tous les candidats** Une exception : les candidats en formation continue dans un établissement public (GRETA) habilité à pratiquer le CCF intégral (sur l'ensemble des épreuves).	**Épreuve écrite ponctuelle**

Les **situations d'évaluation CCF** ont lieu au cours de votre formation et sont établies par vos professeurs, selon le règlement d'examen de votre diplôme.

Le **contrôle ponctuel** consiste en une épreuve qui a lieu au mois de juin de votre session d'examen.

2. Tableau récapitulatif des différentes certifications de la PSE

Ce tableau envisage les cas le plus fréquents (candidats scolaires d'établissements publics ou privés sous contrat, apprentis de CFA habilités au CCF).

<table>
<tr><th>QUI ?
classe</th><th>QUOI ?
Diplôme</th><th>COMMENT ?
Modalités de l'épreuve</th><th>COMBIEN ?
Barème</th><th>QUAND ?
Période</th></tr>
<tr><td>Seconde BAC PRO</td><td>Tous</td><td>Aucune épreuve</td><td></td><td></td></tr>
<tr><td rowspan="2">Première BAC PRO</td><td>Diplôme intermédiaire CAP</td><td>CCF : 1 situation d'évaluation écrite d'1 heure en deux parties
> 1re partie notée sur 10 points
• Évaluation par sondage des compétences des modules 1, 2 et 3 du référentiel CAP (les modules 1 à 5 du référentiel bac correspondent aux modules 1 à 2 du référentiel CAP).
• Appui sur une situation de la vie quotidienne ou professionnelle et sur une documentation.
• Mobilisation de la démarche de résolution de problèmes.
> 2e partie notée sur 10 points
• Évaluation écrite sur 8 points :
– évaluation par sondage des connaissances et compétences du module 4 du référentiel CAP (correspondant au module 8 du référentiel bac) relatives à l'enseignement professionnel ;
– appui sur une situation de la vie professionnelle et sur une documentation.
• Évaluation pratique sur 2 points
Prise en compte des résultats obtenus lors de la formation de base au secourisme ou du recyclage SST.</td><td>Coef. 1
/20 points
/10 points

/8 points

/2 points</td><td rowspan="2">Non indiqué dans les textes : le plus souvent après le premier semestre</td></tr>
<tr><td>Diplôme intermédiaire BEP</td><td>CCF : 1 situation d'évaluation écrite d'1 heure en deux parties
> 1re partie notée sur 10 points
• Évaluation par sondage des compétences d'au moins deux modules parmi les modules 1 à 5 .
– appui sur une situation de la vie quotidienne et sur une documentation ;
– mobilisation de la démarche de résolution de problèmes.
> 2e partie notée sur 10 points
• Évaluation par sondage des connaissances et compétences des modules 6 et 7.
• Appui sur une situation de la vie quotidienne ou professionnelle et sur une documentation.</td><td>Coef. 1
/20 points
/10 points

/10 points</td></tr>
<tr><td>Terminale BAC PRO</td><td>Baccalauréat professionnel</td><td>EPREUVE PONCTUELLE ECRITE – durée 2 heures
Le sujet se compose de deux parties correspondant l'une aux modules 1 à 7, l'autre aux modules 8 à 12.
Chaque partie comporte plusieurs questions indépendantes ou liées permettant d'évaluer les connaissances et les compétences relatives aux modules correspondants.</td><td>Coef. 1
/20 points</td><td>À la fin de l'année scolaire</td></tr>
</table>

B Conseils pour se préparer à la certification (CCF du diplôme intermédiaire et épreuve ponctuelle du bac pro)

1. Remarques générales

Les candidats au BEP ou au CAP relevant de l'épreuve ponctuelle passent au mois de juin de la session d'examen une épreuve d'1 heure ayant sensiblement les mêmes caractéristiques que la situation d'évaluation proposée aux candidats relevant du CCF.

Les candidats au baccalauréat professionnel qui relèvent du CCF passent deux situations d'évaluation dont l'une présente des similitudes avec la première partie de l'épreuve ponctuelle.

De ce fait, les conseils qui suivent valent pour l'ensemble des candidats.

2. Quelques conseils pratiques pour réussir les évaluations

AVANT les différentes épreuves écrites

→ Revoir les différentes séquences pour en maîtriser les contenus

- Utiliser la rubrique « Retenir l'essentiel » qui figure à la fin de chaque séquence en apprenant le schéma-bilan et en testant ses connaissances à l'aide des QCM et des synthèses à compléter accessibles via un code à flasher ou un lien mini.
- Utiliser les résumés élaborés en classe avec votre professeur ou ceux fournis par celui-ci, ou encore les résumés que vous aurez rédigés.

Dans tous les cas (CAP, BEP, bac pro), le règlement d'examen précise que l'épreuve a notamment pour objectif d'évaluer les compétences du candidat à mobiliser des connaissances scientifiques, juridiques et économiques. Le sujet proposé permettra donc d'évaluer l'exactitude de ces connaissances.

→ Revoir les outils méthodologiques à l'aide des rabats et des pages 266 à 271

Outils méthodologiques utilisés en PSE	Quels outils pour quelles épreuves
A. La démarche de résolution de problèmes Voir les rabats de l'ouvrage et les situations proposées utilisant cette démarche.	**Diplômes intermédiaires** **CAP :** > CCF : A + B + C > épreuve ponctuelle : *ibidem* **BEP :** > CCF : A + B > épreuve ponctuelle : *ibidem* **Baccalauréat professionnel** > Épreuve ponctuelle : A + B + C + D + E
B. Les outils de mise en relation des éléments de la situation (QQOQCP, diagramme « causes à effet »…).	
C. L'approche par le risque	
D. L'approche par le travail	
E. L'approche par l'accident	

Dans tous les cas (CAP, BEP, bac pro), le règlement d'examen précise que l'épreuve a notamment pour objectif d'évaluer les capacités à conduire une démarche d'analyse. Le sujet proposé permettra donc d'évaluer le respect des étapes de la démarche mise en œuvre et la pertinence et le réalisme des solutions proposées.

PENDANT chaque épreuve

→ Lire l'ensemble du sujet

Il est composé de plusieurs pages et comporte généralement des documents supports de certaines questions. La lecture complète du sujet avant de répondre aux questions permet de cibler les informations utiles.

Conseils pour la lecture :

- La situation de départ : ses données servent généralement toutes à un moment ou à un autre du questionnement. Sa lecture doit être attentive en repérant les éléments qui semblent importants, éventuellement en les soulignant ou en les entourant au crayon à papier ; éviter les surligneurs au cours de cette première lecture car dans les questions, il est parfois demandé de souligner des éléments dans la situation.
- Les questions : elles débutent toutes par un verbe à l'infinitif ; celui-ci indique quel niveau de réponse est attendu (citer, relever, décrire…). Exemple : « relever » signifie que la réponse se trouve dans un document.
- Les documents : ils servent de support aux questions posées. Seuls quelques éléments sont utilisés pour formuler la réponse ; il ne faut pas hésiter à les souligner.

→ **Traiter le sujet, répondre aux questions, rédiger**

Il faut répondre aux questions posées en veillant à :

- Éviter les hors sujet : la lecture attentive préconisée doit éviter cette erreur.
- Soigner l'écriture : les sujets de CAP et BEP sont souvent présentés sous la forme de sujets-réponses où un espace est laissé sous les questions. En cas de manque de place, il est préférable de continuer au dos de la feuille, en l'indiquant au préalable au correcteur (voir suite au dos…).
- Soigner l'orthographe : ce point est encore plus important lorsque les réponses font appel à des connaissances traitées en classe (termes scientifiques par exemple) ou lorsqu'elles sont rédigées à partir d'éléments d'un document.

→ **Gérer le temps imparti :** si une question paraît difficile, mieux vaut y revenir plus tard afin de ne pas perdre trop de temps. Il faut en réserver pour relire sa copie.

3. Les spécificités de l'épreuve ponctuelle du bac pro

	STRUCTURE DU SUJET		Remarques, conseils pour s'y préparer
1re partie	**Modules 1 à 7** : le questionnement prend appui sur des situations de la vie quotidienne et permet d'évaluer des contenus d'au moins deux modules. **La démarche de résolution de problèmes est mobilisée.**	10 points	Le nombre de points affectés à cette partie (50 %) éclaire sur l'importance de la maîtrise incontournable de la démarche de résolution de problèmes.
2e partie	**Module 8** : le sujet permet d'évaluer des contenus à travers la mise en œuvre de la **démarche d'approche par le risque**. Des documents ressources permettent de proposer une démarche de prévention. Le questionnement intègre une question qui permet d'expliquer la conduite à tenir face à une **situation d'urgence**.	4 points	Le sujet ne sera pas spécifique à un bac pro alors que le référentiel prévoit l'étude d'un seul risque spécifique. Il faudra donc travailler la maîtrise de l'approche par le risque, la démarche de prévention mais aussi les techniques d'exploitation de documents qui doivent permettre de traiter dans tous les cas cette partie. Il faut aussi revoir les cours de secourisme.
2e partie	**Modules 9 à 12** : l'évaluation s'appuie sur un dossier ressources qui présente une situation d'entreprise, une description des activités, des documents législatifs et règlementaires. Les contenus permettent la mise en œuvre de la **démarche d'analyse par le travail**, la mobilisation des connaissances et l'argumentation des solutions proposées.	6 points	Il faut : – maîtriser la démarche d'approche par le travail ; – s'entraîner à exploiter un dossier ressources complexe présentant une situation d'entreprise ; utiliser par exemple des documents collectés lors de PFMP ; – s'entraîner à justifier et argumenter les choix réalisés ; – revoir aussi l'approche par l'accident (évoquée dans les objectifs de l'épreuve).

S'entraîner au CCF : exemple de sujet pour la certification intermédiaire CAP

Nom : .... Prénom :	PSE Partie 1 : .../10 points Partie 2 : .../8 points
Spécialité :	Note finale : .../18 points

Répondre aux questions sur une feuille de copie.
Reporter avec précaution le numéro des questions.

Usage de la calculatrice interdit.

Durée : 1 heure – Coefficient 1

SITUATION Max, 20 ans, est salarié au sein de l'entreprise « Vassout Fruits » spécialisée dans la vente en gros de fruits et légumes. Le soir, il regarde la télévision ou joue en ligne sur Internet ① en buvant du café ou du soda ② ; il ne se couche jamais avant minuit ③. Il a des difficultés à se lever à 4 h du matin ④ pour se rendre à son travail. Sa journée de manutentionnaire débute à 5 h ⑤. Trop fatigué, il n'a plus envie de voir ses amis, ni de se rendre à ses activités sportives ⑥.

Première partie

1. Retrouver le problème correspondant à la situation de Max. (0,25 pt)

A. Max ne voit plus ses amis.
B. Max aime regarder la télé et jouer en ligne.
C. Max a un important manque de sommeil.

2. Appliquer la démarche de résolution de problèmes à cette situation.

❶ Identifier les éléments de la situation. (0,5 pt)

❷ Mettre en relation les éléments de la situation. (0,75 pt)

- Associer les numéros des éléments de la situation aux lettres correspondant aux axes du diagramme « causes-effet » (exemple : D⑥).

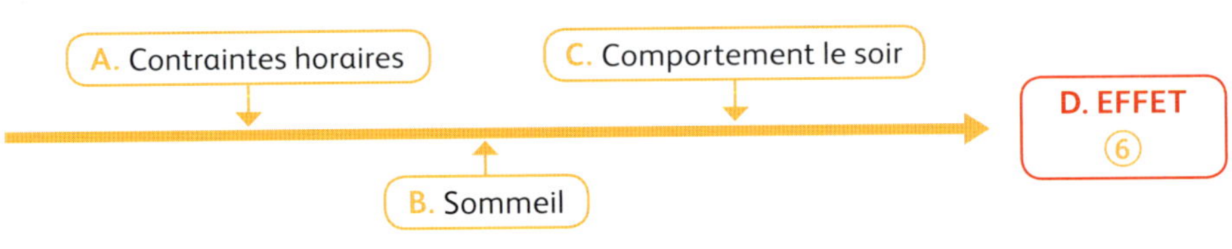

❸ Mobiliser des connaissances

- Proposer une définition simple des rythmes biologiques. (0,25 pt)
- Citer une conséquence du travail décalé (en dehors des horaires traditionnels) : (0,5 pt)
  – sur les rythmes biologiques ;
  – sur l'activité professionnelle.
- Associer les lettres **A** ou **B** correspondant aux phases du cycle du sommeil au numéro de chaque phénomène survenant durant le sommeil. (0,5 pt)

	A. Sommeil lent	**B.** Sommeil paradoxal
1. Récupération de la fatigue mentale.		
2. Récupération de la fatigue physique.		
3. Moment du rêve.		
4. Production de l'hormone de croissance.		

- Déduire deux conséquences du manque de sommeil. (0,5 pt)

❹ Proposer trois solutions à Max pour améliorer sa qualité de sommeil. (0,75 pt)

SITUATION **(suite)** Max se lève à la dernière minute et ne prend pas de petit-déjeuner ; il mange deux croissants dans le hangar vers 7 h puis, à l'approche de midi, un sandwich garni de beurre et de charcuterie accompagné d'un soda et d'une pâtisserie. Chaque soir, il mange une pizza. Conscient du fait qu'il se nourrit de manière complètement déséquilibrée, Max souhaite changer ses habitudes.

3. Indiquer quatre raisons pour lesquelles l'alimentation de Max n'est pas équilibrée. (0,5 pt)

4. Relever les lettres correspondant aux trois problèmes de santé qui pourraient toucher Max s'il continue à mal se nourrir. (0,75 pt)

A. Obésité	**B.** Grippe	**C.** Diarrhée
D. Cancer du poumon	**E.** Diabète	**F.** Maladie cardiovasculaire

5. Proposer un déjeuner équilibré à Max. La restauration rapide proche de son entreprise propose les plats ci-dessous. (0,5 pt)

Choix de la boutique

brioches / tartelettes aux pommes / éclairs / sandwich charcuterie / sandwich fromage / sandwich crudités-fromage / sandwich poulet-crudités / salade composée (salade verte, tomates, thon, œuf) / fromage blanc aux fruits rouges / salade de fruits frais / fruits frais / riz au lait / jus de fruits frais / smoothies (lait + fruits mixés) / eau / pain

SITUATION **(suite)** Max, qui avait l'habitude de pratiquer le football 1 h 30 deux fois par semaine avec ses amis, n'est plus en mesure de pratiquer ce sport à cause de ses horaires décalés. Ses amis lui conseillent de continuer un peu le sport chaque fois que cela est possible. Ses amis invitent Marc à venir courir avec eux tous les dimanches.

6. Citer pour chaque appareil ou système ci-dessous un effet de la pratique sportive. (0,5 pt)
- Appareil circulatoire.
- Appareil locomoteur.
- Appareil respiratoire.
- Système nerveux.

SITUATION **(suite)** Titulaire d'un CAP, Max se voit de plus en plus souvent confier par son employeur la fonction de chef d'équipe. Il souhaiterait obtenir un bac pro Logistique mais ne souhaite pas le préparer au LP ou au CFA. En attendant, Max met à jour son CV et commence la rédaction de sa lettre de motivation.

7. Indiquer un autre moyen pour Max d'obtenir le bac pro Logistique ; s'aider de l'**annexe 1**. (0,25 pt)

8. Relever, dans l'**annexe 1**, les conditions nécessaires pour entreprendre cette démarche. (0,25 pt)

9. Indiquer si le CV doit être dactylographié ou manuscrit. (0,25 pt)

10. Relever les numéros des affirmations fausses. (1 pt)

① Le CV doit être signé.
② La lettre de motivation doit être signée.
③ Le CV peut être envoyé seul.
④ Le CV peut contenir une photo d'identité.
⑤ La lettre de motivation peut être manuscrite.
⑥ La lettre de motivation permet d'apprécier les qualités du futur candidat.
⑦ Il faut écrire « Curriculum Vitae » en titre sur son CV.
⑧ La lettre de motivation permet de donner son point de vue.

SITUATION **(suite)** Max souhaite acheter une voiture. Il ne dispose pas de la somme nécessaire. Il décide de prendre un crédit.

11. Relever, dans l'**annexe 3**, la signification du sigle TAEG. (0,25 pt)

12. Expliquer pourquoi il est intéressant de connaître le TAEG lors d'un achat à crédit. (0,5 pt)

13. Indiquer, parmi les trois offres de crédit pouvant convenir à Max et présentées dans l'**annexe 2**, quelle est la plus intéressante. Justifier sa réponse à l'aide de l'**annexe 3**. (0,5 pt)

14. Indiquer et justifier le mode de paiement le plus adapté pour payer les mensualités du crédit. (0,5 pt)

15. Citer le taux d'endettement maximum (en %) à ne pas dépasser lors de la souscription d'un crédit. (0,25 pt)

Deuxième partie

SITUATION **(suite)** L'entreprise « Vassout Fruits » produit des poires et des pommes. Max, au poste de manutentionnaire, est chargé du transport des palettes de fruits. Les fruits sont stockés dans des caisses de 25 kg, empilées sur des palettes. Les palettes sont elles-mêmes empilées les unes sur les autres jusqu'à une hauteur de 6 m. Le stockage est rigoureux mais la hauteur de caisses empilées rend l'ensemble instable. Il est déjà arrivé qu'une pile entière de palettes tombe, pouvant entraîner dans sa chute jusqu'à 3 tonnes de pommes et provoquer de graves blessures.

16. Identifier la problématique de la situation. (0,25 pt)

17. Relever, dans la situation, les éléments du contexte professionnel relatifs à : (1 pt)
- L'individu (qui est concerné ?)
- La tâche (quelle est sa tâche ?)
- Le matériel (de quel matériel dispose-t-il ?)
- Le milieu (dans quel environnement ou milieu travaille-t-il ?)

18. À partir de la situation, réaliser et compléter le schéma d'apparition du dommage (PAD). (2,5 pts)

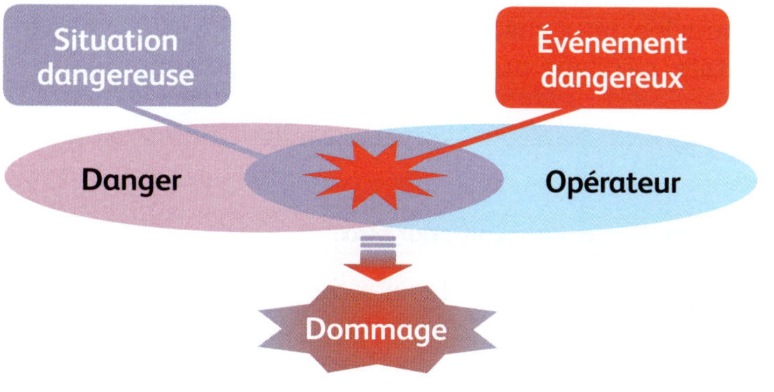

19. Estimer à l'aide de l'**annexe 4** : (1 pt)
- la gravité du dommage encouru ;
- la probabilité d'apparition du dommage.

20. Relever, à l'aide du schéma ci-dessous, la priorité de la réduction du risque. (0,25 pt)

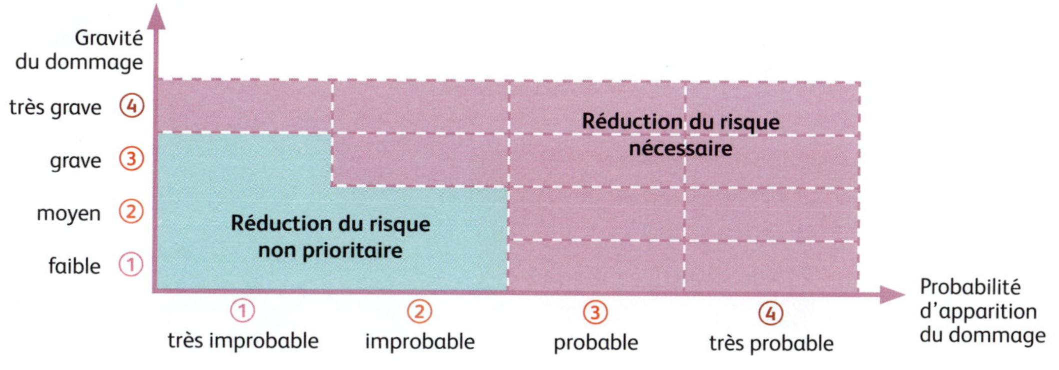

21. Réaliser un tableau regroupant les trois niveaux de prévention et proposer une mesure de prévention pour chacun d'entre eux à l'aide de ses connaissances. (3 pts)

Niveau de de prévention	Propositions de solutions correctives
Niveau 1	
Niveau 2	
Niveau 3	

ANNEXE 1 Qu'est-ce que la validation des acquis d'expérience ?

Toute personne, quels que soient son âge, sa nationalité, son statut et son niveau de formation, qui justifie d'au moins 1 an d'expérience en rapport direct avec la certification visée, peut prétendre à la VAE. Cette certification, qui peut être un diplôme, un titre ou un certificat de qualification professionnelle doit être inscrite au répertoire national des certifications professionnelles (RNCP). [...]
Vous transmettez à l'autorité certificatrice un dossier décrivant votre expérience. Ensuite, selon la certification, vous serez mis en situation professionnelle devant un jury ou vous lui présenterez votre dossier. Dans les deux cas, le jury s'entretiendra avec vous et prendra une décision de validation totale, partielle ou d'un refus de validation. [...]

© www.vae.gouv.fr

ANNEXE 2 Propositions d'offre de crédit pour Max.

Éléments financiers concernant le dossier de Max :
- Salaire de 1 400 €/net.
- Un crédit consommation en cours de 100 € mensuel.
- Mensualité maximale autorisée de 320 € pour un éventuel crédit auto.

Compte tenu des éléments ci-dessus, trois propositions de crédit auto peuvent être proposées :

PROPOSITION A
- Crédit : 7 000 €
- 60 mensualités de 134 €
- TAEG : 5,7 %

PROPOSITION B
- Crédit : 7 000 €
- 36 mensualités de 207 €
- TAEG : 4,2 %

PROPOSITION C
- Crédit : 7 000 €
- 72 mensualités de 115 €
- TAEG : 6,1 %

ANNEXE 3 Le TAEG

C'est le taux qui est censé représenter le coût réel pour le client usager ; il intègre les coûts associés obligatoires contractuellement, à savoir frais de dossiers, commissions diverses, coût de garanties particulières.
[...]. Le taux annuel effectif global ou prêt TAEG a été mis en place afin de permettre aux consommateurs de comparer sur une seule et même base les propositions de crédit effectuées par des établissements de crédits différents.

Le crédit TAEG est l'indicateur du coût global de votre prêt. [...]

© www.credit-conso.org

ANNEXE 4 Estimation du risque

La gravité du dommage : cela peut aller du décès de l'opérateur à l'accident sans arrêt de travail.

4. **très grave** (décès)
3. **grave** (accident avec incapacité permanente)
2. **moyen** (accident avec arrêt de travail et/ou hospitalisation)
1. **faible** (accident sans arrêt de travail)

La probabilité d'occurrence (ou probabilité d'apparition du dommage) : c'est la conjonction de la fréquence d'exposition au danger et de la probabilité que l'événement dangereux ait lieu.

fréquence et/ou durée d'exposition au danger	probabilité d'apparition d'un événement dangereux	probabilité d'apparition du dommage	
fréquent et/ou longue durée d'exposition	élevée	4	très probable
	faible	3	probable
rare et/ou courte durée d'exposition	élevée	2	improbable
	faible	1	très improbable

S'entraîner au CCF : exemple de sujet pour la certification intermédiaire BEP

Nom : .... Prénom :	PSE Partie 1 : .../20 points
Spécialité :	Partie 2 : .../20 points Note finale : (1 + 2) ÷ 2 = .../20 points

Répondre aux questions sur une feuille de copie.
Reporter avec précaution le numéro des questions.

Usage de la calculatrice interdit.

Durée : 1 heure – Coefficient 1

Première partie

SITUATION Premier emploi, premier logement, nouvelle ville, **Marc**, 20 ans, découvre une nouvelle vie loin de ses parents chez qui il vivait jusqu'alors et qui veillaient sur sa santé. Il a abandonné ses activités sportives (1), fume jusqu'à un paquet de cigarettes par jour (2), déjeune au restaurant d'entreprise où il choisit de préférence des plats en sauce accompagnés de pâtes ou de frites et des pâtisseries (3) et dîne le soir d'un hamburger au fast-food où bien mange des pâtes ou une pizza chez lui (4). Il décide de se remettre au football. Sur le terrain, il se fatigue et s'essouffle rapidement (5). C'est parfois la même chose au travail lorsqu'il doit fournir un effort physique. Le médecin du travail l'interroge sur son mode de vie.

1. Indiquer le problème soulevé par la situation. (1 pt)

2. Appliquer la démarche de résolution de problèmes à cette situation.

❶ Identifier les éléments de la situation. (2,5 pts)

❷ Mettre en relation les éléments de la situation. (1,5 pt)

- Associer les numéros des éléments de la situation aux lettres correspondant aux axes du diagramme « causes-effet » (exemple : D(5)).

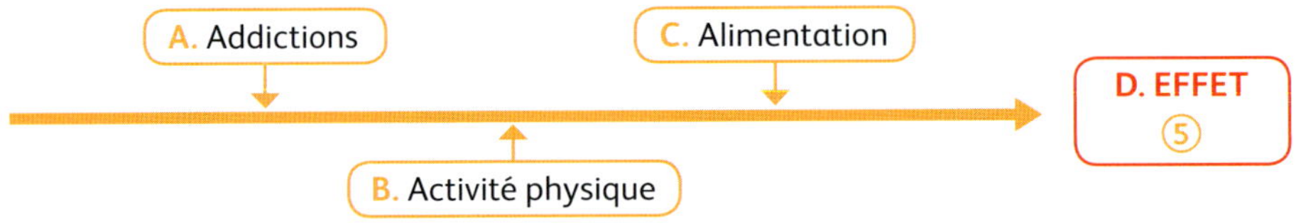

❸ Mobiliser des connaissances.

- Définir le phénomène d'addiction. (1,5 pt)
- Citer trois formes d'addictions : (1,5 pt)
  – avec substances ;
  – sans substance.
- Indiquer l'action dans l'organisme des substances contenues dans la fumée de cigarette. (1 pt)

Substances	Action
Nicotine	
Goudrons	
Monoxyde de carbone (CO)	Substances se fixant sur les globules rouges à la place de l'oxygène.

- Justifier l'essoufflement de Marc au regard de ses habitudes. (0,5 pt)
- Indiquer quatre bienfaits d'une activité physique régulière. (2 pts)
- Citer quatre dangers d'une alimentation déséquilibrée. (2 pts)

❹ Proposer et justifier des conseils pour remédier au problème de Marc.

- Cinq conseils concernant son alimentation. (2,5 pts)
- Deux conseils autres que ceux déjà proposés. (1 pt)

SITUATION **(suite)** Marc a un salaire de 1 450 euros par mois ; il souhaite acheter une moto. Il a repéré un véhicule qui lui convient mais ne dispose pas de la somme nécessaire. Il décide de prendre un crédit.

3. Indiquer, parmi les trois offres de crédit pouvant convenir à Marc et présentées dans l'**annexe 1**, celle qui est la plus intéressante. Justifier la réponse donnée à l'aide de l'**annexe 2**. (1 pt)

4. Indiquer si Marc a la possibilité de renoncer à l'offre préalable de crédit faite par son banquier qu'il a signée il y a 6 jours. (1 pt)

5. Indiquer et justifier quel sera le moyen de paiement le plus adapté pour payer ce crédit. (1 pt)

Deuxième partie

SITUATION **(suite)** Marc travaille dans un atelier de chaudronnerie où le niveau sonore moyen est de 85 dB(A). Il ne porte pas ses bouchons d'oreille. D'autre part, durant les pauses, il écoute son téléphone avec un volume réglé à la puissance maximale.

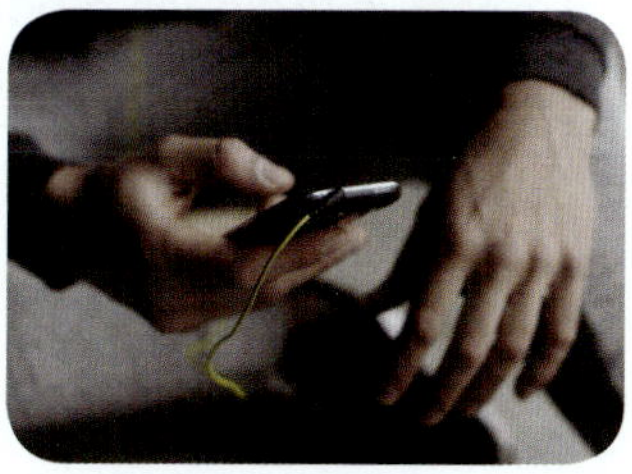

6. Indiquer à quel niveau sonore se situe le seuil de danger. (0,5 pt)

7. Expliquer à quels risques s'expose Marc avec un tel comportement : (1 pt)
   – au niveau de l'audition (deux réponses attendues) ;
   – au niveau de sa santé (deux réponses attendues).

8. Citer deux autres conséquences du bruit dans l'entreprise. (1 pt)

9. Indiquer et justifier, à l'aide de l'**annexe 6**, les obligations de Marc quant au port des PICB. (1 pt)

10. Proposer une mesure collective permettant de réduire le bruit dans les ateliers. (1 pt)

SITUATION **(suite)** Marc reçoit ses premières factures d'eau et d'électricité et est surpris par leur montant. La facture d'eau est accompagnée d'une notice explicative (**annexe 7**). Il trouve aussi dans sa boîte aux lettres le DICRIM de la ville présenté en **annexe 3**.

11. Indiquer la signification du sigle DICRIM et expliquer l'intérêt de ce document pour le citoyen. (2 pts)

12. Citer deux exemples de risque naturel et deux exemples de risque technologique pouvant être présentés dans ce document. (2 pts)

13. Indiquer quatre mesures que Marc peut mettre en œuvre pour économiser l'eau et quatre mesures pour économiser l'électricité. (4 pts)

14. Définir l'eau potable. (1 pt)

15. Justifier, à partir de l'**annexe 7**, si l'eau distribuée dans la ville de Marc est potable. (1 pt)

16. Justifier, à partir de l'**annexe 7**, le goût parfois chloré de l'eau distribuée ; préciser si le chlore présente un danger pour le consommateur. (1 pt)

17. Indiquer, à partir de l'**annexe 7**, le niveau de dureté de l'eau distribuée. Préciser un intérêt pour le consommateur de connaître celui-ci. (1,5 pt)

SITUATION **(suite)** Soucieux du développement durable, Marc souhaite acheter une machine à laver qui soit la plus économique possible et peu bruyante.

18. • Indiquer, à partir des étiquettes présentées en **annexe 4**, quelle est la machine qui répond le mieux aux attentes de Max. S'aider de l'**annexe 5**. (0,5 pt)
    • Justifier la réponse donnée (trois justifications attendues). (2,5 pts)

ANNEXE 1 Propositions d'offre de crédit

PROPOSITION A
- Crédit : 7 000 €
- 60 mensualités de 134 €
- TAEG : 5,7 %

PROPOSITION B
- Crédit : 7 000 €
- 36 mensualités de 207 €
- TAEG : 4,2 %

PROPOSITION C
- Crédit : 7 000 €
- 72 mensualités de 115 €
- TAEG : 6,1 %

ANNEXE 2 Le TAEG

Le TAEG est le taux qui est censé représenter le coût réel pour le client usager.

C'est le taux qui est censé représenter le coût réel pour le client usager ; il intègre les coûts associés obligatoires contractuellement, à savoir frais de dossiers, commissions diverses, coût de garanties particulières.

[...]. Le taux annuel effectif global ou prêt TAEG a été mis en place afin de permettre aux consommateurs de comparer sur une seule et même base les propositions de crédit effectuées par des établissements de crédits différents.

Le TAEG est l'indicateur du coût global de votre prêt. [...]

ANNEXE 3 Un DICRIM

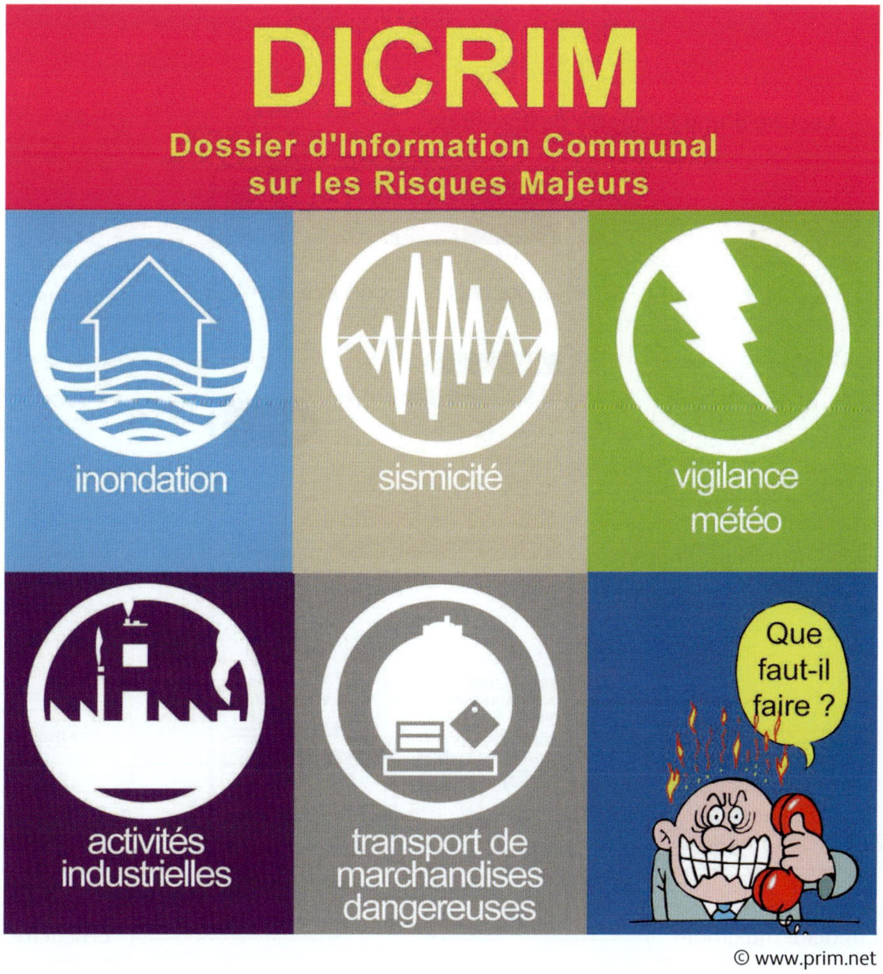

ANNEXE 4 Étiquettes énergie de trois lave-linge

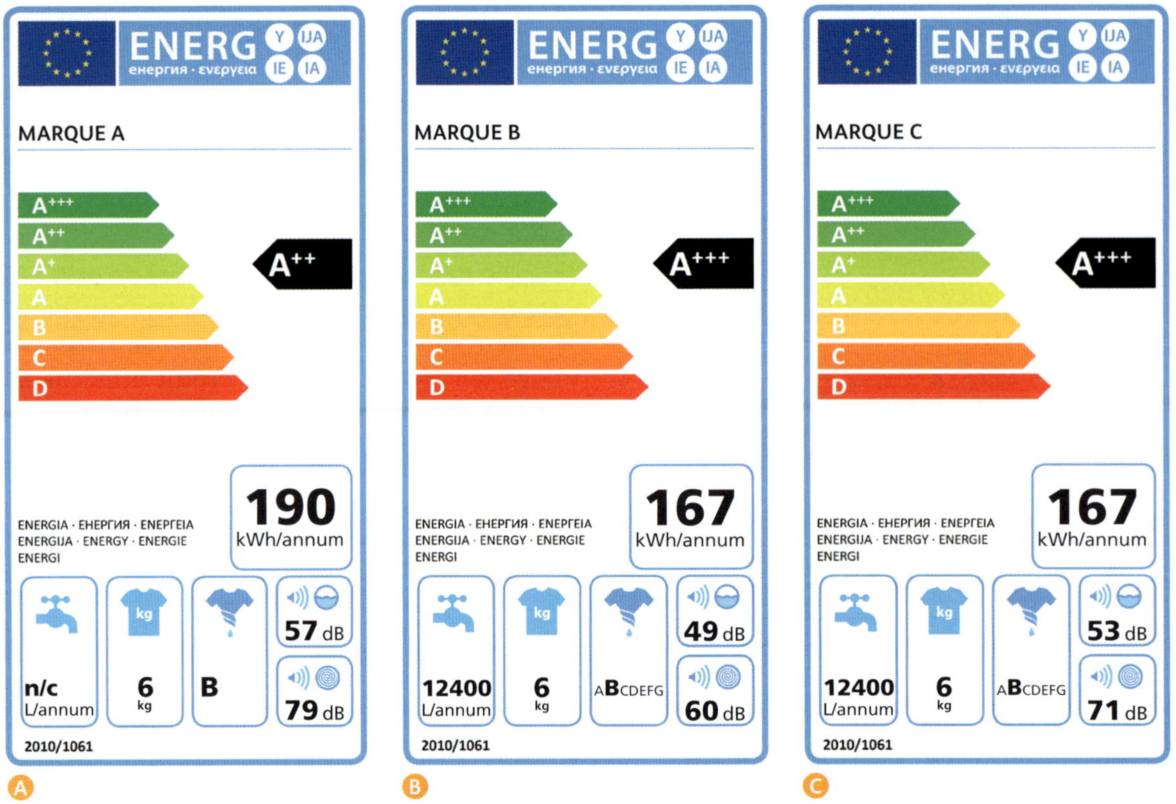

ANNEXE 5 Lecture d'une étiquette de lave-linge

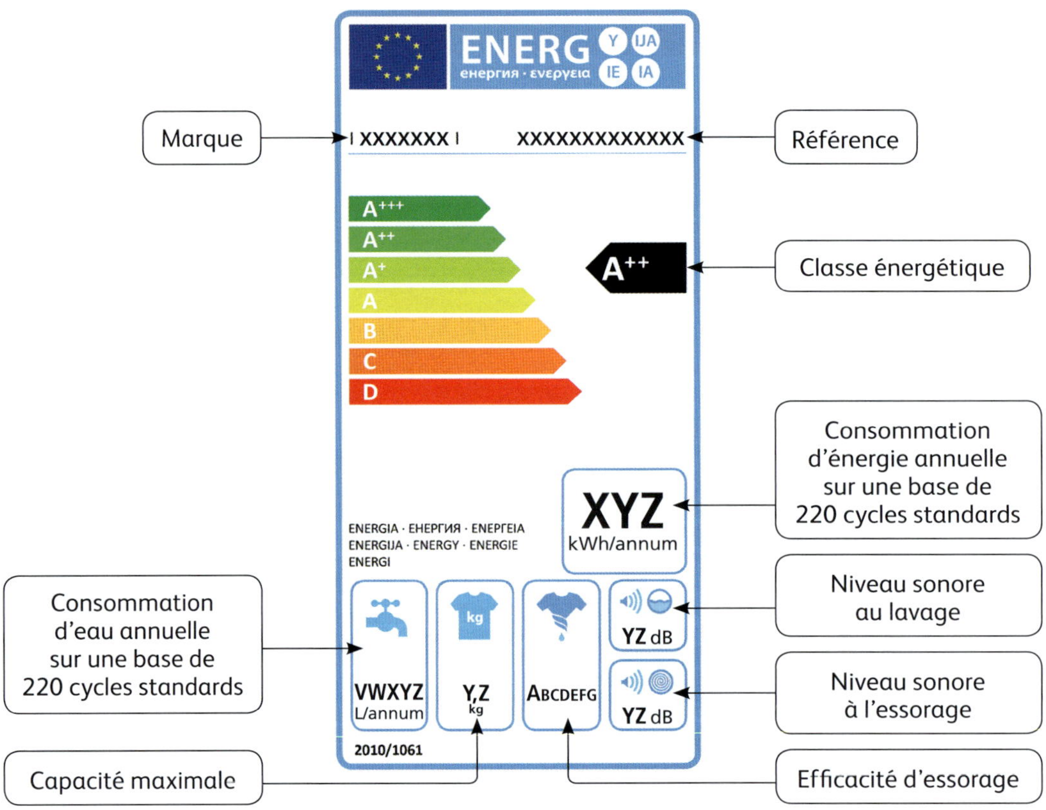

ANNEXE 6 Niveau sonore en entreprise et règlementation

Niveaux d'exposition	Obligations
Dépassement VLE (PICB compris) Lex.d > **87** dBA Lpc = 140 dBC	– **Dépassement interdit.** – Prendre des mesures immédiates de réduction de l'exposition sonore.
Dépassement VAS Lex.d > **85** dBA Lpc = 137 dBC	– **Établir et mettre en œuvre un programme de mesures de réduction d'exposition au bruit.** – Signaler les endroits concernés (bruyants) et limiter leur accès. – Rendre obligatoire l'utilisation des PICB. – Exercer une surveillance médicale renforcée de l'ouïe.
Dépassement VA Lex.d > **80** dBA Lpc = 135 dBC	– Mettre à disposition des PICB. – Informer/former les travailleurs sur les risques et les résultats de leur évaluation, les PICB, la surveillance de la santé. – Réaliser un examen audiométrique préventif à la demande du travailleur ou à celle du médecin du travail.
Quel que soit le niveau	– **Évaluer le risque « bruit » à inclure dans le document unique avec mise à jour annuelle.** – Supprimer ou réduire au maximum le risque, en particulier à la source. – Consulter et faire participer les travailleurs pour l'évaluation des risques, les mesures de réduction, le choix des PICB. – Maintenir le bruit dans les locaux de repos à un niveau compatible avec leur destination.

Source : www.carsat-mp.fr

ANNEXE 7 Analyse d'eau

Bilan Qualité 2015

Bactériologie
limite de qualité : absence d'E.Coli et entérocoques/100ml
6 résultats conformes sur 6 analyses
Eau de qualité satisfaisante

Dureté
Les eaux ne doivent être ni corrosives, ni agressives
Valeurs mesurées : mini : 13.5 °F - maxi : 13.6 °F
Eau moyennement minéralisée

Nitrates
Limite de qualité : 50mg/l
Valeurs mesurées : mini : 2.6 mg/l - maxi : 3.3 mg/l
Eau conforme contenant peu ou pas de nitrates

Fluor
Limite de qualité : 1,5mg/l
Valeurs mesurées : mini : 0.05 mg/l - maxi : 0.05 mg/l
Eau conforme, peu fluorée

Pesticides
Limite de qualité : 0,1µg/l
Valeur maximum en pesticides : 0 µg/l
Eau conforme - absence de pesticides

Autres paramètres
Tous les résultats des analyses pour les autres paramètres sont conformes aux limites de qualité.

D'où vient l'eau que vous consommez ?

Votre réseau : Vous êtes alimentés en eau potable par **le réseau communal de NOTRE-DAME DE VAULX**, exploité en régie.

Origine de l'eau :
L'eau provient de la galerie de « Bois Rond » située sur la commune de Villard St Christophe et du forage de « Fontaine Pelouze » situé sur la commune de St Théoffrey. Ces captages appartiennent au Syndicat d'Adduction du Pays de Vaulx, exploité en régie.

Traitement :
L'eau est distribuée après un traitement de désinfection par chloration.

Nos conclusions

L'eau distribuée par **la commune de NOTRE-DAME DE VAULX**, au cours de l'année 2015, présente une qualité bactériologique satisfaisante. Elle est par ailleurs conforme aux limites réglementaires fixées pour les paramètres chimiques recherchés.

L'eau en liberté surveillée

> Le contrôle sanitaire des eaux d'alimentation est organisé par le service environnement santé de la Délégation Territoriale de l'Agence Régionale de Santé.

> Les analyses sont réalisées par un laboratoire agréé par le Ministère chargé de la santé.

> Les prélèvements sont réalisés à la ressource, à la production après traitement ou en sortie de réservoir, et au robinet du consommateur. Le nombre d'analyses effectuées dépend du nombre d'habitants desservis et des débits de production.

> L'eau du robinet doit satisfaire à des exigences de qualité de deux types : des limites de qualité pour les paramètres dont la présence dans l'eau peut induire des risques sanitaires à court ou à long terme et des références de qualité pour des paramètres indicateurs de pollution ou de fonctionnement des installations.

> Le distributeur est tenu également de surveiller en permanence la qualité de l'eau par un examen régulier des installations et un programme de test et d'analyses.

> Des périmètres de protection doivent être mis en place afin de préserver la ressource en eau des risques de pollutions.

> Les résultats d'analyses du contrôle sanitaire sont régulièrement adressés et affichés à la mairie de votre commune.

Ce bilan a été réalisé par les services de la Délégation Territoriale de l'Agence Régionale de Santé dans le cadre du contrôle sanitaire réglementaire.

© www.ars.rhonealpes.sante.fr

S'entraîner à l'épreuve ponctuelle du baccalauréat professionnel : exemple de sujet

Nom :	PSE	
Prénom :	Partie 1 (Modules 1 à 7)	.../40 points
Spécialité :	Partie 2 (Module 8)	.../16 points
	Partie 3 (Modules 9 à 12)	.../24 points
	Note finale : (1 + 2 + 3) ÷ 3 =	.../20 points

L'usage de la calculatrice est autorisé.

Rédiger vos réponses sous forme de phrases dans les espaces prévus à cet effet.

La présentation est soignée.

Durée : 2 heures – Coefficient 1

Première partie (Modules 1 à 7)

SITUATION 1 **Leila**, 19 ans, secrétaire dans l'entreprise « Chauff'matix » spécialisée dans la vente de fours à micro-ondes, est arrivée deux fois en retard cette semaine. Elle ne s'est pas réveillée car elle dort mal (1) à cause de son vieux matelas (2) et du bruit dans la rue (3). Leila ne fait pas de sport (4). Quentin, son petit ami, lui conseille de monter le chauffage électrique (5) car il fait 15° C dans sa chambre (6) mal isolée. Leila pense que fumer du cannabis (7) et manger des repas copieux (8) permet de mieux dormir.

1. Identifier le problème posé par la situation. (1 pt)

2. Appliquer la démarche de résolution de problèmes à cette situation.

(1) Identifier les éléments de la situation. (3 pts)

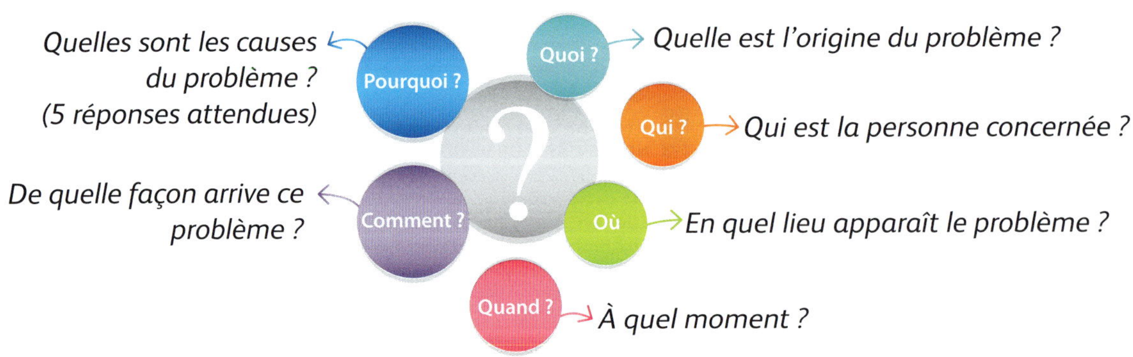

❷ Mettre en relation les éléments de la situation. (4 pts)

- Associer les numéros des éléments de la situation aux lettres correspondant aux axes du diagramme « causes-effet » (exemple : D①).

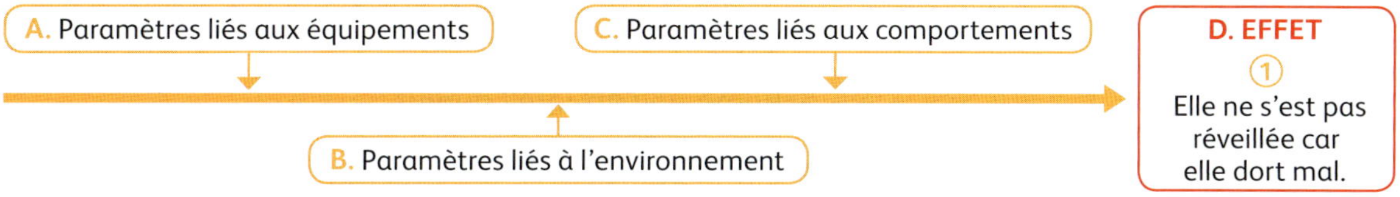

❸ Mobiliser des connaissances.

- Citer deux rôles du sommeil sur la santé. (3 pts)

- Relever, dans l'**annexe 1**, le nom de l'hormone du sommeil. (1 pt)

- Citer, à l'aide de ses connaissances, deux effets positifs du sport pour chacun des appareils cités ci-dessous. (3 pts)
  – Appareil cardiovasculaire
  – Appareil respiratoire
  – Appareil squelettique

- Proposer deux règles nutritionnelles permettant à Leila d'équilibrer ses dîners. (2 pts)

- Proposer, à l'aide de ses connaissances et de l'**annexe 1**, une définition de « complément alimentaire ». (1 pt)

- Définir le terme « psychoactif » à l'aide de ses connaissances et de l'**annexe 2**. (2 pts)

- Justifier, à l'aide de l'**annexe 2**, le fait que le cannabis soit considéré comme une drogue. (1,5 pt)

SITUATION 1 **(suite)** Leila est intéressée par une literie de 600 € dans le magasin « Dodocash ». Le vendeur lui propose un achat à crédit. Elle préfère acheter au comptant.

- Citer trois moyens de paiement au comptant couramment utilisés pour ce type de transaction. (1,5 pt)

- Citer un avantage et un inconvénient de l'achat à crédit. (2 pts)

SITUATION 1 **(suite)** Leila, soucieuse de son environnement, désire changer son chauffage afin de mieux chauffer tout en faisant des économies. Elle pense remplacer ses fenêtres afin d'éviter les déperditions thermiques et atténuer le bruit de la rue. Leila fait donc réaliser un diagnostic de performance énergétique : sa consommation est estimée à 149 kWhEP/m².an et sa production de gaz à effet de serre à 21 kg éqCO_2/m².an.

- Relever, à l'aide de l'**annexe 3** : (2 pts)
  – La lettre correspondant à sa consommation énergétique.
  – La lettre correspondant à sa production de gaz à effet de serre.

- Citer deux types d'énergies non renouvelables à l'origine de gaz à effet de serre. (2 pts)

- Définir le terme « énergie renouvelable » et citer un avantage de celle-ci. (3 pts)

- Citer, à l'aide de ses connaissances et de l'**annexe 4**, deux grandeurs physiques et leurs unités caractérisant un son. (2 pts)
- Associer, à l'aide de ses connaissances et de l'**annexe 4**, chaque lettre du schéma au terme qui lui correspond. (3 pts)

Schéma de l'appareil auditif

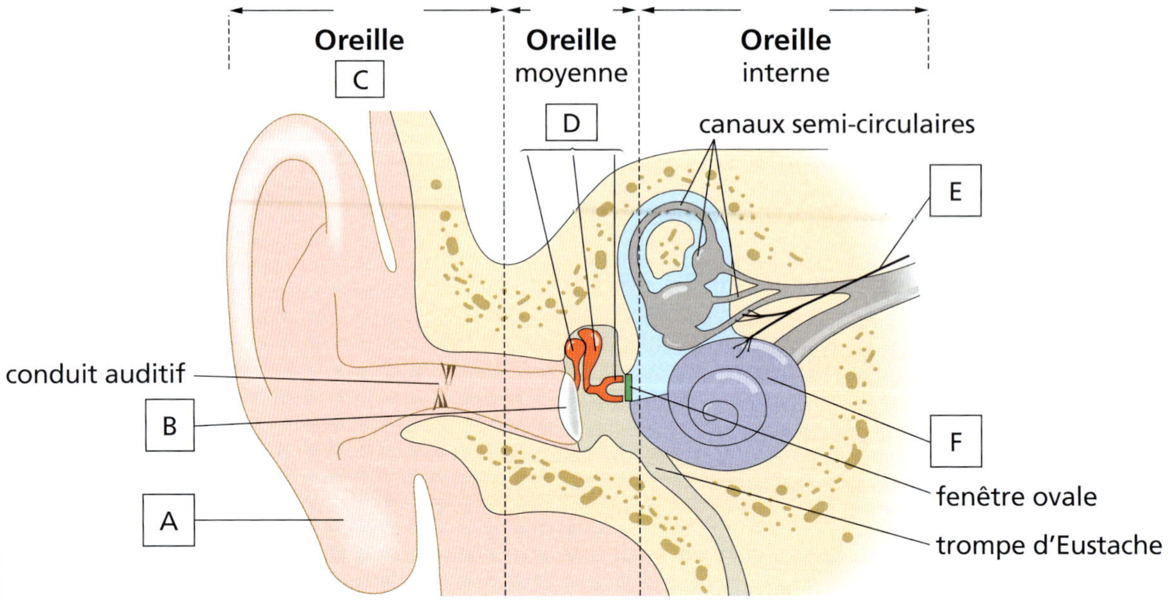

4 Proposer des solutions. (3 pts)

- Proposer, pour chaque élément répertorié ci-dessous, une solution.

– Sommeil	– Sport	– Repas
– Cannabis	– Bruit	– Retard au travail

Deuxième partie (Module 8)

SITUATION 2 Le délégué du personnel de l'entreprise « Chauff'matix », 52 salariés, vient d'informer le personnel de l'ordre du jour de la prochaine réunion du CHSCT : **A.** Risque d'électrisation au SAV / **B.** Rappel des gestes de secours / **C.** Défaut d'étanchéité du plafond / **D.** Accident de travail de Mathias V. / **E.** Étude du poste de travail de Kader.

A. Risque d'électrisation au SAV

Rappel des faits n°1 : David, ouvrier, assure la réparation des fours encore sous garantie dans l'atelier du service après-vente (SAV). Lors d'une réparation sur un four défectueux, David aurait pu s'électriser. En effet, le four à micro-ondes à réparer était sous tension lorsque David a voulu vérifier le programmateur de l'appareil. Au dernier moment, il s'est aperçu qu'un fil électrique du programmateur était mal isolé. Il a évité de peu l'accident s'il l'avait touché.

Répondre aux questions de la **partie A.** à partir du **dossier ressources 1** intitulé « Le risque électrique » situé en fin de sujet (p. 298).

1. Appliquer la démarche d'approche par le risque à partir du **rappel des faits n°1**.

❶ Analyser les risques d'atteinte à la santé.

- Définir les limites de la situation de travail en indiquant : (1 pt)

– Qui est l'opérateur ?
– Quelle est la tâche réalisée ?
– Quel est le lieu ?

- À partir de la situation, réaliser le schéma d'apparition du dommage. (1 pt)

❷ Estimer et évaluer le risque.

- Estimer à l'aide des **doc. A** et **B** ci-après : (1 pt)

– La gravité du dommage encouru.
– La probabilité d'apparition du dommage.

- Relever, à l'aide du schéma ci-dessous, la priorité de la réduction du risque. (1 pt)

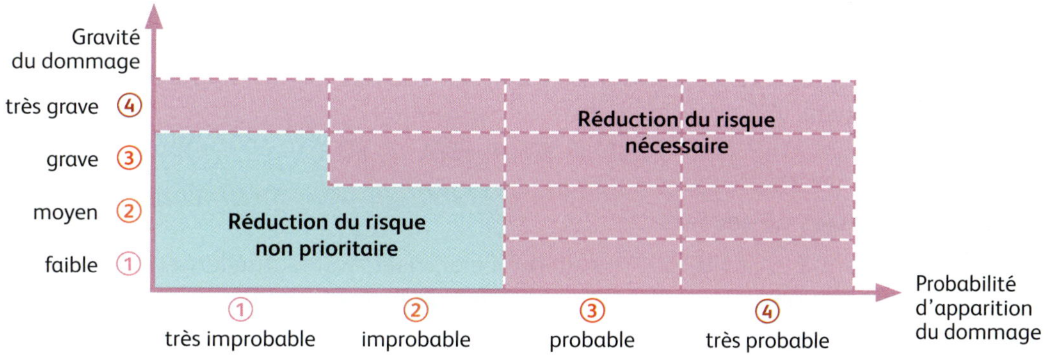

DOC. A

- ④ **très grave** (décès)
- ③ **grave** (accident avec incapacité permanente)
- ② **moyen** (accident avec arrêt de travail et/ou hospitalisation)
- ① **faible** (accident sans arrêt de travail)

DOC. B

fréquence et/ou durée d'exposition au danger	probabilité d'apparition d'un événement dangereux		probabilité d'apparition du dommage
fréquent et/ou longue durée d'exposition	élevée	④	très probable
	faible	③	probable
rare et/ou courte durée d'exposition	élevée	②	improbable
	faible	①	très improbable

❸ Proposer des mesures de prévention. (3 pts)

- Réaliser un tableau regroupant les trois niveaux de prévention et proposer, à l'aide de ses connaissances, une mesure de prévention pour chacun d'entre eux.

Niveaux de prévention	Mesures de prévention
Niveau 1	
Niveau 2	
Niveau 3	

2. Indiquer dans le **rappel des faits n° 1** s'il s'agit d'un risque d'électrisation par contact direct ou indirect. Justifier sa réponse. (1 pt)

3. Différencier « électrisation » et « électrocution ». (0,5 pt)

4. Indiquer l'action du courant électrique : (1 pt)
   – Sur le cœur.
   – Sur l'appareil respiratoire.

5. Indiquer les effets du passage d'un courant de 30 mA durant une seconde (1 000 ms) sur l'organisme. (0,5 pt)

6. Indiquer deux grandeurs électriques et leurs unités liées au courant électrique. (1 pt)

7. Indiquer deux paramètres ayant un effet sur le passage du courant électrique dans le corps humain. (0,5 pt)

SITUATION 2 **(suite)** David teste souvent les réparations en branchant les appareils au réseau électrique qui a une tension nominale de 230 volts en courant alternatif.

8. Relever, parmi les propositions suivantes, le domaine de tension de l'appareil selon l'article R4622-2 du Code du travail. (0,5 pt)

   TBT / BT / HTA / HTB

B. Rappel des gestes de secours

Rappel des faits n°2 : David, qui aurait pu s'électriser, suit actuellement une formation de sauveteur secouriste de travail afin qu'un salarié soit formé dans l'atelier. Le programme de la matinée concerne les personnes inconscientes qui ne respirent pas. La situation est la suivante : un salarié touche un câble électrique dénudé sous tension. Il est retrouvé allongé par un collègue. Ce dernier averti le SST présent dans la structure.

9. Citer la première action entreprise par le SST pour sécuriser l'atelier. (0,5 pt)

10. Hiérarchiser, par ordre chronologique, les actions réalisées par le SST lors de l'examen d'une victime. (0,75 pt)

    A. Contrôler la respiration / B. Vérifier les saignements / C. Contrôler la conscience

11. Le témoin appelle les secours. Lister quatre éléments utiles à transmettre et indiquer le numéro de téléphone qu'il doit contacter. (1 pt)

12. Citer le geste de secours que le SST va effectuer. (1 pt)

13. Hiérarchiser, par ordre chronologique, l'intégralité des actions menées par le SST dans cette situation. (0,75 pt)

    A. Secourir / B. Alerter / C. Examiner / D. Protéger

C. Défaut d'étanchéité du plafond

Rappel des faits n°3 : Leila a constaté un défaut d'étanchéité de la toiture car le plafond de l'accueil est imbibé d'eau lors de fortes pluies et menace de s'effondrer. Le risque est omniprésent pour les salariés qui empruntent chaque jour ce passage et il pleut quasiment tous les jours. Leila se sent en danger car elle reste 4 heures par semaine à l'accueil. Elle désire consigner ce risque dans le document unique

14. Citer le rôle du document unique. (0,5 pt)

15. Citer le responsable de l'élaboration du document unique ainsi que l'effectif de l'entreprise à partir duquel la rédaction de celui-ci est obligatoire. (1 pt)

16. À partir du **rappel des faits n°3**, reproduire et compléter les rubriques du document unique concernant ce risque dans la situation de Leila. (3 pts)

Danger	Ambiance climatique, forte pluie
Type de risque / Observation	• •
Solutions proposées	Combattre les risques à la source : • Prendre des mesures de protection collectives : •
Cotation du risque	E = 3 G = D = 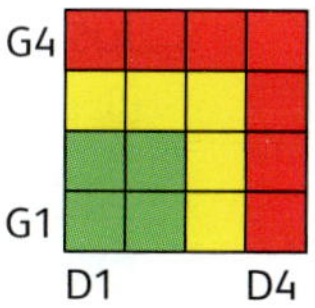

Afin de coter le risque, plusieurs éléments vont être évalués :

➜ **E (effectif)** : plus l'indice est élevé, plus l'effectif en présence avec le risque est important : **indice 1** (0-25 % de l'effectif) / **indice 2** (25-50 % de l'effectif) / **indice 3** (50-100 % de l'effectif).

➜ **G (gravité)** : plus l'indice est élevé, plus la gravité du dommage est importante : **indice 1** (lésion sans arrêt) / **indice 2** (lésion avec arrêt sans séquelles) / **indice 3** (lésion avec arrêt avec séquelles) / **indice 4** (lésion pouvant entraîner la mort).

➜ **D (durée d'exposition au danger)** : plus l'indice est élevé, plus la durée d'exposition est importante : indice **1** > 1 heure par an / **indice 2** > 1 heure par mois / **indice 3** > 1 heure par semaine / **indice 4** > 1 heure par jour.

Lorsque **G** et **D** sont évalués, il suffit de cocher la case correspondante dans l'illustration de la cotation.

D. Accident de travail de Mathias V.

Rappel des faits n°4 : Mathias V, salarié depuis 1 an, a eu un accident de travail avec un arrêt de 15 jours. Mathias doit ouvrir les cartons pour vérifier la conformité des produits. Il utilise un cutter. Celui-ci dérape et coupe la main gauche de Mathias. Il n'avait pas de gants de protection. Le CHSCT établira un arbre des causes lors de la prochaine réunion.

17. Définir le sigle CHSCT. (0,5 pt)

18. Citer l'effectif de l'entreprise à partir duquel le CHSCT est obligatoire. (0,5 pt)

19. À partir du **rappel des faits n°4**, relever et lister les six faits à l'origine de l'accident de Mathias. Souligner en rouge dans la liste le fait ultime. (1 pt)

20. Reproduire et compléter l'arbre des causes ci-dessous à l'aide des faits listés dans la consigne 19. (1,5 pt)

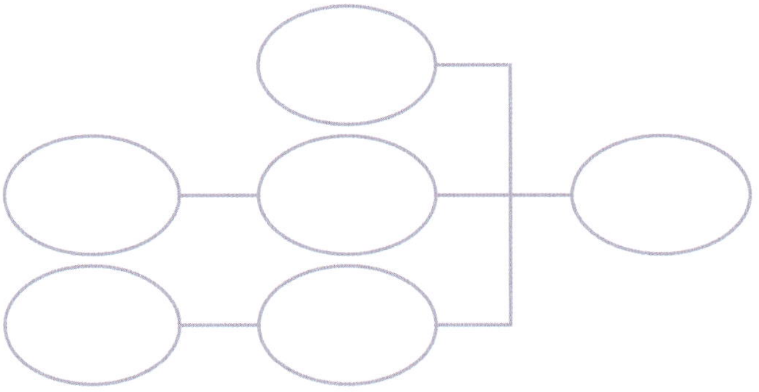

21. Justifier par deux remarques le fait que l'on qualifie l'accident de Mathias d'accident de travail. (1 pt)

E. Etude du poste de travail de Kader.

Kader souffre d'un TMS et son poste fait l'objet d'une étude ergonomique.

Répondre aux questions de la **partie E.** à partir du dossier **ressources intitulé 2** « Étude du poste de travail de Kader» situé en fin de sujet (p. 299).

Vue de profil de la colonne vertébrale

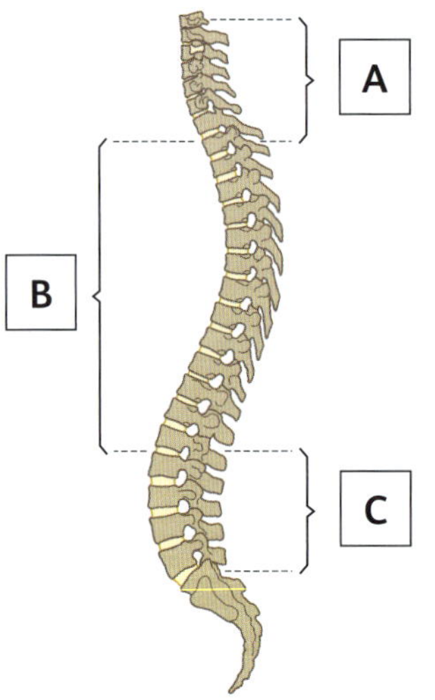

22. Définir le sigle TMS. (0,25 pt)

23. Associer, à l'aide de ses connaissances, chaque lettre du schéma de la colonne vertébrale ci-contre au terme qui lui correspond. (0,75 pt)

24. Identifier le problème ergonomique dans cette situation. (1 pt)

25. Relever quatre déterminants « opérateur » et quatre déterminants « entreprise » du schéma de compréhension à l'aide des éléments soulignés dans la situation située dans le dossier ressources. (1 pt)

26. Associer chaque proposition ci-dessous au type de travail qui lui correspond. Indiquer si ce travail est une tâche ou une activité dans le cas d'un travail réel (exemple : C3). (2,25 pts)

Propositions
A. Saisir les cartons sur le tapis roulant.
B. Poser les cartons sur la palette.
C. Serrer les mains.
D. Se pencher.
E. Étendre le bras.
F. Palettiser les micro-ondes.
G. Torsion, flexion avec charge.
H. Rotation du tronc.
I. Transporte les cartons.
J. Gérer les commandes.

1. Travail prescrit

2. Travail réel : tâche

3. Travail réel : activité

27. Reproduire et compléter le schéma de compréhension de l'activité de Kader à l'aide des **consignes 25** et **26** puis du **dossier ressources 2** pour les « effets ». (5 pts)

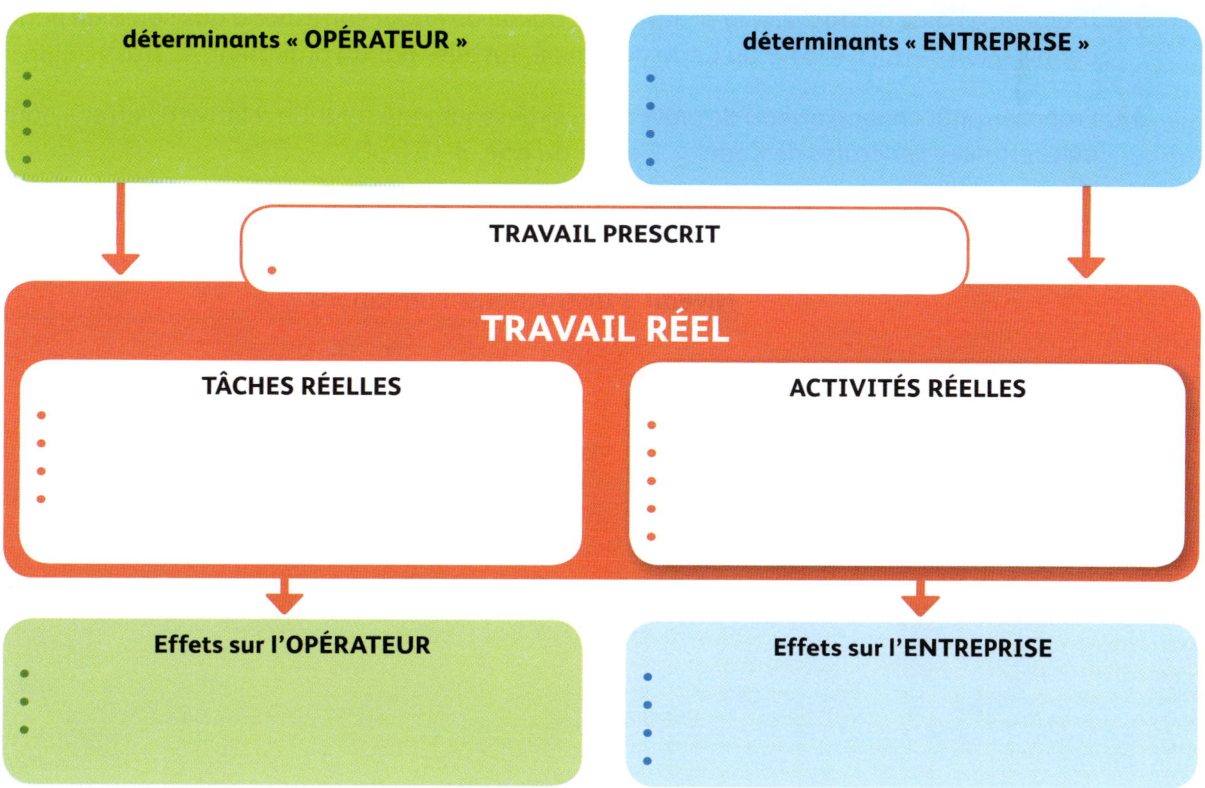

28. Formuler, en s'aidant de la phrase ci-dessous, une hypothèse relative à l'effet « douleurs aux vertèbres cervicales ». Plusieurs hypothèses sont possibles. (1 pt)

- Il semble que les faits suivants :
  – …
  – … ;
- conduisent Kader :
  – à adopter des postures contraignantes
- ce qui entraîne : …

29. Reproduire et compléter le premier outil de validation de l'hypothèse ci-dessous (exemple : 2 ++). S'aider du **doc. 1** et de la situation du **dossier ressources 2**. (0,75 pt)

Synthèse de l'analyse	Cotation			
Indicateur EFFORTS PHYSIQUES	**0**	**+**	**++**	**+++**
1. Masse unitaire en kilos				
2. Distance de transport de la charge (en m)			×	
3. Tonnage pour des manutentions réalisées				
4. Facilité de prise				

30. Relever, à partir de la norme NF X35109, la lettre correspondant au niveau de contrainte observé, en fonction de la masse des cartons mentionnée dans la situation de Kader. (0,5 pt)

A. À risque minimum
B. À risque acceptable
C. À risque acceptable sous condition
D. À risque inacceptable

31. Justifier légalement le fait que Kader porte seul des cartons de 50 kg. (0,5 pt)

32. Indiquer, à l'aide du **doc. 2**, si la situation de travail de Kader correspond aux seuils de pénibilité définis selon l'Art. D. 4161-2 du Code du travail. Justifier par un argument. (0,5 pt)

33. Proposer, pour chaque niveau de prévention ci-dessous, une solution relative à l'effet « douleurs aux vertèbres cervicales de Kader ». S'aider du **doc. 3**. (1,5 pt)

Niveau 1 Prévention intrinsèque
Niveau 2 Protection collective et/ou individuelle
Niveau 3 Instructions/ Formations

ANNEXE 1 Complément alimentaire pour retrouver le sommeil

La mélatonine est fabriquée par le cerveau à partir de la sérotonine. L'hormone du sommeil diminue le temps d'endormissement et améliore la qualité du sommeil en diminuant les tensions et le stress.
Posologie : 2 gélules par jour le soir. Chaque gélule comporte : 100 mg de magnésium, 100 mg de passiflore, 1,5 mg de vitamine B6, 250 mg de coquelicot et 0,5 g de mélatonine.
Ce complément alimentaire ne se substitue pas à une alimentation saine et variée. Il est réservé à l'adulte. Ne convient pas aux femmes enceintes ou qui allaitent.

ANNEXE 2 Cannabis, psychoactif aux effets contradictoires

Le cannabis est un psychoactif qui entraîne dans certains cas des psychoses aiguës difficilement réversibles ainsi qu'une dépendance pour certains usagers réguliers. Il perturbe les débits sanguins, diminue les défenses de l'organisme et favorise l'apparition de certains cancers. Il entraîne un effet somnolent intense. Une étude de 2014 sur plus de 1 800 patients a révélé que les utilisateurs de cannabis sont plus susceptibles d'éprouver des problèmes de sommeil.

ANNEXE 3 Étiquettes Énergie/Climat du diagnostic de performance énergétique

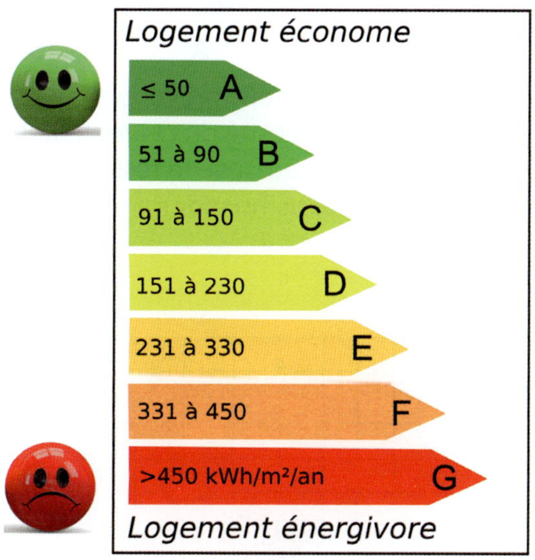

1 Étiquette énergie (kWhEP/m².an)

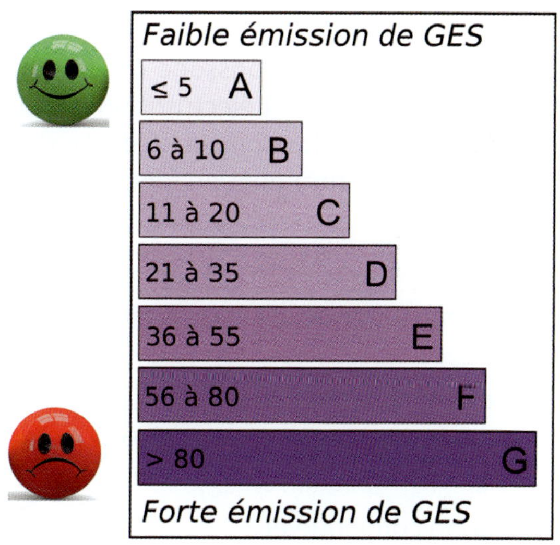

2 Étiquette climat (kg éqCO_2/m².an)

ANNEXE 4 Fatigue auditive

Comment un bruit parvient-il au cerveau ?

L'oreille externe canalise l'onde sonore qui fait vibrer le tympan, puis les osselets, la fenêtre ovale et atteint les cellules ciliées de la cochlée. Le nerf auditif, qui les prolonge, transmet l'influx nerveux au cerveau, qui décode le message reçu. On considère que le seuil de fatigue du bruit est de 70 dB. La fatigue auditive entraîne des troubles du sommeil et de l'attention, du stress ainsi que des migraines.

Le risque électrique

Le **courant électrique** correspond au déplacement d'électrons dans un matériau conducteur. L'électricité ne peut circuler qu'en circuit fermé.
L'**intensité**, exprimée en ampère (A), correspond au débit de courant dans un conducteur.
La **tension**, exprimée en volt (V), est la différence de potentiel entre deux pôles.
Ces grandeurs sont liées par **la loi d'Ohm U = R.I**, R étant la résistance du circuit en ohms (Ω).
En fonction de sa tension, le matériel électrique est réparti en quatre domaines, selon l'article R 4622-2 du Code du travail :

Domaine de tension	**TBT Très basse tension**	**BT Basse tension**	**HTA Haute tension A**	**HTB Haute tension B**
Caractéristiques	Un < 50 V CA Un < 120 V CC	50 V , Un < 1 000 V CA 120 , Un < 1 500 V CC	1 000 V , Un < 50 000 V CA 1 500 V , Un < 75 000 V CC	Un , 50 000 V CA Un , 75 000 V CC

CA : courant alternatif CC : courant continu Un : tension nominale

Les risques de contacts électriques sont :
- **Des contacts directs :** le salarié touche une partie sous tension avec son corps.
- **Des contacts indirects :** le salarié touche une masse métallique mise sous tension. Le courant traverse alors le corps pour rejoindre la terre.

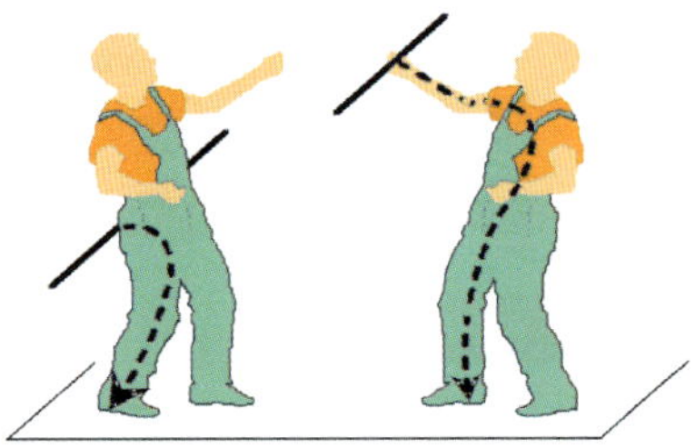

L'électrisation, qui est le passage du courant dans un corps humain, peut provoquer de multiples dommages. La gravité de l'électrisation dépend essentiellement de l'intensité du courant, du trajet du courant dans le corps humain, de la durée du passage du courant mais aussi de la résistance du corps humain qui varie notamment en fonction de son humidité (peau sèche ou humide).
L'électrocution est une électrisation dont l'issue est mortelle.

1. Picotement sans aucun danger.
2. Choc au toucher sans effet dangereux.
3. Brûlure.
4. Fibrillation cardiaque et tétanisation des muscles pouvant entraîner un arrêt cardio-respiratoire.

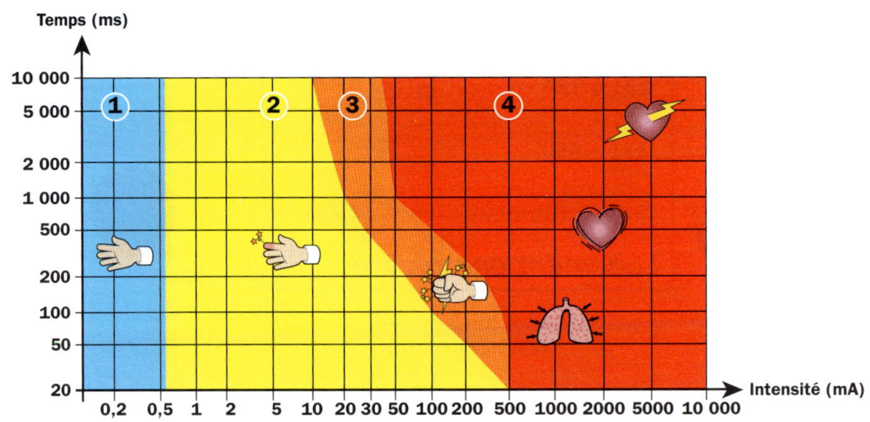

© Marque Jaune (*ibidem* p. 161).

En plus des équipements de protection individuelle contre le risque électrique (tapis, bottes, écran facial, gants isolants et outils isolés par exemple), le dépanneur d'appareils électroménagers effectue des interventions exigeant une habilitation électrique.
Le matériel électrique doit préserver la sécurité des personnes. Des solutions existent :
- matériel à double isolation (le matériel est isolé électriquement en cas de défaillance) ;
- dispositifs à coupure automatique de type dispositif différentiel 30 mA (mise hors tension rapide de l'installation en cas de défaut) et mise à la terre pour dévier le courant.

ANNEXE 6 DOSSIER RESSOURCES 2

Étude du poste de travail de Kader

Kader, 25 ans, 8 ans d'ancienneté comme magasinier cariste sur la plateforme logistique du magasin. Son travail consiste à palettiser (mise sur palette des produits) les micro-ondes de l'entreprise Chauff'matix. L'environnement de la plateforme de travail est optimal concernant l'éclairage (300 Lux) et la température (19 °C).

Les palettes sont posées à même le sol. Kader saisit les cartons (20 kg) sur un tapis roulant (90 cm de hauteur) en serrant les mains. La prise en main des cartons est aisée. Il se retourne en effectuant une rotation du tronc et transporte les cartons au fur et à mesure sur la palette située à 6 mètres du tapis. Au début, il doit se pencher et étendre le bras pour les poser. Les gestes sont répétés 20 fois par heure, il manipule donc 400 kg à l'heure. Parfois, il doit porter seul des cartons de 50 kg.

Les contraintes pour son dos sont importantes (il mesure 1,90 m et pèse 90 kg) : torsion, flexion avec charge. Kader, titulaire du bac pro Logistique, gère les commandes à l'aide de sa tablette tactile. Il transporte ensuite les palettes à l'aide de chariots élévateurs et les range à une place définie. Il travaille 7 heures par jour de 9 h à 17 h 30, ce qui correspond à environ 800 h/an.

Depuis trois semaines, Kader ressent des douleurs aux vertèbres cervicales, a du mal à dormir et est irritable. De plus, il est stressé car le rendement de la zone logistique baisse. Kader doit gérer les clients mécontents du retard des livraisons et son employeur anticipe une baisse du chiffre d'affaires.

La direction a décidé d'analyser cette situation à risque avec un ergonome afin de supprimer les postures contraignantes. Ce dernier va réaliser une démarche ergonomique ayant pour objectif de résoudre les douleurs aux cervicales.

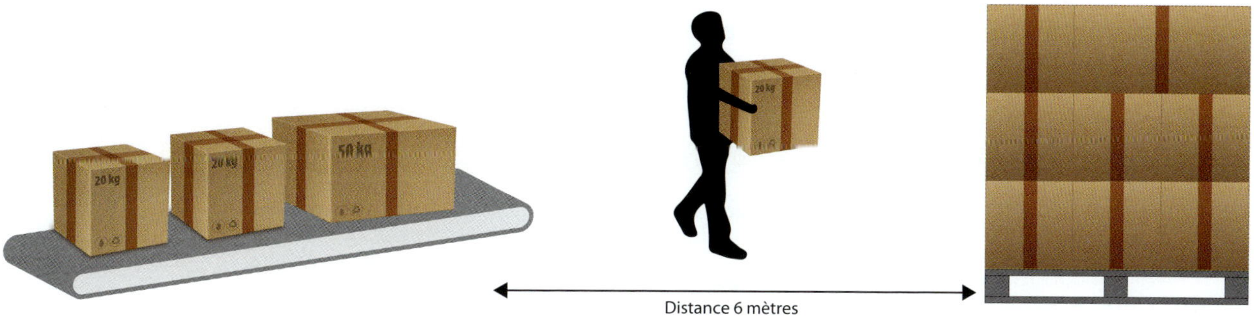

DOC. 1 **Évaluation des efforts physiques**

L'analyse approfondie de la charge physique de travail est réalisée à l'aide de 5 indicateurs. Par exemple, l'indicateur « efforts physiques » comprend 7 items, dont 4 sont listés ci-après.

Chaque indicateur est coté selon quatre niveaux de risque :
- la zone vert foncé (contrainte risque minimal) tend à protéger tous les opérateurs ;
- la zone vert clair (acceptable) tend à protéger le plus grand nombre d'opérateurs ;
- la zone jaune (sous conditions) nécessite des actions de prévention ;
- la zone rouge (inacceptable) impose une réduction urgente des contraintes.

EFFORTS PHYSIQUES				
ITEMS	0	+	++	+++
Soulever – transporter Masse unitaire (en kg)	≤ 5	]5 – 15[	]15 – 25[	> 25
Distance de transport de la charge (en m)	≤ 2	]2 – 5[	]5 – 10[	> 10
Facilité de prise	adaptée	acceptable	insuffisante	inadaptée
Tonnage pour des manutentions réalisées : moins d'1 h/j de 1 à 4 h/j de 4 à 7 h/j	 ≤ 1 ≤ 0,5 ≤ 0,4	]1 – 2,5[ ]0,5 – 1,25[ ]0,4 – 1[	]2,5 – 4[ ]1,25 – 2[ ]1 – 1,6[	 > 4 > 2 > 1,6

Source : INRS

DOC. 2 **Extraits du Code du travail concernant la pénibilité et la manutention manuelle**

Article R. 4541-9

« Lorsque le recours à la manutention manuelle est inévitable et que les aides mécaniques prévues au 2° de l'article R. 4541-5 ne peuvent pas être mises en œuvre, un travailleur ne peut être admis à porter d'une façon habituelle des charges supérieures à 55 kilogrammes. [...] les femmes ne sont pas autorisées à porter des charges supérieures à 25 kilogrammes [...]. »

Article D. 4161-2

Les facteurs de risques professionnels et les seuils d'exposition mentionnés à l'article L. 4161-1 sont ainsi fixés : 1° Au titre des contraintes physiques marquées :

FACTEUR DE RISQUES PROFESSIONNELS	SEUIL		
	Action ou situation	**Intensité minimale**	**Durée minimale**
a) Manutentions manuelles de charges définies à l'article R. 4541-2 (Entrée en vigueur : 1er janvier 2016.)	Lever ou porter	Charge unitaire de 15 kilogrammes	600 heures par an
	Pousser ou tirer	Charge unitaire de 250 kilogrammes	
	Déplacement du travailleur avec la charge ou prise de la charge au sol ou à une hauteur située au-dessus des épaules	Charge unitaire de 10 kilogrammes	
	Cumul de manutentions de charges	7,5 tonnes cumulées par jour	120 jours par an

Source : www.legifrance.gouv.fr

DOC. 3 Manutention manuelle et normalisation

Une caractérisation normalisée des manutentions manuelles existe. Les limites indiquées ci-dessous sont tirées de la norme française (NF X35109) et des normes européennes et internationales (EN 1005-3,4 et ISO 11228-2) pour des conditions de manutention « optimales ».

	contraintes à risque minimal	acceptable	contraintes sous conditions	inacceptable
Poids des charges à déplacer (Kg)	5	15	25	

Source : www.travailler-mieux.gouv.fr.

Les 2 niveaux de prévention ci-dessous peuvent être envisagés :

Actions techniques

- Automatisation et/ou mécanisation de la manutention manuelle.
  > Matériel de manutention et/ou de déplacement (palans, manipulateur à ventouse, robot de palettisation...).
- Optimisation du conditionnement des cartons.
  > Réduction de la masse et du volume, meilleure préhension.
- Aménagement de la zone de logistique.
  > La configuration des locaux doit permettre de réduire la manutention manuelle (distances de déplacements, attentes...).

Actions organisationnelles

- Réduire les contraintes de temps :
  - introduire des pauses pour permettre aux travailleurs de récupérer ;
  - anticiper les contraintes de temps en amont de la chaîne de chargement (prise de commande, offre commerciale, période de forte activité, retard de livraison).
- Gérer le matériel de manutention :
  - mise en commun du matériel ;
  - limiter les aléas techniques (pannes, contrôle annuel).
- Gérer le personnel :
  - former le personnel aux gestes et postures (formation PRAP) ;
  - rotation du personnel aux postes les plus critiques.

Lexique des sigles

A

AB : Agriculture Biologique

ACD : Agent Chimique Dangereux

ACOSS : Agence Centrale des Organismes de Sécurité Sociale

AcVC : Accident de la Vie Courante

AEJ : Apports Énergétiques Journaliers

AMAP : Association pour le Maintien d'une Agriculture Paysanne

ANACT : Agence Nationale pour l'Amélioration des Conditions de Travail

ANSES : Agence Nationale de SEcurité Sanitaire de l'alimentation, de l'environnement et du travail

AOP : Appellation d'Origine Protégée

AP : Activité Physique

APL : Aide Personnalisée au Logement

ARACT : Association Régionale pour l'Amélioration des Conditions de Travail

AT : Accident du Travail

ATNC : Agent Transmissible Non Conventionnel

B

BBC : Bâtiment Basse Consommation

BEPOS : Bâtiment à Énergie POSitive

C

CAF : Caisse d'Allocations Familiales

CARSAT : Caisse d'Assurance Retraite et de la Santé au Travail

CB : Carte Bancaire

CE : Conformité Européenne

CeGIDD : Centre Gratuit d'Information, de Dépistage et de Diagnostic des IST

CHSCT : Comité d'Hygiène, de Sécurité et des Conditions de Travail

CIDUNATI : Confédération Intersyndicale de Défense et d'Union Nationale d'Action des Travailleurs Indépendants

CJC : Consultations Jeunes Consommateurs

CLP : Classification, Labelling, Packaging (pour classification, étiquetage et emballage)

CMR : Cancérogènes, Mutagènes, Reprotoxiques

CNAF : Caisse Nationale des Allocations Familiales

CNAM : Caisse Nationale d'Assurance Maladie

CNAMTS : Caisse Nationale d'Assurance Maladie des Travailleurs Salariés

CNAV : Caisse Nationale d'Assurance Vieillesse

CNC : Conseil National de la Consommation

CPAM : Caisse Primaire d'Assurance Maladie

CPEF : Centre de Planification et d'Éducation Familiale

CPPP : Compte Personnel de Prévention de la Pénibilité

CRRMP : Comité Régional de Reconnaissance des Maladies Professionnelles

CSAPA : Centre de Soins, d'Accompagnement et de Prévention en Addictologie

CTN : Comité Technique National

D

dB(A) : Décibel Acoustique

DDM : Date de Durabilité Minimale

DDPP : Direction Départementale de la Protection des Populations

DDRM : Dossier Départemental sur les Risques Majeurs

DGAL : Direction Générale de l'ALimentation

DGCCRF : Direction Générale de la Concurrence, de la Consommation et de la Répression des Fraudes

DGS : Direction Générale de la Santé

DICRIM : Document d'Information Communal sur les Risques Majeurs

DIRECCTE : Direction Régionale des Entreprises, de la Concurrence, de la Consommation, du Travail et de l'Emploi

DIU : Dispositif Intra-Utérin

DLC : Date Limite de Consommation

DP : Délégué du Personnel

DPE : Diagnostic de Performance Énergétique

DUER : Document Unique d'Évaluation des Risques

E

EnR : Énergie Renouvelable

EPI : Équipement de Protection Individuelle

ESCAPAD : Enquête sur la Santé et les Consommations lors de l'Appel de Préparation À la Défense

EvRP : Évaluation des Risques Professionnels

F

FDS : Fiche de Données de Sécurité

FFB : Fédération Française du Bâtiment

FICP : Fichier des Incidents de remboursement des Crédits aux Particuliers

FPA : Facteur Potentiel d'Accident

G

GES : Gaz à Effet de Serre

H

HPV : Human Papilloma Virus

Hz : Hertz

I

IF : Indice de Fréquence

IGP : Indication Géographique Protégée

IMC : Indice de Masse Corporelle

INC : Institut National de la Consommation

Inpes : Institut national de prévention et d'éducation pour la santé

INRS : Institut National de Recherche et de Sécurité

InVS : Institut de Veille Sanitaire

IP : Incapacité Permanente

IPP : Incapacité Permanente Partielle

IPRP : Intervenant en Prévention des Risques Professionnels

IR : Infrared Ray (pour rayon infrarouge)

IRC : Indice de Rendu des Couleurs

IST : Infection Sexuellement Transmissible

I T Ma Mi : Individu, Tâche, Matériel, Milieu

IVG : Interruption Volontaire de Grossesse

L

LDDS : Livret de Développement Durable et Solidaire

LED : Light Emitting Diode (pour diode électroluminescente)

LEMA : Loi sur l'Eau et les Milieux Aquatiques

LEP : Livret d'Épargne Populaire

LOA : Location avec Option d'Achat

M

MCV : Maladie CardioVasculaire

MILDECA : Mission Interministérielle de Lutte contre les Drogues Et les Conduites Addictives

MP : Maladie Professionnelle

Mtep : Million de tonnes équivalent pétrole

N

NFC : Near Field Communication (pour Communication dans un Champ Propre)

O

OFDT : Observatoire Français des Drogues et des Toxicomanies

OGM : Organisme Génétiquement Modifié

OMS : Organisation Mondiale de la Santé

ONAPS : Observatoire National de l'Activité Physique et de la Sédentarité

ONU : Organisation des Nations Unies

ORSEC : Organisation de la Réponse de SÉcurité Civile

P

PAD : Principe d'Apparition du Dommage

PAEJ : Point Accueil Écoute Jeunes

PC : Pilule Combinée

PDU : Plan de Déplacements Urbains

PEL : Plan Épargne Logement

PFMP : Période de Formation en Milieu Professionnel

PICB : Protecteurs Individuels Contre le Bruit

PLS : Position Latérale de Sécurité

PMI : Protection Maternelle et Infantile

PNNS : Programme National Nutrition Santé

PP : Pilule microProgestative

PPMS : Plan Particulier de Mise en Sûreté

PRAP : Prévention des Risques liés à l'Activité Physique

PRP : Procédure de Rétablissement Personnel

PSC1 : Prévention et Secours Civiques de niveau 1

PUMa : Protection Universelle Maladie

R

RCP : Réanimation Cardio-Pulmonaire

RHF : Restauration Hors Foyer

RIB : Relevé d'Identité Bancaire

RPS : Risques PsychoSociaux

RSA : Revenu de Solidarité Active

S

SAMU : Service d'Aide Médicale Urgente

SGH : Système Général Harmonisé

SIDA : Syndrome d'ImmunoDéficience Acquise

SIR : Suivi Individuel Renforcé

SST : Sauveteur Secouriste du Travail

SSTI : Service de Santé au Travail Interentreprises

T

TAEG : Taux Annuel Effectif Global

TCA : Trouble du Comportement Alimentaire

TEP : Tonne Équivalent Pétrole

THC : TétraHydroCannabinol

TIAC : Toxi-Infection Alimentaire Collective

TIP : Titre Interbancaire de Paiement

TMS : Trouble Musculo-Squelettique

TPE : Traitement Post-Exposition

TPE-PME : Très Petite Entreprise – Petite et Moyenne Entreprise

U

UCANSS : Union des CAisses Nationales de Sécurité Sociale

UE : Union Européenne

UNESCO : United Nations Educational, Scientific and Cultural Organization (pour organisation des nations unies pour l'éducation, la science et la culture)

UPA : Union Professionnelle Artisanale

URSSAF : Union de Recouvrement de la Sécurité Sociale et des Allocations Familiales

V

VHB : Virus de l'Hépatite B

VIH : Virus de l'Immunodéficience Humaine

VIP : Visite d'Information et de Prévention

VLEP : Valeur Limite d'Exposition Professionnelle

VLEP CT : Valeur Limite d'Exposition Professionnelle à Court Terme

VPH : Virus du Papillome Humain

Crédits photographiques

Couverture : oliveromg/Shutterstock
Intérieur : p. 12 : ph© Fotolia.com ; p. 16 : ph© Fotolia.com ; p. 17 : ph© iStockphoto ; p. 24 : ph© Fotolia.com ; p. 25 : ph© iStockphoto et ph© Fotolia.com ; p. 27 : ph© Fotolia.com ; p. 30 : www.ameli.fr ; p. 31 : ph© Hervé de Gueltzl/Photononstop ; p. 32 : ph© Fotolia.com ; p. 33 : ph© iStockphoto ; p. 34 : ph© Peter Menzel / Cosmos, extrait du livre Hungry Planet, Peter Menzel / Cosmos, extrait du livre Hungry Planet ; p. 35 : Zenchef ; p. 36 : INPES – www.mangerbouger.fr ; p. 37 : ph© Fotolia.com ; p. 39 : ph© Fotolia.com ; p. 40 : ph© Fotolia.com ; p. 41 : ph© iStockphoto et ph© Fotolia.com ; p. 42 : ph© Fotolia.com ; p. 43 : ph© Fotolia.com ; p. 44 : ph© Jacques Loic/Photononstop (doc. 3), Patrice Defrance/Ville de Mirepoix (doc. 4) ; p. 45 : ph© Fotolia.com ; p. 46 : ph© CHASSENET/BSIP (doc. 7), ph© CHASSENET/BSIP (doc. 8) ; p. 47 : ph© Anna Bryukhanova/Getty Images/Premium Access (haut), ph© Andresr/Getty Images/Premium Access (bas) ; p. 48 : Ministère de l'agriculture (doc. 11), Les Gueules Cassées (doc. 12) ; p. 49 : ph© Fotolia.com ; p. 50 : ph© Fotolia.com ; p. 51 : ph© Fotolia.com et ph© iStockphoto ; p. 53 : La Marque du Consommateur (doc. 2), ph© Lydie LECARPENTIER/REA (doc. 3) ; p. 55 : ph© Fotolia.com ; p. 58 : ph© Fotolia.com ; p. 64 : Sécurité routière ; p. 65 : DSCR (doc. 9), DSCR/Santé Publique France (doc. 10) ; p. 66 : ph© Fotolia.com ; p. 67 : DSCR, www.drogues-info-service.fr ; p. 68 (reprise p. 75) : ph© Fotolia.com (photo 1), ph© CNRI/SPL/Phanie (photo 2) ; ph© Eric Grave/SPL/Phanie (photo 3) ; ph© SPL/Phanie (photo 4) ; ph© Eye of Science/Phanie (photo 5) ; p. 69 : ph© Chris Bjornberg/BSIP (doc. 2), Science Picture Co/Getty Images (doc. 3) ; p. 70 : ph© Fotolia.com ; p. 72 : Le CeGIDD Varois (doc. 10), AIDES (doc. 9 et 11) ; p. 73 : Institut National du Cancer (www.e-cancer.fr) ; p. 74 : ph© Fotolia.com ; p. 76 (reprise p. 83) : ph© Fotolia.com (doc. 1, photo 1), ph© Femalecondom.org (doc. 1, photo 2), ph© Garo/Phanie (doc. 2) – p. 77 : ph© Garo/Phanie (photos 1, 2, 3 et 4) ; p. 79 : www.cespharm.fr ; p. 81 : Département d'Ille-et-Vilaine ; p. 82 : ph© Fotolia.com ; p. 83 : ph© Fotolia.com et ph© iStockphoto ; p. 86 : ph© Fotolia.com ; p. 87 : ph© Fotolia.com ; p. 90 : ph© Fotolia.com ; p. 91 : ph© IStockphoto ; p. 95 : ph© Fotolia.com ; p. 99 : DGCCRF/Studio SIRCOM – Photo : Karin et Uwe Annas – ph© Fotolia.com ; DGCCRF – www.economie.gouv.fr/dgccrf ; p. 100 : ph© Fotolia.com ; p. 101 : ph© Fotolia.com et ph© iStockphoto ; p. 102 : ph© Fotolia.com ; p. 104 : ph© Fotolia.com ; p. 106 et 107 : CEA (Comité européen des assurances) ; p. 108 : ph© Fotolia.com ; p. 109 : ph© Fotolia.com et ph© iStockphoto ; p. 113 : ph© Fotolia.com ; p. 116 : ph© Fotolia.com ; p. 117 : ph© Fotolia.com ; p. 119 : ph© Fotolia.com ; p. 122 : AFP ; p. 123 : ph© Fotolia.com ; p. 125 : Communauté d'Agglomération Grand Avignon (doc. 15), ph© Fotolia.com (doc. 16) ; p. 126 : ph© Fotolia.com ; p. 127 : ph© iStockphoto ; p. 129 : Ministère de l'Environnement, de l'Énergie et de la Mer/www.developpement-durable.gouv.fr ; p. 130 : DICRIM Sancerre (doc. 6) ; p. 131 : Cypres ; p. 132 : Mairie de Montpellier (doc. 9), DICRIM – Ville de Bourg-Saint-Maurice – Les Arcs (doc. 10) ; p. 133 : Agence IDE/Métropole Nantes ; p. 134 : ph© Fotolia.com ; p. 135 : Cypres ; p. 136 : Sylvain Frécon (doc. 1) ; p. 139 : Laboratoire Cotral ; p. 140 : Dossier INRS « Techniques de réduction du bruit en entreprise – Quelles solutions, comment choisir » – ED 962 (doc. 8), Dossier INRS « Documents pour le Médecin du Travail N°107 – 3e trimestre 2006 » TC110 (doc. 9) ; p. 141 : Agence régionale de santé ; p. 142 : ph© Fotolia.com ; p. 143 : ph© Fotolia.com et ph© iStockphoto ; p. 145 : ph© Fotolia.com ; p. 148 : ph© Fotolia.com ; p. 149 : ph© Fotolia.com ; p. 151 : ph© Fotolia.com ; P. 152 : ph© Fotolia.com ; P. 154 : ph© Fotolia.com (photos 1 et 2), ph© Sylvain THOMAS/REA (photo 3) ; p. 156 : ph© Fotolia.com, ph© Pasieka/SPL/Phanie (doc. 4, photo 2) ; p. 158 : FURGOLLE/BSIP ; p. 160 : © Marque Jaune / Livret Editions Mémoforma « Préparation à l'habilitation électrique », p. 161 (reprise p. 298) : © Marque Jaune/Livret Editions Mémoforma « Préparation à l'habilitation électrique » ; p. 163 : CDC/BSIP (photo hg), SPL/BSIP (photo hd), DR STANLEY FLEGLER/BSIP (photo bg), MEDICALRF.COM/BSIP (photo bd) ; p. 165 : Sylvain Frécon (doc. 17) ; p. 166 : SPL/BSIP ; p. 174 : Guide-vue.fr ; p. 176 : ph© Fotolia.com ; p. 177 : Delmi Alvarez/ZUMA / REA ; p. 179 : ph© Fotolia.com ; p. 180 : ph© Fotolia.com (doc. 3), INRS (doc. 4) ; p. 181 : Extrait de l'animation « Les 9 principes généraux de prévention » – 2008 – Réf. anim-044 sur le site de l'INRS www.inrs.fr ; p. 182 : Chambre Régionale de Métiers et de l'Artisanat du Limousin ; p. 183 : Présance.org ; p. 184 : ph© Fotolia.com ; p. 185 : ph© Fotolia.com ; p. 187 : www.carsat-alsacemoselle.fr ; p. 188 : Carsat Languedoc-Roussillon ; p. 189 : CISME ; p. 190 : AlexRaths/Getty Images/Premium Access ; p. 191 : Direccte ; p. 192 : INRS ; p. 194 : ph© Fotolia.com ; p. 195 : ph© iStockphoto ; p. 197 : Carsat Aquitaine ; p. 198 : ph© Fotolia.com ; p. 199 : ph© Fotolia.com ; p. 201 : ph© Burger/Phanie (doc. 8), Caisse nationale d'Assurance maladie des travailleurs salariés (Cnamts) – 2012 – dépliant « J'ai eu un accident sur mon lieu de travail ou sur le trajet » – © Agence Australie/Cristof Echard (doc. 9) ; p. 202 : Caisse nationale d'Assurance maladie des travailleurs salariés (Cnamts) – 2012 – dépliant « J'ai eu un accident sur mon lieu de travail ou sur le trajet » – © Agence Australie/Cristof Echard, ph© Fotolia.com ; p. 203 : ph© Fotolia.com ; p. 204 : ph© Fotolia.com ; p. 205 : ph© Fotolia.com et ph© iStockphoto ; p. 206 : ph© Fotolia.com ; p. 208 : www.carsat-ra.fr (doc. 3), LSOphoto/Getty Images/Premium Access ; p. 209 : CRAMIF ; p. 210 : Previsoft ; p. 211 : ph© Fotolia.com (photo A et B), Pierre GLEIZES/REA (photo C) ; p. 213 : Carsat Auvergne (www.carsat-auvergne.fr) ; p. 214 : ph© Fotolia.com ; p. 215 : Eyrein Industrie (www.eyrein-industrie.com) ; p. 216 : ph© Fotolia.com ; p. 217 : ph© iStockphoto ; p. 218 : ph© Fotolia.com ; p. 220 : ph© Fotolia.com ; p. 221 : www.123-tms.fr, site internet de prévention des troubles musculo-squelettiques (TMS) édité par la Mutuelle Nationale Territoriale (MNT) – www.mnt.fr ; p. 223 : DIRECCTE PACA ; Squaredpixels/Getty Images/Premium Access ; p. 226 : Cimbéton – www.infociments.com (doc. 15), Mrod/Getty Images/Premium Access (photo A), WavebreakMediaMicro/Fotolia (photo B), ph© Benoit Decout/Réa (photo C) ; p. 227 : INRS ; p. 228 : Presanse.org – p. 229 : INRS, fiche ED79 « Conception et aménagement des postes de travail » ; p. 230 : ph© Fotolia.com ; p. 231 : ph© iStockphoto ; p. 232 : ph© Fotolia.com ; p. 233 : SEST (doc. 2) ; Graphisme Zaoum (doc. 3) ; p. 234 : INRS ; p. 236 : SEST, Ixène ; p. 238 : SolStock/Getty Images/Premium Access ; p. 239 : ph© iStockphoto ; p. 242 : ph© Fotolia.com ; p. 245 : ph© Fotolia.com ; P. 246 : ph© Fotolia.com ; p. 249 : Sylvain Frécon ; p. 250 : ph© Fotolia.com ; p. 254 : Baloncici/Getty Images/Premium Access ; p. 260 : ph© Nathalie Vouriot-Gieure ; p. 261 : ph© Burger/Phanie (1 et 2) ; p. 262 : ph© Fotolia.com (h), ph© Chassenet/BSIP (b) ; p. 263 : ph© Fotolia.com ; p. 264 : ph© Nathalie Vouriot-Gieure – p. 265 : ph© Science Photo Library/Photononstop (1 et 2) ; ph© Burger/Phanie (3) ; p. 270 : ph© Fotolia.com ; p. 272 : ph© Fotolia.com ; p. 277 : ph© Fotolia.com ; p. 278 : ph© Fotolia.com ; p. 279 : ph© Fotolia.com ; p. 280 : ph© Fotolia.com ; p. 281 : ph© Fotolia.com ; p. 283 : ph© Fotolia.com ; p. 284 : ph© Fotolia.com ; p. 285 : www.prim.net, bouquet numérique pour la prévention des risques majeurs ; p. 286 : ph© Fotolia.com ; p. 287 : Carsat Midi-Pyrénées (annexe 6), www.ars.rhonealpes.sante.fr (annexe 7) ; p. 297 : ph© Fotolia.com (annexe 3) ; p. 301 : LogisMarket (www.logismarket.fr) ; Promalyon (www.promalyon.fr).